Über den Verfasser

Dietmar v. d. Pfordten, geb. 1964, 1990–1992 wissenschaftlicher
Mitarbeiter am Institut für Rechtsphilosophie der Universität
München. 1991 Promotion im Fach Rechtsphilosophie zum Dr. jur.
1992 Mitglied im Zentrum für Ethik in den Wissenschaften in
Tübingen. Seit 1993 wissenschaftlicher Assistent am Philosophischen
Seminar der Universität Göttingen. 1994 Promotion zum Dr. phil.
Geschäftsführer der Gesellschaft für Analytische Philosophie.
Publikationen: Deskription, Evaluation, Präskription. Trialismus
und Trifunktionalismus als sprachliche Grundlagen von Ethik und
Recht, Berlin 1993 (Duncker & Humblot); zusammen mit Julian Nida-
Rümelin Herausgeber von: Ökologische Ethik und Rechtstheorie,
Baden-Baden 1995 (Nomos); Aufsätze zur Praktischen Philosophie,
Rechtsphilosophie, Sprachphilosophie, Ökologischen Ethik und
Tierethik.

Dietmar v. d. Pfordten

Ökologische Ethik

Zur Rechtfertigung menschlichen Verhaltens
gegenüber der Natur

rowohlts enzyklopädie

rowohlts enzyklopädie
Herausgegeben von Burghard König

Originalausgabe
Zugleich Dissertation Universität München 1994
Veröffentlicht im Rowohlt Taschenbuch Verlag GmbH,
Reinbek bei Hamburg, Januar 1996
Copyright © 1996 by Rowohlt Taschenbuch Verlag GmbH,
Reinbek bei Hamburg
Umschlaggestaltung Jens Kreitmeyer
Satz Aldus (Linotronic 500)
Gesamtherstellung Clausen & Bosse, Leck
Printed in Germany
2490-ISBN 3 499 55567 0

Inhalt

Vorwort 9

A. Die Struktur einer Ökologischen Ethik jenseits menschlicher
   Interessen 10

I. Problemkatalysierende Faktoren 12
   1. Vernunft- und Subjektkritik 13
   2. Neue Religiosität 14
   3. Grenzerreichung des anthropozentrischen
      Universalisierungsradius 16
   4. Extension menschlicher Selbstverwirklichungstendenzen . 16
   5. Ökologischer Problemdruck 17

II. Terminologische Vorklärungen 18
   1. Anthropozentrik 18
   2. Ethik 23
   3. Natur 28

III. Nichtanthropozentrische Ethik im weiteren Sinn 29
   1. Nichtanthropozentrische Moral 29
   2. Nichtanthropozentrische normative Ethik 38
   3. Pflicht zur Entwicklung einer nichtanthropozentrischen
      Ethik 41
   4. Nichtanthroporelationale Begründungen 42
   5. Schwach anthroporelationale Begründungen 61
   6. Transanthroporelationale Begründungen 64
   7. Zusammenfassung 66

IV. Die praktische Relevanz der Frage nach
   nichtanthropozentrischen Begründungen 67
   1. Gemachte Natur 68
   2. Ästhetischer Zeitgeschmack 70
   3. Individualschutz 71
   4. Gewichtsverlagerung 71

B. Die These der Anthropozentrik aller traditionellen Ethik . . 74

I. Tatsächliches Verhalten/Intuitive Alltagsmoral 75

II. Philosophische Theorien 81

III. Klassifikation traditioneller Ethiktypen 97

IV. Zusammenfassung 101

C. Nichtanthroporelationale Begründungen
Ökologischer Ethik 102

I. Religiöse Begründungen 103
   1. Christliche Ethik 105
   2. Pantheistische bzw. religiös-holistische Begründungen . . 107

II. Metaphysische Begründungen 109
   1. Teleologisch fundierte Verantwortung (Jonas) 110
   2. Deep Ecology Movement/Ökosophie T (Naess u. a.) . . . 114
   3. Ordo amoris (Spaemann) 121
   4. Beseelung aller Mitwelt (Meyer-Abich) 122

III. Naturalistische und partiell naturalistische Begründungen . 123
   1. Leiden/Empfindung 124
   2. Empfindung/Selbstbewußtsein/Interessen (Singer) . . . 133
   3. Subjekt eines Lebens/Inhärenter Wert/Rechte (Regan) . 141
   4. Interessen (Nelson, Feinberg, Hare) 150
   5. Interessen/Leben (Attfield u. a.) 155
   6. Interessen/Wohlbefinden/Kybernetisches System/
      Selbstidentität (Johnson) 160
   7. Werte/Gemäßigter Ökofunktionalismus (Rolston u. a.) . 169
   8. Holismus/Land-Ethik/Gaia-Hypothese (Leopold,
      Lovelock u. a.) 183

IV. Logische und quasilogische Begründungen 187
   1. Universalisierung von Geboten 187
   2. Rationalitätsbedingungen (Regan, Taylor) 189
   3. Ausweitung von Rawls' Vertragsmodell 189
   4. Ausweitung der Diskursethik 191
   5. Schiefe Ebene 195

  V. Historische Begründungen 195

 VI. Ästhetische Begründungen 196

VII. Pluralistische Begründungen 198

VIII. Zusammenfassung 201

  D. Ethik der Anderinteressen 203

   I. Interessen 204

  II. Anderinteressen 211

 III. Lösungsansätze 217

 IV. Die Verpflichtung zur Anderinteressenbeachtung 221

  V. Anderinteressen nichtmenschlicher Naturentitäten 237

 VI. Welt, Biosphäre, Ökosysteme, unbelebte Gegenstände . 241

VII. Arten 242

VIII. Tiere 243

 IX. Pflanzen und Mikroorganismen 249

  X. Weitere Folgerungen 251

  E. Eine transanthroporelationale Begründung 256

F. Ökologische Ethik in Politik und Recht 265

I. Die Parteiprogramme 267

II. Das Recht 272

III. Juridische Rechte der Natur? 291

IV. Nichtanthroporelationale Erweiterung des
     Grundgesetzes? 304

Anmerkungen 308
Literatur 324
Namenregister 342
Sachregister 345

Vorwort

Die Massenmedien berichten täglich über ökologische Gefahren und Umweltkatastrophen. Dies geschieht nur zum Teil aus Verantwortungsbewußtsein gegenüber der Natur. Eine sorgfältige und ernsthafte Diskussion über Kritik oder Rechtfertigung des menschlichen Verhaltens gegenüber der Natur beginnt sich dagegen erst allmählich zu entfalten. Anders als im englischsprachigen Raum hat die Philosophie in Deutschland sich an diesem Gespräch über die ethischen Grundlagen des Naturschutzes bisher nur vereinzelt beteiligt. Das vorliegende Buch soll einer Verbreiterung und Versachlichung dieser Diskussion um eine Ökologische Ethik dienen. Sein Ziel wäre erreicht, wenn möglichst vielen Denkenden und Nachdenklichen neben der praktischen auch die ethische und intellektuelle Herausforderung der ökologischen Krise einsehbar würde. Dies hätte dann auch praktische Konsequenzen.

Zu Dank verpflichtet bin ich allen Lehrern, Kollegen und Freunden, die mir im Gespräch oder durch schriftliche Anmerkungen wichtige Kritik, Anregungen und Einsichten vermittelt haben: zuallererst Julian Nida-Rümelin, dessen jahrelanger Unterstützung und Betreuung als philosophische Dissertation das Buch sein Entstehen verdankt, dann Hans Meier und Lothar Phillips, Silke Berdux für unentbehrliche Hilfe bei der Literaturbeschaffung und kritische Lektüre, schließlich: Elisabeth Arend, Almut Beringer, Katharina Kruse, Otto Neumaier, Konrad Ott, Kirsten Pecher, Jörg Schroth, Michael Schröter, Lorenz Schulz und Katja Tappe. Dank schulde ich auch dem Zentrum für Ethik in den Wissenschaften in Tübingen, an dem ich als Mitglied partizipieren durfte. Ich widme dieses Buch Thomas Simon, von dem ich auf vielen Wanderungen mehr über die Natur gelernt habe als von jedem anderen.

A. Die Struktur einer Ökologischen Ethik jenseits menschlicher Interessen

Menschliches Handeln wirkt auf andere Menschen ein. Es beeinflußt aber auch die nichtmenschliche Natur, also Tiere, Pflanzen, Ökosysteme, die gesamte Biosphäre unseres Planeten und sogar den Weltraum. Die Ökologische Ethik[1] behandelt die Frage, welches Verhalten[2] des Menschen gegenüber der nichtmenschlichen Natur ethisch gerechtfertigt ist. Anders als die Ökologie ist die Ökologische Ethik[3] also keine Naturwissenschaft, sondern Teil der Praktischen Philosophie bzw. der angewandten Ethik. Es geht ihr nicht primär um Beschreibung – obwohl naturwissenschaftliche Erkenntnisse natürlich eine wichtige Rolle spielen –, sondern um Rechtfertigung und Kritik. Dafür kommen zwei Grundlagen in Frage: die Stützung auf menschliche Interessen oder die Berücksichtigung der nichtmenschlichen Natur bzw. ihrer Lebewesen und Gegenstände um ihrer selbst willen.

Die erste dieser Grundlagen sieht die nichtmenschliche Natur als Mittel zum Zweck im Rahmen menschlicher Interaktionen. Sie ist deshalb auch Teil der traditionellen Ethik und erfordert keine grundsätzlich neuen Konzepte. Der Mensch hat ein eigenes Interesse an der Erhaltung der Natur. Er benötigt sauberes Wasser, eine intakte Ozonschicht, den Sauerstoff, den Pflanzen erzeugen, und vieles mehr. Der Schutz der Natur ist deshalb immer auch Teil einer an menschlichen Interessen orientierten Ethik und Moral. Zu berücksichtigen sind dabei zukünftige Generationen. Strittig ist nicht das menschliche Interesse am Naturschutz, sondern wie im Konfliktfall die Abwägung zwischen den menschlichen Interessen – gegenwärtigen und zukünftigen, individuellen und kollektiven, ökonomischen und ökologischen, gesundheitlichen und ästhetischen etc. – auszusehen hat.

Die neuartige Herausforderung der Ökologischen Ethik liegt in der zweiten der soeben erwähnten Grundlagen. Prinzipiell zweifelhaft ist, ob der Mensch auch jenseits seiner eigenen Interessen die Natur ethisch zu berücksichtigen hat. Verdienen Tiere, Pflanzen, Arten, Ökosysteme und vielleicht die ganze Biosphäre unseres Planeten nicht nur als Mittel im menschlichen Interesse, sondern um ihrer selbst willen Schutz? Auch die mittlerweile gravierenden praktischen Probleme der ökologischen Krise und der (Massen-)Tierhaltung erfordern insofern eine Antwort. Der vorliegende Band befaßt sich mit diesem stärker «avantgardistischen», aber auch problematischen und umstrittenen Teil der Ökologischen Ethik.

Der Begriff «Anthropozentrik»[4] und seine Negation «Nichtanthropozentrik» markieren diese grundsätzliche Alternative einer nur auf den Menschen oder auch auf nichtmenschliche Entitäten bezogenen Ökologischen Ethik. Das Begriffspaar ist deshalb zum zentralen Unterscheidungskriterium der Ökologischen Ethik avanciert. Dies gilt hinsichtlich seiner quantitativen Verwendung wie auch seiner qualitativen Problematisierung. Die Frage, ob die nichtmenschliche Natur ohne Bezugnahme auf den Menschen moralisch bzw. ethisch berücksichtigt werden soll, scheidet im wahrsten Sinn des Ausdrucks die Geister. Mit Bezug auf die Dichotomie von Anthropozentrik und Nichtanthropozentrik werden nicht nur Theorielager und deren Vertreter innerhalb der Ökologischen Ethik gekennzeichnet und wissenschaftliche Untersuchungen zum fraglichen Themenkomplex strukturiert (z. B. Irrgang 1992, S. 5, 7), sie markiert vielmehr für viele gleichsam die raison d'être der praktischen und philosophischen Bemühungen um Naturschutz bzw. seine Begründung: Es gelte, die Grenze der Anthropozentrik zu überwinden, um eine Apokalypse zu vermeiden und das «gelobte Land» der Ökologischen Ethik zu erreichen. Am sinnfälligsten manifestiert sich diese schon fast religiös-chiliastische Zukunftsrhetorik in der These von Hans Jonas, alle bisherige Ethik sei anthropozentrisch gewesen (1984, S. 95).

Das andere Extrem gegenüber dieser verschiedentlich propagierten nichtanthropozentrisch-holistischen Hypostasierung der Ökologischen Ethik stellt ihre Instrumentalisierung für eine neue Umweltpolitik dar, die man als «Umweltmanagement» bezeichnen kann. Ohne Rücksicht auf Argumentationsstandards und Begründungsrationalität hat die Ökologische Ethik dafür die politisch geforderte Legitimationsleistung zu erbringen.[5]

Dem missionarischen Pathos wie der politischen Instrumentalisierung soll hier eine nüchterne Untersuchung der Tragfähigkeit einer Ökologischen Ethik jenseits menschlicher Interessen entgegengestellt werden. Zu Beginn wird dazu die Struktur nichtanthropozentrischer ethischer Begründungen analysiert (Teil A). Man sollte sich – wie etwa ein Naturwissenschaftler seine Analyse- und Meßinstrumente – zunächst die begrifflichen und methodischen Werkzeuge zurechtlegen, um die verschiedenen Theorien adäquat erfassen und kritisieren zu können. Wer sich hauptsächlich für die einzelnen inhaltlichen Positionen der Ökologischen Ethik interessiert, kann sich aber auf die Lektüre von A II beschränken und dann sofort zu C übergehen.

Teil B hinterfragt die schon erwähnte geistes- bzw. partiell auch realgeschichtliche These der Anthropozentrik traditioneller Ethiken kritisch. Erörtert wird, ob der vielfach erhobene Novitätsanspruch nichtanthropozentrischer Begründungen tatsächlich gerechtfertigt ist.

Teil C wechselt von der analytischen, pragmatischen und geistesgeschichtlichen Ebene auf die der normativen Ethik und untersucht als Herzstück des Buches zentrale nichtanthropozentrische Begründungen auf ihre Tragfähigkeit. Unerörtert bleiben damit alle anthropozentrischen bzw. schwach anthropozentrischen Aspekte Ökologischer Ethik, z. B. die Berücksichtigung zukünftiger Generationen (vgl. Birnbacher 1988), menschlichen Mitleids und menschlicher Tugenden etc., das Problem kollektiver Güter (vgl. v. d. Pforden 1995) und der Themenkreis «Ökofeminismus» (vgl. hierzu Warren 1993, 1994).

Im Anschluß daran wird eine eigenständige nichtanthropozentrische «Ethik der Anderinteressen» (Teil D) und eine Nichtanthropozentrik und Anthropozentrik verbindende, «transanthroporelationale» Begründung (Teil E) entwickelt. Den Abschluß bildet die Darstellung und Diskussion der wesentlichen Anwendung der Ökologischen Ethik: der Konsequenzen für Politik und Recht (Teil F).

Zunächst soll aber ein Blick über die engere Rechtfertigungsproblematik der Ökologischen Ethik hinaus geworfen werden, um zu verdeutlichen, welche geistigen und realen Ursachen für die Virulenz nichtanthropozentrischer Begründungsbemühungen auslösend waren bzw. sind. Dabei wird der Anthropozentrikbegriff bewußt noch nicht spezifiziert, da die angesprochenen Faktoren ihrerseits diffus und auch die Wirkungen nicht von vornherein präzise abzusehen sind.

I. Problemkatalysierende Faktoren

Der Ruf nach einer nichtanthropozentrischen Ökologischen Ethik ist nicht vom Himmel gefallen oder – so möchte man hinzufügen – aus der Natur aufgestiegen, sondern wurde durch verschiedene geistige und reale Faktoren wenn nicht verursacht, so doch zumindest katalysiert. Deren lassen sich zumindest fünf ausmachen: (1) die neuzeitliche Vernunft- und Subjektkritik, deren Technikskepsis und Fortschrittszweifel jegliche argumentative Bezugnahme auf den Menschen fragwürdig gemacht haben, (2) die neue Religiosität, (3) die Grenzerreichung des anthropozentrischen Bemühens um die Universalisierung moralischer und rechtlicher Normen und ethischer Rechtfertigungen, (4) die zunehmende Ausweitung menschlicher Selbstverwirklichungstendenzen und (5) der ökologische Problemdruck.

1. Vernunft- und Subjektkritik

Vernunftkritik und Vernunftbegründung gingen seit Beginn der Neuzeit Hand in Hand. Die skeptische Destruktion herkömmlicher religiöser Rationalitätsfundierungen war die negative Ergänzung zur Konstruktion neuer areligiöser oder zumindest depotenziert-religiöser Vernunftannahmen bezüglich des menschlichen Subjekts. Descartes' Zweifel an aller Erkenntnis machte als methodischer Zweifel die Bahn für die Selbstgewißheit des rationalen Subjekts im «cogito ergo sum» (1960, S. 52 ff) frei. Kants Kritik an der Vernunft war gleichzeitig eine durch die Vernunft und ermöglichte die neuen Gewißheiten der Verstandeskategorien (1911, S. 66), der transzendentalen Apperzeption (S. 81) und des Sittengesetzes (1911 a, S. 416).

Nicht der Zweifel an der Rationalität war also das Neue der philosophischen Vernunftkritik des 19. Jahrhunderts, sondern der Perspektivenwechsel. Nachdem der alte Widerpart religiös-metaphysischen Denkens destruiert oder zumindest in die Schranken gewiesen war, richtete sich deren Skepsis nunmehr immer stärker gegen eine immanente Vernunftbegründung und erfaßte damit das Konstituens des rationalistisch verstandenen neuzeitlichen Menschen. Vernunftkritik war damit auch Subjektkritik. Die Identitäts- und Naturphilosophie des mittleren und späten Schelling (1985, S. 141), der Materialismus von Marx sowie Schopenhauers (1991) und Nietzsches zentrale Auszeichnung des Willensbegriffs markieren diesen Umschwung.[6] Deren vernunftkritische Skepsis wurde zwar – insbesondere nach Hegels Tod – in der Philosophie wirkungsmächtig, blieb aber zunächst gegenüber dem gesamtgesellschaftlichen Vernunft- und Fortschrittsoptimismus noch eine relativ wirkungslose Außenseiterkritik. Im 20. Jahrhundert folgte dann aus den verschiedensten Denkrichtungen ein Angriff nach dem anderen gegen das Projekt des vernünftigen, aufgeklärten Subjekts: Freuds (Wieder-) Entdeckung des Unbewußten (1992, S. 39 ff, 117 ff, 251 ff), die Skepsis des mittleren und späten Wittgenstein gegenüber eindeutigen Bedeutungsdefinitionen und sprachlicher Subjektautonomie (Privatsprachenargument: 1977, § 243 ff, S. 139 ff), die Stigmatisierung der instrumentellen Vernunft durch die Kritische Theorie bei Horkheimer und Adorno

(1971), Günther Anders' These von der Antiquiertheit des Menschen im Verhältnis zum technischen Fortschritt (1988, S. VII), die Fundamental-kritik des späten Heidegger an der Technik (1962), die These des Post-strukturalismus (v. a. Foucault) vom Ende des Menschen (1966, p. 348), die vernunftlos-autopoietischen Systeme Luhmanns (1984), schließlich die postmoderne Entgrenzung und Beliebigkeit (Welsch 1988, S. 21, 25, 50, 203) – um nur einige Stationen zu nennen.

Selbst in der Vernunfttradition (in einem sehr weiten Sinn) stehende Theorien mußten ständig (zum Teil) abschwächende Revisionen und Modifikationen vornehmen, wie etwa der logische Empirismus (z. B. bei Carnap 1963, p. 3 ff), oder konnten allenfalls einen stark depotenzierten Rationalitätsbegriff aufrechterhalten, wie Popper mit seiner Theorie der Falsifikation (1984, S. 47 ff) oder Habermas' kollektivistisches Diskurs- bzw. Konsensprinzip (1983, S. 53 ff; 1992, S. 119 ff).

Die Vielzahl und Gewichtigkeit von skeptischen Einwänden gegen autonome Rationalität traf und trifft den sich und seine Sicht auf die Welt ausschließlich (Rationalismus), primär (Transzendentalphilosophie) oder zumindest partiell (logischer Empirismus) über seine Vernunft-fähigkeit definierenden neuzeitlichen Menschen am Nerv seines Selbst-verständnisses. Nichts lag und liegt daher prima facie näher, als im Rah-men der Begründungen Ökologischer Ethik von einer solcherart in Frage gestellten anthropozentrischen Rationalität Abschied zu nehmen oder zumindest ihren Wirkungskreis zu limitieren. Entsprechende Argumen-tationsstränge finden sich z. B. bei Schönherr[7] (mit Anlehnung an Hei-degger) und Capra[8].

Ob die vernunftkritischen Einwände jeweils berechtigt sind, kann hier nicht im einzelnen diskutiert werden (vgl. zu einer Widerlegung Frank 1986). Entscheidend ist im gegenwärtigen Zusammenhang nur, daß viele sie für berechtigt halten und damit das gedankliche Umfeld für eine nichtanthropozentrische Position in der Ökologischen Ethik bereiten.

2. Neue Religiosität

Das zunehmende religiöse Vakuum, das Aufklärung und Säkularisation in der westlichen Welt hinterlassen hatten und das für immer mehr Men-schen – nicht zuletzt auch aufgrund der soeben erwähnten philo-sophischen Kritik – durch Formen immanenter Rationalität nicht besei-tigt werden konnte, füllt seit den 60er Jahren – zumindest partiell – eine neue Religiosität. Diese hat die unterschiedlichsten Formen und Bezeich-nungen angenommen: New Age, Okkultismus, Tantra, Esoterik, holographisches Weltbild, neue Dimensionen der Psychologie, neue Mystik, Jugendreligionen, Meditationsbewegungen, Parapsychologie, Schamanismus (Mynarek 1983; Sudbrack 1990; kritisch Ruppert 1985, 1988, 1990). Obwohl eines der zentralen Kennzeichen dieser Religionsformen bzw. religiösen Praktiken ihre Vielgestaltigkeit und Kreativität ist, liegen doch Übereinstimmungen vor, die für die Frage nach Verbindungslinien zu nichtanthropozentrischen Positionen Ökologischer Ethik von Interesse sind: (1) Verwerfung von Monotheismus und Theismus, (2) Ablehnung kirchlicher Organisationen, Hierarchien und Dogmatik, (3) Betonung der Dynamik und des Veränderungsprozesses von Religiosität im Gegensatz zur Vergegenständlichung traditioneller Religionsformen (Gott, Teufel, Himmel, Hölle), (4) Ablehnung einer Beschränkung des Weltbildes auf neuzeitliche Rationalität, (5) Nähe zu fernöstlichen (Hinduismus, Buddhismus, Taoismus) und frühchristlichen Religionsformen (Gnosis), (6) ganzheitliches Denken, Transpersonalität, pantheistische Seinsvorstellungen, holistisches Weltbild.

Insbesondere der letzte Aspekt markiert den beinahe fließenden Übergang zwischen ganzheitlicher neuer Religiosität und nichtanthropozentrischen Positionen innerhalb der Ökologischen Ethik (Sudbrack 1990, S. 125). Mynarek kennzeichnet etwa die neue Religiosität ausdrücklich als «Ökologische Religion» (1986, 1983, S. 218). Und für Capra – einen Hauptvertreter des «New Age» – ist die «neue Sicht der Wirklichkeit» eine «ökologische Anschauung», wobei das «... ökologische Bewußtsein im wahrsten Sinne des Wortes spirituell ist» (1986, S. 465; vgl. auch S. 314, 316, 469). Capra beruft sich ausdrücklich auf die – unter C II 2 ausführlich dargestellte – «deep ecology»-Bewegung mit George Sessions als einem zentralen Vertreter (S. 465), die ihrerseits in starkem Maß auf religiöse Fundierungen zurückgreift, vor allem auf fernöstliche Religionen, aber auch nichtanthropozentrische, christliche Positionen integriert (Naess 1993, p. 208). Theoretiker der Ökologischen Ethik, die von Formen neuer Religiosität beeinflußt wurden, sind außer den schon Genannten etwa Stone (1988, p. 51, S. 77), Schönherr (1989, S. 81), Meyer-Tasch[9] und Andreas-Grisebach (1991, S. 18, 36, 67). Dabei rechtfertigt die Kritik an der Anthropozentrik des Christentums (vgl. Nash 1989, p. 88) beides: eine nichtanthropozentrische neue Religiosität und eine nichtanthropozentrische Ökologische Ethik. Am Rande vermerkt sei, daß auch der umgekehrte Prozeß der Einwirkung des ökologischen Denkens auf traditionelle Religiosität festzustellen ist, etwa mit der Folge einer Neuinterpretation biblischer Texte (Nash 1989, p. 87 ff.)

3. Grenzerreichung des anthropozentrischen Universalisierungsradius

Politische Forderungen und die Newtonsche Mechanik scheinen eine signifikante Ähnlichkeit aufzuweisen: das Prinzip der Trägheit. Weil das Bessere der Feind des Guten ist, neigen politische Forderungen zu einer immer weiter zunehmenden Radikalisierung – auch wenn das ursprüngliche Ziel und das vernünftig Begründbare möglicherweise längst erreicht sind.

Nachdem mit der Forderung nach Rechten, Gleichberechtigung und Gleichstellung für die Mitglieder gesellschaftlich benachteiligter Gruppen (Frauen, Kinder, Strafgefangene und Minoritäten, etwa die Schwarzen in den USA) in der westlichen Welt die anthropozentrische Grenze erreicht ist, treibt diese Universalisierungsbewegung wie eine einmal angestoßene Billardkugel über die Scheidelinie der Berücksichtigung menschlicher Wesen hinaus (Ryder 1991, p. 35 f). Auf der Agenda steht damit die Frage nach der Rechtszuschreibung und Gleichberechtigung nichtmenschlicher Wesen. Den Hintergrund bildet eine ins Praktische gewendete evolutionstheoretische Deutung: Einem Naturgesetz gleich fordere die bisherige Entwicklung eine immer weitere Ausdehnung. Der Universalisierungsverlauf und die Tatsache der Grenzerreichung des anthropozentrischen Universalisierungsradius wird als Plausibilisierung der Forderung nach einer nichtanthropozentrischen Ethik bzw. Rechtsethik herangezogen, so etwa bei Stone (1988, p. 3, S. 25 f). Unter C V wird dieses Argument kritisch beleuchtet. Hier soll nur das Faktum registriert werden.

4. Extension menschlicher Selbstverwirklichungstendenzen

Der soeben beschriebenen (A I 1) theoretisch-skeptischen Destruktion der Vernunftfundierung des Menschen kontrastiert in der Lebenspraxis der Menschen in der westlichen Welt eine immer weiter zunehmende Subjektivierung, Individualisierung und Humanisierung (im Sinne von Vermenschlichung) mit dem Leitwert der Selbstverwirklichung als Fixstern und dominanter Prägung der Alltagserfahrung (van der Loo/van Reijen 1992, S. 159 ff; Schulze 1993, S. 312, 541). Entkollektivierung, Pluralisierung und der Übergang zu einer «Erlebnisgesellschaft» sind Signaturen einer realen Individualisierung von kollektiven Lebensformen und Lebenswerten. Gemeinschaftsideale werden durch individuelle Lebensstrategien ersetzt. Dieser Trend erscheint trotz jüngster praktischer

(Propagierung von sog. «family values» in den USA) und theoretischer (vgl. die Theoretiker des sog. «Kommunitarismus», Honneth 1993) Retardierungen ungebrochen. Er hat insbesondere bei privilegierten und meinungsbildenden Schichten partiell zur Selbstfindungssuche in und mit Hilfe der Natur geführt. Die Partei der «Grünen» findet ihre Anhänger z. B. vorwiegend in bürgerlichen Milieus.

Ebenso wie die Einsicht des «hedonistischen Paradoxes», daß die direkte Intention auf das Glück dieses zerstört, zu indirekten Glückserreichungsstrategien führt, verweist auch die Kulmination der praktischen Anthropozentrik im Selbstverwirklichungsideal auf einen nichtanthropozentrischen oder schwach anthropozentrischen Umschlag. Wer Natur soweit als möglich in menschliches Glückserleben integrieren will, darf sie nicht zur bloß instrumentalisierten Umwelt degradieren, sondern muß ihre Eigenwirklichkeit und ihren Eigenwert achten. Über eine Reflexion zweiter Stufe wird somit die Nichtanthropozentrik oder abgeschwächte Anthropozentrik erster Stufe erreicht. Die Favorisierung des – zumindest scheinbar – naturbelassenen englischen Landschaftsgartens gegenüber dem *more geometrico* angelegten Barockpark in der zweiten Hälfte des 18. Jahrhunderts erscheint als frühes Zeugnis einer entsprechenden Reflexion, das von zeitgenössischen Naturästhetikern wie Gernot Böhme als paradigmatisch apostrophiert wird (1989, S. 46, 79 ff). In der Ökologischen Ethik haben entsprechende Überlegungen zu verschiedenen Formen schwacher Anthropozentrik und zu einer Überschreitung der Anthropozentrik um des Menschen willen geführt. So hat etwa Partridge ein moralpsychologisches Bedürfnis des Menschen zur Transzendierung seiner moralischen Selbstbezogenheit postuliert (1984, p. 117 ff).

5. Ökologischer Problemdruck

Als Trivialität sei hier nur kurz erwähnt, daß die zunehmenden und immer deutlicher erkennbaren praktischen ökologischen Probleme mit ihren in Intensität und Radius steigenden Gefährdungspotentialen quasi im Wege einer praktischen Induktion zu einem Veränderungsdruck auf Ethik und Recht geführt haben: Überdüngung der Böden, Toxikation der Nahrung, der Atemluft und des Trinkwassers, Müllberge, Artenschwund, Erosion, Flächenversiegelung, grausame Massentierhaltung, Tierversuche, Waldsterben, Ozonloch, Klimakatastrophe durch den Treibhauseffekt – um nur die wichtigsten Aspekte anzuführen.

Seit den 60er Jahren sorgte eine kontinuierlich zunehmende Zahl von einschlägigen Veröffentlichungen und Berichten in den Medien für ein steigendes Problembewußtsein. Zu nennen wären beispielhaft die Analysen des «Club of Rome» (Meadows 1972, 1993), «Global 2000» (Kaiser 1981) und die jährlichen Berichte des Worldwatch Institute (Brown 1995). Die zunehmende Wahrnehmung ökologischer Gefährdungen führte zur Gründung zahlreicher Umweltbewegungen (Greenpeace, Robin Wood, Earth First!) und Umweltparteien, aber auch zu internationalen Aktivitäten wie der Weltumweltkonferenz in Rio de Janeiro 1992 und der Klimaschutzkonferenz in Berlin 1995.

II. Terminologische Vorklärungen

Will man das Problem der ethischen Rechtfertigung des menschlichen Verhaltens gegenüber der nichtmenschlichen Natur weiter klären und insbesondere eine Antwort auf die Frage geben, ob nichtanthropozentrische Begründungen in der Ökologischen Ethik überhaupt als Rechtfertigungstyp möglich sind, muß man sich zunächst einige terminologische Aspekte ethischer Theoriebildung vor Augen führen.

1. Anthropozentrik

Wie sich aus der Etymologie des Wortes «anthropozentrisch» (von griechisch ὁ ἄνθρωπος = der Mensch; τὸ κέντρον = der Stachel, der Ort, wo man den Zirkel einsetzt, der Mittelpunkt) ergibt, werden so Behauptungen bzw. Begründungen gekennzeichnet, die ausschließlich oder überwiegend auf den Menschen Bezug nehmen. Diese Bestimmung befriedigt aber noch wenig. Es stellen sich sofort weitere Fragen: Welcher Gesichtspunkt menschlichen Lebens wird bei der Behauptung oder Begründung berücksichtigt? Wird der einzelne Mensch herangezogen, die Menschheit als Ganzes oder nur Teile oder Gruppen von ihr? Finden auch vergangene und zukünftige Generationen Berücksichtigung? Wie ausschließlich bzw. intensiv ist diese Berücksichtigung?

Im Deutschen hat sich der Ausdruck «anthropozentrisch» in der zweiten Hälfte des 19. Jahrhunderts im Zusammenhang mit analogen Bildungen wie «geozentrisch» oder «heliozentrisch» und in bezug auf Begriffe wie «Weltbild», «Weltanschauung» oder «Weltansicht» eingebürgert (Ritter 1971, S. 380). Windelband stellte 1892 in einer ersten Erwähnung (soweit ersichtlich) den anthropozentrischen Charakter der Weltsicht des Christentums (der Mensch und sein Geschick werden zum Mittelpunkt des Universums) dem neuplatonischen gegenüber (1892, S. 205). Dabei scheint es zunächst bei einer deutschen Wortprägung verblieben zu sein: Während der Brockhaus den Begriff 1953 als «jede Betrachtungsweise, die Ziel und Sinn der Welt in den Menschen setzt» (1953, Bd. 1, S. 313), definiert, findet sich in der Encyclopaedia Britannica von 1965 noch kein Eintrag.

Sowohl Etymologie als auch Verwendung des Terminus «anthropozentrisch» vor seiner Thematisierung in der Ökologischen Ethik weisen keine Beschränkung der Bezugnahme des Begriffs auf ethische Begründungen auf. Dazu kommt, daß der Terminus auch im Rahmen ethischer Argumentationen mit Ausgriff auf andere Sachbereiche eingesetzt wird, etwa wenn auf die unhintergehbare Anthropozentrik menschlicher Kognition verwiesen wird (Bayertz 1987, S. 180). Dies rechtfertigt es bzw. macht es sogar notwendig, den Begriff ohne eine vorgängige Beschränkung auf Argumentationszusammenhänge der Ökologischen Ethik zu definieren.

Nimmt man zur Bezugnahme auf den Menschen und sein Weltbild noch die Problematik der Ausschließlichkeit bzw. des Umfangs der Bezugnahme als deren Intensität hinzu, so kann man drei Bedeutungsbezüge unterscheiden:
(1) den Sachbezug, der als anthropozentrisch gekennzeichnet wird;
(2) den Trägerbezug auf den Menschen / die Menschen;
(3) die Intensität der Bezugnahme.

1. Der Sachbezug des Anthropozentrikbegriffs läßt sich auf der allgemeinsten Kennzeichnungsstufe prinzipiell mit allen Dimensionen wissenschaftlicher und philosophischer Erkenntnis- und Äußerungsformen verbinden, sofern sie nur auf irgendeine Weise auf den Menschen bezogen werden können. Verbalisiert werden kann somit eine ontologische, erkenntnistheoretische, sprachphilosophische oder ethische (einschließlich einer ästhetischen) Bezugnahme.

Im ontologischen Kontext kennzeichnet der Begriff die ontische Stellung des Menschen in Relation zu anderen Entitäten, etwa an der Spitze einer innerweltlichen Seinspyramide – wie im christlich-mittelalterlichen Weltbild –, oder als *res cogitans* gegenüber der bloßen *res extensa* der übrigen Welt – wie bei Descartes. Unter diese Begriffsdimension fallen auch hierarchisierende evolutionsbiologische Eigenschaften des Menschen, etwa als am meisten ausdifferenziertes, komplexes und höchstes Evolutionsprodukt. [10]

Im erkenntnistheoretischen Zusammenhang werden menschliche Erkenntnismöglichkeiten und Weltsichten als absolut oder zumindest dominierend thematisiert, etwa das christlich-anthropozentrische Weltbild oder die menschliche Fähigkeit zu Selbstbewußtsein und Berücksichtigung von Zukunft und Vergangenheit.

Im sprachlogischen Kontext wird auf die menschliche Sprachfähigkeit und ihre gesellschaftskonstituierende Wirkung Bezug genommen. Dies findet sich schon bei Aristoteles, der die gattungspezifische Differenz des Menschen gegenüber den Tieren (u. a.) in seiner Sprach- bzw. Vernunftfähigkeit sah (1984, 1253 a 9 f, S. 49).

Die Ethik verwendet den Anthropozentrikbegriff schließlich, um den Menschen als Bezugspunkt ethischer Begründungen und Subjekt moralischer Verpflichtungen auszuzeichnen. Man kann dabei im Rahmen einer naturalistischen normativ-ethischen Theorie z. B. die Position vertreten, daß ein ontologischer Anthropozentrismus einen ethischen generiert. Dies muß dann aber klar als Übergang zwischen zwei unterschiedlichen semantischen Begriffsebenen, der nicht nur begrifflicher, sondern vor allem auch normativ-ethischer Natur ist, ausgewiesen und begründet werden.[11] Im folgenden Teil wird die normativ-ethische Dimension des Anthropozentrikbegriffs weiter differenziert. Sie macht das Herzstück seiner Verwendung innerhalb der Ökologischen Ethik aus. Da die Ethik ihrerseits aber auch ontologische, sprachlogische und erkenntnistheoretische Dimensionen aufweist, muß auf die anderen Sachbezüge zurückgegriffen werden.

2. Neben dem Sachbezug impliziert der Anthropozentrikbegriff einen Trägerbezug auf ein, mehrere oder alle Elemente der Klasse der Menschen. Der Verweis auf den Menschen läßt sich somit weiter differenzieren: zwischen einzelnen Menschen und menschlichen Kollektiven unterschiedlichster Radien: Familie, Gemeinde, Land, Nation, lebende Menschheit und schließlich als weitester Radius alle lebenden, toten und zukünftigen Menschen (vgl. Meyer-Abich 1984, S. 23). Dabei ist gerade die Unterscheidung zwischen Individuen und Kollektiven für die Ethik von zentraler Bedeutung, weil sie die Grenzlinie zwischen individualistischen (z. B. dem Existentialismus) und kollektivistischen (z. B. dem klassischen Nutzen-Summen-Utilitarismus) Ethiken markiert.

Eine genauere Bestimmung des zugegebenermaßen hier nur vage eingeführten Begriffs des «Trägers» würde die Verkoppelung von Trägerbezug und Sachbezug voraussetzen. Denn entscheidend ist z. B., ob man sich auf ein menschliches Kollektiv im ontologischen (etwa die spinozistische Vorstellung einer umfassenden Substanz), erkenntnistheoretischen (etwa die sog. «scientific community»), sprachlogischen (etwa in Wittgensteins Privatsprachenargument) oder ethischen (etwa die Diskursgemeinschaft in der Diskursethik) Zusammenhang bezieht.

3. Schließlich mangelt es dem Anthropozentrikbegriff an einer präzi-

seren Bestimmung der Ausschließlichkeit bzw. Intensität der anthropozentrischen Bezugnahme. Man kann nicht von vornherein von einer
dualistischen Kategorisierung in Bestehen oder Nichtbestehen der Bezugnahme ausgehen, sondern muß graduelle Abstufungen ermöglichen. Insofern läßt sich eine Ausschließlichkeit der Bezugnahme auf
den Menschen (Anthropozentrik) von einem Überwiegen der Bezugnahme (unvollständigen Anthropozentrik) und einer bloß einfachen Bezugnahme (Anthroporelationalität) unterscheiden. Wenn man die
Nichtanthroporelationalität (keine Bezugnahme) hinzunimmt, hat man
vier Markierungspunkte auf einem Kontinuum, das prinzipiell unendliche Abstufungen der Intensität der Bezugnahme auf den Menschen
zuläßt. Es gelten damit folgende Definitionen:

D1: Ist wenigstens eine Bezugnahme auf den Menschen gerichtet, so
wird die Bezugnahme insgesamt als «anthroporelational» bezeichnet.

D2: Sind alle Bezugnahmen auf den Menschen gerichtet, so wird die
Bezugnahme insgesamt als «anthropozentrisch» bezeichnet.

D3: Sind die meisten oder ausschlaggebenden Bezugnahmen anthroporelational, so wird die Bezugnahme insgesamt als «unvollständig anthropozentrisch» gekennzeichnet.

D4: Ist keine Bezugnahme anthroporelational, so wird die Bezugnahme als «nichtanthroporelational» gekennzeichnet. «Nichtanthropozentrisch» ist mit «nichtanthroporelational» synonym.

Wie wichtig diese Differenzierung ist, erweist sich zum Beispiel beim
häufig auftretenden Begriff «christliche Anthropozentrik» (Irrgang
1992, S. 17, 192). Dieser Ausdruck ist nur dann verständlich und bildet
nur insofern keine *contradictio in adjecto*, wenn man ihn sowohl in seiner ontologischen als auch in seiner ethischen Sachdimension als anthroporelational versteht. Andernfalls würde Gott als höchste Entität oder
Urheber von moralischen Geboten ausgeschlossen oder marginalisiert.
Christliche Ethik ist mit der Annahme eines außerweltlichen Gottes notwendig (unvollständig) theozentrisch bzw. theorelational. Sie kann allenfalls mit Bezug auf die immanente Welt als unvollständig anthropozentrisch oder anthroporelational aufgefaßt werden – je nachdem, ob
man annimmt, daß der Einfluß Gottes in der Welt überwiegt oder nicht.

Nachfolgend wird in der Terminologie allerdings nur dann zwischen «Anthropozentrik» und «Anthroporelationalität» unterschieden, wenn es auf die Differenzierung ankommt. Ist dies nicht der Fall, wird der ungenaue, aber allgemein gebräuchlichere Sprachgebrauch beibehalten und von «Anthropozentrik» gesprochen.

Denkbar ist des weiteren, daß eine anthropozentrische oder anthroporelationale Bezugnahme auf einer Primärebene besteht und eine nichtanthropozentrische auf der Sekundärebene begründet. Da die Anthropozentrik auf diese Weise überstiegen, aber nicht überwunden wird, werden solche Bezugnahmen «transanthroporelational» genannt. Diese Form indirekter Anthropozentrik ist schon oben bei dem problemkatalysierenden Faktor der Extension menschlicher Selbstverwirklichungstendenzen erwähnt worden (A I 4). Sie wird strukturell in A III 6 und sachlich in E diskutiert:

> D5: Ist eine mehrstufige Bezugnahme zwar auf der ersten Stufe anthroporelational oder anthropozentrisch, beinhaltet bzw. begründet sie auf der zweiten Stufe aber eine nichtanthroporelationale Bezugnahme, so wird die Gesamtbegründung «transanthroporelational» genannt.

Neben der numerischen Einteilung der Bezugnahmen in anthroporelationale, vollständig und unvollständig anthropozentrische und nichtanthroporelationale und der Kennzeichnung gemischt-iterierender Bezugnahmen als transanthroporelationale kann schließlich eine inhaltliche Kennzeichnung der Bezugnahme erfolgen, je nachdem, ob das inhaltliche Schwergewicht der Rechtfertigung eindeutig und überproportional beim Menschen liegt (starke Anthroporelationalität bzw. starke Anthropozentrik) oder nicht (schwache Anthroporelationalität bzw. schwache Anthropozentrik). Die alleinige Bezugnahme auf menschliche Interessen im Verhältnis zu Naturentitäten wäre z. B. eine stark anthropozentrische Relation, während man die ästhetische bzw. tugendethische Bezugnahme als schwach anthropozentrisch bzw. anthroporelational ansehen kann.[12]

> D6: Ist eine Relation zwischen Mensch und Natur inhaltlich zentral auf den Menschen bezogen, so wird sie als «stark anthroporelational» bzw. «stark anthropozentrisch» gekennzeichnet.

D7: Ist eine Relation zwischen Mensch und Natur inhaltlich nicht zentral auf den Menschen bezogen, so wird sie als «schwach anthroporelational» bzw. «schwach anthropozentrisch» gekennzeichnet.

Bryan Norton hat demgegenüber den starken Anthropozentrismus mit den tatsächlich gefühlten Präferenzen (felt preferences) und den schwachen Anthropozentrismus unter Einschluß der Ideale reflektierter Präferenzen (considered preferences) expliziert (1984, p. 134). Diese Begriffsbildung ist jedoch problematisch: Ein normativ-ethisches Zweiebenenmodell von Intuitionen und reflektierten Haltungen – das stark an Richard M. Hares Zweiebenenmodell (1981, p. 60 f) erinnert – wird in die abstrakte Begriffsbildung projiziert und mit den verschiedenen Typen inhaltlicher Bezugnahmen verknüpft. Die These, daß reflektierte Präferenzen im Gegensatz zu unreflektierten schwach anthropozentrisch sein werden, ist keine strukturelle, sondern eine inhaltliche Annahme.

2. Ethik

Innerhalb eines umfassenden Ethikbegriffs (im weiteren Sinn), den man vage und allgemein als «praktische Beurteilung von Lebenssachverhalten» kennzeichnen könnte, sollte man zwischen Moral, normativer Ethik (Ethik 1. Ordnung), deskriptiver Ethik und Metaethik (Ethik 2. Ordnung) unterscheiden.[13]

Der Terminus «Moral» bezieht sich auf konkrete moralisch-praktische Phänomene, also Normen, Institutionen, Verhalten, Verhaltensweisen, Äußerungen und Haltungen.[14] Dabei wird innerhalb der Moral mit «Ethos» auf deren kollektive Erscheinungsform in einer Gruppe, einer Gesellschaft oder einem Staat verwiesen, während «Moral im engeren Sinn» die Erscheinungsweise dieser Phänomene bei einem einzelnen Menschen meint. Die individuelle Moral kann durchaus vom Ethos eines Kollektivs abweichen, dem der einzelne angehört (Teilnehmerperspektive) oder das er von außen beurteilt (Beobachterperspektive).[15]

«Normative Ethik» (Ethik 1. Ordnung, Ethik im engeren Sinn) bezeichnet die sprachlich verfaßte Begründung, Rechtfertigung oder Kritik moralischer Normen, Institutionen, Verhaltensweisen, Äußerungen und Haltungen. Sie ist insofern normativ, als sie (außer bei der Begründung von Bewertungen, wo Bewertungen genügen) am Übergangspunkt zur Moral normative Begründungskraft erreichen muß, um ihre Funktion erfüllen zu können. Das impliziert aber nicht, daß alle ihre Elemente normativ (bzw. präskriptiv) sein müssen. Dies wäre eine Vorentscheidung für den Präskriptivismus und würde naturalistische bzw. deskriptivistische Ethiken und Wertethiken schon über die metaethische Begriffsdefinition ausschließen. Die normative Ethik kann somit – je nach individueller Theoriekonstruktion – neben den Präskriptionen auch Evaluationen und Deskriptionen enthalten (v. d. Pfordten 1993, S. 286 ff), die aber regelmäßig in ein Begründungsnetz eingewoben sind, dessen Ergebnis eine normative Begründung darstellt. Ob man davon unabhängige Bewertungen auch der normativen Ethik zurechnet oder einer eigenen «Wertlehre», kann hier dahinstehen. Abzugrenzen ist die normative Ethik von einer «Theorie des glücklichen Lebens». Erstere bezieht nicht nur den Akteur, sondern immer auch andere Entitäten als Betroffene mit ein, während letztere nur auf den Akteur und seine Lebensverwirklichung zentriert ist. Nicht ausgeschlossen ist damit natürlich, daß eine spezifische ethische Position die Akteurszentrierung als allein ausschlaggebend auszeichnet. Aber im Rahmen einer metaethischen Klassifikation sollte eine derartige Vorentscheidung vermieden werden.

Innerhalb der normativen Ethik kann man zwischen einfachen Begründungen, wie sie jeder Mensch im Gespräch in Alltagssituationen anführt, und der wissenschaftlichen Behandlung der Begründungsfrage im Rahmen der Philosophie als Wissenschaft mit entsprechenden Forschungsstandards (Kohärenz, Konsistenz, Vollständigkeit etc.) unterscheiden («wissenschaftliche Ethik»). Die Übergänge sind hier aber nicht absolut trennscharf zu ziehen, weil die Abgrenzung durch die jeweils bis zu einem gewissen Grad diffusen Intentionen und die pragmatische Handlungseinbettung determiniert wird. Innerhalb der wissenschaftlichen Ethik ist des weiteren eine Unterscheidung zwischen «allgemeiner» und «angewandter Ethik» möglich. Letztere ist auf die normative Rechtfertigung von Teilbereichen moralischer Gegebenheiten beschränkt (medizinische, ökonomische, politische, juristische etc.), während dies für erstere nicht gilt. Die Ökologische Ethik ist eine dieser angewandten Ethiken.

Als «deskriptive Ethik» wird jede Theorie bezeichnet, die sich beschreibend bzw. erklärend auf Phänomene der Moral bezieht (Kutschera 1982, S. 39), also für das Ethos die Soziologie, Sozialpsychologie und Ethnologie, für die Moral im engeren Sinn Individualpsychologie, Anthropologie und Handlungstheorie.

«Metaethik» (Ethik 2. Ordnung) soll schließlich jede Theorie heißen, die beschreibend und analysierend auf eine normative Ethik Bezug nimmt. Dabei liegt der Schwerpunkt der Metaethik auf der Analyse der Sprachstrukturen (Frankena 1973, p. 5, S. 21). Aber auch die Unterscheidung von Nonkognitivismus und Kognitivismus und die Formalisierung innerhalb einer adäquaten deontischen Logik gehören zu ihrem Bereich. Metaethische Überlegungen können einen wertenden oder normativen Status annehmen und werden dann sprachlogischer Teil einer Theorie der normativen Ethik 1. Ordnung, die ihrerseits jeweils in ihrer Theoriestruktur eine – implizite – Annahme über die sprachlogische Struktur einer normativ überzeugenden Theorie enthält. Hierauf wird im nächsten Abschnitt noch eingegangen. Die vieldiskutierte Frage nach der normativen Neutralität der Metaethik (Grewendorf/Meggle 1974, S. 23 ff) kann insofern formal behandelt werden: Normativ neutral ist eine metaethische Theorie, sofern sie zum einen deskriptiv bleibt, zum anderen nicht in das Begründungsnetz einer normativ-ethischen Theorie eingebaut wird.

Sowohl normative Ethik als auch deskriptive Ethik und Metaethik können als wissenschaftliche Unternehmen wie jedes andere menschliche Verhalten ihrerseits Objekt von Bewertungen und Normen sein. Sie sind dann Gegenstand einer höherstufigen normativen Ethik. Ob dies notwendig der Fall ist, muß hier nicht diskutiert und entschieden werden. Jedenfalls würde eine entsprechende Bezugnahme nichts daran ändern, daß deskriptive Ethik und Metaethik als Unternehmen mit deskriptivem Erklärungsanspruch möglich sind. Die auslösende Motivation oder die sekundäre praktische Bezugnahme determinieren die deskriptive Beschreibung nicht so stark, daß die bewußte Ausschaltung evaluativer und normativer Einflüsse nicht in weitem Maß möglich wäre und man bei der Bereichseinteilung von Wissenschaft davon ausgehen müßte.

Angemerkt sei, daß selbst die basale Unterscheidung zwischen Moral, normativer Ethik und Metaethik zumindest im deutschen Sprachraum noch keineswegs in den allgemeinen bzw. fachethischen Sprachgebrauch eingegangen ist. So soll es nach Habermas in «ethischen Diskursen» um Argumente gehen, «die sich auf eine Explikation des Selbstverständnisses unserer historisch überlieferten Lebensform stützen und in diesem Kontext Wertentscheidungen an dem für uns absoluten Ziel einer authentischen Lebensführung bemessen» (1992a, S. 199), während in «moralischen Diskursen» Argumente den Ausschlag geben, «die dafür sprechen, daß die in strittigen Normen verkörperten Interessen schlechthin verallgemeinerungsfähig sind» (S. 201). In letzteren erweitere «sich die ethnozentrische Perspektive eines bestimmten Kollektivs zur umfassenden Perspektive einer entschränkten Kommunikationsgemeinschaft». Diese Unterscheidung zwischen Ethik und Moral erscheint für eine allgemeine, theorieübergreifende Kennzeichnung wissenschaftlicher Untersuchungsbereiche aber wenig geeignet, weil sie Spezifika der normativen Universalisierungsposition der Diskursethik in die metaethische Begriffsbestimmung hineinträgt und gerade den für eine normative Ethik zentralen Konflikt zwischen partikularen Eigeninteressen und Allgemeininteressen zwei verschiedenen Diskursen zuweist.

Ott spricht bezüglich der abstrakten, normativen Ethik von «Prinzipienethik» (1993, S. 106). Ich halte diese Bezeichnung zumindest in einem klassifikatorischen Zusammenhang für wenig glücklich, weil sie nicht auf der begriffsdefinitorischen bzw. forschungsbereichsabgrenzenden Ebene verbleibt, sondern schon einen bestimmten Typ normativer Ethik präjudiziert – eben die Prinzipienethik –, während andere Typen – z. B. eine kohärentistische Ethik – damit implizit ausgeschlossen sind.

Innerhalb normativ-ethischer Theorien begegnet man häufig der Typisierung in teleologische und deontologische Begründungsansätze. Teleologische Positionen sehen die bezweckten Konsequenzen eines Verhaltens als rechtfertigend an, deontologische das Verhalten selbst, die Verhaltenstypen oder -maximen usw. (Frankena 1973, p. 14 f, S. 34 ff). Erstere stehen in der Tradition des Utilitarismus, letztere in der des Kantianismus. Ich halte die Teleologisch-deontologische-Unterscheidung nicht für zweckmäßig und habe sie an anderer Stelle kritisiert (1996). Auch andere vorgeschlagene Dichotomisierungen – wie etwa Deskriptivismus / Nondeskriptivismus oder Kognitivismus / Nonkognitivismus (Hare 1995; Trapp 1988, S. 54 ff) erscheinen mir weder basal noch vollständig (weitere Möglichkeiten bestehen), noch hilfreich, weil Graduierungen ausgeschlossen werden. Hier kann ich keine detaillierte Darstellung und Kritik liefern, sondern will nur meine Alternative vorschlagen:

Zentral für die normative Ethik ist gegenüber der Metaethik und der deskriptiven Ethik ihre Begründungsfunktion (Hoerster 1986, S. 8 ff). Eine Typisierung ethischer Theorien ergibt sich deshalb mit Bezug auf die abstrakt-unterscheidbaren Teilelemente bzw. Merkmale einer ethischen Begründung. Auf diese Weise lassen sich fünf Strukturmerkmale ethischer Theorien generieren, die voneinander *in abstracto* unabhängig sind und allenfalls aufgrund der speziellen Annahmen der jeweiligen Theorie eine, dann nur für diese Theorie geltende, argumentspezifische Verbindung eingehen (können):

Es handelt sich hierbei um (1) die Kriterien bzw. Prädikate, die begründenden Status haben sollen (z. B. göttliche Gebote, Konsequenzen, Absichten, Werte, Gefühle, Pflichten, Tugenden, Interessen, Präferenzen, den Willen etc.), (2) die Art und Weise der erkenntnistheoretischen Gewinnung dieser Kriterien (z. B. empirisch, intuitiv, logisch etc.), (3) die Entität, der die Kriterien bzw. Begründungselemente als Träger, Betroffener oder Urheber zugeordnet werden (z. B. Gott, Mensch, Handelnder, Tier, Natur), (4) die Frage der sprachlogischen Struktur der Verknüpfung der entscheidenden Kriterien untereinander und mit dem zu Begründenden (Verhältnis von Normen, Wertungen und/oder Beschreibungen, Sein-Sollen-Problem) und schließlich (5) das zu Begründende, d. h. die Verhaltensweisen, Kennzeichnungen oder Gegebenheiten, die Gegenstand bzw. Ergebnis der durch die bisher aufgeführten vier Merkmale konstituierten Begründung bzw. Verpflichtung sein sollen (z. B. Handlungen, Charaktere, Pflichten, Institutionen).[16]

Mit der hier vorgeschlagenen Unterscheidung von fünf Strukturelementen normativer ethischer Theorien soll weder geleugnet werden, daß historisch verschiedene Elemente häufig im Verbund vertreten wurden, etwa im klassischen Utilitarismus: Eudaimonismus (Orientierung an Freude und Leid), Empirismus (empirische Erkennbarkeit der Folgen einer Handlung für Freude und Leid), Kollektivismus (kollektive Nutzen-Summen-Maximierung), Evaluationismus (Ausgang von einer Werttheorie) und Aktionismus (Handlungsorientierung), noch soll behauptet werden, daß die einzelnen Elemente im Rahmen einer speziellen ethischen Theorie nicht voneinander abhängig sein können. So läßt sich etwa für platonistische Wertentitäten kaum eine andere Erkenntnisform als eine intuitionistische vorstellen. Behauptet wird nur, daß die fünf Strukturmerkmale auf einer abstrakten, theorieübergreifenden, metaethischen Kennzeichnungsebene voneinander logisch unabhängig sind und damit ihre Unterscheidung für die Kennzeichnung einzelner Ethiktheorien gerechtfertigt und fruchtbar ist, weil sie sowohl die unabhängige Diskussion der einzelnen Elemente als auch ihrer Abhängigkeiten innerhalb einer bestimmten Theorie erlaubt. Die Vollständigkeit der Unterscheidung in fünf Strukturmerkmale wird hier zwar behauptet, aber nicht begründet. Eine Rechtfertigung kann nur angedeutet werden: Die fünf Strukturmerkmale jeder normativ-ethischen Theorie dienen dazu, die normative Ethik mit der Welt als ganzer kohärent zu verbinden. Deshalb muß eine solche Ethik die zentralen «Kategorien» der Welt als ganzer mit ihrem Zweck – eine normative Verpflichtung zu generieren – in Einklang bringen. Diese zentralen Kategorien der Welt als ganzer sind: Sein, Erkenntnis, Sprache. Entsprechend beziehen sich die Strukturmerkmale (1) und (3) auf das Sein, das Strukturmerkmal (2) auf die Erkenntnis und das Strukturmerkmal (4) auf die Sprache. Die Strukturmerkmale (1) bis (4) verbinden sich zur Generierung von (5) als Resultat (vgl. v. d. Pfordten 1996).

3. Natur

Der Begriff «Natur» ist seit mehr als 2500 Jahren Gegenstand naturphilosophischer Spekulation. Die Ökologie muß sich als Naturwissenschaft und die Naturphilosophie als Teil der theoretischen Philosophie mit diesen Konzeptualisierungsbemühungen auseinandersetzen. Im Rahmen einer Ökologischen Ethik als normativ-praktischer Disziplin ist eine allgemeine Klärung der naturphilosophischen Abgrenzungen dagegen nicht unabdingbar notwendig. Für diese genügt es, den Naturbegriff so weit zu fassen, daß alle möglicherweise relevanten Naturentitäten ethische Berücksichtigung finden können. Ob sie dann tatsächlich ethische Beachtung verdienen, entscheidet nicht die Definition des Naturbegriffs, sondern die Tragfähigkeit der normativ-ethischen Rechtfertigung. Die Definition des Naturbegriffs ist im Rahmen einer Ökologischen Ethik demnach notwendigerweise auf ihre Zwecke der Verhaltensrechtfertigung bzw. -kritik bezogen und keine allgemeine.

Der Naturbegriff kann im Rahmen einer Ökologischen Ethik verschieden weit definiert werden als: (1) die gesamte Welt bzw. alle Entitäten; (2) die gesamte nichtmenschliche Welt; (3) die gesamte belebte Welt; (4) die gesamte belebte nichtmenschliche Welt; (5) die gesamte belebte, nichtmenschliche und nicht vom Menschen beeinflußte Welt. Der Alltagssprachgebrauch schwankt wohl je nach Kontext zwischen allen Alternativen. Der Mensch wird manchmal als Teil der Natur angesehen, wenn z. B. Nahrungskreisläufe beschrieben werden, manchmal nicht, wenn z. B. ein wirksamerer Naturschutz gefordert wird. Der Untertitel dieses Buches folgt im Hinblick darauf und aus Gründen der sprachlichen Prägnanz und Kürze der Definition (2). In unserem Zusammenhang erscheint es allerdings sinnvoll, bei der Suche nach einer Ökologischen Ethik die Definition (1) zu bevorzugen, als relevantes moralisches Rechtfertigungsphänomen der Ökologischen Ethik aber ein menschliches Verhalten gegenüber der nichtmenschlichen Natur zu fordern (vgl. die obige Definition der Ökologischen Ethik unter A). Der Mensch ist zwar Teil der Natur als Ganzes der Welt, aber eine spezifisch Ökologische Ethik läßt sich in Abgrenzung zur allgemeinen Ethik nur definieren, wenn sie die Rechtfertigung rein zwischenmenschlicher Moralnormen ohne Auswirkungen auf die Natur – etwa die des Lügenverbots – ausschließt und sich nicht nur auf den Menschen als Gegenstand der Moral, wohl aber als Normadressat der Moralnormen oder ultimativen Begründungspunkt einer Ökologischen Ethik bezieht. Deshalb verdient im Rahmen einer Ökologischen Ethik die Definition (1) des Naturbegriffs gegenüber den anderen Definitionen den Vorzug (vgl. Meyer-Abich

1990, S. 50 f). Damit ist aber keine inhaltliche Vorentscheidung für eine holistische Ökologische Ethik getroffen. Die Berücksichtigung menschlichen Verhaltens mit Auswirkungen auf die Natur als Ganzes und alle nichtmenschlichen Entitäten auf der Ebene der Moral kann vielleicht nur durch den ethischen Verweis auf den Menschen – also im Rahmen einer strikten oder abgeschwächten Anthropozentrik – gerechtfertigt werden.

Die Entscheidung für (1) und gegen (3), (4) oder (5) ist auch dadurch motiviert, daß die Abgrenzungen zwischen «belebt» und «unbelebt» bzw. «unberührt» und «menschlich beeinflußt» fließend sind. Manche Naturentitäten sind stark vom Menschen beeinflußt und in diesem Sinn beinahe Artefakte, man denke etwa an genmanipulierte Mikroorganismen. Ähnliches gilt für die meisten Landschaften und Ökosysteme, etwa die Lüneburger Heide, die regulierten Flüsse oder die bewirtschafteten Forste (Jäger 1994, S. 36 und passim). «Natur» ist ein gradueller Begriff. Insofern sollte im Rahmen einer Klassifikation keine Vorentscheidung getroffen werden.

III. Nichtanthropozentrische Ethik im weiteren Sinn

Will man die Frage nach der Struktur einer nichtanthropozentrischen Ethik weiter klären, so muß man sie zunächst für die einzelnen Teilbereiche des umfassenden Ethikbegriffs – also der Ethik im weiteren Sinn – zu bestimmen suchen und dann deren Begründungskonnex in den Blick nehmen.

1. Nichtanthropozentrische Moral

Die Phänomene, die oben (A II 2) als unter die Moral fallend gekennzeichnet wurden, sind heterogen: Normen, Institutionen, Verhalten, Verhaltensweisen, Äußerungen, Haltungen. Sie lassen sich allenfalls systematisieren, indem man die Teilmenge des primär sprachlichen Verhaltens (Normen, Äußerungen), diejenige der gemischten verbal-nonverbalen (Institutionen) und die der nonverbalen Phänomene (Verhalten, allgemeine Verhaltensweisen, Haltungen) unterscheidet.

1. Für das sprachliche Verhalten bzw. den sprachlichen Anteil in gemischten Gegebenheiten läßt sich die (nicht)anthropozentrische Be-

zugnahme mit Blick auf die sprachliche Verfaßtheit rekonstruieren. Dabei muß sprachtheoretisch von einer grundsätzlich trialen Kommunikationssituation mit drei Kommunikationspolen und drei Relationen ausgegangen werden (v. d. Pfordten 1993, S. 96):

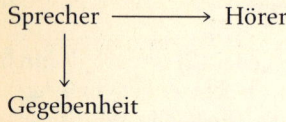

Nimmt man einen Hund als Paradigma für die nichtmenschliche Natur, so lassen sich folgende Situationen vorstellen, in denen ein moralisches Verpflichtungs- oder Werturteil geäußert wird.

(1) Mensch A zu Mensch B bezüglich sich selbst (A): «Quäl mich nicht!»

Mensch A ⟶ Mensch B

Mensch A

(2) Mensch A zu Mensch B bezüglich B: «Quäl dich nicht!»

Mensch A ⟶ Mensch B

Mensch B

(3) Mensch A zu Mensch B bezüglich Mensch C: «Quäl ihn nicht!»

Mensch A ⟶ Mensch B

Mensch C

(4) Mensch A zu Mensch B bezüglich Hund D: «Quäl ihn nicht!»

Mensch A ⟶ Mensch B

Hund D

(5) Hund D zu Mensch A bezüglich sich selbst: «Quäl mich nicht!»

Hund D $\longrightarrow$ Mensch A

$\downarrow$

Hund D

(6) Mensch A zu Hund D bezüglich sich selbst: «Quäl mich nicht!»

Mensch A $\longrightarrow$ Hund D

$\downarrow$

Mensch A

(7) Mensch A zu Hund D bezüglich Mensch B: «Quäl B nicht!»

Mensch A $\longrightarrow$ Hund D

$\downarrow$

Mensch B

(8) Mensch A zu Hund D bezüglich Hund E: «Quäl ihn nicht!»

Mensch A $\longrightarrow$ Hund D

$\downarrow$

Hund E

(9) Hund D zu Hund E bezüglich Hund F: «Wau» = «Quäl F nicht!»

Hund D $\longrightarrow$ Hund E

$\downarrow$

Hund F

Man kann nun die Frage nach der moralsprachlich-anthroporelationalen Bezugnahme in drei Teilfragen bezüglich des jeweiligen Pols des Kommunikationsdreiecks zerlegen, je nachdem, ob die Bezugnahme auf den Menschen für den Sprecher (Sender), Hörer (Empfänger) oder die Gegebenheit hinterfragt wird. Dann lassen sich folgende Begriffe definieren:

D8: Eine Äußerung ist anthropooriginär, wenn der Sprecher ein Mensch ist, ansonsten nichtanthropooriginär.

D9: Eine Äußerung ist anthropoauditoriell, wenn der Hörer ein Mensch ist, ansonsten nichtanthropoauditoriell.

D10: Eine Äußerung ist anthroporeferentiell, wenn die Gegebenheit, auf die Bezug genommen wird, ein Mensch ist, ansonsten nichtanthroporeferentiell.

Beurteilt man nun die einzelnen soeben skizzierten Kommunikationssituationen mit Hilfe der aufgestellten Kriterien, so ergibt sich:

Situation (1), (2) und (3) sind geläufige Situationen zwischenmenschlicher Moral. Sie sind anthropooriginär, anthropoauditoriell und anthroporeferentiell. Da keine Bezugnahme auf die nichtmenschliche Natur stattfindet, sind sie aber nicht Teil einer Ökologischen Ethik (im weiteren Sinn; vgl. die Definition am Beginn von A und Fußnote 1) bzw. Teil einer ökologischen Moral.

Situation (4) ist als Standardmodell einer ökologischen Moral anthropooriginär, anthropoauditoriell und nichtanthroporeferentiell, also insgesamt nicht vollständig anthropozentrisch (vgl. A II 1), da sich eine Relation nicht auf einen Menschen bezieht. In diesem Fall stellt sich im Rahmen der Ökologischen Ethik die Frage nach der ethischen Rechtfertigung der Äußerung.

Die Situationen (5) bis (9) werfen die Frage auf, ob Tiere bzw. die Natur überhaupt (sprachliche) Kommunikationspartner sein können. Diese Frage wird in den weiteren Überlegungen noch ausführlich zu diskutieren sein. Hier muß zuerst erörtert werden, welche Relevanz ihr im vorliegenden Zusammenhang zukommt:

In den Situationen (6), (7), (8) und (9) ist der Hund als nichtmenschliche Entität angesprochen, ein bestimmtes Verhalten zu unterlassen. Er ist damit nicht in der Situation des von menschlichem Verhalten Betroffenen, sondern in der des präsumtiven Akteurs und damit Verantwortlichen. Diese beiden denkbaren Rollen müssen klar unterschieden werden. Von der Frage, ob nichtmenschliche Entitäten moralische bzw. ethische Berücksichtigung verdienen (Betrachtung der fraglichen Entität als «moral subject» bzw. «moral patient»), ist die Frage nach der moralischen bzw. ethischen Verantwortlichkeit (Betrachtung der fraglichen Entität als «moral agent») logisch unabhängig und deshalb strikt zu trennen (Taylor 1986, p. 16ff; Regan 1983, p. 151ff). Dies schließt nicht aus, daß eine bestimmte normativ-ethische Theorie beide Gesichtspunkte aufgrund ihrer speziellen Theoriekonstruktion normativ verkoppelt (etwa die Diskursethik bei einzelnen ihrer Vertreter).[17] Insofern muß dann nach der Berechtigung dieser spezifischen Verkoppelung gefragt werden.

Für die Teilfrage der moralischen Verantwortlichkeit von Tieren als Angesprochene, wie sie hier in den Situationen (6), (7), (8), (9) mit entsprechenden Verhaltensanforderungen an Tiere aufgeworfen ist, gilt: Während insbesondere im Mittelalter Tierprozesse an der Tagesordnung waren, wird heute eine moralische und rechtliche Verantwortlichkeit von Tieren oder anderen Naturentitäten praktisch einhellig abgelehnt (vgl. Höffe 1993, S. 219 ff). Deren sprachliche und kognitive Fähigkeiten sind in jedem Fall nicht so entwickelt, daß sie moralische Äußerungen als moralische verstehen und ihr Verhalten über eine bloße instinkthafte Dispositionssteuerung bzw. Gebotsbefolgung hinaus darauf einstellen könnten. Aber diese biologisch-linguistische Frage braucht hier nicht diskutiert zu werden. Ihre Beantwortung kann bezüglich der empirischen Grundlagen den Biologen und Linguisten überlassen bleiben. Denn die Ökologische Ethik kann als Untersuchungsgebiet auf die Verantwortlichkeit des Menschen für sein Verhalten beschränkt werden, wie dies zu Beginn der Überlegungen dieses Kapitels auch geschehen ist. Somit scheiden die Situationen (6), (7), (8) und (9) grundsätzlich als für eine Ökologische Ethik relevante aus.

Man könnte allenfalls einwenden, bei (6), (7) und (8) stelle sich die spezielle Frage, ob Anweisungen gegenüber höheren Tieren – also etwa bei der Dressur von Hunden – normativ zu rechtfertigen sind. Da der Angesprochene als möglicher Kommunikationspartner gleichzeitig Betroffener ist, kann hierbei dahinstehen, ob man eine echte Kommunikation zwischen Mensch und Tier annimmt oder nur eine dispositionssteuernde Dressur. Mit dem Aufwerfen dieser Problematik korrespondiert aber eine Verschiebung des Blickwinkels. Es kommt nicht mehr auf die kommunikative Verhaltensaufforderung an, sondern auf das Verhalten des Menschen, das sich in der Aufforderung manifestiert. Das Tier wird nicht als Kommunikationspartner, sondern als Betroffener der Kommunikationshandlung angesehen. Damit unterscheidet sich die moralische bzw. ethische Relevanz der Kommunikationshandlung aber nicht mehr wesentlich von anderen nichtkommunikativen Verhaltensweisen gegenüber dem Tier, also etwa einer Dressur durch Peitschenhiebe. Auf die kommunikative Verhaltensweise kommt es nicht an. Entsprechende nichtkommunikative Situationen werden sogleich erörtert.

Damit verbleibt neben Situation (4) allein Situation (5). Wieder ist zu fragen, inwiefern die Annahme einer Kommunikationsfähigkeit von nichtmenschlichen Entitäten berechtigt ist. Dies wird für den weit überwiegenden Teil der nichtmenschlichen Natur verneint werden müssen.

Man kann zwar feststellen, daß ein trockener Rasen gegossen werden sollte, aber dieser signalisiert es nicht. Das bedeutet nicht, daß man nicht erkennen könnte, daß der Rasen Wasser benötigt, und es bedeutet auch nicht, daß es von vornherein moralisch bzw. ethisch unbedenklich ist, den Rasen nicht zu gießen. Wäre dies impliziert, so würde hier schon eine Vorentscheidung gegen die ethische bzw. moralische Berücksichtigung nichtkommunikationsfähiger Entitäten der Natur getroffen. Auf Positionen, die Sprachfähigkeit, Erkenntnisfähigkeit und moralische Berücksichtungsfähigkeit koppeln, wird in den weiteren Überlegungen noch eingegangen werden (A III 4).

Gesteht man zu, daß Kommunikationsfähigkeit und moralische bzw. ethische Berücksichtigungsfähigkeit nicht zusammenfallen, so handelt es sich bei der Notwendigkeit, den Rasen zu gießen, jedenfalls um ein nichtkommunikatives moralisches Phänomen. Man muß sich in einem solchen Fall somit – möglicherweise – dafür rechtfertigen, daß man es unterläßt, den Rasen zu gießen, nicht aber dafür, daß man dessen «Verdurstenssignale» mißachtet.

Nur bei einigen wenigen höheren Tieren kann man vermutlich eine der menschlichen zumindest rudimentär vergleichbare Kommunikationsfähigkeit auf sehr niedrigem Niveau annehmen. In Versuchen konnte Schimpansen die Verwendung einiger Zeichen der amerikanischen Zeichensprache bzw. eines computerunterstützten Sprach-Typen-Systems (Yerkish) bis zu einem gewissen Grad beigebracht werden (Gardner 1969; Rumbaugh 1977; vgl. auch Rodd 1990, p. 74 ff; Eckholm 1989, p. 66 ff; Clark 1982, p. 26 ff). Die Tiere waren schließlich in der Lage, verschiedene Verbindungen einfacher Zeichen wie «Gib mir Futter!» zu gebrauchen. Ob damit tatsächlich von einer Sprachfähigkeit der Schimpansen ausgegangen werden kann, wurde von Savage, einer an den Versuchen beteiligten Wissenschaftlerin, offengelassen (Savage 1977, p. 288). Rodd beantwortet die Frage mit einem vorsichtigen Ja, bezweifelt aber die Relevanz der positiven Antwort (1990, p. 100 f). Frey verneint die Frage mit dem Verweis auf die hohen Anforderungen der Sprachtheorie von Chomsky für die Zuschreibung sprachlicher Kompetenz – der Fähigkeit, aus einer finiten Menge lexikalischer Elemente und Satzerzeugungsregeln eine infinite Menge von Sätzen zu generieren (1980, p. 94). Die Klärung muß letztlich durch Biologen und Linguisten erfolgen und fällt nicht in den Wissenschaftsbereich der Ökologischen Ethik. Diese kann lediglich die Frage nach der moralischen bzw. ethischen Relevanz einer positiven bzw. negativen Antwort aufwerfen.

Für die Moral ist festzustellen, daß Menschen entsprechende Schmerzens- bzw. Bedürfnissignale zumindest von höheren Tieren registrieren (können). Wir stellen daran anknüpfend die entsprechenden ethischen Rechtfertigungsfragen. Dabei kommt es nicht darauf an, ob Tiere eine menschenähnliche Sprachfähigkeit aufweisen oder nicht. Diese Frage wird erst relevant, wenn es darum geht, ob das Handeln oder Unterlassen als ethisch gerechtfertigt einzustufen ist. Situation (5) ist damit neben Situation (4) eine moralisch relevante, bezüglich der die Ökologische Ethik zu Reflexionen aufgerufen ist. Zusammenfassend läßt sich folgende These aufstellen:

> T1: Äußerungen der Moral, die für die Ökologische Ethik im engeren Sinn relevant sind, sind notwendig anthropoauditoriell, nicht aber notwendig anthropooriginär oder anthroporeferentiell und damit als Gesamtäußerung gemäß D1 bis D4 auch nicht notwendig anthropozentrisch.

Für die ethische Relevanz der Kommunikations- bzw. Sprachfähigkeit von Tieren sei hier vorgreifend angemerkt: Zunächst stellt sich die Frage nach der Relevanz entsprechender Spracherwerbsversuche. Insofern ist festzuhalten, daß normale Affen – also diejenigen, denen keine Sprache beigebracht wurde – und alle anderen Tiere keine der menschlichen Sprache in ihrem Abstraktionsniveau und der Möglichkeit zur beliebigen Zeichenkombination ähnliche Sprache verwenden. Der Tanz der Bienen stellt eine Informationsübermittlung durch Signale dar, nicht aber eine der menschlichen Sprache vergleichbare Sprache. Die von ihnen verwendeten Kommunikationstechniken lassen nicht den Schluß auf ein Selbstbewußtsein dieser Tiere zu (Rodd 1990, p. 101). Sie schließen es aber auch nicht aus. Sprachfähigkeit und Selbstbewußtsein sind nicht notwendig gekoppelt. Man würde etwa einem Taubstummen nicht das Selbstbewußtsein absprechen, selbst wenn er die Gebärdensprache gar nicht oder nur sehr schlecht erlernt hätte. Das gleiche gilt für einen erwachsenen Menschen, der – etwa infolge eines Schlaganfalls – seine Sprachfähigkeit verloren hat und zum Aphasiker geworden ist. Die Tatsache, daß Menschenaffen in der Lage sind, einige Zeichen einer einfachen Zeichensprache zu erlernen, also ein bestimmtes Lernpotential haben, läßt die Berücksichtigung dieses Potentials als ethisch relevantes Kriterium bei der Behandlung normaler, nichtunterrichteter Tiere nicht zu, weil es bei ihnen im Regelfall nicht aktualisiert wird.[18] Man kann darüber streiten, ob die potentielle Entwicklung eines Embryos für dessen moralische bzw. ethische Beurteilung relevant sein soll oder nicht (Leist 1990, S. 83 ff). Sicher ist aber, daß das Potentialitätsargument nur

stichhaltig sein kann, weil man davon ausgehen muß, daß der Embryo –
gesetzt den Fall, er wird nicht abgetrieben – entsprechende Merkmale
eines normalen, erwachsenen Menschen (Sprachfähigkeit, Selbstbewußtsein) erwirbt. Dies ist aber bei Tieren nicht der Fall. Sie erwerben –
außer bei speziellem Training durch Menschen – jedenfalls im Normal-
fall keine dem Menschen vergleichbare Sprachfähigkeit. Der einzige
Eintrag, den ein positives Ergebnis dieser Versuche, Tieren eine Sprache
beizubringen, haben könnte, wäre also der, die aktuellen kognitiven Fähigkeiten von Schimpansen bzw. anderen Menschenaffen etwas höher
einzuschätzen, weil sie in der Lage sind – bei außergewöhnlichem Training durch Menschen – entsprechende Sprachfähigkeiten zu erwerben.
Nur für diejenigen normativ-ethischen Theorien, die in den kognitiven
Fähigkeiten einer Entität das entscheidende moralische Kriterium sehen,
mag darin für die moralische bzw. ethische Berücksichtigung von
Menschenaffen (und vielleicht auch noch von Walen und Delphinen etc.)
eine gewisse Ausweitung ihrer Rechtfertigungsgrundlage liegen. Diese
kann aber nicht besonders groß sein; denn man würde einen Menschen
kaum anders behandeln, weil er eine zusätzliche, besonders komplizierte
Sprache erlernt hat.

2. Für nichtkommunikative moralische Phänomene gilt, daß ihre
Grundsituationen quasi einem komplexitätsreduzierten Kommunikationsmodell folgen. Bei solchen Verhaltensweisen fällt der präsumtive
Hörer fort, und übrig bleiben Akteur und verhaltensbetroffene Gegebenheit mit folgenden Grundsituationen:

(10) Mensch A verhält sich bezüglich Hund D.

Mensch A
|
↓
Hund D

(11) Mensch A verhält sich bezüglich Mensch B.

Mensch A
|
↓
Mensch B

(12) Hund D verhält sich gegenüber Mensch A.

Hund D

↓

Mensch A

(13) Hund D verhält sich gegenüber Hund E.

Hund D

↓

Hund E

Situation (11) ist wie die Situationen (1) bis (3) Teil einer bloß auf den Menschen bezogenen Moral und nicht Gegenstand einer ökologischen Moral. Situation (12) und (13) würden wie oben bei (5) bis (9) eine moralische Verantwortlichkeit der nichtmenschlichen Natur voraussetzen und sind deshalb ebenso nicht Teil einer Ökologischen Ethik. Relevant ist insofern nur die Situation (10), deren Spezifika sich wie folgt zusammenfassen lassen:

> T2: Nichtkommunikative, innerhalb einer Ökologischen Ethik ethisch relevante Verhaltensweisen sind anthropooriginär, aber nicht notwendig anthroporeferentiell und damit nicht notwendig anthropozentrisch.

3. Für moralische Haltungen (Tugenden, Charaktereigenschaften, Gewohnheiten) reduziert sich das soeben dargestellte zweipolige Interaktionsmodell nochmals. Zwar haben auch moralische Haltungen Auswirkungen auf die Umwelt; aber diese sind nur indirekt und unspezifisch, so daß sich keine unmittelbar betroffene Gegebenheit angeben läßt. Eine Spezifikation tritt erst dann ein, wenn die moralische Haltung zum Auslöser eines bestimmten Verhaltens wird, wobei dann das soeben unter A III 1.1 Gesagte gilt. Auch hier kann dahinstehen, ob neben Menschen Tiere moralische Haltungen haben, weil diese jedenfalls nicht Gegenstand einer Ökologischen Ethik wären. Daraus ergibt sich für die (Nicht-) Anthroporelationalitätsfrage:

> T3: Moralisch relevante Haltungen sind anthropooriginär und damit notwendig anthropozentrisch.

4. Für gemischt verbale/nonverbale moralische Phänomene gilt für den verbalen Teil Entsprechendes wie bei T1. Der nonverbale Teil folgt den Überlegungen für moralische Verhaltensweisen und Haltungen in T2 und T3.

2. Nichtanthropozentrische normative Ethik

Für normativ-ethische Begründungen gilt, daß sie notwendig kommunikativ verfaßt sein müssen; denn nur so können sie ihrer sekundären Begründungsfunktion gegenüber den soeben erörterten primären Moralphänomenen gerecht werden. Dabei muß sprachtheoretisch auch hier von einer grundsätzlich trialen Kommunikationssituation mit drei Kommunikationspolen und drei Relationen ausgegangen werden (vgl. oben A III 1.1; v. d. Pfordten 1993, S. 96):

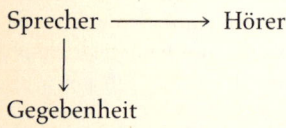

Sprecher ⟶ Hörer

Gegebenheit

Für die Qualifikation als Sprecher oder Hörer genügt eine partielle sprachliche Kommunikationsfähigkeit, wie sie für höhere Tiere möglicherweise angenommen werden kann, nicht; denn erforderlich sind Verständnis und Einsicht in die Begründungsfähigkeit und Begründungsbedürftigkeit von Moral. So wie Tiere keine moralischen Akteure bzw. Verantwortliche sein können, können sie nicht Teilnehmer an einer normativ-ethischen Kommunikation sein. Wenn man sich beim Hund dafür «entschuldigt», daß man wegen anderweitiger dringender Verpflichtungen den Freßnapf erst zu spät füllen konnte, wird dieser vielleicht die Zuneigung und das Wohlwollen in den Worten spüren; aber er wird die Rechtfertigung nicht als Bezugnahme auf das vorherige Unterlassen verstehen und – als zustimmungsfähig oder nicht zustimmungsfähig – bewerten bzw. verzeihen können.

Klammert man eine mögliche Kommunikation mit Gott einmal aus, so ergeben sich folgende Begründungssituationen der normativen Ethik, wobei als begründungsbedürftig die obige Grundsituation (4) (Mensch A sagt zu Mensch B, er solle den Hund D nicht quälen) als Paradigma dienen soll, weil sie als komplexeste Situation die übrigen relevanten, einfacheren Situationen (5) und (10) mitumfaßt:

(1) Mensch A zu Mensch B bezüglich Mensch A, B, C: «...(Quäl ihn nicht [Situation (4)]), weil A, B, C ihn noch für einen Tierversuch brauchen.»

Mensch A ⟶ Mensch B
|
↓
Mensch A, B, C / Interesse am Tierversuch

(2) Mensch A zu Mensch B bezüglich Gott: «...(Quäl ihn nicht), weil Gott es verboten hat.»

Mensch A ⟶ Mensch B
|
↓
Gott / Gebot

(3) Mensch A zu Mensch B bezüglich Hund D: «...(Quäl ihn nicht), weil er Schmerzen hat.»

Mensch A ⟶ Mensch B
|
↓
Hund D / Schmerzen

(4) Mensch A zu Mensch B bezüglich der Natur als ökologisches Weltganzes: «...(Quäl ihn nicht), weil die Eigengesetzlichkeit des ökologischen Weltganzen damit beeinträchtigt wird.»

Mensch A ⟶ Mensch B
|
↓
Natur / Eigengesetzlichkeit

Alle Begründungssituationen der Ökologischen Ethik im engeren Sinn sind anthropooriginär und anthropoauditoriell, da die Begründungskommunikation zwischen Menschen stattfindet.

Die Belegung des dritten Kommunikationspols entscheidet damit, ob insgesamt eine nur auf den Menschen bezogene Rechtfertigung vorliegt oder nicht. Die entsprechende Frage korrespondiert zum einen mit der schon im Rahmen der Analyse des Anthropozentrikbegriffs aufgeworfenen nach dem Trägerbezug (A II 1), zum anderen mit den beiden oben formulierten Strukturmerkmalen (1) und (3) der normativen Ethik, dem begründenden Kriterium (A II 2) und der Entität, der dieses als Urheber, Träger oder Betroffener zugeordnet wird (A II 2).

Beschränkt man die Analyse auf die Entität, die als Bezogener des begründenden Kriteriums ausgewiesen wird, so ergibt sich: Situation (1) ist anthroporeferentiell und damit anthroporelational bzw. sogar vollständig anthropozentrisch, wenn es bei dieser Begründung als der einzigen verbleibt. Situation (2) ist theoreferentiell und damit theorelational. Die Situationen (3) und (4) sind jeweils ökoreferentiell und damit ökorelational, wobei zwei verschiedene Entitäten als Träger des begründungsrelevanten Kriteriums angegeben sind: In Situation (3) fallen moralischer und ethischer Gegebenheitspol zusammen. Es wird also mit der ethischen Begründung auf die Entität Bezug genommen, auf die auch mit der moralischen Äußerung verwiesen wird (den Hund). In Situation (4) fallen dagegen moralischer und ethischer Gegebenheitspol auseinander. Begründung (4) bringt mit der Natur eine neue Entität ins Spiel, auf die in der moralischen Aufforderung noch nicht Bezug genommen worden ist. Auch innerhalb der ökoreferentiellen Begründung einer normativen Ethik können also die moralisch betroffene Entität und die normativ-ethisch zur Begründung herangezogene Entität divergieren. Jede normative Ökologische Ethik muß die Frage beantworten, ob diese Divergenz zulässig sein soll, nicht nur eine anthropozentrische vom Typ der Situation (1), bei der ja auch eine entsprechende Divergenz besteht: Die moralische Äußerung bezieht sich auf den Hund, während die ethische Begründung auf Menschen Bezug nimmt.

T4: Normativ-ethische Begründungen und Theorien ökologischer Ethik sind anthropooriginär, anthropoauditoriell, nicht aber notwendig anthroporelational oder gar anthropozentrisch.

T5: Die Bezugsentitäten des Gegebenheitspols moralischer kommunikativer und nichtkommunikativer Situationen und normativ-ethischer Begründungen können auseinanderfallen. Damit kann das moralische Verhalten anthroporelational sein, die ethische Begründung nichtanthroporelational oder umgekehrt. Dies gilt auch für ökoreferentielle Begründungen ökoreferentieller moralischer Situationen.

3. Pflicht zur Entwicklung einer nichtanthropozentrischen Ethik

Die Forderungen nach einer neuen Ethik sind in der ökologisch-ethischen Literatur Legion. Mangels klarer Unterscheidung zwischen Moral und Ethik im engeren Sinn wird aber selten deutlich, ob wir unser Verhalten und unsere primären Verpflichtungsnormen ändern sollen oder auch unsere ethischen Begründungen und Theorien. Beides kann – wie sich soeben in T5 ergeben hat – unabhängig voneinander geschehen und auch normiert werden. So wird etwa verschiedentlich an unser langfristiges, aber durchaus schon bestehendes menschliches Eigeninteresse appelliert, um zugunsten der Natur eine Änderung unserer Moral herbeizuführen (Andreas-Grisebach 1991, S. 39 ff). Normative Grundlage hierfür ist die Anknüpfung an eine egoistische normativ-ethische Position. Denkbar ist aber auch die Forderung nach Revision dieses ethischen Begründungsmusters.

Sowohl eine nichtanthroporelationale normative Ökologische Ethik als auch eine entsprechende Metaethik können somit als menschliches Handeln ihrerseits wieder Gegenstand normativer Verpflichtung und Begründung bzw. entsprechender Bewertung sein. Für die Ökologische Ethik gilt das gleiche, was für normative Ethik und Metaethik oben schon allgemein festgestellt wurde (A II 2):

> T6: Auf der Ebene einer normativen Ethik 2. Ordnung läßt sich auch ein normatives Gebot zur Entwicklung einer entsprechenden nichtanthroporelationalen / nichtanthropozentrischen Ethik oder Metaethik formulieren (bzw. die entsprechende Bewertung).

Wirft man einen Blick auf den Status der bisher aufgestellten Thesen, so muß eine klare Unterscheidung zwischen dem Status des hinsichtlich seiner Anthropozentrik Beurteilten und der entsprechenden Beurteilung gemacht werden. Ein moralisches Verhalten oder eine ethische Begründung mögen auf ihrer Ebene anthropozentrisch sein bzw. sich immanent für den Anthropozentrismus oder dagegen entscheiden. Die Feststellung dazu erfolgt dagegen auf der entsprechenden deskriptiven Metaebene, also der deskriptiven Ethik bzw. Metaethik.

> T7: Die deskriptive Feststellung des anthropozentrischen / anthroporelationalen bzw. nichtanthropozentrischen / nichtanthroporelationalen Status von Moralgegebenheiten (Thesen 1, 2, 3) ist Teil einer deskriptiven Ethik, die des Status von normativ-ethischen Begrün-

dungen und Theorien (Thesen 4 und 5) ist Teil der Metaethik (Ethik 2. Ordnung). These 6 ist Teil einer Metaethik 2. Ordnung. These 7 ist Teil einer Metaethik 3. Ordnung.

4. Nichtanthroporelationale Begründungen

1. Die zentrale Frage nach einer nichtanthroporelationalen Ökologischen Ethik läßt sich nunmehr in einem ersten Teil als metaethische Frage nach der logischen und sprachlichen Möglichkeit der Begründungsrelation zwischen einer nichtanthroporeferentiellen, d. h. nichtanthroporelationalen moralischen Situation und einer nichtanthroporeferentiellen, d. h. nichtanthroporelationalen normativ-ethischen Begründung reformulieren. Fraglich ist damit, ob wir uns, wenn wir andere Menschen auffordern, z. B. einen Hund nicht zu quälen oder Blumen nicht zu zertrampeln, außer auf Begründungen, die auf Menschen Bezug nehmen, auch auf Begründungen, die auf nichtmenschliche Entitäten Bezug nehmen, stützen können. Dabei soll es hier im Rahmen der metaethischen Grundüberlegungen in einem ersten Schritt nur darauf ankommen, ob eine solche Rechtfertigung schon aus logischen bzw. sprachlichen Gründen ausgeschlossen ist. Der zweite Schritt wird – nachdem ein solcher Ausschluß verneint wurde – in den Teilen C und D die Untersuchung sein, ob eine entsprechende nichtanthroporelationale Rechtfertigung auch tatsächlich haltbar ist.

Zum logischen oder sprachlichen Ausschluß nichtanthroporelationaler Begründungen wurden verschiedene Strategien verfolgt, von denen einige wichtige nachfolgend dargestellt werden, wobei die metaethische Beschränkung auf logische bzw. sprachliche Gründe nicht immer strikt durchgehalten werden kann, weil dies die dargestellten Positionen verschiedentlich nicht tun:

(a) Die prominenteste anthropozentrische Position stammt von Kant. Kant hat die Möglichkeit einer nichtanthroporelationalen ethischen Begründung in einer berühmten Textstelle in der «Metaphysik der Sitten, Tugendlehre» verneint:

«Nach der bloßen Vernunft zu urteilen, hat der Mensch sonst keine Pflicht, als bloß gegen den Menschen (sich selbst oder einen anderen); denn seine Pflicht gegen irgend ein Subjekt ist die moralische Nötigung durch dieses seinen Willen. Das nötigende (verpflichtende) Subjekt muß also erstlich eine Person sein, zweitens muß diese Person als Gegenstand der Erfahrung gegeben sein; weil der Mensch auf den Zweck ihres Willens hinwirken soll, welches nur in dem Verhältnis zweier existierender Wesen zu einander geschehen kann... Nun kennen wir aber, mit aller unserer Erfahrung kein anderes Wesen, was der Verpflichtung (der aktiven oder passiven) fähig wäre, als bloß den Menschen. Also kann der Mensch sonst keine Pflicht gegen irgend ein Wesen haben, als bloß gegen den Menschen, und, stellt er sich gleichwohl eine solche zu haben vor, so geschieht dieses durch eine *Amphibolie der Reflexionsbegriffe* und seine vermeinte Pflicht gegen andere Wesen ist bloß Pflicht gegen sich selbst; zu welchem Mißverstande er dadurch verleitet wird, daß er seine Pflicht *in Ansehung* anderer Wesen für Pflicht *gegen* diese Wesen verwechselt. ... Selbst Dankbarkeit für lang geleistete Dienste eines alten Pferdes oder Hundes (gleich als ob sie Hausgenossen wären) gehört *indirekt* zur Pflicht des Menschen, nämlich *in Ansehung* dieser Tiere, *direkt* aber betrachtet ist sie immer nur Pflicht des Menschen *gegen* sich selbst» (1907, S. 442 f.). [19]

Versucht man, Kants Terminologie in die hier verwendete zu übertragen, so ergibt sich: «in Ansehung» muß man als die moralische und «gegen» als die normativ-ethische Gegebenheitsbezugnahme lesen. Dann ergibt sich, daß Kant mit diesem Textstück genau das behauptet, was nunmehr in Frage steht: daß nur anthropozentrische ethische Begründungen möglich sind (wobei von einer theorelationalen Überwölbung einmal abgesehen wird).

Die einzige Begründung für diese These enthält im soeben zitierten Text der Satz: «denn seine Pflicht gegen irgend ein Subjekt ist die moralische Nötigung durch dieses seinen Willen». Es ist somit offensichtlich zum einen der «Wille», der einzig zur ethischen Verpflichtung führen kann, zum anderen nicht der eigene Wille des Akteurs, sondern der des anderen betroffenen Subjekts, der «nötigt». Dieses Argument überrascht. Es scheint erstens zumindest höhere Tiere nicht von vornherein auszuschließen. Denn ihnen kann möglicherweise – wenigstens im Rahmen des Alltagsgebrauchs des Wortes – auch ein «Wille» zugeordnet werden. Man spricht etwa davon, daß ein Hund spazierengehen «will». Darüber hinaus scheint das Argument wenig zum allgemein bekannten Kerngehalt der Kantschen Moraltheorie zu passen, für die die *«reine, an sich praktische Vernunft...* unmittelbar gesetzgebend» (1908, S. 31) ist, und zwar direkt im und gegenüber dem fraglichen Akteur und nicht über den Umweg der «Nötigung» durch ein anderes Subjekt. Diese Annahmen wären aber zu vorschnell.

Kant interpretiert den «Willen» an einer anderen Stelle in der «Metaphysik der Sitten» folgendermaßen: «Der Wille ist also das Begehrungsvermögen, nicht sowohl (wie die Willkür) in Beziehung auf die Handlung, als vielmehr auf den Bestimmungsgrund der Willkür zur Handlung, betrachtet, und hat selber vor sich eigentlich keinen Bestimmungsgrund, sondern ist, sofern sie die Willkür bestimmen kann, die praktische Vernunft selbst» (1907, S. 213). Ähnliche Definitionen finden sich auch an anderen Stellen.[20] Kant verwendet also – zumindest in seiner Spätphase – für das, was man im heutigen Alltagssprachgebrauch «Wille» nennen würde, «Willkür» und setzt den Begriff des «Willens» mit dem der praktischen Vernunft gleich. Damit ist es die praktische Vernunft bzw. die praktische Vernunftfähigkeit, die beim anderen Betroffenen in ethischer Hinsicht zu beachten und für dessen ethische Berücksichtigung maßgeblich ist.

Was das zweite Interpretationsproblem des obigen Textstücks anbelangt, daß der Wille des anderen, «nötigenden Subjekts» maßgebend sein soll, so gilt: Nach Kant führt «der Begriff eines jeden vernünftigen Wesens, das sich durch alle Maximen seines Willens als allgemein gesetzgebend betrachten muß» (1911a, S. 433) und «Zweck an sich selbst» ist (S. 430), auf ein «Reich der Zwecke» (S. 433). Ein solches Reich ist die «systematische Verbindung verschiedener vernünftiger Wesen durch gemeinschaftliche Gesetze» und ergibt nach Abstraktion von persönlichen Unterschieden und Privatzwecken ein «Ganzes aller Zwecke» (S. 433). Die Frage, ob nun die praktische Vernunft des Akteurs oder des betroffenen Subjekts entscheidend ist, verliert mit diesem Postulat einer gemeinsamen und gleichen Vernunft bzw. gemeinsamer und gleicher Zwecke an sich an Bedeutung. Kant konnte hier den Willen des betroffenen Subjekts als maßgebliches Berücksichtigungskriterium anführen, weil dieser als «praktische Vernunft» per definitionem mit demjenigen übereinstimmt, was dem Akteur durch dieselbe, die Unterscheidung von Akteur und Betroffenem überschreitende praktische Vernunft geboten ist.

Damit sind auch andere Stellen erklärt, wo Kant die alleinige ethische Relevanz vernünftiger Wesen damit begründet, daß nur sie als «Zweck an sich selbst» gedacht werden können (1911a, S. 428, 431, 434). Denn diese «Zweck(e) an sich selbst» sind «oberste einschränkende Bedingung der Freiheit der Handlungen eines jeden Menschen» (1911a, S. 430f). Dies gilt für die Zwecke des Akteurs wie auch des betroffenen Subjekts.

Insgesamt bedarf also das allein kategorisch gebietende, ethisch relevante Faktum der praktischen Vernunft zu seiner Bestimmung bzw. Gesetzgebung der Intersubjektivierung, die aber nur vernunftfähige Wesen einschließen kann, weil nur diese mit Zwecken an sich selbst im gemeinsamen Reich der Zwecke als Gesetzgeber und Gesetzesunterworfene partizipieren können.

Genaugenommen ist die Kantsche Ethik also gar nicht anthropozentrisch, sondern auf die Vernunft zentriert, also «ratiozentrisch»: Zu berücksichtigen sind alle vernunftfähigen Wesen, nicht nur der Mensch. Erst nach Hinzunahme der empirischen Feststellung, daß wir außer dem

Menschen keine vernünftigen Wesen kennen, ergibt sich – wie im eingangs angeführten Zitat – die anthropozentrische Verengung.

Eine Kritik der Kantschen Position könnte verschiedene Strategien einschlagen: Sie kann sich erstens bemühen, Kants Ethik in toto zu widerlegen, womit auch die Beschränkung auf anthropozentrische Ethikbegründungen beseitigt wäre. Sie kann zweitens einen inneren Widerspruch in Kants System aufzuzeigen versuchen, um auf diesem Weg eine Extension der Kantschen Ethik auf nichtvernunftfähige Entitäten zu erreichen. Sie kann sich schließlich drittens darauf beschränken zu zeigen, daß der Ausschließlichkeitsanspruch, den Kant mit seinem System erhebt, nicht zu halten ist und somit zumindest neben den Kriterien der Kantschen Ethik auch noch andere ethische Rechtfertigungen denkbar sind. Die ersten beiden Strategien würden eine umfangreiche allgemeine Kritik der Kantschen Ethik erfordern und sind hier nicht zu leisten. Ihre Verfolgung ist aber zur Widerlegung der These der notwendigen Anthropozentrik aller ethischen Begründungen auch nicht erforderlich, wenn die dritte Strategie zum Ziel führt. Dies soll nachfolgend gezeigt werden:

Da oberstes ethisches Prinzip bei Kant der kategorische Imperativ ist, müßte sich der Ausschluß der ethischen Berücksichtigung nichtvernunftfähiger Entitäten aus ihm ergeben. Er lautet in seiner Grundform: «handle nur nach derjenigen Maxime, durch die du zugleich wollen kannst, daß sie ein allgemeines Gesetz werde» (1911a, S. 421). Kant selbst führt neben dieser allgemeinen Form mehrere konkretere Formeln an, um die Handlung «der Anschauung zu nähern» (S. 437) und damit ihre ethische Beurteilung zu erleichtern: (1) «handle so, als ob die Maxime deiner Handlung durch deinen Willen zum *allgemeinen Naturgesetze* werden sollte» (S. 421). (2) «Handle so, daß du die Menschheit sowohl in deiner Person, als in der Person eines jeden andern jederzeit zugleich als Zweck, niemals bloß als Mittel brauchst» (S. 429). (3) «Demnach muß ein jedes vernünftige Wesen so handeln, als ob es durch seine Maximen jederzeit ein gesetzgebendes Glied im allgemeinen Reiche der Zwecke wäre» (S. 438).

Gemäß der ersten Formel erscheint es nun nicht ausgeschlossen, z. B. ein Schmerzvermeidungsgebot oder Tötungsverbot bei Tieren anzunehmen. Kant bezieht sich in einem Anwendungsbeispiel zur Rechtfertigung des Selbstmordverbots selbst darauf, daß «eine Natur, deren Gesetz es wäre, durch dieselbe Empfindung, deren Bestimmung es ist, zur Beförderung des Lebens anzutreiben, das Leben selbst zu zerstören, ihr selbst widersprechen und also nicht als Natur bestehen würde» (S. 422). Dieser natürliche Selbsterhaltungstrieb läßt sich nun aber auch bei Tieren und Pflanzen konstatieren. Warum er dann aber nur den Selbstmord des Akteurs (bzw. vermutlich die Tötung vernünftiger Wesen) und nicht auch die Tötung anderer nach Selbsterhaltung strebender Wesen ausschließen soll, ist nicht einsehbar. Der Widerspruch zu den Naturanlagen ist in beiden Fällen in gleicher Weise zu konstatieren. Geboten wären nach dieser erweiterten Interpretation des Kriteriums der ersten Formel des kategorischen Imperativs damit solche ethischen Prinzipien, die die Selbsterhaltung in der Natur fördern oder zumindest nicht stören, ausgeschlossen allenfalls solche, die die jeweilige Selbsterhaltung des Akteurs unmöglich machten. Letzteres hinge von empirischen Bedingungen ab. Ein komplettes Verbot der Ernährung von organischen Stoffen wäre damit inadäquat, weil die Menschen dann nur in Ausnahmefällen bzw. geringer Anzahl überleben könnten (durch den Verzehr von Fallobst etc.). Verboten wäre aber eine Nutzung von Tieren und Pflanzen, sofern sie nicht für das menschliche Überleben (Kleidung, Nahrung, Medizin) direkt notwendig wäre. Ob der Vegetarismus geboten ist, hinge davon ab, ob man zwischen den Selbsterhaltungstendenzen der Naturentitäten differenziert.

Interessanterweise findet sich im Rahmen von Kants Erläuterung der ersten Formel keine ausdrückliche Verengung auf die Berücksichtigung vernünftiger Wesen. Diese erfolgt erst im Rahmen der Entfaltung der zweiten Formel, und zwar innerhalb der Explikation des Zweckbegriffs: «Der Wille wird als ein Vermögen gedacht, *der Vorstellung gewisser Gesetze gemäß* sich selbst zum Handeln zu bestimmen. Und ein solches Vermögen kann nur in vernünftigen Wesen anzutreffen sein. Nun ist das, was dem Willen zum objektiven Grunde seiner Selbstbestimmung dient, der Zweck, und dieser, wenn er durch bloße Vernunft gegeben wird, muß für alle vernünftigen Wesen gleich gelten» (S. 427). Kant restringiert hier also durch eine Verbindung mit dem Begriff des Willens des rationalen Akteurs den Zweckbegriff auf die Zwecke vernünftiger Wesen. Er rechtfertigt aber nicht, warum nicht auch die Zwecke nicht-vernünftiger Wesen vom Willen des vernünftigen Akteurs zu berücksichtigen sind. Kant stellt hier vielmehr die weitere These auf, daß nur Entitäten, die einen «Zweck an sich» verfolgen, ethisch zu berücksichtigen seien. Welche Wesen Zwecke an sich verfolgen, wird mit Hilfe einer Existenzbehauptung statuiert: «Wenn es denn also ein oberstes praktisches Prinzip und in Ansehung des menschlichen Willens einen kategorischen Imperativ geben soll, so muß es ein solches sein, das aus der Vorstellung dessen, was notwendig für jedermann Zweck ist, weil es *Zweck an sich selbst ist*, ein *objektives* Prinzip des Willens ausmacht, mithin zum allgemeinen praktischen Gesetz dienen kann. Der Grund dieses Prinzips ist: *die vernünftige Natur existiert als Zweck an sich selbst*» (S. 428f).

Die Existenzbehauptung ist aber zum einen zur Rechtfertigung einer ethischen Position mit normativem Anspruch kein wirkliches Argument. Sie kann besonders aber in ethischer Hinsicht keinen Alleinberücksichtigungsanspruch vernünftiger Wesen plausibel machen. Denn existieren kann auch anderes als die «vernünftige Natur». Selbst wenn man zugesteht, daß die vernünftige Natur als Zweck an sich selbst ethische Berücksichtigung verdient, so schließt dies nicht aus, daß dies auch für andere Entitäten zutreffen kann.[21] Zweifelhaft ist, warum nur vernünftige Zwecke «Zwecke an sich selbst» sein sollen. Wie sich aus anderen Textstellen ergibt, geht Kant von einer zweckmäßig eingerichteten (also teleologisch verfaßten) Natur aus, schreibt also nicht nur den Menschen Zweckhaftigkeit zu.[22] Nimmt man die Annahme hinzu, daß nicht alle Zwecke der nichtmenschlichen Natur auf menschliche Zwecksetzungen rückführbar sind, stellt sich die Frage, woher diese nichtmenschlichen Zwecke kommen. In dieser Situation ergeben sich nur zwei Möglichkeiten: Entweder man geht von eigenen zweckhaften Strebungen der nichtmenschlichen nichtvernünftigen Entitäten aus und schreibt ihnen dann ebenfalls Zwecke an sich zu, oder man nimmt die Existenz eines Gottes oder göttlichen Wesens als zwecksetzender Entität an. Kant schließt die erste Alternative aus. Dann verbleibt ihm aber nur die zweite Alternative. Diese spricht er nicht explizit an. Aber sie steht wohl unausgesprochen im Hintergrund seiner Überlegungen. Wenn aber notwendige Voraussetzung für den Ausschluß nichtvernünftiger Zwecke von der Eigenschaft, Zweck an sich selbst zu sein, die Annahme eines zwecksetzenden Gottes ist, dann ist Kants Position nicht überzeugend. Ist die metaphysische Annahme der Existenz Gottes falsch, bricht das Argument zusammen. Ist die Annahme richtig, dann ist nicht einzusehen, warum die göttliche Auszeichnung nichtmenschlicher Entitäten als zweckhaft für den Menschen als moralisch verantwortlichen Akteur nicht zumindest ebenso verbindlich sein soll wie die eigenen Zwecke anderer Vernunftwesen. Die Tatsache, daß die menschlichen Zwecke vernünftig sind, macht sie gegenüber göttlichen Zwecksetzungen nicht autonomer, als es nichtvernünftige Zwecksetzungen sein können.

Man könnte diesem Dilemma zu entkommen versuchen, indem man Kants Annahme einer zweckhaft verfaßten Gesamtnatur aufgibt. Dann kann aber die oben zitierte These, daß nur Menschen als Zwecke an sich selbst existieren, nur in einem depotenzierten, empirisch feststellbaren Sinn bestehenbleiben. Ihr kann jederzeit die Behauptung entgegengesetzt werden, daß wir auch bei nichtmenschlichen Lebewesen zweckähnliche, autochthone Strebungen feststellen können, z. B. wenn ein Reh nach Nahrung sucht. Die Tatsache, daß es dies möglicherweise nicht mit einer menschenähnlichen Vernunft tut, kann im Rahmen einer ethischen Beurteilung nur allein ausschlaggebend sein, wenn man «Vernunft aufweisend» als einziges ethisch relevantes Prädikat ansieht. Dafür ist aber kein Argument ersichtlich.

Die restlichen Elemente der zweiten Formel des kategorischen Imperativs, etwa die Beschränkung auf «Personen», hängen von der Einschränkung auf die Berücksichtigung vernünftiger Wesen ab. Hält man diese nach dem eben Ausgeführten für unplausibel, so verbleibt das Verbot, zwecksetzende Wesen nur als Mittel zu gebrauchen. Dieses impliziert dann aber in dieser Form keine Verengung auf Menschen. Gesteht man auch nichtmenschlichen Wesen Zwecke zu, so läßt sich schließlich auch ohne weiteres die dritte Formel der «Möglichkeit eines Reichs der Zwecke» erfüllen. Als Ergebnis läßt sich festhalten, daß die ethische Berücksichtigung nichtmenschlicher Entitäten im Rahmen der Kantschen Ethik bzw. des kategorischen Imperativs möglich ist, wenn man die These, daß nur vernünftige Zwecke «Zwecke an sich selbst» sind, nicht akzeptiert.

Wendet man den Blick von den unmittelbaren Textaussagen zur theoriestrategischen Intention Kants, so kann man annehmen: Eine der zentralen Absichten Kants im Rahmen seiner praktischen Philosophie war es, dem menschlichen Subjekt innerhalb des Reichs blinder Naturkausalitäten ein freies und autonomes Handeln in und mittels praktischer Vernunft zu eröffnen (1908, S. 6, Fußnote). Die Freiheit ist nach Kant «ratio essendi» des moralischen Gesetzes (1908, S. 4, Fußnote). Kant hielt diese Freiheit des Handlungssubjekts offenbar für unvereinbar mit der Bestimmung bzw. Beeinflussung seiner praktischen Vernunft durch Eigenschaften anderer Entitäten, außer es handle sich ebenfalls um Zwecke der – die bloße natürliche Kausalgesetzlichkeit übersteigenden – praktischen Vernunft. Kant befürchtete offensichtlich, daß im anderen Fall der Relationsmodus der Kausalgesetzlichkeit auf die praktische Vernunft des Akteurs durchschlagen und quasi die «Herrschaft» übernehmen könnte. In Hegelscher Terminologie würde dann der Knecht zum Herrn und der Herr zum Knecht.

Aber selbst wenn man Kant darin beipflichtet, daß die praktische Vernunft im Akteur für eine ethische Erwägung und Entscheidung verantwortlich ist, muß dies nicht ausschließen, daß die praktische Vernunft auch andere als Vernunftgesichtspunkte bei den betroffenen Entitäten berücksichtigt. Die praktische Vernunft ist durchaus in der Lage, auch nichtrationale Eigenschaften anderer betroffener Entitäten zu beachten, ohne sich deren Relationsmodus der Kausalgesetzlichkeit aufzwingen lassen zu müssen. Souveränität und Superiorität der praktischen Vernunft bestehen gerade darin, daß sie nichtrationale Eigenschaften anderer Entitäten um ihrer selbst willen, aber im Rahmen einer rationalen ethischen Rechtfertigung berücksichtigen kann. Der mit praktischer Vernunft begabte Akteur sollte etwa die Sicherheitsbedenken eines anderen, z. B. dessen Flugangst, beachten. Dies gilt auch, wenn er sie für irrational hält, sie nach allen objektiven Risikokriterien (Unfallwahrscheinlichkeit) nicht rational zu rechtfertigen sind und sie auch weder tatsächlich universell sind noch universalisiert werden können. Trotzdem wird der mit praktischer Vernunft handelnde Akteur sie als Beschränkung eigener paternalistischer Aktivitäten und als handlungsbestimmenden Gesichtspunkt auffassen. Damit liefert er sich und seine eigene praktische Vernunft nicht der kausalen Determination durch irrationale Strebungen des anderen aus, sondern er erweitert vielmehr den Radius und die verhaltensbestimmende Kraft der praktischen Vernunft.

Insgesamt kann trotz aller Bewunderung für die Ingeniosität seiner Theoriekonstruktion also nicht davon ausgegangen werden, es sei Kant gelungen zu zeigen, daß die nichtanthroporelationale ethische Berücksichtigung anderer Entitäten, die nicht Vernunftwesen sind, ausgeschlossen ist.

(b) Eine andere, dem Utilitarismus näherstehende Strategie zur Verneinung der ethischen Berücksichtigung nichtmenschlicher Entitäten entwickelt R. G. Frey (1980).[23] Er vertritt die These, daß die Zuschreibung von Interessen an nichtmenschliche Lebewesen, also Tiere und Pflanzen, nicht zu rechtfertigen ist. Moralisch relevante Interessen bestünden in Wünschen (desires), die wiederum kognitive Annahmen (beliefs) voraussetzten (p. 53, 83). Der Versuch, Interessen unabhängig von kognitiven Fähigkeiten als das Wohlbefinden (well-being) der Entität zu definieren, führe zwangsläufig dazu, auch unbelebten Gegenständen, z. B. Maschinen, Interessen zuzuschreiben (p. 79 f). Lebewesen, die nicht zu kognitiven Annahmen in der Lage seien, könnten keine Wünsche haben und somit auch keine Interessen (p. 57). Damit genügen bloße Bedürfnisse nicht für die Annahme von Interessen (p. 60). Entscheidend für die Frage der Interessen von Tieren ist, ob sie kognitive Annahmen und damit Wünsche haben (können) (p. 75, 83). Dagegen erhebt Frey zunächst den skeptisch-behavioristischen Einwand, daß man das Vorliegen von Wünschen weder erkennen noch aus dem äußeren Verhalten erschließen könne, denn es gäbe bei Tieren keine kognitiven Annahmen ohne äußeres Verhalten (p. 74).

Sein zentrales Argument gewinnt Frey mit Hilfe einer sprachphilosophischen Erweiterung der bisherigen Überlegungen: Kognitive Annahmen setzten notwendig Sprache voraus. Tieren mangele es an dieser. Die These fehlender Sprache bzw. Sprachfähigkeit bei Tieren wurde schon oben diskutiert und – zumindest für nicht vom Menschen unterrichtete Tiere – als plausibel angesehen, wenn man strengere Kriterien an die Zuschreibung von Sprache anlegt als die bloße Informationsübermittlung durch Signalübertragung (A III 1.1).[24]

Das Postulat der notwendigen Verbindung von kognitiven Annahmen und Sprache rechtfertigt Frey – auch unter Bezugnahme auf Willard V. O. Quine – mit der These, daß in Annahmekontexten (belief contexts) Ausdrücken der Form «I belief that...» bzw. «He believes that...» keine Proposition, sondern ein Satz folge und dasjenige, was der Sprecher glaube, die Wahrheit dieses Satzes sei (p. 87):

«In expressions of the form ‹I belief that...›, what follows the ‹that› is a sentence, and what I believe is that that sentence is true. The same is the case with expressions of the form ‹He believes that...›; what follows the ‹that› is a sentence, and what the ‹he› in question believes is that that sentence is true. The difficulty in the case of animals is this: if someone were to say, for example, ‹The cat believes that the laces are tied›, then that person is holding, as I see it, that the cat believes the sentence ‹The laces are tied› to be true; and I can see no reason whatever for crediting the cat or any other creature which lacks language, including human infants, with regarding the sentence ‹The laces are tied› as true» (p. 87).

Wenn diese Annahmen zuträfen, dann kann nach Frey keine Kreatur ohne Sprache kognitive Annahmen und damit Wünsche haben (p. 88). Im übrigen sei für die Zuschreibung kognitiver Annahmen eine Verbindung von Welt und Sprache herzustellen, denn die Wahrheit und Falschheit von Sätzen müsse überprüft werden. Diese Verknüpfung von Welt und Sprache könnten Tiere nicht leisten (p. 91). Auch der Versuch, diesen Anforderungen dadurch zu entgehen, daß man Tieren einfache Wünsche (simple desires) zuschreibe, scheitere (p. 101 ff). Wenn man kein qualifiziertes Bewußtsein (awareness) in Form von Selbstbewußtsein[25] annimmt, verliere der Begriff des «Wunsches» jede Bedeutung. Dann müßten auch Insekten und Pflanzen Wünsche zugeschrieben werden (S. 104 f).

Eine Kritik an Freys Position kann an mehreren Stellen einhaken: Freys gesamte Argumentationskette, Interessen setzten Wünsche voraus, Wünsche kognitive Annahmen und kognitive Annahmen Sprache, verengt bei jedem Schritt das Bedeutungsspektrum des vorhergehenden. Frey gelingt es aber nicht, diese Verengungen plausibel zu machen und darzulegen, daß die jeweils geforderten Eigenschaften wirklich notwendig sind. Dies soll nachfolgend für die einzelnen Schritte gezeigt werden:

Die These, daß kognitive Annahmen über die Welt immer in der Zuschreibung von Wahrheit gegenüber Sätzen besteht, ist reduktionistisch. Zunächst ist kaum ersichtlich, wie die von Frey mit Bezugnahme auf Quine propagierte sprachpositivistische und antiintentionalistische Reduktion von Glaubensinhalten auf Sätze das oben (A III 1) schon erwähnte Beispiel einer Person erklären soll, die aufgrund eines Schlaganfalls ihre Sprachfähigkeit verloren hat. Wenn diese Person eine Handlung vornimmt, die bestimmte kognitive Annahmen voraussetzt, so können und müssen ihr diese kognitiven Annahmen zugeschrieben werden, ohne daß man den Inhalt der Annahme durch die Annahme über die Wahrheit eines Satzes ersetzen könnte.

Darüber hinaus besteht offensichtlich ein Unterschied zwischen Annahmen über die Welt und der Annahme, daß ein Satz über die Welt wahr ist. Der Satz stellt schon eine sprachliche Verobjektivierung von Annahmen dar, die verschiedentlich nicht möglich oder nicht gewollt ist. Man erinnere sich an die berühmte Stelle bei Augustinus: «Quid est ergo ‹tempus›? Si nemo ex me quaerat, scio; si quaerenti expliclare velim, nescio. / Was ist also ‹Zeit›? Wenn mich niemand danach fragt, weiß ich es; will ich einem Fragenden es erklären, weiß ich es nicht» (1987, S. 628 f). Warum soll man einer Interpretation von kognitiven Annahmen folgen, die solche Differenzierungen nicht mehr zuläßt?

Tom Regan hat zutreffend darauf hingewiesen, daß die Interpretation des Inhalts kognitiver Annahmen als Wahrheitszuschreibung gegenüber einem Satz voraussetzt, daß der interpretierende Beobachter und derjenige, dem der Satz zugeschrieben wird, dieselbe Sprache sprechen. Spricht der eine nur Portugiesisch und der andere nur Englisch, dann können mit Freys Analyse dem Anderssprachigen keine kognitiven Annahmen zugeschrieben werden (1983, p. 41). Dies geschieht aber täglich. Wiederum ist nicht ersichtlich, warum die Interpretation solcher Situationen durch einen sprachpositivistischen Reduktionismus abgeschnitten werden soll.

Peter Miller hat darüber hinaus gegenüber Freys Analyse mit Recht eingewendet, daß sie erstens einen unbegründeten reflektierten semantischen Aufstieg (ascent) enthalte, indem sie an die Stelle einer Bezugnahme auf ein Objekt eine solche auf einen sprachlichen Ausdruck setzt, und zweitens eine unendliche Fortsetzung verlange, denn die These, daß die Annahme des Bestehens eines Sachverhalts die Annahme der Wahrheit des zugehörigen Satzes impliziert, erfordere die Annahme der Wahrheit der Wahrheit des zugehörigen Satzes usw. ad infinitum (1983, p. 326).

Schließlich ist auch die Bildung von Neologismen auf der Basis von

Freys Analyse kaum zu erklären. Denn um ein neues Wort prägen zu können, muß eine Annahme bestehen, ehe sie mit dem neuen Wort bzw. dem neuen Satz sprachlich objektiviert werden kann. Natürlich werden dabei schon bestehende Sprachteile mitherangezogen; doch die Bildung des Neologismus setzt ein Plus gegenüber der bisherigen Sprachverwendung voraus, das nicht lediglich in der Neukombination der schon vorhandenen Sprachteile besteht. Dies erfordert aber, daß sich der Sprecher in Annahmekontexten nicht nur auf einen Satz und damit bestehende Sprachteile bzw. Rekombinationsmöglichkeiten bezieht.

Kaum haltbar ist weiterhin Freys These, daß alle Wünsche bestimmte kognitive Annahmen voraussetzen. Frey wählt als Beispiel für kognitive Annahmen die Überzeugung, daß in seiner Büchersammlung eine Gutenbergbibel fehlt. Der Wunsch, eine solche zu erwerben, sei auf diese Annahme zurückzuführen (p. 86 f). Dieses Beispiel verdeutlicht aber lediglich die Perspektive des fraglichen Akteurs einer ethisch relevanten Handlung, nicht die der präsumtiv betroffenen Entität. Natürlich muß der Metzger, der ein Schwein schlachten will, einige Annahmen über das Schwein und die Voraussetzungen des Schlachtens machen. Er muß voraussetzen, daß das Schwein im Schlachthof angekommen ist, daß die Werkzeuge einsatzbereit und zur Schlachtung geeignet sind usw. Auf diese Perspektive kommt es aber nicht an, sondern auf die der ethisch betroffenen Entität. Das Schwein muß aber nichts über seine Umgebung, über die Möglichkeit seiner Tötung und über die Absichten seiner Schlächter wissen usw., um weiterleben zu wollen. Es braucht seine Außenwelt überhaupt nicht kognitiv zu erfassen, sondern es genügt, daß es in sich die Strebung bzw. den «Wunsch» entwickelt, am Leben zu bleiben, und daß es diesen Wunsch nach außen vermitteln kann. Irgendwelche kognitiven Annahmen über die Außenwelt sind dafür nicht erforderlich. Es mag sicher Wünsche geben, die sich auf Objekte in der Außenwelt richten und für deren Plausibilität bestimmte Annahmen über die Außenwelt als erforderlich angesehen werden müssen. Wer möchte, daß man sein Haus als sein Eigentum achtet, muß wissen, daß dieses Haus existiert, daß es rechtliche Beziehungen gibt, die Rechtsinstitute wie Eigentum konstituieren etc. Es ist unzweifelhaft, daß Tiere hierzu nicht in der Lage sind. Aber deshalb käme auch kaum jemand auf die Idee, Tieren Eigentum zuzusprechen. Die Notwendigkeit der kognitiven Bezugnahme auf die Außenwelt besteht. Sie gilt aber nicht für alle ethisch zu berücksichtigenden «Wünsche», sondern nur für einige speziell an der Außenwelt orientierte. Gerade für die in besonderem Maß ethisch relevanten Wünsche nach Lebenserhalt, Stillen von Hunger und Durst, Wärme etc. sind gar keine oder kaum kognitive Annahmen erforderlich:

Man stelle sich z. B. einen Menschen vor, der entführt wurde und mit verbundenen Augen und gefesselten Händen in einem unbekannten Raum gefangengehalten wird. Er hat keinerlei Sinneswahrnehmungen der Außenwelt, außer daß er spürt, auf einem harten Boden zu liegen. Trotzdem wird er vielerlei Wünsche entwickeln, etwa den Wunsch weiterzuleben, den Wunsch nach Stillung von Hunger und Durst etc. Aus der Tatsache, daß einige Wünsche kognitive Annahmen voraussetzen, kann nicht gefolgert werden, daß dies für alle gilt. Insbesondere ist kein Grund ersichtlich, warum gerade die mögliche kognitive Komponente von Wünschen für ihre ethische Berücksichtigung ausschlaggebend sein soll.

Wenig plausibel sind auch die strengen Anforderungen, die Frey mit der Bedingung des Bestehens von Selbstbewußtsein an die entsprechenden kognitiven Annahmen bei Tieren stellt. Es gibt keinen Grund anzunehmen, daß bei einem Hund neben dem Bestehen eines Wunsches auch noch die Reflexion dieses Wunsches erfolgen muß, um sein Interesse an der Wunscherfüllung anzuerkennen (Regan 1982, p. 278). Für Menschen wird diese zusätzliche kognitive Qualifikation der Reflexion von Wünschen auch nicht gefordert. Wenn wir nur reflektierte Wünsche unserer Mitmenschen ethisch zu berücksichtigen hätten, dann würde unsere ethische Verantwortung stark eingeschränkt. Frey erkennt auch das Bestehen solcher nichtreflektierter Wünsche bei Menschen an, behauptet dann aber, sie seien nur sinnvoll, weil für dieselbe Entität reflektierte Wünsche sinnvoll seien (p. 104). Dieses Argument läuft schlicht auf die bloße Behauptung hinaus, nur Entitäten mit reflektierten Wünschen verdienten ethische Berücksichtigung.

Zweifelhaft ist schließlich die Reduktion von Interessen auf Wünsche. Frey nimmt hier zu Unrecht eine traditionelle Analyse des Interessenbegriffs in Anspruch (1980, p. 55); denn schon Bentham als Nestor des Utilitarismus sah die Förderung der Interessen eines Individuums in der Vermehrung seiner Freuden («when it tends to add to the sum total of his pleasures», 1963, p. 3). Der Interessenbegriff ist zudem sehr vage und inhaltsleer. Dies bedeutet: Wenn man ihn zum Zentralbegriff einer ethischen Theorie erhebt, wird er in starkem Maß durch die übrigen Annahmen der Theorie bestimmt (vgl. D I, wo hierauf zurückgekommen wird). Wenn Frey unabhängig von der expliziten Ausarbeitung einer solchen Theorie die These aufstellt, Interessen setzten Wünsche voraus, so kann man darin nicht viel mehr als die Behauptung sehen, zentrales Strukturmerkmal innerhalb einer ethischen Theorie sollten Wünsche sein. Diese These wird bei Frey aber nicht weiter begründet, sondern im Anschluß an Joel Feinberg behauptet. Das Gegenteil kann insofern als genauso plausibel angesehen werden.

Insgesamt kann also keiner der reduktionistischen Schritte Freys überzeugen. Der Ausschluß nichtanthroporelationaler ethischer Rechtfertigungen des Schutzes der Natur wird nicht gezeigt.

(c) Phillip Montague konstatiert, daß in der allgemeinen Diskussion häufig Rechte (rights) als Grundlage für Verpflichtungen (obligations) behauptet werden, obwohl beide Begriffe in Wirklichkeit lediglich als wechselseitig ersetzbar verstanden würden (1980, p. 372 ff). Montague schlägt deshalb als zusätzliche Qualifikation vor, nur ausübbare Rechte (exercisable rights) als verpflichtungsbegründend anzusehen (p. 379). Die Ausübung von Rechten wird dabei als Aktion im tatsächlichen, «vollblutmäßigen» (full-blooded) Sinn angesehen, die intentional gesteuert sein muß (p. 382 ff). Entitäten, die dazu nicht in der Lage seien, könnten somit keine Rechte zugeschrieben werden, etwa den (meisten) Tieren.

Unter Ausklammerung der Frage, ob die Zuschreibung von Rechten gegenüber der bloßen ethischen Berücksichtigung nicht weitere Erfordernisse voraussetzt (vgl. D X), gilt: Gegen Montague muß man zunächst einwenden, daß ethische Rechtfertigungen einen Akteur gerade dann durch Stützung eines moralischen Verbots von der Verletzung einer anderen Entität abhalten sollen, wenn diese sich nicht selbst durch tätliche Notwehr ihre Integrität erhalten kann. Wo ein Aggressor durch Notwehr zurückgeschlagen werden kann, sind moralische Verbote weniger dringend. Montagues Kriterium läßt gerade schutzbedürftige Lebewesen (kleine Kinder, Kranke, Geistesschwache etc.) schutzlos. Aber selbst wenn man Montagues Position akzeptieren würde, gilt, daß praktisch alle Tiere sich gegen Aggressoren wehren, Nahrung sammeln, ihr Territorium sichern etc. und somit ihre Rechte ausüben (Elliot 1987, p. 91).

(d) Verschiedene Autoren heben auf die notwendige Erkenntnisfähigkeit des Akteurs zum Ausschluß nichtanthroporelationaler Rechtfertigungen ab: Für Höffe erhebt etwa «die biozentrische Kritik» «eine Forderung, die verstehen und befolgen nur der kann, bei dem im Zentrum nicht der bloße Bios steht; die Kritik dementiert sich also selbst» (1993, S. 211). Nach Ansicht von Irrgang (1992, S. 63) impliziert die unhintergehbare Anthroponomie menschlichen Erkennens und Handelns und die Asymmetrie sittlicher Verpflichtungen im Verhältnis von Mensch und Natur eine gewisse wertbesetzte Anthropozentrik in dem Sinn, daß Tier und Mensch hinsichtlich ihres Werts bei Güterabwägungen nicht auf die gleiche Ebene zu stellen seien.

Dem ist entgegenzuhalten, daß die Anforderungen, die an die kognitiven Fähigkeiten des moralisch bzw. ethisch Verantwortlichen zu stellen sind, nicht ausschließen, daß der solcherart qualifizierte Akteur andere

Entitäten, die diese Qualifikation nicht aufweisen, berücksichtigt bzw. berücksichtigen soll (ebenso Taylor 1983, p. 240; Parker 1990, p. 354). Die Tatsächlichkeit oder Fähigkeit kognitiver Welterfassung mag Voraussetzung des ethischen Handelns des zu ethischer Reflexion aufgerufenen Akteurs sein. Aber sie wird damit nicht zum hinreichenden oder auch nur notwendigen Kriterium der betroffenen Entität. Es ist kein Argument ersichtlich, warum Akteur und ethisch zu berücksichtigende Entität gleiche Eigenschaften aufweisen müßten. Die moralische bzw. ethische Grundsituation ist vielmehr grundsätzlich durch die Asymmetrie von Aktivität und Passivität, von Akteur und Betroffenem geprägt. Dies rechtfertigt es, ungleiche Qualifikationsanforderungen an beide zu stellen.

(e) Nach Bayertz (1987, S. 180) befähigt die Sonderstellung in der Natur den Menschen überhaupt erst, seine eigenen Interessen zu relativieren und sich zum Adressaten von moralischen Postulaten zu machen. Der Verzicht auf die Anthropozentrik in der substantiellen Moral setze eine Anthropozentrik auf einer zweiten Stufe voraus. Der entscheidende Punkt sei nun, daß eine solche «Meta-Anthropozentrik» als ein Indiz dafür gewertet werden muß, daß die spätestens seit Kant zu einem Grundpfeiler der Ethik gewordene These von der menschlichen Autonomie auch für die Ökologische Ethik Bestand haben müsse.

Dem kann und muß man zustimmen. Aber damit ist die These, daß eine nichtanthroporelationale ethische Rechtfertigung möglich ist, nicht widerlegt. Der Mensch als moralischer Akteur mag im Rahmen mehrstufiger Reflexionen in seiner Akteurseigenschaft noch so überlegen sein. Dies impliziert aber nicht den Ausschluß oder auch nur die Abwertung der Berücksichtigung nichtmenschlicher Entitäten. Die ethische Frage ist eine Frage normativ-ethischer Rechtfertigung und nicht eine deskriptive bezüglich überlegener kognitiver Eigenschaften des Akteurs.

Insgesamt ist somit kein logisches oder sprachliches Hindernis ersichtlich, moralische Gebote, Tiere, Pflanzen, Landschaften oder beliebige andere Entitäten zu schützen, nicht um deren selbst willen für gerechtfertigt zu halten. Dies geschieht im übrigen im Alltag ständig, etwa wenn Frau X ihren Nachbarn Herrn Y bittet, ihre Katze nicht durch zu laute Rockmusik zu quälen, und voraussetzt, daß dies lediglich im Interesse der Katze geschieht und nicht wegen eines weitergehenden Interesses von Frau X an der Katze.

Die bisherigen Überlegungen haben gezeigt, daß nichtanthroporelationale Ethikbegründungen logisch möglich sind und daß die sprachliche Verständlichkeit entsprechender Begründungen nicht mit guten Gründen angezweifelt werden kann. Ob sich tatsächlich eine stichhaltige nichtanthroporelationale normative Ethik aufweisen läßt, ist eine weitere

Frage, die im Teil C mit Bezug auf einzelne nichtanthroporelationale Theorien untersucht werden wird und nicht in den Bereich der Metaethik, sondern in den der normativen Ethik fällt.

> T8: Es ist weder logisch noch sprachlich ausgeschlossen, daß nicht-anthroporelationales moralisches Verhalten (kommunikatives oder nichtkommunikatives) nicht nur durch anthropozentrische bzw. anthroporelationale, sondern auch durch nichtanthroporelationale ethische Begründungen gerechtfertigt werden kann.

Angemerkt sei, daß sich diese These nur auf die Frage der ethischen Rechtfertigung moralischer Verpflichtungen bzw. Berücksichtigungen bezieht. Ob die Zuschreibung moralischer Rechte stärkere Anforderungen impliziert und deshalb eine Beschränkung auf anthropozentrische Rechtfertigungen erforderlich macht, ist ein zusätzliches, weitergehendes Problem, dessen Lösung insbesondere von der umstrittenen Frage abhängt, wie man Rechte definiert.[26] Die Diskussion der Anerkennung von Rechten erscheint aber im metaethischen Rahmen wenig sinnvoll. Denn eine Zuschreibung von Rechten würde in jedem Fall nicht nur den metaethischen Aufweis erfordern, daß nichtanthroporelationale Rechtfertigungen möglich sind, sondern auch die Anerkennung einer normativ-ethischen Position, die solche Rechtfertigungen statuiert. Bevor nichtmenschlichen Entitäten keine ethische Berücksichtigungswürdigkeit zuerkannt wurde, ist es demnach wenig plausibel zu untersuchen, ob ihnen Rechte zukommen (sollen).

2. Obwohl für die Ökologische Ethik irrelevant, soll hier erwähnt werden, daß T8 auch für rein zwischenmenschliches (also anthroporeferentielles bzw. anthropozentrisches) moralisches Verhalten entsprechend gilt. Dabei ist nicht nur an eine auf Gott bezogene, theorelationale ethische Begründung (vgl. A III 2 (2)) zu denken, sondern sogar an eine ökorelationale ethische Rechtfertigung. Die Begründung in A III 2 (4) («weil die Eigengesetzlichkeit des ökologischen Weltganzen damit beeinträchtigt wird») kann ohne weiteres auf das Quälen eines Menschen bezogen werden. Eine holistische ethische Begründung könnte insofern auch für zwischenmenschliches moralisches Verhalten gelten. Wie noch im Teil C zu diskutieren sein wird, besteht sogar einer der zentralen Einwände gegen holistische Positionen der Ökologischen Ethik darin, daß sie nicht in der Lage sind, zwischen den einzelnen Menschen nichtholistische, d. h. kultur- und nicht lediglich naturbezogene ethische Rechtfertigungen zuzulassen (vgl. Katz 1985, p. 246).

T9: Es ist weder logisch noch sprachlich ausgeschlossen, daß auf den Menschen als Gegebenheit bezogenes moralisches Verhalten (kommunikatives oder nichtkommunikatives) nicht nur durch anthroporelationale, sondern auch durch nichtanthroporelationale ethische Begründungen gerechtfertigt werden kann.

3. Offensichtlich ist es des weiteren weder logisch noch sprachlich ausgeschlossen, daß es mehrere gültige ethische Begründungen für ein moralisches Verhalten gibt, sofern sich diese nicht ihrerseits widersprechen, also nicht untereinander inkonsistent sind. Dabei ist auch eine Mischung von anthropozentrischen, anthroporelationalen und nichtanthroporelationalen Begründungen denkbar. Die oben (A II 1) eingeführte Unterscheidung zwischen Anthropozentrik, Anthroporelationalität und Nichtanthroporelationalität fußt ebenfalls auf dieser Annahme. Man könnte z. B. die Schlachtung von Tieren verbieten, weil man sowohl deren Leben für moralisch relevant hält (nichtanthroporelationale Rechtfertigung) als auch die Beeinträchtigung der Fleischqualität durch eine Tierseuche und damit Gefahren für die menschlichen Verbraucher befürchtet (anthropozentrische Rechtfertigung).

T10: Ein moralisches Verhalten kann gleichzeitig durch mehrere ethische Begründungen gestützt werden.

T11: Mehrere ethische Begründungen eines moralischen Verhaltens können sowohl anthropozentrisch bzw. anthroporelational als auch nichtanthroporelational sein. Dementsprechend gibt es ethische Theorien mit mehreren Typen von Begründungssequenzen.

4. Geht man also von einem bestimmten moralischen Verhalten aus und fragt man nach seiner Rechtfertigung, so ergibt sich, daß es prinzipiell durch verschiedene ethische Theorien gestützt werden kann. Im Einzelfall mag aber nur eine einzige Theorie zur Rechtfertigung führen. Nimmt man umgekehrt eine bestimmte normativ-ethische Begründung als Ausgangspunkt, so ergibt sich, daß mit dieser nicht jedes moralische Verhalten kompatibel ist. Wer Leiden als normativ-ethisch zentrale Kategorie ansieht, der muß das Leiden aller leidensfähigen Wesen berücksichtigen und kann in seinen Verhaltensweisen dem Leiden von Tieren nicht gleichgültig gegenüberstehen. Zwischen moralischem Verhalten und ethischer Begründung besteht also insofern eine Kompatibilitäts-

asymmetrie, die sich durch den Begründungsstatus der normativ-ethischen Rechtfertigung erklären läßt. Weil die Ethik begründet, fordert sie auch eine bestimmte Moral und ist nicht mit jeder moralischen Verhaltensweise vereinbar. Daraus ergibt sich für die Ökologische Ethik: Die Entscheidung für eine nichtanthropozentrische bzw. nichtanthroporelationale Begründung einer normativ-ethischen Theorie kann eine nichtanthropozentrische bzw. nichtanthroporelationale Moral erfordern. Im soeben angeführten Beispiel impliziert die nichtanthroporelationale Ethik der Leidvermeidung eine nichtanthroporelationale Moral, d. h., Tiere dürfen wegen ihrer Leidensfähigkeit bzw. wegen ihres jeweiligen Leidens im Einzelfall um ihrer selbst willen nicht gequält werden.

> T12: Nichtanthroporelationale ethische Begründungen können nach nichtanthroporelationalen moralischen Verhaltensweisen verlangen. Es besteht also keine volle Kompatibilität von ethischer Rechtfertigung und moralischer Forderung oder moralischem Verhalten, wenn man von einer bestimmten normativ-ethischen Theorie ausgeht.

5. Neben der möglichen kategoriellen Forderung nichtanthroporelationaler ethischer Begründungen nach nichtanthroporelationalem moralischem Verhalten kann sich aber auch ein inhaltlicher Anforderungszusammenhang zwischen Ethik und Moral ergeben. Für nichtanthroporelationale Ethikbegründungen läßt sich gegenüber anthroporelationalen und anthropozentrischen eine tendenzielle Verstärkung der Begründungskraft für nichtanthroporelationales moralisches Verhalten ausmachen. Dies bewirkt eine Stärkung und Festigung der nichtanthroporelationalen Moralposition im Fall einer Pflichten- bzw. Interessenkollision mit anthroporelationalen Moralpositionen. Wer den Tierschutz – wie etwa Kant (vgl. oben A III 4.1 (a)) – mit der moralischen Vervollkommnung des menschlichen Akteurs begründet und nicht mit der Leidensfähigkeit oder den Interessen der Tiere, der muß anderen höherrangigen menschlichen Interessen den Vorrang geben, wenn die intrasubjektive Abwägung dies erfordert. So schließt Kant die Tötung von Tieren ohne Qual nicht aus (1907, S. 443). Die indirekte moralische Vervollkommnung des Menschen durch die Leidvermeidung gegenüber Tieren ist jedenfalls kein besonders gewichtiger ethischer Gesichtspunkt. Wer dagegen das Leiden oder die Interessen der Tiere, Pflanzen, Spezies oder Ökosysteme im Rahmen der ethischen Rechtfertigung direkt berücksichtigen muß, der wird im Konflikt der interpersonalen Abwägung auf eine stärker nichtanthroporelationale Moralposition verpflichtet.

Nichtanthroporelationale ethische Begründungen können also im Konfliktfall im Zweifel zugunsten einer nichtanthroporelationalen Moral stärkere Rechtfertigungskraft entfalten. Dies kann allerdings nur als allgemeine Tendenz konstatiert und muß für jede einzelne ethische Begründung gesondert geprüft werden.

> T13: Gegenüber anthropozentrischen und anthroporelationalen ethischen Rechtfertigungen generieren nichtanthroporelationale tendenziell eine Verstärkung der Begründungskraft für nichtanthroporelationale moralische Forderungen bzw. moralisches Verhalten.

Gewarnt werden muß aber davor, diesen metaethischen Zusammenhang seinerseits in die normativ-ethische Begründung einzubauen, wie es verschiedentlich etwa in der Form des Arguments: «Wenn wir Arten wirksam schützen wollen, dann müssen wir die Forderung nach ihrer Bewahrung durch eine nichtanthroporelationale ethische Rechtfertigung stützen!» geschieht. Die ethische Begründung eines fraglichen moralischen Verhaltens gewinnt nicht dadurch an Plausibilität, daß man sie für besser geeignet zur Erreichung des moralischen Ziels erklärt. Diese Form des Theoriepragmatismus bzw. Theorieutilitarismus zerstört die Anforderung der Rechtfertigung, die an eine normativ-ethische Theorie gestellt wird. Die Begründung muß das Ergebnis stützen, nicht eine dem Ergebnis möglichst nützliche Theorie generieren.

   6. Zur Einteilung der Theorien Ökologischer Ethik findet sich neben der Unterscheidung anthropozentrisch/nichtanthropozentrisch häufig die differenziertere Unterteilung in anthropozentrische, pathozentrische (auf leidensfähige Wesen bezogene), biozentrische (auf alle Lebewesen bezogene), physiozentrische (auf alle Entitäten bezogene) und holistische (auf die Natur als Ganzes bezogene) Positionen (Birnbacher 1991, S. 281 ff; Meyer-Abich 1984, S. 23; Vossenkuhl 1991, S. 11 f). Soweit ersichtlich, hat zum erstenmal Frankena (1979, p. 5 f) eine ähnliche – noch etwas differenziertere – Einteilung vorgenommen. Sie wird mittlerweile häufig verwendet. Als grobes Schema hilfreich, erweist sie sich aber bei näherem Hinsehen aus verschiedenen Gründen als problematisch und wird deshalb hier keine weitere Verwendung finden:
   Erstens sind die Klassifikationskriterien – jedenfalls so, wie sie bei Birnbacher wiedergegeben und in deutschsprachigen Publikationen oft zitiert werden[27] – nicht einheitlich. Die Mehrzahl dieser Kriterien bezieht sich nur auf die Klasse der geschützten Entitäten im Sinne des ethischen Strukturmerkmals (3) (vgl. oben A II 2) (Menschen, Lebewesen,

alles), während «pathozentrisch» (jedenfalls zumindest auch noch) auf das entscheidende ethische Strukturmerkmal (1) (vgl. oben A II 2) des Leidens verweist und sich dann allenfalls als Folge die geschützte Entitätenklasse (alle leidensfähigen Lebewesen) ergibt.

Zweitens wird nicht klar ausgesprochen, ob der Gegebenheitsbezug moralischer Verhaltensweisen und Normen oder der argumentative Bezug ethischer Begründungen gemeint ist. Beides ist aber strikt zu trennen, wie sich aus den bisherigen Überlegungen in A II 2, III 1 und 2 ergab. Eine biorelationale Moral kann durch eine anthroporelationale Ethik gerechtfertigt werden. Der moralische bzw. rechtliche Schutz einer Pflanzenart kann dazu dienen, sie als Grundlage von Arzneimitteln für den Menschen – also zu einem anthroporelationalen ethischen Zweck – zu erhalten.

Drittens suggeriert die Einteilung – wenn man sie auf ethische Theorien anwendet –, daß mit der jeweils verwendeten Bezeichnung das zentrale Moment ethischer Begründungen angesprochen sei. Dies ist aber gerade nicht der Fall, weil sich die Unterscheidung – mit Ausnahme des Worts «pathozentrisch» – auf das Strukturmerkmal (3), also die Entität, die Urheber, Träger oder Betroffener des zentralen Kennzeichnungselements der Begründung ist, bezieht. Übersehen wird dabei, daß das eigentliche Zentralgewicht beinahe jeder ethischen Begründung auf dem begründenden Kriterium liegt (Glück, Pflicht, Lust, Tugend, Absicht, Konsequenzen), also dem Strukturmerkmal (1) (vgl. A II 2). Daneben sind vor allem die Strukturmerkmale (2) (Erkenntnis der zentralen Kennzeichnung) und (4) (Sprachlogik) von Bedeutung, während das Strukturmerkmal (3) kaum eigene begründende normative Kraft entfalten kann und allenfalls insofern eine, wenn auch untergeordnete, Rolle spielt, als es zum rechtfertigenden Kriterium passen muß. Wenn sich also ein Holist und ein Biozentriker streiten, so wird man weder die These des einen, alles sei zu schützen, noch die These des anderen, nur das Leben sei zu schützen, als adäquate ethische Rechtfertigung ansehen können. Nur in speziellen Fällen ist für den Biozentriker das Leben nicht nur eine Klassenbezeichnung für die zu schützenden Entitäten, sondern auch das zentrale ethische Kennzeichen zur Rechtfertigung der Berücksichtigung dieser Entitäten, so etwa bei Albert Schweitzer.[28]

Man denke sich folgendes Beispiel: Angela pflückt Blumen auf einer Wiese. Bertram kommt zufällig vorbei und stellt Angela wegen des Blumenpflückens zur Rede. Angela erwidert, daß sie keinen Grund sehe, diese (nicht rechtlich geschützten) Blumen nicht zu pflücken. Bertram führt nun als Begründung für seine Intervention an, eine biozentrische Ethik, die alles Lebendige schützt, verdiene den Vorzug. Diese Rechtfertigung wird Angela kaum überzeugen. Sie wird sie als bloße Behauptung zurückweisen und nach einer wirklichen Begründung fragen. Nun muß Bertram ein ethisches Rechtfertigungskriterium angeben, etwa göttliche Gebote, eine pantheistische Naturphilosophie, eine teleologische Naturtheorie (wie z. B. Jonas 1984), eine Interessenethik, eine Leidensethik usw.

Hinsichtlich der praktischen Relevanz moralischer (und rechtlicher) Normen mag es sicherlich von entscheidender Bedeutung sein, wie weit der Trägerbezug der ethischen Begründung reicht. Dies darf aber nicht zur Annahme verleiten, hier liege das ethische Begründungsproblem und hier werde die Entscheidung getroffen, ob eine Ökologische Ethik anthropozentrisch ist oder nicht. Einem solchen Mißverständnis unterliegt z. B. Andreas-Grisebach, wenn sie dies für das «Entscheidende» hält (1991, S. 51).

Untermauert wird diese Kritik, wenn man sich vor Augen führt, daß die großen ethischen Theorien der Geistesgeschichte sich in ihren zentralen Teilen damit beschäftigt haben, welches ethische Kriterium bzw. welche Kriterien Normativität begründen (vgl. v. d. Pfordten 1992, S. 221), und nicht zunächst quasi dezisionistisch bestimmt haben, welche Entitäten in ihren Normbereich fallen.[29] Zusammenfassend ergibt sich:

> T14: Die Entscheidung, ob ein nichtanthroporelationales Gebot einer ökologischen Moral gültig ist, wird im Rahmen einer normativen Ethik (Ethik 1. Ordnung) getroffen. Sie hängt von der Plausibilität der Strukturmerkmale (1) bis (4), vor allem vom zentralen Begründungsmerkmal (1), ab (vgl. oben A II 2) und unterscheidet sich prinzipiell nicht von der Entscheidung in der allgemeinen Ethik, ob eine normativ-ethische Begründungssequenz gültig ist oder nicht.

5. Schwach anthroporelationale Begründungen

1. Mit der Unterscheidung von Anthropozentrik und Anthroporelationalität (A II 1) wurde für mehrsträngige Begründungsstrukturen ein quantitatives Unterscheidungskriterium eingeführt. Damit läßt sich zwischen ethischen Theorien differenzieren, die ausschließlich auf den Menschen bezogene Begründungen aufweisen, und solchen, bei denen sich nur eine oder mehrere Begründungssequenzen von vielen auf den Menschen richten.

Wie oben ebenfalls schon angesprochen wurde (A II 1, D 6, D 7), kann man für einzelne anthropozentrische und anthroporelationale Verknüpfungen offensichtlich noch einen qualitativen Unterschied in der Stärke der Bezugnahme auf den Menschen ausmachen. Dies gilt auch für ethische Rechtfertigungen. Die Stärke der Bezugnahme hängt dabei davon ab, welches ethische Kennzeichen man auswählt. Innerhalb des Bezugsverhältnisses auf den Menschen kann die Bezugnahme jeweils zum einen Pol (dem Menschen) tendieren oder zum anderen (der Natur). So liegt etwa bei einer Rechtfertigung durch menschliche Interessen das Schwergewicht der Bezugnahme eindeutig beim Menschen, während bei einer ästhetischen Rechtfertigung neben dem ästhetischen Empfinden des Menschen – je nach ästhetischer Theorie mehr oder weniger stark abgestuft – auch «objektive» oder vorsichtiger «objektivierbare» Bedingungen für die Zuschreibung von Schönheit eine Rolle spielen. Eine ästhetische Begründung innerhalb der Ökologischen Ethik wird man generell als erheblich schwächer anthroporelational ansehen müssen als eine nutzenorientierte.

Zur Restriktion einer starken und in ihren Auswirkungen für die Umwelt zerstörerischen Anthroporelationalität wird mittlerweile von vielen mit unterschiedlichen Argumenten für eine weiter gehende Beachtung schwach anthroporelationaler Rechtfertigungen plädiert: von Höffe mit der Forderung nach der Wandlung vom *dominium terrae* zum *dominium morale* (1993, S. 70), von Vossenkuhl mit dem Verweis auf die Natur als Bedingung der Moral (1993, S. 12), von Partridge mit der biohumanistischen These, der Mensch benötige genetisch Schönheit und Diversität der Natur (1984, p. 110), von Fetscher mit dem Verweis auf die Pflicht des Stärkeren, für den Schwächeren zu sorgen (1982, S. 775).

Kants oben (A III 4.1 (a)) diskutiertes Argument, um die moralische Verrohung des Menschen zu verhindern, dürften Tiere nicht gequält werden, gehört ebenfalls zu den schwach anthroporelationalen Rechtfertigungen. Auch die Bezugnahme auf menschliches Mitleid mit nichtmenschlichen Kreaturen stellt in diesem Sinn eine schwach anthroporelationale Rechtfertigung dar. Denn beim Mitleid handelt es sich um ein menschliches Gefühl. Aber dieses knüpft regelmäßig an das Leiden bei den fraglichen anderen Lebewesen an.

Zu beachten ist, daß eine trennscharfe Unterscheidung von schwachen und starken anthroporelationalen Rechtfertigungen naturgemäß unmöglich ist. Es handelt sich vielmehr um ein Kontinuum mit den ausschließlich auf den Menschen bezogenen Rechtfertigungen als idealem Anfangspunkt und den nichtanthroporelationalen Rechtfertigungen als Endpunkt.

Darüber hinaus kann man die Frage stellen, ob die Grenze zwischen schwach anthroporelationalen und nichtanthroporelationalen Rechtfertigungen nicht fließend ist. Die Antwort hängt vom jeweiligen Strukturtyp der normativ-ethischen Position ab. Wenn eine normativ-ethische Position ein klares Strukturmerkmal (1), also eine rechtfertigende Kennzeichnung angibt, die bestimmten Entitäten eindeutig zugeordnet werden kann, ist eine trennscharfe Grenzziehung möglich. Wenn aber keine klare rechtfertigende Kennzeichnung vorgeschlagen wird, etwa bei dezisionistischen oder existentialistischen Ethiken, verschwimmt die Grenze.

Von verschiedenen angelsächsischen Autoren wird zur wertphilosophischen Erfassung von schwach anthroporelationalen Rechtfertigungen – mit nichteinheitlicher Terminologie – die Einführung einer dritten Kategorie von Werten zwischen instrumentellen und nichtinstrumentellen, anthroporelationalen (instrumental value) und nichtinstrumentellen, nichtanthroporelationalen Werten (inherent worth) propagiert: die inhärenten Werte (inherent value). Taylor sieht diese berücksichtigt, wenn wir eine Entität nicht wegen ihrer Nützlichkeit oder kommerziellen Verwertbarkeit schützen, sondern wegen ihrer Schönheit, historischen Wichtigkeit oder kulturellen Signifikanz (1989, p. 73 f).

Diese Begriffsbildung erscheint jedoch nur dann sinnvoll, wenn man das Problem der ethischen Berücksichtigung von Entitäten in der Begrifflichkeit einer Werttheorie beschreiben will. Damit wird aber schon eine gewisse Vorentscheidung für bestimmte Typen normativer ethischer Theorien getroffen und die Ebene möglichst neutraler Begriffsprägung der Metaethik verlassen. Aber selbst wenn man dies in Kauf nimmt, erweist sich diese Begriffsbildung mit Hilfe einer neuen Kategorie von Werten als eher verunklarend. Denn alle von Taylor angeführten Beispiele sind zwar schwach, aber doch klar anthroporelational. Historische Wichtigkeit und kulturelle Signifikanz sind eindeutig auf den Menschen bezogen. Solche Begründungstypen sind insofern mit dem Terminus «schwach anthroporelational» besser gekennzeichnet als mit der eher verwirrenden Zuschreibung einer weiteren Klasse von Werten.

Zusammenfassend läßt sich konstatieren:

> T15: Anthroporelationale Begründungen normativer Ethik können im Rahmen ihrer Rechtfertigung unterschiedlich stark auf den Menschen bezogen sein. Argumente, die z. B. auf menschliche Interessen Bezug nehmen, sind relativ stark. Argumente, die z. B. auf ästhetische Bedürfnisse abheben, sind schwächer. Die Stärke der Bezugnahme nimmt graduell ab bzw. zu.

Da die Fragestellung der vorliegenden Untersuchung auf nichtanthropo-relationale ethische Rechtfertigungen der Ökologischen Ethik zielt, wird die normativ-ethische Tragfähigkeit der einzelnen schwach anthropo-zentrischen Positionen im weiteren Fortgang der Untersuchung nicht diskutiert.

2. Die Relativierung von stark anthroporelationalen Begründungen durch schwach anthroporelationale ethische Rechtfertigungen führt sicherlich zu einem veränderten Moralverhalten gegenüber der Natur. Die Besinnung auf ästhetische Kriterien der Naturschönheit bremst un-gehemmtes Zubetonieren. Hier gilt die These T13 in analoger Form:

> T16: Gegenüber stark anthroporelationalen ethischen Rechtfertigun-gen generieren schwach anthroporelationale tendenziell eine Verstär-kung der Begründungskraft für nichtanthroporelationale moralische Forderungen bzw. moralisches Verhalten. Diese Tendenz ist um so stärker, je stärker auf die Natur Bezug genommen wird.

3. Allerdings gilt auch, daß genuin nichtanthroporelationale Rechtferti-gungen eine ökologische Moral noch stärker stützen als schwach anthro-porelationale. Die Berücksichtigung eigener Interessen von Tieren führt zu strikteren moralischen Postulaten zu ihrem Schutz als ihre indirekte Berücksichtigung zur Verhinderung menschlicher Verrohung (vgl. Kants obiges Argument, A III 4.1 (a)):

> T17: Gegenüber schwach anthroporelationalen ethischen Rechtferti-gungen generieren nichtanthroporelationale tendenziell eine Ver-stärkung der Begründungskraft für nichtanthroporelationale morali-sche Forderungen bzw. moralisches Verhalten.

6. Transanthroporelationale Begründungen

Eine spezielle Form nichtanthroporelationaler oder schwach anthropore-lationaler – je nach Blickwinkel – Rechtfertigungen verdient besondere Erwähnung. Es handelt sich um Begründungen, bei denen die Begrün-dungsrelation Mensch – Natur derart iteriert ist, daß eine zwei- oder sogar mehrstufige Rechtfertigung entsteht, also um die Umsetzung der oben in Definition D5 (A II 1) dargestellten mehrstufigen allgemeinen Relation. Da ethische Rechtfertigungen ihrerseits normativ hinterfragbar und bestimmbar sind (vgl. oben A II 2), kann eine anthroporelationale Rechtfertigung eine nichtanthroporelationale fordern, z. B. im Rahmen der These, der Mensch müsse nichtanthroporelationale ethische Begründungen heranziehen, um seinen anthroporelationalen Interessen am besten zu dienen (vgl. z. B. Birnbacher 1988, S. 201). Rechtfertigungen mit einer solchen gemischten, mehrstufigen Struktur werden als «transanthroporelationale Rechtfertigungen» bezeichnet, weil sie die Grenze der anthroporelationalen Begründungen übersteigen, die anthroporelationale Basis aber nicht verlassen. Die transanthroporelationale Begründung weist mit ihrer Mehrstufigkeit eine ähnliche Struktur auf wie die normativ-ethische Theorie, die als «indirekter bzw. eingeschränkter Utilitarismus» bekannt ist (Smart 1992). Allerdings überschreitet erstere die Grenze der Anthroporelationalität, letztere nicht notwendig, sondern nur, wenn auch Tiere berücksichtigt werden.

T18: Anthroporelationale und nichtanthroporelationale ethische Rechtfertigungen können in einer Begründung dergestalt zu einer «transanthroporelationalen Rechtfertigung» verbunden werden, daß die anthroporelationale Rechtfertigung eine nichtanthroporelationale Rechtfertigung bestimmt bzw. begründet.

Die Frage, ob transanthroporelationale ethische Rechtfertigungen ebenso wie nichtanthroporelationale (vgl. T13) tendenziell stärker nach einer nichtanthroporelationalen Moral verlangen als anthroporelationale, ist nicht so eindeutig zu beantworten wie bei diesen. Die anthroporelationale Bezugnahme auf der ersten Stufe des transanthroporelationalen Arguments kann zu einer so starken Instrumentalisierung der Natur durch den Menschen führen, daß eine schwach anthroporelationale ethische Rechtfertigung möglicherweise zu einer wirksameren nichtanthroporelationalen Moral beiträgt. Konkret könnte z. B. eine Rechtfertigung durch ästhetische Gründe vielleicht die nichtmenschliche Natur besser bewahren als die Propagierung einer nichtanthroporelationalen Rechtfertigung um des Menschen willen. Man kann deshalb allenfalls annehmen, daß transanthroporelationale Rechtfertigungen tendenziell gegenüber stark anthroporelationalen Begründungen zu einem effektiveren nichtanthroporelationalen Naturschutz führen, da der Einbau der nichtanthroporelationalen Rechtfertigung auf der zweiten Stufe nicht ohne Folgen für die Gesamtbegründung bleiben kann. Gleiches gilt gegenüber vollständig anthropozentrischen Rechtfertigungen, da hier die Nichtanthropozentrik auf der zweiten Stufe der transanthroporelationalen Gesamtbegründung sicherlich eine Verschiebung bewirkt.

T19: Gegenüber stark anthroporelationalen und (vollständig) anthropozentrischen ethischen Rechtfertigungen generieren transanthroporelationale tendenziell eine Verstärkung der Begründungskraft für nichtanthroporelationale moralische Forderungen bzw. moralisches Verhalten.

Allerdings gilt wegen der bestehenbleibenden anthroporelationalen Basis der transanthroporelationalen Argumente auch:

T20: Gegenüber transanthroporelationalen ethischen Rechtfertigungen generieren nichtanthroporelationale tendenziell eine Verstärkung der Begründungskraft für nichtanthroporelationale moralische Forderungen bzw. moralisches Verhalten.

---

7. Zusammenfassung

Faßt man die wichtigsten Ergebnisse der bisherigen Überlegungen zusammen, so gilt:

Eine nichtanthroporelationale ethische Begründung ökologischer, nichtanthroporelationaler Moralforderungen ist logisch und sprachlich möglich (T9) und führt tendenziell zu einer stärkeren Berücksichtigung der nichtmenschlichen Natur gegenüber anthroporelationalen und transanthroporelationalen Begründungen (T13 und T20). Die Suche nach nichtanthroporelationalen normativ-ethischen Rechtfertigungen einer Ökologischen Ethik ist also sinnvoll. Entsprechende normativ-ethische Positionen werden in den Teilen B und C dargestellt und diskutiert.

Daneben sind auch transanthroporelationale ethische Rechtfertigungen nichtanthroporelationaler Moralforderungen logisch und sprachlich möglich (T18) und führen tendenziell zu einer effektiveren Berücksichtigung der Natur gegenüber stark anthroporelationalen und vollständig anthropozentrischen Begründungen (T19). Eine diesbezügliche Diskussion erfolgt in Teil E. Zunächst wird aber noch kurz die praktische Relevanz der Nichtanthropozentrikfrage in concreto erörtert.

IV. Die praktische Relevanz der Frage nach nichtanthropozentrischen Begründungen

Für die Ökologische Ethik als Teil der angewandten Ethik (vgl. allgemein Nida-Rümelin 1996) ist der normative Brückenschlag zwischen Ethik und Moral bzw. Recht Programm. Dies impliziert aber keine Reduktion der Begründungssuche auf die Frage der Anwendbarkeit. Ein derartig reduktionistischer Pragmatismus wäre zum einen unklug, weil nicht unmittelbar anwendungsorientierte Erkenntnisziele weitgespannteres Nachdenken erlauben und so – wie in der naturwissenschaftlichen Grundlagenforschung – neuartige, möglicherweise anwendungsfähige Ergebnisse generieren, zum anderen inhuman, weil der Mensch mit seinen umfassenden und weiterreichenden Erkenntnis- und Einsichtsinteressen auf einen wissenschaftlichen *homo faber* beschränkt würde.

Der plausibelste Weg zwischen der Skylla anwendungsbesessenen Pragmatisierens und der Charybdis anwendungsvergessenen Theoretisierens scheint somit, die Notwendigkeit und Fruchtbarkeit der Anwendungsfrage anzuerkennen, ohne sie zum ausschließlichen Begründungsschibboleth zu erheben.

Vor diesem Hintergrund soll die Frage nach der praktischen Relevanz nichtanthropozentrischer Begründungen in der Ökologischen Ethik gestellt werden. Dies geschieht von den beiden zu vermittelnden Seiten aus: Zunächst werden im vorliegenden Kapitel – quasi über einen deduktiven Abstieg – die schon aufgestellten Thesen zum Einfluß nichtanthropozentrischer normativ-ethischer Begründungen auf moralische bzw. rechtliche Anwendungen im Rahmen einer Konkretion vertieft. Im letzten Teil F werden dann – quasi über einen induktiven Aufstieg – Anwendungsfälle der Parteiprogrammatik und des Rechts auf ihre Beeinflussung durch die Anthropozentrik-Nichtanthropozentrik-Problematik hin befragt und der Anschluß an die entfalteten Thesen gesucht.

Vertreter einer anthropozentrischen Position beschränken sich oft nicht darauf, nichtanthropozentrische Begründungen Ökologischer Ethik als unhaltbar zu erweisen, sondern sie sprechen diesen auch jede praktische Relevanz ab. Eine Strategie zur Erreichung dieses Ziels besteht darin, die Bezugnahme auf den Menschen soweit wie möglich auszudehnen: Jede mögliche Naturentität in Gegenwart und noch so ferner Zukunft sei für den Menschen möglicherweise praktisch verwertbar. Selbst die unbedeutendste Bakterienart in der Antarktis enthalte in ihrer Erbmasse vielleicht ein Gen, das sich eines Tages für den Menschen als nützlich herausstellen könnte. Bei jedem Nachteil für Tiere oder Pflanzen sei «letztendlich» immer auch der Mensch betroffen, weil stets auf irgendeine Weise das Naturgefüge und damit die menschlichen Lebensgrundlagen – wenn auch noch so minimal – berührt seien. Der Unterschied zwischen einer nichtanthropozentrischen und einer anthropozentrischen Sichtweise liege dann «letztlich im verbalen Bereich» (Rengier 1990, S. 2508).

Das erscheint auf den ersten Blick plausibel. Allerdings hatte die These T13 ergeben, daß eine nichtanthropozentrische ethische Rechtfertigung tendenziell zu einem stärkeren Schutz der Natur führt. Die Differenz zwischen diesen beiden Positionen läßt sich in vier Punkten konkretisieren: dem Problem der gemachten Natur, dem ästhetischen Zeitgeschmack, dem Individualschutz und der Gewichtsverlagerung der Begründung.

1. Gemachte Natur

Uns umgibt gemachte Natur. Der größte Teil ist durch menschliche Eingriffe bewußt erzeugt worden oder zumindest durch mehr oder minder gewolltes Gewährenlassen entstanden. Wälder sind Forste, Flüsse Kanäle. Sie werden begradigt, mit Uferverbauungen versehen und als Transport- und Energiegewinnungsmittel genutzt. Der Wildbestand wird durch Fütterung und Abschußquoten reguliert. Getreidesorten werden genetisch verändert, den Anbau leisten Menschen. Bekanntestes Beispiel eines durch Eingriffe des Menschen entstandenen und erhaltenen Ökosystems ist in Deutschland die Lüneburger Heide: Nach Rodung der Wälder im Spätmittelalter, um Holz für die Feuerung zur Salzgewinnung zu erlangen, sorgte und sorgt die Bewirtschaftung mit Heidschnukken für ihren Bestand. Relativ wenig berührt sind in Europa nur noch die Hochgebirgs- und Meeresregionen, Schluchtwälder, Dünenlandschaften und das Wattenmeer. Aber auch dorthin gelangen vom Menschen erzeugte Stick- und Schwefeloxidemissionen, die Nitrate aus Düngemitteln und andere vom Menschen produzierte und verwendete chemische Substanzen.

Wenn aber unser Tun oder Unterlassen die uns umgebende Natur erzeugt, dann liegt darin bereits ein derart gewichtiger, an eine vollständig anthropozentrische Bestimmung reichender Eingriff, daß die naturgegebenen Eigengesetzlichkeiten von Naturentitäten und Ökosystemen im Rahmen einer abgeschwächt anthropozentrischen Rechtfertigung gar nicht mehr zum Tragen kommen können. Wenn also alle Natur gemachte Natur ist, ist es kaum mehr möglich, die Anthropozentrik überhaupt signifikant abzuschwächen. Jedenfalls wäre eine Abschwächung nicht so weitgehend möglich, daß die Forderungen, die von einer genuin nichtanthropozentrischen ethischen Begründung gestützt werden, nur annähernd erreicht werden können. Oder praktisch: Gegenüber dem, der ein Gebiet bepflanzt und dafür gesorgt hat, daß dort nur bestimmte Tiere leben, kann man sich nicht auf die möglicherweise nachteiligen Auswirkungen einer Veränderung berufen. Er kann nicht mit ästhetischen Argumenten davor zurückgehalten werden, etwa eine andere Baumart zu wählen, denn auch die ursprüngliche Aufforstung entsprang ja schon seiner Entscheidung. Wer den Gesamtzusammenhang geschaffen hat, dem ist es auch erlaubt, im Einzelfall nach seinem Gutdünken zu entscheiden. Er hat schon mit seinem Erzeugungsakt als vollständig anthropozentrischem Verhalten par excellence jede Grundlage für eine Abschwächung der Anthropozentrik abgeschnitten; denn er hat schon festgelegt, was schön bzw. moralisch wertvoll etc. ist. Der Gartenbauer entscheidet bei der Anlage des Gartens, was er für schön hält. Der spätere Beschauer folgt dann nur noch dieser vom Menschen gemachten Ästhetik. Die anthropozentrische Erzeugung der Natur beraubt jede anthropozentrische Abschwächung eines glaubwürdigen Kriteriums. Nur eine Rechtfertigung, die von der Legitimation der Erzeugung selbst unbeeinflußt ist, kann dem menschlichen Handeln insofern Grenzen setzen. Dies aber gelingt nur durch nicht- und transanthroporelationale Rechtfertigungen, die Gesichtspunkte der betroffenen Entitäten ohne Rekurs berücksichtigen. Wie Eltern, obwohl sie ihr Kind bewußt gezeugt und aufgezogen haben, nur durch dessen eigenständige ethische Berücksichtigungswürdigkeit gehindert sind, ihm Schaden zuzufügen, kann der Tierhalter oder der potentielle Umweltverschmutzer nur durch eine eigenständige Position der Naturentitäten von ihrer beliebigen Instrumentalisierung abgehalten werden. Die gemachte Natur ist noch nicht so vollständig vom Menschen gemacht, daß z. B. biologische Wachstums- und Erhaltungsvorgänge bei Naturentitäten nicht noch autochthonen organischen Mechanismen gehorchen würden. Erst wenn der Mensch Naturentitäten wie Maschinen vollständig genetisch konstruieren und in ihrer Entwicklung beherrschen würde, wäre jeder Ansatzpunkt für eine nichtanthropozentrische ethische Berücksichtigung beseitigt.

In diesem Zusammenhang wird auch die Problematik des oben zur Ausweitung des Bereichs anthropozentrischer Begründungen angeführten Genreservoirarguments besonders deutlich. Obwohl der Mensch mittlerweile massiv in die genetische Struktur von Tieren und Pflanzen eingreifen kann und dies insbesondere zur Nahrungsmittelerzeugung auch tut, ist eine vollständige Neusynthese des Genoms, wie sie etwa in der anorganischen Chemie bei der Erzeugung neuer Stoffe (z. B. den Kunststoffen) an der Tagesordnung ist, noch nicht möglich. Die gegenwärtig laufenden Forschungsprogramme zur vollständigen Entschlüsselung des genetischen Codes des Menschen und anderer Lebewesen sind aber ein erster wichtiger Schritt zu diesem Ziel. Sollten diese Forschungsprogramme gelingen – und prinzipiell spricht nichts dagegen – und auch eine Synthese des Genoms möglich werden, wäre das Genreservoirargument obsolet. Denn selbst wenn das oben erwähnte Bakterium in der Antarktis ausgerottet würde, wäre eine Neukonstruktion seiner genetischen Struktur möglich. Damit wäre auch dieser letzte Naturbereich menschlicher Erzeugung anheimgefallen und einer Bewahrung aus Klugheit der Boden entzogen.

Alle schwach anthropozentrischen Argumente sind insofern tendenziell abhängig von den menschlichen Fähigkeiten und können deshalb durch deren weitere Entfaltung konterkariert werden. Das Kantsche Problem der moralischen Verrohung beim Quälen von Tieren könnte auch dadurch gelöst werden, daß man eine Pille erfindet, die bei Menschen, wenn sie ein Tier quälen, eine starke Abscheu gegen dieses Verhalten gegenüber Menschen erzeugt. Die Berücksichtigung zukünftiger Generationen ist dann kein Problem mehr, wenn wir technische Möglichkeiten schaffen, die die zukünftigen Generationen in die Lage versetzen, sich selbst alle möglicherweise auftauchenden Wünsche zu erfüllen. Wäre die beliebige Erzeugung neuer genetischer Strukturen möglich, so wäre das Problem der Ausrottung von Spezies gelöst. Zukünftige Generationen könnten sich je nach Lust und Laune ihre eigenen Spezies konstruieren.

2. Ästhetischer Zeitgeschmack

Eine Abschwächung der Anthropozentrik mit Verweis auf ästhetische Argumente hätte gravierende praktische Auswirkungen. Viele landschaftszerstörende Großprojekte dürften nicht realisiert werden. Damit würden nichtanthroporelationale Begründungen aber nicht irrelevant. Der ästhetische Zeitgeschmack ist beständigen und extremen Wandlungen unterworfen. Dies gilt mutatis mutandis auch für die Naturästhetik. Vor 30 Jahren haben Autobahnbauten, die einsame Täler zerstört haben, noch kaum jemanden gestört. In 30 Jahren kann das gegenwärtige Bewußtsein für die Schönheit der Natur einer neuen Ästhetik der Autobahnbauten gewichen sein. Dazu kommt die offenkundige Disparatheit der naturästhetischen Empfindungen: Das Robbenbaby wird gehätschelt, die Schlange zertreten.

Eine Naturästhetik wäre also nur als nichtanthroporelationale dauer-haft wirksam. Es müßten objektive, nicht vom Menschen abhängige Kriterien des Naturschönen anerkannt werden. Als zumindest schwach anthroporelationale Position ist die Naturästhetik dagegen derart relativ, daß ein ernsthaftes Gegengewicht gegenüber den sonstigen Nutzungsin-teressen des Menschen langfristig kaum angenommen werden kann. Ob eine nichtanthroporelationale Naturästhetik denkbar ist, wird noch in Kapitel C VI zu erörtern sein.

3. Individualschutz

Der Individualschutz nichtmenschlicher Entitäten ist weder mit Arter-haltungs- noch mit Genreservoir- oder ästhetischen Argumenten effek-tiv realisierbar. Würde man dagegen die Leiden von Tieren ernsthaft als ethisch relevant anerkennen, so wäre eine Konsequenz die Beseitigung des gesamten industriellen Komplexes der fabrikmäßigen Nutztierhal-tung mit Milliardenumsätzen. Bei einer zusätzlichen Berücksichtigung der Lebensinteressen von Tieren müßte die Ernährung soweit wie mög-lich auf vegetarische Gerichte umgestellt werden: Schlachthöfe und Metzgereien würden verschwinden. Tausende von Restaurants müßten ihre Speisekarte radikal umstellen. Ganze Berufszweige wie der der Metzger, Fleischbeschauer, Veterinärmediziner bis hin zum Wurstfach-verkäufer wären überflüssig. Tierversuche müßten eingestellt oder auf ein Minimum medizinisch lebensnotwendiger Experimente beschränkt werden.

4. Gewichtsverlagerung

Ethische Rechtfertigungen und moralische Entscheidungen sind häufig das Resultat von Abwägungen. A muß bei der Frage, ob er B oder C mit seinen knappen Mitteln unterstützen soll, abwägen. Im Rahmen der Tierhaltung muß das menschliche Interesse an billiger Fleischproduktion gegenüber dem Gesichtspunkt einer artgerechten Haltung abgewogen werden. Letzteres kann nun sowohl anthroporelational (z. B. mit Bezug auf eine bessere Fleischqualität) oder nichtanthroporelational (z. B. mit Bezug auf das Leiden der Tiere) begründet werden. Die nichtanthropo-relationale Rechtfertigung führt zu einer tendenziellen Verstärkung der naturbewahrenden moralischen Haltung (vgl. T13). Dies hat mehrere Gründe.

Erstens kommen mit der Berücksichtigung anderer Entitäten um ihrer selbst willen notwendig weitere Abwägungsgesichtspunkte hinzu. Stellt man nur auf schwach anthroporelationale Rechtfertigungen ab, so sind die Argumente, die gegen die Durchsetzung der reinen, vollständig anthropozentrischen Nutzungsinteressen sprechen, eng begrenzt: die Gefahr der moralischen Verrohung des Menschen, ästhetische Argumente, Berücksichtigung zukünftiger Generationen, Mitleid des Menschen etc. Berücksichtigt man dagegen auch die Interessen der anderen, nichtmenschlichen Entitäten, so steigt rein numerisch die Zahl der relevanten Begründungen und damit tendenziell ihre Gewichtung im Rahmen der Abwägung. Dies wäre nur dann anders, wenn nichtanthroporelationale Rechtfertigungen keine normativ-ethische Begründungskraft hätten. Auf der metaethischen Ebene wurde dieser Einwand schon diskutiert (A III 4) und verworfen. Ob nichtanthroporelationale ethische Rechtfertigungen tatsächlich überzeugend sind, wird in den Teilen C und D erörtert werden.

Zweitens führen nichtanthroporelationale Rechtfertigungen über die rein numerische Steigerung der Abwägungsbelange hinaus zu einer tendenziell qualitativen Verschiebung. Der Sprung von der intrapersonalen (Akteur gegenüber sich selbst) bzw. interpersonalen (Akteur gegenüber anderen Menschen) Abwägung zur Interentitätenabwägung (Akteur mit betroffenen nichtmenschlichen Entitäten) verhindert die Marginalisierung der Abwägung mangels geeigneter anderer opponierender Entitäten. Die in dem Ausspruch «Wo kein Kläger, da kein Richter» dargestellte pragmatische Einsicht, daß nur die Berücksichtigung einer selbständigen Entität, die eigene materielle und verfahrensrechtliche Positionen geltend machen kann, zu einer gerechten Sachentscheidung führt, gilt auch für Ethik und Moral. Die Zulassung nichtanthropozentrischer Rechtfertigungen macht eine gerechte Entscheidung im Konflikt widerstreitender Entitäten tendenziell wahrscheinlicher. Dies gilt auch, obwohl nichtmenschliche Entitäten natürlich in ihren moralischen Belangen nie «Kläger» in der umgangssprachlichen Bedeutung der prozessualen Geltendmachung ihrer Rechte sein können. Aber auch der juristische Klägerbegriff weicht von diesem umgangssprachlichen Bedeutungsgehalt ab. Denn Kläger vor Gericht kann sein, wer parteifähig ist, was auch auf Kinder, Geisteskranke und juristische Personen wie Aktiengesellschaften und öffentliche Körperschaften zutrifft. In diesem Sinn könnten auch nichtmenschliche Naturentitäten «Kläger» sein. Wer dann die tatsächliche Geltendmachung der moralischen bzw. ethischen Interessen übernehmen sollte, wäre eine zweite, sekundäre Frage. Entscheidend ist, daß die Zuerkennung einer eigenen moralischen bzw. ethischen Position die Stellung der nichtmenschlichen Entitäten im Abwägungsprozeß tendenziell stärken würde. Dies bedeutet nicht, daß eine solche Zuerkennung für Naturentitäten ethisch gerechtfertigt ist. Widerlegt ist nur die Ansicht, sie wäre schon praktisch irrelevant.

B. Die These der Anthropozentrik aller traditionellen Ethik

«Alle traditionelle Ethik ist anthropozentrisch», lautet das gleichermaßen berühmte wie vernichtende Verdikt, das Hans Jonas über die bisherige Ethik verhängt hat (1984, S. 22; vgl. S. 29, 95) – bevor er selbst eine Ethik entwarf, deren an immanenten Naturzwecken ausgerichteter, teleologischer Begründungsnukleus stark an Teilstücke der aristotelischen Naturphilosophie bzw. Ethik erinnert. Jonas' Einschätzung der historischen Anthropozentrik aller Ethik wurde seitdem – mit Variationen – verschiedentlich wiederholt, etwa von Birnbacher[30], Teutsch[31], Rolston[32], J. C. Wolf[33] und Andreas-Grisebach (1991, S. 7, 16). Widersprochen bzw. Einschränkungen geltend gemacht haben Höffe[34], Nash[35], Attfield[36], Johnson (1991, p. 2) und Mayer-Tasch[37].

Eine Einschränkung gegenüber Jonas' These läßt sich in jedem Fall von vornherein vornehmen: Sie trifft sicher nicht auf die Ethiken sämtlicher außereuropäischer Kulturen zu, etwa auf diejenigen der verschiedenen fernöstlichen Religionen mit ihren teilweisen Verboten, (bestimmte) Tiere zu töten, oder auf diejenigen der Naturreligionen verschiedener Naturvölker, bei denen Tieren, Bäumen, Bergen, Flüssen und anderen Ökosystemen religiöse Bedeutung zugeschrieben wurde bzw. wird.

Aber selbst wenn man die These auf Europa bzw. die europäisch geprägten Kulturen Amerikas beschränkt, bleibt sie noch zu undifferenziert, um überhaupt sinnvoll diskutiert werden zu können. Man muß analog der obigen (A II 2) Definition innerhalb einer Ethik im weiteren Sinn zwischen der mehr oder minder intuitiven Alltagsmoral bzw. dem kollektiven Alltagsethos der Menschen (I) und den philosophischen Ethiken mit Begründungsfunktion (II) unterscheiden. Neben einer Sichtweise, die diese Ethiken in ihrem Theorieumfeld betrachtet, kann man sie schließlich noch herauslösen und systematisieren (III). Die erste Frage gehört als allgemein historische zu dem Teil der Geschichtswissenschaft, den man als Umweltgeschichte bezeichnet, wobei ein starker Bezug zur Mentalitätsgeschichte besteht. Die Alltagsmoral spiegelt sich vor allem im tatsächlichen Verhalten der Menschen wider. Die zweite Frage ist Teil der Philosophiegeschichte. Die dritte Frage geht über die historische Betrachtung hinaus und klassifiziert historisch vertretene Typen der Ethik systematisch.

Das leitende Erkenntnisziel dieser Untersuchung ist ein systematisches, kein historisches. Deshalb wird zu diesen drei möglichen Interpretationen der These der Anthropozentrik aller bisherigen Ethik nur ein kurzer, kursorischer Überblick mit Bezug auf einige ausgewählte Literatur versucht. Alles andere bedürfte jeweils einer eigenen historisch bzw. philosophiehistorisch orientierten Untersuchung. Die Kürze der Darstellung ist nur im Hinblick auf den Zweck einer Kritik an Jonas' undifferenzierter These zu rechtfertigen.

I. Tatsächliches Verhalten / Intuitive Alltagsmoral

Das tatsächliche Verhalten der Menschen bzw. das damit korrespondierende unmittelbare Alltagsethos ist Gegenstand der Umweltgeschichte, der Geographie und der Kulturanthropologie. Ersteres hat sich seit dem Ende der 60er Jahre insbesondere in den USA und Frankreich (v. a. in Form der Mentalitätsgeschichte der Annales-Schule) als wissenschaftliche Disziplin etabliert. Einen guten Überblick zu dieser Teildisziplin der Geschichtswissenschaft und weitere Literatur bietet Worster (1988, p. 289 ff) und – unter systemtheoretischem Blickwinkel – Sieferle (1988, p. 307 ff). Breitere Darstellungen der Umweltgeschichte finden sich chronologisch gegliedert bei Zirnstein (1994) und nach Umweltbereichen gegliedert bei Jäger (1994). Auch die Geographie hat sich mit menschlichen Einwirkungen auf die Natur befaßt. Die beste und umfassendste Gesamtdarstellung der faktischen Einwirkungen des Menschen auf Vegetation, Tiere, Boden, Wasser, Bodenformation, Klima und Atmosphäre mit vielen empirischen Fakten und Berechnungen aus geographischer Sicht hat Goudie (1993) vorgelegt. In allen diesen Werken findet man allerdings kaum Ausführungen zur mentalitätshistorischen Fundierung menschlicher Naturveränderungen. Eine Geschichte der Ökologie findet sich bei Trepl (1987), Einzeldarstellungen des Umweltverhaltens in der Antike bei Weeber (1993), im Mittelalter bei Fumagalli (1992), zur Belastung verschiedener Umweltmedien und zu einzelnen Verhaltensformen im 19. und 20. Jahrhundert bei Brüggemeier / Rommelspacher (1987). Hier kann nur eine rudimentäre Skizze gegeben werden.

1. Weeber kommt in seiner Studie über das «Umweltverhalten im Altertum» (1993) zu dem Ergebnis einer praktisch ausschließlich anthropozentrischen Orientierung des menschlichen Verhaltens in dieser Epoche:

«Der Blick auf den unmittelbaren ökonomischen Nutzen, das geflissentliche Übersehen möglicher Gefahren, die Einschätzung der natürlichen Umwelt als Selbstbedienungsladen für den Menschen, die nur auf das Heute bezogene Ausbeutungsmentalität – all das, was in die ökologische Krise unserer Zeit geführt hat und weiter führt, ist auch für das Altertum festzustellen» (S. 15). Das Altertum habe schlicht nicht über die technischen Mittel verfügt, die Umwelt so zu belasten wie die heutige Zivilisation. Es sei kein besonders ermutigendes Fazit, daß selbst eine naturreligiös geprägte Zivilisation kaum größere Skrupel entwickelt habe, die Natur dem Willen des Menschen untertan zu machen.[38] Allerdings hatte schon Platon im «Kritias» die Folgen übermäßiger Waldrodung in Form von Erosion und Überschwemmungen registriert (1990, 111a–d, S. 224–227). Generell sah man die Waldrodung im Altertum aber als Fortschritt an. Große Teile des Mittelmeerraums wurden in den Jahrhunderten um die Zeitenwende entwaldet, ohne daß dem erkennbare ethische Hemmungen entgegenstanden. Dies manifestiert sich in dem Verzicht auf Wiederaufforstung und der Unbekümmertheit, mit der abgeholzte Flächen ihrem Schicksal überlassen wurden (Weeber 1993, S. 38). Zwar wurde die Erde verschiedentlich als nahrungsspendende Mutter bzw. als lebendiger Organismus verehrt (Merchant 1987, S. 20). Aber auch kriegerische Zerstörungen des Landes und der Bergbau erfolgten ohne erkennbare religiöse oder ethische Skrupel (Weeber 1993, S. 46f, 52, 71f). Die Warnungen einiger Schriftsteller wie Plinius d. Ä., Ovid oder Seneca, nicht in den verhüllten Eingeweiden der Mutter Erde zu schürfen[39], scheinen wirkungslos geblieben zu sein, denn die Edelmetallausbeutung nahm kontinuierlich zu (Weeber 1993, S. 84). Auch bei der Behandlung der Tiere ergibt sich kein anderes Bild: In großer Anzahl wurden exotische Tiere aus allen Teilen des Römischen Reichs nach Italien transportiert und in den römischen Arenen bei den «Spielen» und zur Unterhaltung der Zuschauer hingemetzelt. Das römische Recht schützte die Tiere als Sachen nur im Interesse der menschlichen Eigentümer (Hahn 1980, S. 28f). Von Mitleid oder Ehrfurcht vor der Schöpfung ist insofern kaum etwas erkennbar. Bei den Griechen scheint der Umgang mit Tieren etwas schonender gewesen zu sein. Vegetarismus wurde verschiedentlich praktiziert. Tragtieren, die Marmorblöcke auf die Akropolis schleppten, wurde bis zum Tod eine Gnadenpension gewährt (Hahn 1980, S. 27). Öffentliche Schaukämpfe von Tieren sind nicht überliefert.

Weeber kann nur im Rahmen der Verhinderung eines antiken Großprojekts, der großangelegten Flußregulierung des Tiber und seiner Nebenflüsse, eine Berücksichtigung nichtanthropozentrischer Argumente erkennen. Vorgebracht wurde, die Natur habe für den Menschen aufs beste gesorgt. Im übrigen sei die religiöse Verehrung der Flußgottheiten zu beachten (1993, S. 164 ff).

Insgesamt scheinen naturreligiöse und ethische Vorstellungen nur selektiv und beschränkt zu moralischen Hemmungen gegenüber der Naturnutzung zur anthropozentrischen Zweckverfolgung geführt zu haben. Am ehesten lassen sich wenigstens schwache gegenläufige Tendenzen noch bei Eingriffen in die Erde, also bei Bergbau und Flußregulierungen, und mit Bezug auf naturreligiöse Bedeutungen einzelner Objekte (heilige Haine etc.) vermuten; in Bereichen also, die heute bei den meisten als ethisch unproblematisch gelten und nur von den radikalsten biozentrischen oder holistischen Ethiktypen oder Vertretern einer neuen Naturreligiosität als ethisch relevant angesehen werden. Dazu kam bei den Griechen ein partiell weltanschaulich begründeter Tierschutz, vor allem in Form des Vegetarismus.

2. Die schrittweise Christianisierung Europas verdrängte im Frühmittelalter die naturmagische Religiosität der germanischen Religionen, die in Bäumen und Tieren göttliche Kräfte oder sogar Gottheiten verehrten. Die Vorstellung von der Allmacht Gottes relativierte alle magischen Naturmächte (Sprandel 1983, S. 240, 243). Jegliche Naturverehrung wurde neutralisiert oder zumindest marginalisiert. Trotz der damit teilweise verbundenen spektakulären Fällungen heiliger Eichen etc. durch Missionare blieben die Folgen insgesamt zunächst wenig gravierend. Während der Völkerwanderungszeit des Frühmittelalters sind in Europa kaum massiv landschaftsverändernde Eingriffe zu beobachten. Ab dem 11. Jahrhundert setzten dann aber starke Rodungen und eine stetige Ausweitung der landwirtschaftlich genutzten Flächen ein (Bowlus 1988, S. 15; Jäger 1992, S. 82). Der Holzverbrauch für Bergbau und die Herstellung von Holzkohle nahm rapide zu. Bis 1300 waren schon große Freiflächen entstanden (Fumagalli 1992, S. 51), die die ersten obrigkeitlichen Waldschutzmaßnahmen in Form von Waldordnungen notwendig machten (Schubert 1986, S. 246) und sogar zu einer Energiekrise führten (Hillebrecht 1986, S. 281). Fumagalli konstatiert den Beginn einer «Anthropisierung der Umwelt» (1992, S. 11). Trotzdem kann nicht von einer vollständigen Anthropozentrik gesprochen werden, sondern allenfalls von einer durch das religiöse Weltbild überwölbten stärkeren Bezugnahme auf den Menschen. Gurjewitsch stellt fest: «So ist das Verhältnis des Menschen zur Natur im Mittelalter nicht das Verhältnis des Subjekts zum Objekt, sondern das Finden seiner selbst in der Außenwelt und die Wahrnehmung des Kosmos als Subjekt. Der Mensch sieht im Weltall die gleichen Eigenschaften, die er selbst besitzt. Es existieren keine strengen Grenzen, die das Individuum von der Welt trennen. Es findet in der Welt

seine eigene Fortsetzung und entdeckt gleichzeitig auch in sich selbst das Weltall» (1986, S. 57). Entscheidend für das Weltbild des mittelalterlichen Menschen war die Analogie der Dinge, die *analogia entis*: «Der Mensch besaß ein Gefühl der Analogie, mehr noch ein Verwandtschaftsgefühl der Struktur des Kosmos mit seiner eigenen Struktur... Der Mensch hielt sich für die Krone der Schöpfung, geschaffen nach der Gestalt und dem Ebenbild Gottes. Alle übrigen Geschöpfe sind des Menschen wegen geschaffen worden. Doch diese Idee hatte einen völlig anderen Sinn als in der Epoche der Renaissance; denn in der kosmologischen Theorie des mittelalterlichen Christentums gewann der Mensch keine selbständige Bedeutung: Mit seiner Existenz verherrlichte er den Herrn» (S. 61 f). Die theorelationale Überwölbung bewirkte somit zwar ein nicht nur auf den Menschen bezogenes Verantwortungsgefühl, das naturveränderndes Handeln begleitete. Aber dieses spirituelle Weltbild fand zumindest im Verhalten gegenüber der Natur kaum direkte praktische Umsetzung. Es rief keine gravierenden moralischen Handlungshemmungen gegenüber der Nutzbarmachung der Natur hervor, wie dies etwa bei naturmagischen Vorstellungen – z. B. bezüglich heiliger Eichen – der Fall gewesen war. Eine Tierschutzgesetzgebung um der Tiere willen ist im Mittelalter nicht erkennbar (Heine 1986, S. 125). Nur wenn das Eigentumsinteresse des Menschen es erforderte, wurde ein gewisser Schutz gewährt, etwa in entsprechenden Rechtsnormen der damaligen Gesetzbücher, des Sachsen- und des Schwabenspiegels (Hahn 1980, S. 34 f, 120).

Zusammenfassend läßt sich mit Fumagalli konstatieren: «Das Kalkül trat auf den Plan, das nun gegenüber anderen Ansätzen bevorzugt wurde. Zum ersten Mal entstand auf einer soliden Basis der Wille, die Erde durch Agrikultur und durch die Einschränkung brachliegender Flächen... auszubeuten» (1992, S. 88 f). Die Anpassung der Natur an den Menschen fand aber in dem Bewußtsein eine Einschränkung, daß die Natur für sein eigenes Leben unverzichtbar war – auch in einer gewissen Rücksicht auf zukünftige Generationen. Darüber hinaus gab es ein religiös motiviertes Tabu, die Natur vollständig für menschliche Zwecke zu instrumentalisieren.

3. Merchant sieht in der Renaissance noch deutliche kulturelle Handlungshemmungen, die den Tätigkeitsdrang des Menschen in Schranken hielten, weil er die Erde als lebendigen Organismus und nahrungsspendende Mutter ansah (1987, S. 20, 41, 53). Gegenüber dieser Interpretation sind Zweifel angebracht. Im 15. Jahrhundert kam es zwar, insbesondere von Florenz aus, zu einer Rückbesinnung auf die neuplatonische Naturmagie mit organizistischen Vorstellungen. Einige kritische Schrif-

ten wenden sich auch in Anlehnung an die oben erwähnten antiken Autoren gegen Bergbau und Metallverarbeitung, während andere – wie die «De Re Metallica» des Georg Agricola von 1556 – diese verteidigen (S. 44 f). Aber die Fakten lassen keinen Schluß auf nennenswerte Handlungshemmungen zu: Der Bergbau erfuhr im 15. und 16. Jahrhundert einen massiven Aufschwung. Im 16. Jahrhundert vervierfachten sich die bergbaulichen Maßnahmen und der Metallhandel. Die Hochöfen wurden seit der Mitte des 16. Jahrhundert erheblich größer und die Schächte tiefer. Auch Merchant gesteht zu: «Letzten Endes mußten derartige Hemmungen den Befürwortern der neuen merkantilistischen Philosophie zum Opfer fallen» (S. 44). Praktische Auswirkungen der für das vormechanistische Zeitalter apostrophierten Handlungshemmungen sind demnach kaum erkennbar. Der von Merchant für die Beseitigung der moralischen Hemmschwellen verantwortlich gemachte Übergang von einem organizistischen zu einem mechanistischen Weltbild im 17. Jahrhundert (S. 124) erscheint demnach eher als Anpassung der Theorie an eine schon mehr oder minder akzeptierte Praxis. Wie Crosby gezeigt hat, nahm diese Praxis im übrigen im Kolonialismus besonders massive Formen an (1986). Signifikant für die auf den Menschen zentrierte Sichtweise ist Alexander von Humboldts im Jahre 1800 bei der Betrachtung eines Sees in Venezuela geäußerte Einsicht: «Durch Fällung der Bäume, welche die Berggipfel und Abhänge bedecken, bereiten die Menschen unter allen Himmelsrichtungen den kommenden Generationen die doppelte Plage, nämlich: Mangel an Brennstoff und Wasser» (1830, Bd. 3, S. 57).

4. Die folgenden Jahrhunderte brachten weitere dramatische Eingriffe in Natur und Landschaft, bei denen keine signifikanten nichtanthropozentrischen Handlungshemmungen erkennbar sind. In Frankreich wurden von 1750 bis 1860 z. B. die Hälfte aller Wälder gerodet (Worster 1988 a, p. 9). Die Umwandlung von nichtbebautem Land in agrarwirtschaftlich genutztes Land betraf auf der Erde von 1860 bis 1920 etwa 432 Millionen Hektar, von 1920 bis 1978 ca. 419 Millionen Hektar (p. 15).

Während die früheren Bedenken gegen Eingriffe in die Erde und massive Landschaftsveränderungen vor allem durch den Bergbau spätestens seit dem 17. Jahrhundert obsolet geworden waren, begann interessanterweise beinahe zur gleichen Zeit der individualistische, nicht- oder schwach anthropozentrische Tierschutz. Vielleicht nicht ganz zufällig geschah dies in der angelsächsischen Welt mit ihrer liberalistisch-individualistischen Tradition. Der von Nathaniel Ward vom General Court der Massachusetts Bay Colony in Amerika 1641 aufgestellte «Body of Liberties» enthielt als 92. Artikel das Verbot des Tyrannisierens und Quälens von Nutztieren und als 93. Artikel die Verpflichtung zu regelmäßigen Ruhezeiten für sie (Nash 1989, p. 18). Nach verschiedenen theoretischen Vorarbeiten, etwa neben Benthams berühmter Fußnote (1963, p. 311; vgl. das Zitat im nächsten Abschnitt) vor allem John Lawrence' «A Philosophical Treatise on Horses and on the Moral Duties of Man towards the Brute Creation» von 1796 (Nash 1989, p. 24), verabschiedete das britische Parlament nach mehrmaligen vergeblichen Anläufen am 22. 6. 1822 ein Gesetz (Martin's Act), das Grausamkeiten gegenüber Tieren, die im Besitz anderer standen, untersagten. Diese Regelungen lassen sich auf eine anthropozentrische ethische Rechtfertigung stützen, aber auch auf eine nichtanthropozentrische, wie sie Bentham und Lawrence propagierten. Die Tierschutzgesetzgebung wurde in Großbritannien schrittweise ausgeweitet und ab der Mitte des 19. Jahrhunderts auch in anderen Ländern Europas eingeführt.[40] Nachdem schon vorher einige Gerichtsurteile ohne gesetzliche Grundlage ergangen waren, stellte Sachsen als erstes deutsches Land 1838 Tierquälerei unter Strafe: «Boshaftes und mutwilliges Quälen von Tieren wird mit Gefängnis bis zu vier Wochen oder entsprechender Geldstrafe bestraft» (Hahn 1980, S. 120 ff). Diese Bestimmung ähnelt mit ihrem subjektiven Tatbestandsmerkmal der Boshaftigkeit bzw. Mutwilligkeit beim Täter dem heutigen § 17 Nr. 2 a Tierschutzgesetz.

Von diesem anthropozentrischen Element abgesehen kann der Schutzzweck aber zumindest auch partiell nichtanthropozentrisch verstanden werden. § 360 Ziff. 13 des Reichsstrafgesetzbuches («Mit Geldstrafe bis zu 150 Mark oder mit Haft bis zu 6 Wochen wird bestraft: wer öffentlich oder in Ärgernis erregender Weise Tiere boshaft quält oder roh mißhandelt», Hahn 1980, S. 124) von 1871 war dagegen mit seinen Tatbestandsvoraussetzungen der «Öffentlichkeit» bzw. des «Ärgernisses» strikt anthropozentrisch. Es kam nur auf die negative Wirkung gegenüber anderen Menschen an. Vermutlich haben hier Kantianismus und Neukantianismus eine Rolle gespielt. Bemerkenswert ist bei beiden Gesetzen das sehr geringe Strafmaß. Insgesamt darf man den Beginn des gesetzlichen Tierschutzes in seinen praktischen Auswirkungen wohl nicht als allzu wirkungsvoll einschätzen. Aber die Anfänge waren erfolgt. Sie spiegelten offensichtlich einen gewissen Einstellungswandel in der Bevölkerung wider.

Der Natur- und Landschaftsschutz moderner Prägung setzte erst im 19. Jahrhundert ein. In den USA wurde 1872 der Yellowstone- und 1890 der Yosemite-Nationalpark ausgewiesen. In Deutschland gab es schon seit dem Spätmittelalter Wald- und Forstordnungen der einzelnen Territorien, die aber primär ökonomische Funktion hatten. Allein wegen ihrer

Schönheit wurden einzelne Landschaftsteile ab dem 19. Jahrhundert unter Schutz gestellt, zunächst solche mit kuriosem Charakter. Das erste Gebiet war im Jahr 1836 der Drachenfels bei Bonn. Es folgte 1852 die Teufelsmauer bei Neinstedt am Nordrand des Harzes (vgl. Jäger 1994, S. 224 ff; Zirnstein 1994, S. 177 ff). Eine allgemeine gesetzliche Regelung ließ aber auf sich warten: Das Reichsnaturschutzgesetz datiert vom 26. 6. 1935 (Reichsgesetzblatt I, S. 821).

5. Zusammenfassend kann das tatsächliche Verhalten bzw. das Alltagsethos der Menschen in den letzten 2500 Jahren in Europa und den europäisch beeinflußten Regionen Amerikas nicht durchgängig als vollständig und strikt anthropozentrisch angesehen werden, aber wohl als überwiegend. Schwache und nur beschränkt wirksame Handlungshemmungen gegenüber einer reinen Anthropozentrik lassen sich mit naturreligiösen und weltanschaulichen Vorstellungen (Antike), christlichem Gedankengut (Mittelalter) und tierethischen Überzeugungen (Neuzeit) feststellen.

II. Philosophische Theorien

1. Das griechische Denken wird von verschiedenen Autoren als anthropozentrisch gekennzeichnet. Bereits 1934 schrieb Werner Jaeger in «Paideia»:

«Schon von den ersten Spuren an, die wir von ihnen [den Griechen] haben, finden wir den Menschen im Mittelpunkt ihres Denkens stehend. Die menschenförmigen Götter; die unbedingte Vorherrschaft des Problems der menschlichen Gestalt in der griechischen Plastik und selbst in der Malerei; die folgerichtige Bewegung der Philosophie vom Problem des Kosmos zum Problem des Menschen, in dem sie bei Sokrates, Plato und Aristoteles gipfelt; die Poesie, deren unerschöpfliches Thema von Homer an alle Jahrhunderte hindurch der Mensch ist in der vollen Schicksalsschwere dieses Wortes; schließlich der griechische Staat, dessen Wesen nur begreift, wer ihn als Former des Menschen und seines ganzen Lebens erkennt: alles dies sind die Strahlen eines und desselben Lichtes. Es sind die Äußerungen eines *anthropozentrischen Lebensgefühls*, welches nicht weiter abzuleiten und zu erklären ist und das alle Gestaltung des griechischen Geistes durchdringt. So wurde der Grieche der *Anthropoplast* unter den Völkern» (1. Bd., S. 13; Hervorhebungen D. v. d. Pf.).

Verschiedene Umweltethiker der Gegenwart haben sich dieser Einschätzung – zum Teil mit Einschränkungen – angeschlossen, vor allem Soupios (1992, p. 13 ff), Passmore (1974, p. 13, zumindest für die Hauptlinie) und Hughes (1975, p. 115, 122, jedenfalls für die Interpretation von Aristoteles). Passmore vertritt die These, daß nur der griechische Einfluß die christliche Theologie auf eine anthropozentrische Linie gebracht habe, während das Alte Testament insofern noch offen gewesen sei.

Demgegenüber meint Irrgang, daß im Horizont der griechischen Philosophie «höchstens Ansätze zu einer materialen Anthropozentrik vorlagen» (1992, S. 187). Nach Attfield war nicht jede griechische Metaphysik mit einer Naturbeachtung inkompatibel.[41] Teutsch glaubt, Platon und Aristoteles hätten den Menschen noch als Teil der Natur gesehen (1985, S. 9). Mayer-Tasch ist der Ansicht, das griechische Denken weise viele Aspekte auf, auf die ein heutiges ökologisches Denken zurückgreifen müsse bzw. auf die es seine Tradition zu gründen habe (1991, S. 28). Er kennzeichnet nur Protagoras mit seinem *Homo-mensura*-Satz als Anthropozentriker bzw. Ausgangspunkt anthropozentrischen Denkens (S. 51). Die Standpunkte sind also insgesamt stark heterogen.

Wie sich zeigen wird, leidet die Diskussion an zwei Hauptmängeln: Zum einen werden die unterschiedlichen Ansätze und Strömungen im griechischen Denken zu stark generalisiert, zum andern fehlt eine klare Unterscheidung zwischen ontologischer, erkenntnistheoretischer, sprachlicher und ethischer Anthropozentrik (vgl. oben A II 1). Damit soll nicht behauptet werden, daß diese Differenzierung im griechischen Denken schon erkennbar oder gar den Griechen selbst bewußt gewesen wäre. Das Gegenteil war wohl der Fall. Aber um zu klären, inwieweit die griechische Ethik anthropozentrisch ausgerichtet oder beeinflußt war, muß man sie beachten.

(a) Das Denken der griechischen Vorsokratiker – insbesondere das der ionischen Naturphilosophen – wies eine zentrale Gemeinsamkeit auf: Eine bestimmte Gegebenheit, ein Stoff oder eine Form, wurde als grundlegendes Prinzip für die Konstitution aller anderen Entitäten bzw. der Welt angesehen. Diese formative Grundgegebenheit war materiell, wie bei Thales das Wasser (Diels/Kranz 1934, 11 A 12, S. 77), bei Anaximenes die Luft (13 B 2, S. 95) oder bei Heraklit das Feuer (22 B 90, S. 171), oder ideell, wie die Zahlen bei Pythagoras (58 B 4, S. 451 f). Sie war partikularistisch, wie Demokrits Atome (1935, 68 B 5 i, S. 138), oder holistisch, wie Parmenides' Seiendes (1934, 28 B 8, S. 235 f). Gemeinsam war die generalisierende Auszeichnung einer Gegebenheit bzw. eines Stoffs als konstituierendes Grundprinzip. Als zentrale Folge ergab sich, daß die ethisch-anthropozentrische Unterscheidung Mensch – nichtmenschliche Natur keinen metaphysisch-ontologischen Ansatzpunkt fand. Wenn alle Entitäten aus Wasser, Feuer, Luft, Zahlen, Atomen oder einem einzigen Sein bestehen, gibt es keinen ontologischen Grund, eine Linie zwischen Anthropozentrik und Nichtanthropozentrik zu zie-

hen. Damit war aber erst recht keine Akzentuierung einer ethischen Anthropozentrik veranlaßt. Sie ist auch bei den Vorsokratikern generell
nicht erkennbar.

Kamen zur Vorstellung eines alles konstituierenden Grundprinzips
weitere ontologische Annahmen hinzu wie etwa die der Pythagoräer,
auch Tiere und Pflanzen hätten eine Seele, die an einer Seelenwanderung
teilnehme (Hughes 1980, p. 195, 200 f), so führte diese seinsmäßige Verbindung von Mensch und nichtmenschlicher Natur sogar zu einer expliziten ethischen Nichtanthropozentrik: Bei den Pythagoräern bestand ein
Verbot, Pflanzen und Tiere zu schädigen und zu zerstören (van der
Waerden 1979, S. 167) und Fleisch (außer von Opfertieren) und Bohnen
zu essen.[42]

Soupios hat einen «anthropozentrischen Instinkt» bei den milesischen
Wissenschaftlern ausgemacht. Die Bewegung vom Mythos zum Logos
werde von der kulturellen Überzeugung getragen, daß der Mensch eine
einzigartige und vom Rest der Natur abtrennbare Entität sei (1992,
p. 17). Zuzugeben ist, daß die Naturbeobachtungen des Thales und anderer Vorsokratiker eine gewisse Distanzierung von der Realität durch den
Beobachter voraussetzten. Aber diese faktische Distanz impliziert keine
theoretische oder gar praktische Anthropozentrik. Die Annahme eines
allgemeinen Grundprinzips bzw., wie bei Thales, einer Allgegenwart von
Göttern (Diels / Kranz 1934, 11 A 22, S. 79) bot gerade keine Basis für die
Idee der Einzigartigkeit und Separiertheit des Menschen. Auch der Lo-
gos-Begriff liefert hierfür keine Evidenz: Seine Interpretation ist zum
einen extrem vage, zum zweiten nicht auf den einzelnen konkreten Menschen bezogen und nimmt zum dritten auch nicht bei allen Vorsokratikern eine herausgehobene Stellung ein. Die Annahme einer Anthropozentrik erscheint somit als eine Überinterpretation. Man kann allenfalls
erste Anfänge einer Rationalisierung vermuten.

Protagoras' berühmter *Homo-mensura*-Satz: «ʿπάντων χρημάτων
μέτρον ἐστιν ἄνθρωπος, τῶν μὲν ὄντων ὡσ ἔστιν, τῶν δὲ οὐκ ὄντων
ὡς οὐκ ἔστιν'. – Aller Dinge Maß ist der Mensch, der seienden, daß (wie)
sie sind, der nicht seienden, daß (wie) sie nicht sind» (Diels / Kranz 1935,
80 B 1, S. 263) wird verschiedentlich als anthropozentrisches Plädoyer
interpretiert (Mayer-Tasch 1991, S. 51). Es soll hier den vielen Interpretationen des *Homo-mensura*-Satzes (vgl. z. B. Buchheim 1986,
S. 43–79) keine weitere hinzugefügt werden. Insbesondere kann auch
nicht diskutiert werden, ob mit «ἄνθρωπος» der einzelne Mensch oder
der Mensch im allgemeinen gemeint ist. Klar erscheint allerdings, daß
Protagoras anders als die meisten anderen Vorsokratiker keine generalisierte Gegebenheit als Konstitutionsprinzip aller Entitäten bzw. der Welt

annahm und sich mit dem *Homo-mensura*-Satz kritisch gegen solche Annahmen gewendet hat. Nur mehr der Mensch und die Dinge werden als Entitäten erwähnt, wobei für letztere nicht die Funktion eines Grundprinzips behauptet wird. Damit ist zwar keine ontologische Anthropozentrik etabliert, aber anders als bei den Prinzipienannahmen der ionischen Naturphilosophen auch nicht ausgeschlossen. Die Pointe sophistischer Skepsis ist: Die ontologische Frage wird gerade durch die Behauptung einer erkenntnistheoretischen Bezogenheit auf den Menschen skeptisch-kognitivistisch relativiert. Eine erkenntnistheoretische Anthroporelationalität läßt sich somit konstatieren.[43] Auch Platon interpretiert Protagoras' Äußerung als Wendung zur Erkenntnistheorie, wenn er sich etwa wundert, warum Protagoras nicht gleich behaupte, das Maß aller Dinge sei das Schwein oder der Affe oder anderes, was Wahrnehmung hat (1990a, 161c, S. 62f), oder wenn er Protagoras folgendermaßen interpretiert: «Was jeder vorstellt, so sagt er doch, das *ist* auch für den, der es vorstellt» (170a, S. 88f; Hervorhebung D. v. d. Pf.).

Nicht impliziert ist mit der erkenntnistheoretischen aber eine ethische Anthropozentrik. Man könnte die Vermutung aufstellen, daß gerade der Rückzug auf eine erkenntnistheoretische Skepsis gegenüber ontologischen Annahmen auch den durch sie gestützten ethischen Überzeugungen den Boden entzieht. Eines der Argumente Platons gegen Protagoras' Satz bekräftigt jedenfalls beide Aspekte, den ontologischen wie den ethischen: Wahre Erkenntnis sei die des Gerechtesten (176c, S. 106f).

Eine klare ethische Anthropozentrik taucht allerdings bei den von Platon wiedergegebenen Äußerungen zweier Gesprächspartner auf, des Sophisten Trasymachos und des sophistisch argumentierenden Kallikles.[44] Kallikles behauptet im «Gorgias» (Platon 1990b, 483de, S. 378f) und Trasymachos in der «Politeia» (Platon 1990c, 337c, S. 38f), daß das Gerechte das dem Stärkeren und Tüchtigeren Zuträgliche sei, wobei jeweils der Kontext die Annahme stützt, daß der Stärkere sich im wesentlichen egoistisch verhält.[45] Die Pointe dieser Anthropozentrik ist aber ihre soziobiologisch-naturalistische Fundierung. Dadurch wird sie gleichzeitig relativiert, denn wie Kallikles bemerkt, gilt ein entsprechendes Recht des Stärkeren auch für Tiere.

Zusammenfassend ergibt sich also für die Vorsokratiker in der Anthropozentrikfrage kein einheitliches Bild. Man kann mit Bezug auf einzelne Positionen der Sophisten eine gewisse Gesamttendenz der Verlagerung des Diskussionsspektrums auf den Menschen hin konstatieren.

(b) Als Argumente für eine Anthropozentrik bei Platon führt Soupios an, dieser habe im «Symposion» nur auf den Menschen anwendbare ästhetische Kategorien verwendet, aber keine auf die Natur bezogenen.

Im «Phaidros» habe Sokrates zwar die schöne Landschaft bewundert, dann aber zugegeben, daß er die Stadt kaum verlasse, weil ihn die Felder und Bäume nichts lehrten, wohl aber die Menschen in der Stadt (Soupios 1992, p. 16f; Platon 1990d, 230b–d, S. 13–15). Sokrates' bzw. Platons wenig ausgeprägte Naturästhetik ist aber noch kein Beweis für ihre Anthropozentrik, denn beides steht nicht in einem Kontradiktionsverhältnis. Ein überwiegendes Interesse an rationaler Erkenntnis kann etwa nichtanthropozentrische Transzendenzerfahrungen intendieren. Zu bedenken ist auch das pädagogische Ziel der platonischen Dialoge. Die Natur war bei der weitgehend agrarwirtschaftlich orientierten griechischen Gesellschaft derart präsent, daß eine pädagogische Akzentuierung naturästhetischer Erfahrungen nicht veranlaßt war. Sokrates wollte zum Philosophieren erziehen. Dies erforderte eine Verlagerung der Aufmerksamkeit von der Unmittelbarkeit sinnlicher Wahrnehmung und den Notwendigkeiten des Alltags auf Gedanke und Gespräch. Es implizierte aber keineswegs deren Anthropozentrik.

Schlagkräftiger als solche unsicheren Ex-negativo-Schlüsse aus peripheren Textstellen erscheint demgegenüber ein Blick auf die zentralen Inhalte des platonischen Denkens: Die Annahme eines hierarchischen Reiches ewiger, unzerstörbarer und transzendenter Ideen, die der sinnlich faßbaren Realität superior sind, konstituiert eine Metaphysik bzw. Ontologie, die weit entfernt von einer ausschließlichen oder hierarchisch-prävalenten ontologischen Auszeichnung des Menschen ist. In der Ideenlehre werden zwar minderwertige Gegenstände wie Haare, Schlamm und Schmutz ausgeschlossen (Platon 1990e, 130c, S. 208f), nicht aber andere Lebewesen. In der Ideenhierarchie nimmt nicht die Idee des Menschen die höchste Stufe ein, sondern die des Guten (1990c, 508e, S. 542f). Man kann somit nicht von einer ontologischen, sondern allenfalls von einer erkenntnistheoretischen Anthropozentrik sprechen, weil nur der Mensch zum dialektischen Erkenntnisaufstieg befähigt und berufen ist. Die platonische Ethik ist zwar dergestalt erkenntnistheoretisch akzentuiert, daß die Erkenntnis des Guten bzw. Richtigen entscheidendes Kriterium ist (1990a, 176a, S. 106f; 1990b, 499e–500a, S. 426f). Aber der Erkenntnisakt gewinnt keine Dominanz gegenüber dem Erkannten. Der Mensch verdient keine privilegierte Berücksichtigung, weil er es ist, der das Richtige erkennt. Gegen eine ethische Anthropozentrik bei Platon spricht auch dessen Zurückweisung der oben dargestellten sophistischen Theorie des Vorrangs des Stärkeren.[46]

Platon hat keine ausgearbeitete Tierethik oder Ökologische Ethik entwickelt, aber seine Ethik einer sittlichen Einsicht in das objektiv Richtige ist strukturell nichtanthropozentrisch. Dies verdeutlicht auch ein in der

«Politeia» gegen den Sophisten Trasymachos gerichtetes Argument, das den Kern einer Tierethik enthält: «sondern du glaubst, er hüte die Schafe, sofern er Hirt ist, nicht auf das Beste der Schafe sehend, sondern wie ein Gastgeber, der ein Mahl ausrichten will, auf den Schmaus, oder auch auf den Kaufpreis wie ein Handelsmann, nicht wie ein Hirt. Der Hirtenkunst liegt aber doch gar nichts anderes ob, als daß sie dem, worüber sie gesetzt, das Beste darreiche; denn ihr Eigenes, daß sie ganz gut sei, ist ja schon hinreichend besorgt, solange ihr nämlich nichts darin fehlt, die Hirtenkunst zu sein» (1990c, 345cd, S. 60f).

(c) Aristoteles wird von einigen Autoren mit Verweis auf folgende Stelle in der «Politik» als anthropozentrischer Theoretiker angesehen (Hughes 1975, p. 115, 122; Hargrove 1989, p. 25; Glacken 1967, p. 48):

«ὥστε ὁμοίως δῆλον ὅτι καὶ γενομένοις οἰητέον τά τε φυτὰ τῶν ζῴων ἕνεκεν εἶναι καὶ τὰ ἄλλα ζῷα τῶν ἀνθρώπων χάριν, τὰ μὲν ἥμερα καὶ διὰ τὴν χρῆσιν καὶ διὰ τὴν τροφήν, τῶν δ' ἀγρίων, εἰ μὴ πάντα, ἀλλὰ τά γε πλεῖστα τῆς τροφῆς καὶ ἄλλης βοηθείας ἕνεκεν, ἵνα καὶ ἐσθὴς καὶ ἄλλα ὄργανα γίνηται ἐξ αὐτῶν. εἰ οὖν ἡ φύσις μηθὲν μήτε ἀτελὲς ποιεῖ μήτε μάτην, ἀναγκαῖον τῶν ἀνθρώπων ἕνεκεν αὐτὰ πάντα πεποιηκέναι τὴν φύσιν. – In gleicher Weise ist augenscheinlich anzunehmen (was auch gilt, wenn sie erwachsen sind), daß die Pflanzen der Tiere wegen da sind und die Tiere der Menschen wegen, die zahmen zur Verwendung und zur Nahrung, von den wilden, wenn nicht alle, so doch die meisten zur Nahrung und sonstigem Nutzen, sofern Kleider und andere Ausrüstungsgegenstände aus ihnen verfertigt werden. Wenn nun die Natur nichts unvollkommen und nichts zwecklos macht, so muß die Natur all dies um der Menschen willen gemacht haben» (1957, 1256b 15–22, p. 14, S. 58).

Dem hat Rodman mit dem Argument widersprochen, die anthropozentrische Teleologie sei vor allem in der «Politik» und der «Nikomachischen Ethik» zu finden, nicht aber in den naturwissenschaftlichen Schriften (De anima, Historia Animalium etc.). Dort seien alle Formen des Lebens beseelt und strebten nach Teilhabe an der Ewigkeit, so gut sie könnten. Man bekomme den Eindruck eines hierarchischen, aber immens variierenden und komplexen Universums, dessen erster Beweger nicht der Mensch sei (1976, p. 110f).

Rodmans Einschätzung einer Differenz zwischen praktischer Teleologie und Naturteleologie bei Aristoteles erscheint berechtigt. Aber diese Differenz darf nicht nur konstatiert, sie muß erklärt bzw. begründet werden. Trotz der Kritik an der platonischen Ideenlehre bleibt Aristoteles' Metaphysik und Ontologie nichtanthropozentrisch: Die Annahme der Beseelung aller Lebewesen (1965, Teil II, 412bff, p. 50ff), die naturteleologische Vorstellung einer Zweckursache, einer *causa finalis* (1957a, 983a, p. 7, S. 24.), die Kosmogonie eines ersten unbewegten Bewegers

(1957a, 1071b, p. 249 ff, S. 309 ff) sind Elemente einer nichtanthropozentrischen Ontologie. Allerdings entfällt mit der Kritik an Platons Reich der Ideen die unbedingte Bezogenheit aller Einzelgegebenheiten auf ein transzendentes Ganzes bzw. eine transzendente Ordnung mit höherem Realitätsgehalt. Damit ist die noch bei Platon alles beeinflussende ontologische Nichtanthropozentrik beseitigt. Andere Wissenschaftsbereiche gewinnen eine (beschränkte) Eigengesetzlichkeit. Ethik und Politik sind nicht mehr durch die Erkenntnis der höchsten Realität, der Idee des Guten – und damit stark ontologisch –, bestimmt, sondern sie können eine Ausrichtung an stärker immanenten und partikularen Zwecken entfalten: dem Glück (ευδαιμονια, 1969, 1097ab, S. 15f.), dem Tätigsein der menschlichen Seele im Sinne der ihr wesenhaften Tüchtigkeit, der Tugend (αρετη, 1969, 1098a, S. 17). Da sich aber die Seelenvermögen von Pflanze, Tier und Mensch unterscheiden, ist die Annahme einer gewissen herausgehobenen Stellung des Menschen in praktischer Hinsicht folgerichtig. Nur der Mensch ist ein politisches Wesen (πολιτικὸν ζῷον). Nur der Mensch besitzt Vernunft und Sprache («λόγον δὲ μόνον ἄνθρωπος ἔχει τῶν ζῷον», 1957, 1253a 1–10, p. 3, S. 49). Er unterscheidet sich auch noch in anderer Hinsicht von den übrigen Lebewesen (Bien 1973, S. 120ff). Damit ist verständlich, daß im praktischen Zusammenhang des Lebens in der Polis ein anderes, weitergehendes Telos angesprochen ist als das bloße Naturtelos. Trotzdem wird das politische Telos vom Naturtelos nicht vollständig losgelöst, sondern durch dieses (partiell) bestimmt und begrenzt.

Man kann die oben zitierte Stelle dann derart lesen, daß die anderen Lebewesen in praktisch-politischer Hinsicht tatsächlich für den Menschen da sind. Dieses nur dem Menschen zukommende Telos wird aber durch die jeweils zugrundeliegenden Naturteloi des Menschen selbst und der anderen Lebewesen überwölbt und limitiert. Diese Annahme begrenzender Naturzwecke wird durch die genaue Angabe in der oben zitierten Stelle gestützt, wozu die anderen Lebewesen dem Menschen dienen: für Nahrung, Kleidung, Ausrüstungsgegenstände, also Dinge, die für den Menschen unabdingbar notwendig sind. Von Spielen oder Vergnügungen wie Stierkämpfen etc. ist nicht Rede. Gestützt wird diese Interpretation durch Aristoteles' Qualifikation des menschlichen Handelns als Nachahmung der Natur. Jedes menschliche Handeln wolle nur ausführen, was die Natur übriggelassen habe (1957, 1337a2, p. 251, S. 249; Schroeder 1990, S. 12). Insgesamt enthält die Aristotelische Ethik also anthroporelationale Elemente, die aber durch nichtanthroporelationale Naturteloi des Akteurs und der anderen betroffenen Lebewesen (partiell) bestimmt und begrenzt werden.

Hughes (1975, p. 122 f) hat Theophrast, einen Schüler von Aristoteles, zum «Father of Ecology» erklärt, und andere sind ihm hierin gefolgt (Rodman 1976, p. 110; Hargrove 1989, p. 25 f; Attfield 1991, p. 135). Diese These läßt sich allerdings zumindest für den Nichtanthropozentrikgesichtspunkt der Ökologischen Ethik bezweifeln. Hughes kann keine Stelle anführen, in der Theophrast tatsächlich der oben wiedergegebenen Haltung Aristoteles' in der «Politik» widerspricht. Das bloße Fehlen einer expliziten Unterordnung der nichtmenschlichen Wesen unter menschliche Teloi kann aber keinen *Ex-negativo*-Beweis für ein Abweichen von der Aristotelischen Haltung liefern, denn bei Aristoteles findet sich in den naturwissenschaftlichen Schriften – soweit ersichtlich – ebenfalls keine derartige Aussage. Fortenbaugh erwähnt eine Stelle bei Theophrast, in der er die These zurückweist, Tieropfer seien erlaubt, weil Gott die Tiere ebenso wie die Früchte den Menschen zum eigenen Gebrauch gegeben habe (Fortenbaugh 1984, S. 57, 269). Fortenbaugh vertritt andererseits die These, daß Theophrast nie bestritten habe, daß Tiere zum Nießbrauch menschlicher Wesen existierten. Er kommt zu einer Interpretation, die der oben von mir für die Aristoteles-Stelle in der «Politik» vorgeschlagenen entspricht: «Theophrast hat vielleicht beides vereinbart, daß Tiere zum Nießbrauch menschlicher Wesen gehören, daß ihnen aber auch nicht ungerechterweise Gewalt zugefügt werden darf» (S. 269). Damit kann die These eines signifikanten Abweichens Theophrasts von Aristoteles im Hinblick auf eine praktische Anthropozentrik kaum als überzeugend angesehen werden.

(d) Die Stoa vertrat in ihrer Philosophie eine prinzipiell holistische Kosmologie, die aber aufgrund der Annahme der alleinigen Teilnahme des Menschen am Vernunftprinzip des Logos zu einer «anthropozentrischen Gesamteinstellung» und einer scharfen Grenzlinie zwischen Tier und Mensch führte (Pohlenz 1984, S. 85). Ergebnis ist eine weitgehende ethische Anthropozentrik: «Die Pflanzen und die Tiere sind um des Menschen willen geschaffen, die niederen Daseinsformen nur Unterbau für die höheren, für die Entfaltung des Logos. Pflanzen und Tiere können darum so wenig eigenes Interesse beanspruchen wie die atmosphärischen Erscheinungen» (1984, S. 83 ff). Bei Cicero findet sich eine Formulierung dieser Position (1978, Buch II, S. 330 ff). Ob man angesichts der holistischen Kosmologie der Stoa aber von einer vollständigen ethischen Anthropozentrik ausgehen kann, ist zweifelhaft.

Im übrigen gab es auch zur Zeit der Stoa nichtanthropozentrische Gegenströmungen: Der Neuplatoniker Porphyrius hat eine Abhandlung «Περι Αποχης Εμψγχων – Über die Abstinenz» geschrieben, in der er sich mit antiken Positionen zum Thema Vegetarismus auseinandersetzt

und selbst für einen solchen plädiert (1977, p. LXVIII, S. 80). Und Plutarch wandte sich gegen das erbarmungslose Töten von Tieren.

(e) Versucht man nach dieser notwendigerweise kursorischen tour
d' horizon ein Fazit, so kann man zumindest negativ sagen: Für die antike
Philosophie trifft die generalisierende These der Anthropozentrik aller
Ethik nicht zu. Das Bild ist im Gegenteil genauso vielschichtig wie die
gegenwärtige Diskussion. Zwischen den beiden Polen der am ehesten
anthropozentrischen Stoiker und der am ehesten nichtanthropozentrischen Pythagoräer ergaben sich die verschiedensten Zwischenpositionen
und Abstufungen. In zeitlicher Perspektive läßt sich aber zumindest tendenziell eine gewisse Entwicklung und Verstärkung anthropozentrischer
Theorien bzw. Theorieelemente konstatieren. Das Diskussionsspektrum
verschob sich in eine anthroporelationale Richtung. Aber die Situation
war noch offen.

2. Das Christentum führte bei ihm nahestehenden Denkern zu einer
auf Gott ausgerichteten, theorelationalen Überwölbung aller Theorie.
Unterhalb dieser primären Theorie- bzw. Glaubensebene stellte sich aber
die Anthropozentrikfrage auf einer sekundären Ebene im Rahmen von
auf den Menschen bezogenen Sekundärbegründungen. Die beiden wir-
kungsmächtigsten Denker des christlichen Abendlandes, Augustinus
und Thomas, vertraten auf dieser Sekundärebene eine stark auf den
Menschen zentrierte Position. Augustinus schreibt:

«Aus diesem Grunde versuchen einige dies Gebot auch auf wilde und zahme Tiere
auszudehnen und sagen, daß auch von ihnen keines getötet werden dürfe. Doch warum
dann nicht auch auf Pflanzen und was sonst im Erdboden haftet und aus Wurzeln sich
nährt? Denn auch von derart Geschöpfen gilt, daß sie zwar keine Empfindung, wohl
aber Leben haben, darum auch sterben und bei Gewaltanwendung getötet werden können. So spricht auch der Apostel von den Samengewächsen: ‹Was du säst, wird nicht
lebendig, es sterbe denn›, und im Psalm steht geschrieben: ‹Er tötet ihre Weinstöcke
mit Hagel.› So liegt es uns fern, wenn wir hören ‹Du sollst nicht töten›, anzunehmen,
es sei unrecht, einen Busch auszureißen, womit wir dem unsinnigen Irrtum der Manichäer beipflichten würden. Mit solchem Wahn wollen wir nichts zu tun haben. Wenn
wir also das Verbot des Tötens darum nicht auf das Pflanzenreich anwenden, weil es da
keine Empfindung gibt, desgleichen nicht auf die unvernünftige Tierwelt mit ihren
fliegenden, schwimmenden, laufenden und kriechenden Geschöpfen, weil ihnen im
Unterschied von uns keine Vernunft verliehen ist, weswegen auch nach der gerechten
Anordnung des Schöpfers ihr Leben und Tod unserem Nutzen dienen muß, so bleibt
nur übrig, das Gebot ‹Du sollst nicht töten› ausschließlich auf den Menschen zu beziehen, und zwar sowohl auf den anderen als auf dich selbst. Denn wer sich selbst tötet,
tötet auch einen Menschen» (1985, I, 20, S. 38 f).

Die Stelle ist in mehrfacher Hinsicht interessant. Sie enthält zunächst
eine frühe Erwähnung des heute vielfach diskutierten Arguments der

schiefen Ebene (slippery-slope-argument: «Doch warum dann nicht auch...?»; vgl. C IV 5). Darüber hinaus zeigt sie mit der Berufung auf die Bibelstellen die theorelationale Überwölbung der Problemlösung. Der Verweis auf «einige» – insbesondere die Manichäer – verdeutlicht, wie offen und uneinheitlich die Diskussion in der Spätantike noch war. Mit der Bezugnahme auf die Vernunft, die bloß der Mensch besitzt, wird die stoische Rechtfertigung der Anthropozentrik aufgenommen. Die These, daß «ihr Leben und Tod unserem Nutzen dienen muß», greift schließlich die aristotelisch-teleologische Argumentation auf, wobei mit dem Verweis auf die «gerechte Anordnung des Schöpfers» die anthroporelationale Zwecksetzung der menschlichen Seele bzw. der Polis bei Aristoteles durch eine theorelationale Zwecksetzung verdrängt wird. Die theorelationale Überwölbung führt also einerseits zu einer Bestätigung der Anthroporelationalität auf der Sekundärebene, andererseits zu deren Abschwächung und Limitation durch die Primärebene.

Thomas von Aquin schreibt, nachdem er die soeben erwähnte Augustinus-Stelle zitiert hat:

«Keiner sündigt, indem er eine Sache zu dem verwendet, wozu sie bestimmt ist. In der Ordnung der Wesen aber sind die unvollkommenen wegen der vollkommenen da; wie auch die Natur beim Vorgang der Zeugung vom Unvollkommenen zum Vollkommenen fortschreitet. Wie daher bei der Zeugung des Menschen zuerst das Lebewesen, dann das Sinnenwesen, zuletzt der Mensch da ist, so sind auch die Wesen, die nur Leben haben, wie die Pflanzen, im allgemeinen für alle Tiere da, und die Tiere für den Menschen. Wenn deshalb der Mensch die Pflanzen gebraucht für die Tiere und die Tiere zum Nutzen des Menschen, so ist das nicht unerlaubt; wie das auch aus dem Philosophen erhellt. Unter den verschiedenartigen Verwendungsmöglichkeiten nun scheint jener Gebrauch am meisten notwendig zu sein, bei dem die Tiere sich der Pflanzen, die Menschen sich der Tiere zur Nahrung bedienen, was nicht ohne Tötung jener geschehen kann. So ist es denn erlaubt, sowohl die Pflanzen zu töten zur Nahrung für die Tiere als auch die Tiere zur Nahrung des Menschen, und zwar auf Grund der göttlichen Ordnung. Denn so heißt es Gn 1, 29 f.: ‹Sehet, Ich habe euch alles Kraut und alle Bäume gegeben, daß sie euch und allen Tieren zur Nahrung seien.› Und Gn 9, 3 heißt es: ‹Alles, was sich regt und lebt, soll euch zur Speise dienen.› Zu 1. Auf Grund göttlicher Anordnung wird das Leben der Tiere und Pflanzen erhalten, doch nicht ihrer selbst wegen, sondern des Menschen wegen. Deshalb sagt Augustinus: ‹Auf Grund der durchaus gerechten Anordnung des Schöpfers sind Leben und Tod dieser Wesen zu unserer Verfügung.› Zu 2. Die Tiere und Pflanzen haben nicht das Leben der Vernunft, wodurch sie selbst ihr Leben ‹führen› könnten, sondern immer werden sie auf Grund eines naturhaften Antriebes gleichsam von einem anderen ‹gelebt›. Das ist ein Zeichen dafür, daß sie von Natur aus zum Dienste und Gebrauch anderer Wesen bestimmt sind.»[47]

Bemerkenswert ist neben dem Verweis auf Aristoteles (in der Interpretation von Augustinus) die theorelational-ontologische Argumentation auf der Primärebene. Die göttliche Weltordnung wird als ultimativer Maßstab angesehen. Auf der Sekundärebene erfolgt eine anthroporelationale Deutung der Schöpfung. Interessant ist der Gegensatz zu zeitgenössischen Versuchen christlicher Parteien und Theologen (vgl. F I, C I 1), gerade die Schöpfungstheologie für den Naturschutz fruchtbar zu machen (Stichwort: «Bewahrung der Schöpfung»).

Die Anthroporelationalität ist aber nicht schrankenlos. Der Gebrauch der Tiere ist erlaubt, weil er zur Ernährung des Menschen notwendig ist. Thomas ging also offenbar von einer ernährungsphysiologischen Notwendigkeit fleischlicher Nahrung aus. Ob er seine Position auch aufrechterhalten hätte, wenn er den heutigen medizinischen Kenntnisstand, daß der Mensch auch ohne Fleisch auskommt, gehabt hätte, ist zweifelhaft.

Zusammenfassend läßt sich festhalten, daß bei den beiden christlichen Philosophen mit (wohl verkürzender) Bezugnahme auf Aristoteles und die Position der Stoa unter einer theorelationalen Überwölbung eine Verfestigung und Kanonisierung begrenzter Anthroporelationalität auf der Sekundärebene stattfindet. Die Meinung Rodmans, die anthroporelationale Verengung der Scholastiker sei darauf zurückzuführen, daß die Pariser Universität nur die Ethik und die Politik des Aristoteles lehrte, die Metaphysik und naturphilosophischen Schriften aber unterdrückte (Rodman 1976, p. 111), ist wohl nicht verfehlt, aber angesichts der Stützung auf Augustinus doch bloß spekulativ.

Es gibt Versuche, eine andere schwach oder nichtanthroporelationale Traditionslinie christlichen Denkens zu rekonstruieren, insbesondere in frühchristlichen, etwa bei Chrysostomus, und ostkirchlichen Texten (Attfield 1991, p. 34 ff). Andere beziehen sich auf Franz von Assisi (White 1967, p. 1206 f; Werner 1986, S. 13 ff). Ob diese Thesen geistesgeschichtlich tragfähig sind, kann hier nicht beurteilt werden. Mit Bezug auf die Wirkungsgeschichte wird man aber kaum bezweifeln können, daß die christlich-philosophische Hauptlinie des Denkens und der Dogmen im westkirchlichen Teil Europas in den Bahnen der kirchlich anerkannten Autoritäten Augustinus und Thomas verlief.

3. Pico della Mirandola – ein Philosoph der Renaissance – hat in «De hominis dignitate» 1496 das zentrale Kennzeichen des Menschen in der freien Wahl der Entwicklung seiner Anlagen (unter ihnen sogar geistige, die ihn zum Engel und Sohn Gottes befähigen) gesehen, während Tiere und Pflanzen bei der Geburt die Eigenschaften erhalten, die sie für ihr gesamtes Leben besitzen werden (1990, S. 6 f). Diese fast existentialistische Wahlfreiheit erhebt den Menschen über alle anderen Lebewesen. Mit dieser Vorstellung wird die Theorelationalität zurückgedrängt, die Anthropozentrik gestärkt.

Demgegenüber hob Montaigne die Ähnlichkeit und Verwandtschaft des Menschen mit den Tieren hervor und sprach von einer nur eingebildeten königlichen Würde über die anderen Geschöpfe. Er postulierte eine allgemeine Pflicht der Menschlichkeit und des Wohlwollens nicht nur gegenüber Tieren, sondern auch gegenüber Bäumen und anderen Pflanzen (1981, Bd. 1, II, 11, p. 138 f, S. 184).

Descartes hat im 17. Jahrhundert die erste Gewißheit der eigenen Existenz des Menschen auf das je eigene «ich denke», das Cogito, gestellt (1959, S. 44 f), die Tiere mit Automaten verglichen und ihnen Geist bzw. Teilhabe an der geistigen Weltsubstanz (res cogitans) abgesprochen (1902 Bd. VI, V., p. 56 ff, S. 91 ff). Seine Position wird deshalb verschiedentlich als Extrempunkt anthropozentrischen Denkens angesehen (Singer 1990, p. 200 f; Passmore 1974, p. 20 f). Allerdings ist strittig, ob Descartes den Tieren auch die Empfindungsfähigkeit abgesprochen hat.[48] Höffe weist im übrigen unter Bezug auf eine Stelle, wo Descartes die Ansicht verwirft, Gott habe alles für uns geschaffen[49], mit Recht darauf hin, daß man Descartes keine despotische Anthropozentrik unterstellen könne (1993, S. 206). Noch signifikanter gegen die Annahme einer starken bzw. vollständigen Anthropozentrik bei Descartes spricht aber, daß auch hier die theorelationale Überwölbung der allgemeinen Ontologie nicht vollständig wegfällt. Eine sichere Kenntnis über die Außenwelt ist für ihn nur über den Beweis der Existenz eines nichttäuschenden Gottes möglich. Dieser Beweis Gottes nimmt eine zentrale Stellung in seinem System ein (1959, S. 92 ff). Auch Descartes kann somit weder in ontologischer noch in ethischer Hinsicht eine strikte und vollständige Anthropozentrik unterstellt werden.

Dies gilt um so mehr für die beiden anderen großen Rationalisten Spinoza und Leibniz, bei denen die holistische (Spinoza) bzw. (nach O'Briant 1980, p. 218 f) interrelationistische (Leibniz) Ontologie eine strikte und vollständige ontologische Anthropozentrik verhindert. Ähnlich wie bei den Stoikern schließt dies aber bei Spinoza auf der Sekundärebene eine strikt auf den Menschen bezogene Ethik nicht aus:

«Es geht daraus hervor, daß jenes Gesetz, das verbietet, die Tiere zu schlachten, mehr in einem eitlen Aberglauben und in weibischem Mitleid als in der gesunden Vernunft begründet ist. Wohl lehrt uns die Vernunft, daß es notwendig ist, um unseres Nutzen willen uns mit den Menschen zu verbinden, aber keineswegs mit den Tieren oder mit anderen Dingen, deren Natur von der menschlichen Natur verschieden ist; vielmehr haben wir dasselbe Recht auf sie, das sie auf uns haben. Ja, weil das Recht eines jeden sich nach seiner Tugend oder seinem Vermögen bestimmt, haben die Menschen ein weit größeres Recht auf die Tiere als die Tiere auf die Menschen. Ich bestreite aber darum nicht, daß die Tiere Empfindung haben, ich bestreite nur, daß es deshalb verboten sein soll, sie zu unserem Nutzen beliebig zu gebrauchen und sie so zu behandeln, wie es uns am besten paßt» (1977, S. 516 f).

Wie in der oben zitierten sophistischen Argumentation wird aber auch hier den Tieren gegenüber den Menschen ein Recht nicht abgesprochen. Man kann insofern selbst auf einer Sekundärebene nicht von einer strikten und vollständigen ethischen Anthropozentrik sprechen.

4. In der empiristischen Traditionslinie ging Locke zwar davon aus, daß die niederen Kreaturen für den Menschen gemacht seien (1988, II, § 6, p. 271, S. 203). Aber diese Zwecksetzung war naturrechtlich limitiert. Die menschliche Herrschaft über die Natur war keine strikt anthropozentrische (Squadrito 1979, p. 255 ff). Hume sprach sich für ein Gefühl des Mitleids gegenüber den Tieren aus (1991, III, p. 23 f, S. 27 f).

Mit der berühmten Passage von Bentham:

«It may come one day to be recognized, that the number of the legs, the villosity of the skin, or the termination of the *os sacrum*, are reasons equally insufficient for abandoning a sensitive being to the same fate. What else is it that should trace the insuperable line? Is it the faculty of reason, or, perhaps, the faculty of discourse? But a full-grown horse or dog is beyond comparison a more rational, as well as a more conversable animal, than an infant of a day, or a week, or even a month, old. But suppose the case were otherwise, what would it avail? the question is not, Can they *reason*? nor, Can they *talk*? but, Can they *suffer*?» (1963, p. 311, Anmerkung)

wurde dann in der empiristisch-utilitaristischen Traditionslinie eine nichtanthropozentrische ethische Position erreicht, allerdings unter strikter Verengung der Berücksichtigung auf empfindungsfähige Wesen. Auch Mill hat sich dieser Position angeschlossen (1972, p. 12, S. 21). Sie wurde von allen wesentlichen Vertretern der utilitaristischen Schule akzeptiert (Sidgwick 1981, p. 414). In dieser Tradition stehen in der Gegenwart Theoretiker wie Singer (1990, 1993), Feinberg (1980) und Birnbacher (1991, S. 292) (vgl. C III 2 und 4). Die zentrale Auszeichnung von Präferenzen im Rahmen der spezifischen Form des Präferenzutilitarismus führte dabei aber zu einer – oft nicht explizit gemachten – anthropozentrischen Verengung (vgl. die Position von Frey: A III 4.1 (b)).

5. Wie sich oben (A III 4.1 (a)) ergeben hat, ist Kants Ethik im Ergebnis anthropozentrisch. Höffe hat aber mit Verweis auf Kants Kennzeichnung des Schöpfers als *dominus directus* – und damit auf eine theorelationale Überwölbung – mit Recht eine strikte Anthropozentrik der ethischen Position Kants abgelehnt (1993, S. 206). Auch hier ist also die theorelationale Limitation einer unumschränkten Anthropozentrik noch vorhanden, allerdings wegen der Verwerfung jeglichen Gottesbeweises in der kritischen Phase seiner Theorie wohl nur in abgeschwächter Form.

Hegel sah das Tier wie Kant als Sache an, die «als Äußerlichkeit» «keinen Selbstzweck» habe (1986, § 44, S. 107). Aber auch hier muß man von einer idealistisch-holistischen bzw. vernunftreligiösen Überwölbung ausgehen.

Schopenhauer hat sich massiv für eine Berücksichtigung der Belange der Tiere ausgesprochen (1989, S. 675 f, 690 f). Dabei nimmt seine Ethik des Mitleids eine seltsame Zwischenposition zwischen einer anthroporelationalen und einer nichtanthroporelationalen Haltung ein, was folgende Passage verdeutlicht:

«Wenn nun aber meine Handlung ganz allein des anderen wegen geschehen soll; so muß *sein Wohl und Wehe unmittelbar mein Motiv* sein: so wie bei allen anderen Handlungen das *meinige* es ist. Dies bringt unser Problem auf einen engern Ausdruck, nämlich diesen: wie ist es irgend möglich, daß das Wohl und Wehe *eines andern* unmittelbar, d. h. ganz so wie sonst nur mein eigenes meinen Willen bewege, also direkt mein Motiv werde, und sogar es bisweilen in dem Grade werde, daß ich demselben mein eigenes Wohl und Wehe, diese sonst alleinige Quelle meiner Motive mehr oder weniger nachsetze? – Offenbar nur dadurch, daß jener andere *der letzte Zweck* meines Willens wird ganz so, wie sonst ich selbst es bin: also dadurch, daß ich ganz unmittelbar *sein* Wohl will und sein Wehe nicht will, so unmittelbar, wie sonst nur *das meinige*. Dies aber setzt notwendig voraus, daß ich bei *seinem* Wehe als solchem geradezu mit leide, *sein* Wehe fühle wie sonst nur meines und deshalb sein Wohl unmittelbar will wie sonst nur meines» (1989, S. 739 f).

Der erste Teil dieser Passage ruft zur nichtanthroporelationalen Berücksichtigung des Wohls und Wehes anderer auf, also etwa von deren Leiden. Im letzten Satz wird als Lösung des Problems der adäquaten Motivation des Handelnden eine anthroporelationale Wendung zur ethischen Berücksichtigung des Mitleids als Gefühl des Akteurs vollzogen. Diese zwitterhafte Konstruktion läßt sich mit der metaphysischen Konzeption eines alles durchwaltenden Willens bei Schopenhauer erklären. Verzichtet man auf sie, so wird die «notwendige» Verbindung von Leid und Mitleid unplausibel. Jedenfalls kann Schopenhauers Position nicht klar als anthroporelationale oder nichtanthroporelationale eingeordnet werden. In jedem Fall ist sie schwach anthroporelational.

Eine dezidiert nichtanthropozentrische ethische Position, die auf mögliche Rechte bzw. Interessen von Tieren Rücksicht nimmt, findet sich im 19. Jahrhundert bei Karl Christian Friedrich Krause (1874, S. 246) und im 20. Jahrhundert z. B. bei dem Neukantianer Leonard Nelson (1970, S. 150 ff).

6. Zu stärker naturphilosophisch und naturwissenschaftlich orientierten Denkern wie Gilbert White, Carl Linné, Henry David Thoreau, Charles Darwin und anderen sei hier auf die Studie von Worster, «Na-

ture's Economy. A History of Ecological Ideas», verwiesen (1985). Eine gute Darstellung weniger bekannter Autoren, insbesondere der angelsächsischen Tradition, findet sich bei Nash (1989, p. 20 ff). Zu erwähnen bleibt als geistesgeschichtliches Monumentalwerk die Studie von Glacken «Traces on the Rhodian Shore. Nature und Culture in Western Thought from Ancient Times to the End of the Eighteenth Century» (1967) mit einer Fülle von Material, vor allem auch zu Denkern, die man im heutigen engeren Sinn nicht als Philosophen ansehen würde, z. B. Hippokrates oder Vitruv.

7. Als Ergebnis dieses kursorischen Überblicks läßt sich zumindest negativ konstatieren: Für die philosophische Ethik ist Jonas' These von der Anthropozentrik aller bisherigen Ethik als Gesamturteil falsch. Höffes Abschwächung, die «unter Philosophen vorherrschende Anthropozentrik» sei keine «despotische», sondern eine «humane», ist für diejenigen Theoretiker, die tatsächlich eine anthropozentrische Ethik vertraten (insbesondere die rationalistische Traditionslinie: Descartes, Spinoza, Kant, Hegel usw.), zutreffend, wobei der tautologische Terminus «humane Anthropozentrik» nicht glücklich gewählt erscheint. Man sollte insofern besser von «schwacher», «abgeschwächter», «begrenzter» oder «überwölbter» Anthropozentrik oder von «Anthroporelationalität» sprechen. Ein strikter bzw. vollständiger Anthropozentriker konnte tatsächlich unter den Klassikern nicht aufgewiesen werden.

Kaum zutreffend erscheint Höffes Interpretation aber, soweit sie eine Vorherrschaft anthropozentrischer Ethik impliziert. Dies mag für die deutsche Schulphilosophie im 19. und 20. Jahrhundert gelten. Es kann aber weder für die antike noch für die neuzeitliche Ethik mit ihrer starken utilitaristischen Strömung behauptet werden. Konstatieren läßt sich allenfalls eine temporäre Tendenzverlagerung des Diskussionsspektrums in Richtung auf eine stärkere Vertretung anthroporelationaler Positionen. Diese setzt mit den Sophisten ein und führt über Aristoteles, die Stoa, Augustinus, Thomas, Descartes bis hin zu Kant und Hegel. Spätestens ab dem 18. Jahrhundert wird aber mit dem Utilitarismus und markanten Einzelpositionen wie bei Schelling, Schopenhauer, Krause und Nelson eine Gegentendenz wirksam, die auch in der aktuellen Diskussion noch anhält und das Schwergewicht des Diskussionsspektrums in eine nichtanthropozentrische Richtung verlagert. Diese Gegentendenz war jedoch in ihrer Hauptlinie bei den Utilitaristen, Schopenhauer, Krause und Nelson auf empfindungsfähige Wesen, also höhere Tiere, beschränkt. Weitergehende Rücksichtnahmen auf Pflanzen, wie bei den Pythagoräern oder Montaigne, oder auf das gesamte Biosystem bzw. die Erde, wie sie (in B I 1) für Plinius, Ovid und Seneca erwähnt wurden,

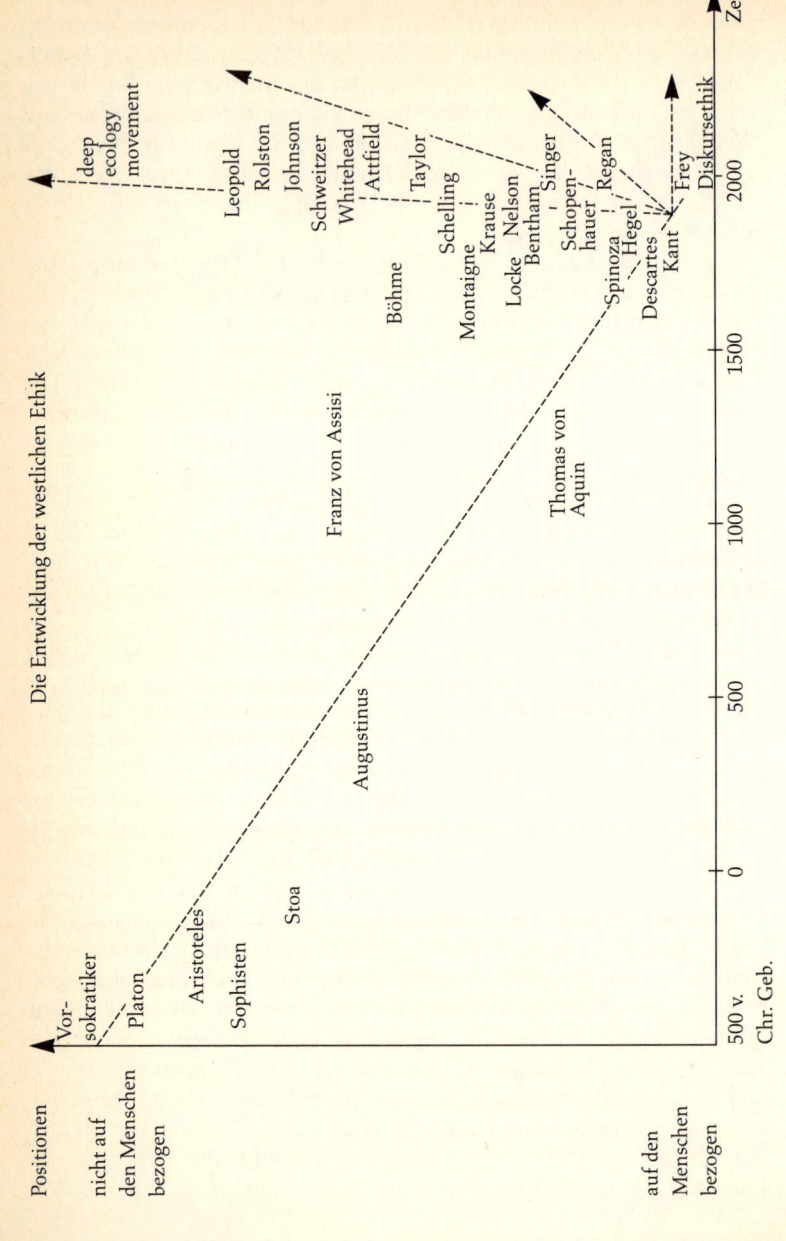

Die Entwicklung der westlichen Ethik

finden sich ab der Neuzeit – von einzelnen Ausnahmen wie dem späten Schelling und Jakob Böhme (Werner 1986, S. 39 ff) abgesehen – kaum mehr. Sie setzen erst wieder in der ersten Hälfte des 20. Jahrhunderts ein, z. B. bei Aldo Leopold, der aber Ökologe war (1989, p. 224 f). Insofern wurde im Lauf einer zweieinhalbtausendjährigen Entwicklung der Bereich der nichtanthropozentrischen philosophischen Ethiken schmaler. Gegenüber dem weiten Spektrum der Positionen in der Antike hat eine Verengung stattgefunden. Erst seit Beginn der 70er Jahre findet auch bei Philosophen – insbesondere mit der Deep-ecology-Bewegung (vgl. C II 2, Fox 1990, p. 3 ff) – eine Weiterung statt.

Nebenstehendes Schema mag einen gewissen Eindruck von der Gesamtentwicklung geben. Natürlich simplifizieren solche Skizzen. Das Schema ist auch nur als Korrektur der noch simplifizierenderen These von Jonas gerechtfertigt.

III. Klassifikation traditioneller Ethiktypen

Entfernt man sich von den unmittelbaren historischen Einzelpositionen philosophischer Ethik, so läßt sich die auch schon systematisch motivierte Frage stellen, ob nicht die bisher mehrheitlich vertretenen Ethiktypen vollständig oder überwiegend anthropozentrisch ausgerichtet waren. Man kann also eine Typologie im Hinblick auf die Nichtanthropozentrikfrage versuchen. Klar ist, daß die jeweiligen Typenzuschreibungen dabei mehr oder minder stark von real vertretenen Positionen abweichen. Im Rahmen der Typisierung empfiehlt es sich, neben den Kategorien der anthropozentrischen und nichtanthropozentrischen Positionen auch noch eine Kategorie potentiell nichtanthropozentrischer Positionen einzuführen. Dabei handelt es sich um Theorien, bei denen es auf die je individuelle Ausgestaltung ankommt, ob ein anthropozentrisches oder ein nichtanthropozentrisches Ergebnis erzielt wird.

Nachfolgend wird zunächst das gesamte Tableau dargestellt und anschließend erläutert. Dabei wird von theorelationalen Implikationen bzw. Anwendungen abgesehen. Als potentiell nichtanthropozentrisch werden solche Theorien klassifiziert, deren Grundansatz sie nicht auf eine anthropozentrische Ausgestaltung festlegt. Auch hier kann es sich nur um eine skizzenhafte Klassifizierung handeln, die einer weiteren Verfeinerung bedürfte.

Typologie der Ethikbegründungen

anthropozentrisch	potentiell nichtanthropozentrisch	nichtanthropozentrisch
subjektive Wertethik	Präferenzutilitarismus	Utilitarismus
Tugendethik	Interessenethik	religiöse Ethik
Gewissensethik	Kantische Ethik	objektive Wertethik
Mitleidsethik	teleologische Ethik	Leidensethik
egoistischer Subjektivismus	existentialistische Ethik	holistische Ethik
Gesinnungsethik	Glücksethik	
Diskursethik	Verantwortungsethik	
Ethik des realen Vertrags	Liebesethik / Wohlwollensethik	
	Ethik des fiktionalen Vertrags	
	Kommunitarismus	
	Intuitionismus	
	Güterethik	

1. Für die anthropozentrischen Ethiktypen gilt:

Subjektive Wertethik: Werden die subjektiven Werte des Akteurs als zentrales ethisches Kriterium herangezogen, so impliziert das eine anthropozentrische Position, denn der Akteur ist notwendig der Mensch. Dabei können sich diese Werte natürlich auf die transhumane Welt beziehen, etwa im Rahmen einer Naturästhetik, so daß eine Abschwächung der Anthropozentrik möglich ist. Aber die Anthropozentrik ist prinzipiell nicht überschreitbar.

Tugendethik: Auch die Auszeichnung von Tugenden impliziert notwendig eine Bezugnahme auf den Menschen, denn nur er wird allgemein als zur Entwicklung von Tugenden fähig angesehen. Dabei können sich allerdings Unterschiede in der Stärke der Anthropozentrik ergeben. Die klassischen Tugenden wie Klugheit, Gerechtigkeit, Tapferkeit, Mäßigung, Glaube, Liebe, Hoffnung sind vollständig anthropozentrisch (wenn man von der Theorelationalität absieht). Allerdings kann man sich bei «Gerechtigkeit» und «Liebe» auch eine Bezugnahme auf die nichtmenschliche Natur vorstellen, die zu einer schwachen Anthropozentrik führt.

Gewissensethik: Die Gewissensethik bezieht sich auf das menschliche Gewissen. Auch hier ist eine Öffnung zu einer schwachen Anthropozentrik möglich.

Mitleidsethik: Wird das Mitleid als menschliches Gefühl zum zentralen ethischen Kriterium erhoben, so besteht eine schwach anthropozentrische ethische Bestimmung. Etwas anderes kann sich nur ergeben, wenn «Mitleid» nicht nur als Gefühl des Akteurs definiert, sondern – wie bei Schopenhauer – mit der Aufnahme des Leidens anderer in Verbindung gebracht wird (1989, S. 740).

Egoistischer Subjektivismus: Die zentrale Auszeichnung des subjektiven Willens des Akteurs führt zu einer anthropozentrischen Position. Ein Beispiel ist die Ethik von Hobbes (1991, §1, p. 70, S. 75).

Gesinnungsethik: Auch hier kann es sich nur um eine anthropozentrische Bezugnahme handeln, da nur Menschen Gesinnungen zugeschrieben werden können.

Diskursethik: Wird der faktische Diskurs zum zentralen Kriterium erhoben, so können nur Menschen dieses erfüllen, da nur sie über eine entsprechend elaborierte Sprachfähigkeit verfügen. Die moderne Diskursethik stellt dagegen auch auf fiktionale Argumentationen ab (C IV 4, Habermas 1983, S. 131). Nötig ist allerdings offenbar die prinzipielle elaborierte Sprachfähigkeit des Teilnehmers, so daß Tiere nicht als Teilnehmer des fiktiven Diskurses in Frage kommen. Auf diese Frage wird unter C IV 4 noch zurückzukommen sein.

Ethik des realen Vertrags: Nimmt man einen realen Vertrag als entscheidendes ethisches Kriterium an, so muß der Vertragspartner zum Vertragsschluß in der Lage sein. Dies ist nur Menschen möglich.

2. Für die potentiell nichtanthropozentrischen Ethiktypen gilt:

Präferenzutilitarismus: Eine der modernen Spielarten des Utilitarismus ist der Präferenzutilitarismus. Für die Annahme von Präferenzen wird verschiedentlich ein Maß an Rationalität vorausgesetzt, das nur Menschen zugeschrieben wird (vgl. die obige Position von Frey in A III 4.1 (2)). Man könnte allerdings den Präferenzbegriff auch schwächer definieren und würde dann eine nichtanthroporelationale Position erreichen.

Interessenethik: Hier gilt dasselbe wie für den Präferenzutilitarismus: Es kommt darauf an, wie man «Interesse» definiert. Bestimmt man es wie oben (A III 4.1 (b)) Frey, dann kommt man zu einer anthropozentrischen Position, sonst zu einer nichtanthropozentrischen.

Kantische Ethik: Die Kantische Ethik ist im Ergebnis anthropozentrisch, aber eine Erweiterung der Grundkonstruktion wäre möglich, wie die obige Diskussion (A III 1 (a)) gezeigt hat.

Teleologische Ethik: Ein Telos kann auch Tieren und Pflanzen zugeschrieben werden, wie dies etwa bei Aristoteles und Jonas geschieht (vgl. oben B II 1 (c) bzw. unten C II 1). Zu einer anthroporelationalen Ethik kommt man nur, wenn man im Fall eines Konflikts lediglich das menschliche Telos für allein maßgeblich hält.

Existentialistische Ethik: Die existentielle Entscheidung kann sich prinzipiell auch auf nichtmenschliche Aspekte beziehen, es sei denn, sie setzt das Todesbewußtsein des Akteurs nicht nur voraus, sondern macht es zum Bestimmungsfaktor für die Berücksichtigung anderer Entitäten.

Glücksethik: Glücksethiken können sich auf menschliches Glück beziehen oder auch auf das Glück nichtmenschlicher Entitäten.

Verantwortungsethik: Dasselbe gilt für den Terminus Verantwortung. Jonas hat hier den Bereich über die Grenze der Berücksichtigung der Menschen hinausgeschoben (1984; vgl. C II 1). Theoriestrukturell notwendig ist dies aber nicht.

Liebesethik / Wohlwollensethik: Auch hier ist die Klasse der Entitäten, die mögliches Objekt von Liebe oder Wohlwollen sein können, nicht festgelegt.

Ethik des fiktionalen Vertrags: Die Vertragsfiktion kann die Fähigkeit der zu berücksichtigenden Entitäten zum Vertragsschluß als notwendiges Kriterium fordern – oder auch nicht. Klassische Vertragstheoretiker wie Hobbes (1984, § 18, S. 137) haben sich für ersteres entschieden. Wie sich in C IV 3 noch ergeben wird, meinen manche, z. B. Rawls' Vertragstheorie nichtanthroporelational erweitern zu können.

Kommunitarismus: Hier kommt es wesentlich darauf an, welche Gemeinschaft («community») entscheidend sein soll. Die meisten Vertreter dieser Richtung haben sich bisher, soweit ersichtlich, auf menschliche Gemeinschaften beschränkt: Nachbarschaften, Gemeinden, Kulturkreise, Nationen. Dahinter steckt vermutlich die implizite Frontstellung gegen die regelmäßig auf die Menschheit als Ganzes bezogene Universalität des Liberalismus. Theoriestrukturell notwendig ist dies aber nicht.

Intuitionismus: Die Intuitionen des Akteurs können nur menschliche Kennzeichnungen betreffen oder auch nichtmenschliche.

Güterethik: Es sind menschliche oder nichtmenschliche Güter denkbar.

3. Für die nichtanthropozentrischen Ethiktypen gilt:

Utilitarismus: Wie im vorigen Abschnitt B II 4 erläutert wurde, ist der klassische Utilitarismus mit seiner Anknüpfung an Empfindungen nichtanthroporelational. Tiere finden Berücksichtigung.

Religiöse Ethik: Jede religiöse Ethik hat per definitionem einen primären theorelationalen Bezug und ist damit nichtanthroporelational. Auf einer sekundären Ebene unterhalb der primären theorelationalen stellt sich dann allerdings die Anthropozentrikfrage erneut.

Objektive Wertethik: Objektive Werte sind per definitionem außerhalb des Akteurs lokalisiert. Die Ethik ist damit notwendig nichtanthroporelational. Allerdings kann es sich bei solchen extrahumanen Werten auch um solche handeln, die nichts mit der empirischen Welt zu tun haben, etwa Ideen. Im Rahmen einer objektiven Wertethik ist also nicht impliziert, daß die nichtmenschliche Natur ethische Beachtung findet.

Leidensethik: Da hier das Leiden zentrales Kriterium ist und Tieren Leidensfähigkeit kaum abgesprochen werden kann, ist dieser Ethiktyp nichtanthroporelational.

Holistische Ethik: Wird ein irgendwie geartetes holistisch-ontologisches Kriterium (Stabilität des Ökosystems etc.) als entscheidend für ethische Bestimmungen angesehen, so ist die Grenze der Berücksichtigung menschlicher Wesen überschritten.

Insgesamt ergibt sich also auch hier ein gemischtes Bild anthropozentrischer, potentiell nichtanthropozentrischer und notwendig nichtanthropozentrischer Ethiktypen. Auch mit Hinblick auf diese dritte mögliche Interpretation kann Jonas' These der Anthropozentrik aller bisherigen Ethik deshalb nicht als zutreffend angesehen werden.

IV. Zusammenfassung

Jonas' These von der Anthropozentrik aller bisherigen Ethik hat sich somit in allen drei möglichen Interpretationen als unzutreffend, weil zu undifferenziert und zu stark erwiesen. Am ehesten mit Einschränkungen vertretbar ist sie wohl für das tatsächliche Umweltverhalten. Für die philosophische Ethik lassen sich allenfalls temporäre Tendenzen zu einer Schwerpunktbildung und Verlagerung des Diskussionsspektrums in Richtung Anthropozentrik von der Antike bis zum 18. Jahrhundert feststellen. Die Typologie verschiedener Ethiken enthält auch potentiell und notwendig nichtanthropozentrische.

C. Nichtanthroporelationale Begründungen Ökologischer Ethik

Begründete Nichtanthroporelationalität setzt eine nichtanthroporelationale Begründung voraus. Dies war das Ergebnis der metaethischen These T 14 im ersten Teil (A III 4). Die Frage nach einem Naturschutz jenseits des Menschen entscheidet sich demnach daran, ob es gelingt, eine nichtanthropozentrische bzw. nichtanthroporelationale normativ-ethische Rechtfertigungstheorie als tragfähig zu erweisen. Nachdem sich die bisherigen Ausführungen auf der Ebene von Metaethik und deskriptiver Ethik bewegt haben, muß nunmehr das normativ-ethische «Herzstück» der Untersuchung entfaltet werden. Im Zentrum steht damit die Frage, ob einzelne nichtanthroporelationale normative Begründungen der Ökologischen Ethik haltbar und überzeugend sind.

Entscheidend ist insofern – hieran soll noch einmal erinnert werden (vgl. oben A III 5) – nicht die Reichweite (biozentrisch, holistisch etc.) der jeweiligen Position, sondern die Rechtfertigungskraft ihres Arguments. Erst wenn festgestellt ist, daß die ethische Begründung trägt, ist es sinnvoll zu überprüfen, wie weit sie reicht.

Der Strom von Publikationen zur Ökologischen Ethik ist in den letzten Jahren zu einer Flut angeschwollen, so daß jeder Versuch einer vollständigen Darstellung und Auseinandersetzung scheitern muß. Man kann nur Noahs Methode adaptieren und von jeder Spezies Repräsentanten mit an Bord nehmen. Nachfolgend wird deshalb eine möglichst umfassende Typisierung der Rechtfertigungen versucht, für jeden Begründungstyp ein bekannter und in seiner Theorieentfaltung starker Vertreter herangezogen und seine Position diskutiert.

Dabei lassen sich folgende grundlegende Rechtfertigungstypen unterscheiden: religiöse (I), metaphysische (II), naturalistische und partiell naturalistische (III), logische bzw. quasilogische (IV), historische (V), ästhetische (VI) und pluralistische (VII). Im folgenden werden jeweils zweifelhafte Punkte der einzelnen Positionen kritisiert, während Zustimmungswürdiges – das in beinahe jeder Position zu finden ist – nicht eigens erwähnt wird. Der Eindruck einer «Globalkritik», den diese Vorgehensweise mit sich bringt, wäre also verfehlt. In Teil D wird die Konsequenz aus der Diskussion gezogen und unter möglichster Vermeidung der kritisierten Theorieelemente eine eigene, anderinteressenorientierte Position skizziert.

Angemerkt sei, daß zunächst bewußt – soweit vermeidbar – auf die Problematisierung von «Rechten der Natur» und die Terminologie des «Werts an sich der Natur» bzw. «intrinsischen Werts» verzichtet wird. Die Zuweisung von «Rechten» an eine Entität erfordert – zumindest im Rahmen einer Ethik – eine zusätzliche Qualifikation gegenüber einer bloßen Verpflichtung zur ethischen Berücksichtigung dieser Entität. Aus diesem Grund kann die Zuweisung von «Rechten» immer erst ein zweiter Schritt sein, wenn eine ethische Berücksichtigungsverpflichtung gerechtfertigt ist. Die Termini «Wert an sich» und «intrinsischer Wert» knüpfen entweder in problematischer Weise an eine – zweifelhafte – objektive Werttheorie an oder implizieren – ebenfalls zweifelhaft –, daß die zu berücksichtigenden Entitäten selbst subjektive Wertungen vornehmen. Weder die eine noch die andere Präsupposition ist für eine nichtanthroporelationale Ethik notwendig. Eine objektive Werttheorie stellt nur eine mögliche Form einer solchen nichtanthropozentrischen Ethik dar. Subjektive Eigenbewertungen der Betroffenen werden nur von bestimmten Theorien für eine Berücksichtigung moralisch Betroffener (moral patient) als notwendig angesehen. Da aber das begriffliche Instrumentarium zur Diskussion verschiedener Theorien die Entscheidung nicht schon einseitig vorwegnehmen darf, sollte auf eine solche «Wert-an-sich»- bzw. «Intrinsischer-Wert»-Terminologie – soweit möglich – verzichtet werden.

I. Religiöse Begründungen

Als religiöse Rechtfertigungen der Moral werden hier solche angesehen, die eine göttliche Entität als Urheber von Normen und / oder Betroffenen von Normverstößen in den Mittelpunkt ihrer Begründung stellen (Strukturmerkmal 3; vgl. A II 2). Dabei kann es sich um einen transzendenten, personalen Gott (Monotheismus), mehrere Götter (Polytheismus), einen auf die Schöpfung beschränkten Gott (Deismus) oder einen mit der Natur identischen Gott (Pantheismus) handeln. Im letzten Fall ergibt sich mit der möglichen graduellen Abnahme religiöser Naturvorstellungen ein kontinuierlicher Übergang von einer pantheistisch-religiösen über eine metaphysisch-holistische zu einer naturalistisch-holistischen Position. Verschiedene zeitgenössische holistische Positionen changieren im Spektrum dieses Kontinuums und sind insofern nur schwer einzuordnen (z. B. die spinozistische Position von Mathews 1991).

Zentrales Kriterium einer religiösen Begründung kann als Struktur-merkmal (1) (vgl. A II 2) entweder (1) ein göttliches Gebot (z. B. die Zehn Gebote im Alten Testament), (2) ein transzendent-religiöses Merkmal (Beispiel: Unsterblichkeit, Gottesebenbildlichkeit, Reinkarnation) oder (3) eine empirisch-immanente Eigenschaft sein, die allerdings dadurch transzendent ausgezeichnet wird, daß Gott oder eine göttliche Entität als Schöpfer im Hintergrund oder als identisch mit der Natur gedacht wird (Beispiel für ersteres: menschliche Vernunftfähigkeit als Ergebnis gött-licher Schöpfung bzw. als Teil einer göttlichen Weltordnung).

Alle diese Begründungen sind in letzter Konsequenz als theozentrisch oder zumindest theorelational und damit als nichtanthropozentrisch bzw. nichtanthroporelational einzustufen, weil das entscheidende Merk-mal immer mit der göttlichen Entität verknüpft ist. Dies gilt zumindest für die primäre Ebene der Begründung. Auf einer sekundären Ebene stellt sich dann allerdings die Anthropozentrikfrage erneut.

Dort, wo die ethische Begründung auch auf der primären Ebene voll-ständig von der Annahme einer göttlichen Entität oder eines göttlichen Prinzips abgekoppelt wird, verliert sie ihren religiösen Charakter und kann allenfalls als metaphysisch angesehen werden.

Die drei soeben angeführten Typen theorelationaler Rechtfertigungen beziehen sich auf die Relation Gott – rechtfertigendes Kriterium. Sie bleiben damit bezüglich der Relation Mensch – Natur zunächst unspezi-fisch. Zieht man beispielsweise göttliche Gebote als entscheidend heran, so können diese dem Menschen gegenüber der Natur alles erlauben oder ihm bestimmte Verbote auferlegen. Zur Beantwortung der Frage nach der Anthropozentrik religiöser Begründungen ist deshalb eine weitere – von der primären Ebene nicht prinzipiell, sondern allenfalls spezifisch präjudizierte – Konkretisierung erforderlich. Auf der sekundären Ebene der Regelung innerweltlicher Verhältnisse erhebt sich dann die Frage nach einer anthroporelationalen oder nichtanthroporelationalen Position aufs neue. Dabei können prinzipiell ontologische, erkenntnistheoreti-sche, sprachliche und/oder ethische (Nicht-)Anthroporelationalitätsele-mente auftreten und miteinander verwoben sein.

Damit ergibt sich als wichtiges Zwischenergebnis: Religiöse Begrün-dungen sind als theozentrische bzw. theorelationale per se auf einer pri-mären Ebene nichtanthropozentrisch bzw. nichtanthroporelational. Auf einer sekundären Interpretations- und Konkretisierungsebene stellt sich unterhalb der primären theozentrischen Ebene – und von dieser in ab-stracto nicht präjudiziert – die (Nicht-)Anthropozentrikfrage erneut.

1. Christliche Ethik

Die christliche Ethik hat bisher in allen drei angesprochenen Typen von Begründungsdimensionen einer religiösen Ethik – zumindest gemäß ihren maßgeblichen Vertretern und Interpreten der Westkirche – unterhalb der primären theorelationalen Ebene eine anthroporelationale Konkretisierung erfahren.[50] Franz von Assisi und Albert Schweitzer waren insofern nur Randfiguren:

1. Direkte göttliche Gebote finden sich am prominentesten im bekannten Herrschaftsauftrag über die nichtmenschliche Natur (Genesis 1, 27) – wie strikt dieser auch zu interpretieren sein mag.[51] Ex negativo muß man eine solche Anthroporelationalität auch in der Nichtberücksichtigung der Natur als eigenständigen Schutzgutes in den Zehn Geboten sehen.

2. Als transzendent-religiöse anthroporelationale Eigenschaften sind vor allem die Annahme der Gottesebenbildlichkeit des Menschen (Auer 1985, S. 213 f) und der Unsterblichkeit der menschlichen Seele (Sprandel 1983, S. 244; Miller 1983, p. 321; Rollin 1992, p. 28) anzusehen.

3. Immanente anthropozentrische Naturvorstellungen mit Begründungsrelevanz für die Ethik sind schließlich insbesondere Selbstbewußtsein und Rationalität des Menschen (Augustinus 1985, S. 39) sowie die Vorstellung einer zweckgestuften Seinsordnung (Thomas von Aquin 1953, Buch II–II, Qu. 64, Art. 1, S. 153 f).

Dahinstehen kann für die normativ-ethische Problematik die umstrittene historische Frage, ob die anthropozentrische Ausrichtung der christlichen Theologie für die neuzeitlichen Umweltprobleme (mit)verantwortlich zu machen ist oder nicht.[52] Dahinstehen kann auch, ob die anthropozentrischen Interpretationen mit der textlichen Überlieferung übereinstimmen und inwiefern die Kerngehalte christlicher Glaubensvorstellungen eine nichtanthropozentrische Position oder wenigstens eine Einschränkung der Anthropozentrik zulassen. Dies müssen die christlichen Theologen entscheiden. Konstatieren läßt sich von einem Nichttheologen nur, daß diesbezüglich stark disparate Positionen vertreten werden. Während in manchen christlich-theologischen Publikationen zur Ökologischen Ethik ausdrücklich an einer Anthropozentrik festgehalten wird[53], die allenfalls «geläutert» (Irrgang 1992, S. 30) oder «relativiert» (Schlitt 1992, S. 52, 70, 123 ff, 136 ff, 156 ff) werden soll, plädieren andere Autoren für eine Egalität zwischen Mensch und Natur.[54] Diese wird insbesondere auf den gemeinsamen Ursprung aller Wesen als Geschöpfe Gottes zurückgeführt.[55] Darin kann man zum einen eine aktuelle Parallele zu den programmatischen Aussagen der christlichen Parteien (vgl. F I), zum anderen eine historische Parallele zum ab Mitte des 16. Jahrhunderts aufkommenden Deismus sehen. Der Gedanke der «Bewahrung der Schöpfung» ist mittlerweile zum zentralen Topos der christlichen Umweltethik avanciert (vgl. Rau/Ritter/Timm 1987; Knuth/Lohff 1987; Weder 1990; Altner 1989). Der von Carl Friedrich von Weizsäcker angeregte konziliare Prozeß einer Weltversammlung der Christen hatte neben Gerechtigkeit und Frieden die «Bewahrung der Schöpfung» als zentrales Thema (von Weizsäcker 1986, S. 49 ff).

Neben der starken Akzentuierung der Schöpfungstheologie kommt etwa bei Altner (1991) – einem maßgeblichen Vertreter der christlichen Umweltethik – die Vorstellung der Unsterblichkeit der menschlichen Seele oder einer zweckgerichteten Stufenordnung des Seins nicht mehr vor. Die Gottesebenbildlichkeit wird auf eine rein kognitive Dimension menschlichen Wissens um den «tieferen Ursprung der Dinge» restringiert (S. 84) und damit aller normativen Implikationen entkleidet. Möglicherweise kann man darin eine (stillschweigende) Restriktion christlicher Glaubensessentialia sehen. Offensichtlich ist es zumindest theologisch nicht ausgeschlossen, im Rückgriff auf den Schöpfungsgedanken und damit die übergeordnete primäre theozentrische Ebene der sekundären Ebene ethischer Begründung eine nichtanthroporelationale Ausrichtung zu geben und dann auf dieser sekundären Konkretisierungsebene einen «Eigenwert» der Natur unabhängig vom Menschen zu konstatieren.

Einen anderen Weg als die Fruchtbarmachung des Schöpfungsgedankens geht Attfield: Er versucht, in der Bibel und einem Strang der christlichen Überlieferung (Basilius, Chrysostomus, Ambrosius, Bernhard von Clairvaux) eine Tradition der Verpflichtung des Menschen zur Verwaltung, Hütung und Beachtung (stewardship) der nichtmenschlichen Natur aufzuweisen, die jede unbeschränkte Machtausübung und bloße Instrumentalisierung ausschließt.[56] Auch hier muß die Frage der theologischen Haltbarkeit dieser Annahme den Theologen überlassen bleiben.[57]

Allerdings bleibt festzuhalten, daß jede dieser nichtanthroporelationalen Fundierungen auf einer sekundären Ebene immer von der theozentrischen bzw. theorelationalen Grundannahme der primären Ebene abhängig bleibt – und damit auch von deren religiös-ontologischen Prämissen, die der Beurteilung durch nichtreligiös inspirierte menschliche Erkenntnis bzw. Rationalität entzogen sind. Im Rahmen philosophischer Überlegungen kann insofern über eine Tragfähigkeit der christlich-ethischen nichtanthroporelationalen Begründungen nicht entschieden werden, weil sie sich letztlich religiös erweisen muß (ebenso Patzig 1983a, S. 345ff; Birnbacher 1986, S. 113f).

Zusammenfassend ergibt sich: Die christlich-religiöse Begründung ist als theozentrische bzw. theorelationale auf einer primären Ebene nichtanthropozentrisch bzw. nichtanthroporelational. Auch auf einer sekundären Ebene erscheint es möglich, eine nichtanthroporelationale normative Position – wenn auch nur durch Relativierung bisheriger zentraler Interpretationen und Annahmen – durch Rückgriff auf die primäre Ebene im Rahmen der Akzentuierung des egalisierenden Schöpfungsgedankens zu erreichen. Aufgrund der religiösen Prämissen entzieht sich eine derartige Begründung jedoch einer immanent philosophischen Beurteilung.

Vertreter religiöser Begründungen einer ökologischen Moral postulieren verschiedentlich, daß nur eine religiöse Betrachtung und Argumentation in der Lage sei, die Anthropozentrik zu übersteigen.[58] Man kann darin eine Variante der alten und immer wieder vorgebrachten These sehen, Ethik und Moral seien nur religiös zu begründen. Diese These, nur eine religiöse Rechtfertigung könne die Anthropozentrik überwinden, stellt keine eigenständige normativ-ethische Begründung dar, sondern eine metaethische Behauptung über die Notwendigkeit und Ausschließlichkeit einer Begründungsform, immer vorausgesetzt, man will ein bestimmtes Begründungsresultat erreichen. Im Rahmen der Suche nach nichtanthroporelationalen Begründungen ist dieses Argument also irrelevant. Darüber hinaus erscheint es auch wissenschaftstheoretisch kaum haltbar, für ein Problem ohne weitere Begründung von vornherein nur einen bestimmten Lösungsweg als möglich auszuzeichnen.

2. Pantheistische bzw. religiös-holistische Begründungen

Pantheistische bzw. religiös-holistische Rechtfertigungen der Naturbewahrung finden in der gegenwärtigen Debatte um eine Ökologische Ethik vor allem zwei geistesgeschichtliche Anknüpfungspunkte: Spinoza und die fernöstlichen Religionen.

1. Spinoza behauptete die Existenz einer einzigen allumfassenden göttlichen Substanz, mit unendlich vielen Attributen, von denen uns zwei bekannt sind: Denken und Ausdehnung. Die Einzeldinge sind Modi dieser Attribute (1977, S. 66f). Die «schaffende Natur» (*natura naturans*) besteht in Attributen der göttlichen Substanz, die «geschaffene Natur» (*natura naturata*) in den Modi der Attribute (S. 72ff): «Alles aber, was ist, ist in Gott und hängt von Gott dermaßen ab, daß es ohne ihn weder sein noch begriffen werden kann» (S. 73).

In neueren Positionen der Ökologischen Ethik hat der Pantheismus im allgemeinen und der Spinozismus im besonderen vielfältige Aufnahme erfahren (Wood 1985, p. 151–163). Sie reicht von entsprechenden En-passant-Bemerkungen, etwa bei Fraser-Darling[59] und Tribe[60], über die explizite Berufung auf Spinoza, etwa bei Meyer-Abich (1984, S. 88, 90, 129 f), die Anknüpfung an die spinozistische Metaphysik bei Sessions (1977, p. 481 ff) – einem Vertreter der Deep-ecology-Bewegung – bis hin zu einem ausgearbeiteten spinozistischen System, das bei Mathews (1991) mit einer alternativen Raumzeit-Physik, der «Geometrodyna-mik», verwoben wird. Demgegenüber hat Lloyd darauf hingewiesen, daß Spinozas Ethik in ihrer historischen Ausgestaltung nicht für das Postulat nichthumaner intrinsischer Naturwerte in Anspruch genommen werden könne.[61] Ohne hier auf eine historische Spinoza-Interpretation eingehen zu können, erscheinen beide Lesarten nicht als unvereinbar. Unter der primären holistischen Ebene der Metaphysik bzw. Ontologie findet sich bei Spinoza eine sekundäre rationalistisch-anthroporelationale Ebene, die – wie sich in der oben unter B II 3 zitierten Passage ergab – eine zu-mindest teilweise anthroporelationale Ethik generiert. Die Frage gegen-wärtiger Ethik besteht darin, ob nur Teilelemente dieses Konzepts – wie die holistische Metaphysik – übernommen werden können.

2. Neben dem Rückgriff auf die naturreligiösen Vorstellungen der amerikanischen Indianer (Booth/Jacobs 1990, p. 27 ff; Callicott 1989 a, p. 203 ff) werden insbesondere die fernöstlichen Religionen als geistige Anknüpfungspunkte gewählt. Diese kennen im Gegensatz zu Christen-tum, Judentum und Islam keine monotheistische Gottesvorstellung.[62] Ihnen fehlt die Annahme einer spezifischen Beziehung zwischen Gott und dem Menschen und damit auch die (transzendente) Grundlage für dessen herausgehobene Stellung. Der Mensch wird in stärkerem Maß als Teil eines Ganzen angesehen: der Kette der Wiedergeburten, der Welt-seele oder der Natur. Die fernöstlichen Religionen eröffnen damit Mög-lichkeiten, die Natur als gleich- bzw. eigenwertig anzusehen (vgl. Calli-cott 1987, p. 115 ff).

Die Einheit von Mensch und Natur wird – soweit ersichtlich – insbe-sondere im Taoismus betont. Mensch und Natur sind Teil derselben To-talität des Transformationsprozesses, die «Tao» genannt wird (Cheng 1986, p. 367). In der neueren Literatur zur Ökologischen Ethik findet sich wegen dieser holistischen Metaphysik besonders häufig ein Rückgriff auf den Taoismus, etwa bei Goodman (1980), Ames (1986), Po-Keung (1983), Cheng (1986) und Capra (1986, S. 337). Zweifelnd gegenüber einer naturalistischen Interpretation des Taoismus hat sich Peerenboom geäußert (1991).

Grundsätzliche Kritik an der Übernahme fernöstlicher Religiosität durch die westlichen Umweltethiken hat Ramachandra (1989, p. 71 ff) vorgebracht: Die westliche Aneignung östlicher Religionen sei vom Bedürfnis nach der Konstruktion einer authentischen Traditionslinie und einer universalistischen Rechtfertigungsbasis bestimmt und hauptsächlich ein Vehikel westlicher Projektionen für interne politische und kulturelle Konflikte. Darüber hinaus dienten diese Projektionen dazu, dem Osten Aktivität und Vernunft abzusprechen. Im Osten habe es dagegen seit jeher eine nicht übermäßig starke, aber bewußte, aktive und dynamische Umgestaltung der Natur gegeben (p. 76 ff).

3. Für alle pantheistischen bzw. religiös-holistischen Rechtfertigungen gilt: Die interne Theoriestruktur mag vielfach plausibel sein und die Anthropozentrik bzw. Anthroporelationalität überwinden. Die religiös-metaphysischen Annahmen entziehen sich jedoch einer rationalen Rekonstruktion und bleiben Glaubenssache. Dem kann nicht entgegengehalten werden, auch jede andere Ethik mache ähnliche religiös-metaphysische Annahmen. Richtig ist, daß jede Ethik auch Deskriptionen über die Welt einschließt. Der zentrale Unterschied besteht aber darin, ob diesen Annahmen ein ausschlaggebender Stellenwert eingeräumt und sie über das auch dem Alltagsverständnis ohne weiteres Einleuchtende ausgedehnt werden, ob also eine religiös-metaphysische Annahme zum Zentralpunkt des ethischen Systems gemacht wird. Ockhams «Rasiermesser» gilt auch für eine solche «Überwältigung» der Ethik durch Ontologie, Metaphysik und Religion: Nur schwer zu rechtfertigende religiös-metaphysische Annahmen sollten nicht ohne Notwendigkeit eingeführt werden. Und wer meint, die drohende ökologische Katastrophe impliziere eine solche Notwendigkeit, der irrt in der Annahme, die Wünschbarkeit eines Mittels garantiere dessen Existenz. Die Wünschbarkeit eines Impfstoffs gegen den Aidserreger impliziert (leider) nicht dessen Verfügbarkeit.

II. Metaphysische Begründungen

Signifikant für metaphysische Ethikbegründungen ist, daß das zentrale rechtfertigende Strukturmerkmal (1) (gemäß oben A II 2) nicht als empirisch erfaßbar oder logisch ableitbar angesehen, sondern eine andersartige erkenntnistheoretische Gewinnung postuliert wird (Strukturmerkmal 2). Dies erfolgt oft nicht explizit, sondern verbirgt sich im vorgeschlagenen Merkmal selbst, z. B. wenn «intrinsische Werte» oder eine unsterbliche Seele zum zentralen Kriterium erhoben werden.

Die – soeben bereits kritisierte – Annahme, jede Ethik gehe in gleichem

Maß von bestimmten Grundannahmen über die Welt aus und habe insofern metaphysisch-ontologische Implikationen, hat verschiedene Theoretiker dazu veranlaßt, nicht nur eine Änderung unserer moralischen bzw. ethischen Vorstellungen, sondern auch – tieferwirkend – einen Wandel unserer metaphysischen Annahmen zu fordern. Dies gilt insbesondere für die Vertreter der nachfolgend (C II 2) näher charakterisierten Deep-ecology-Bewegung (Naess 1973; Devall / Sessions 1985). Der Aufruf zur Entwicklung oder Wiederentdeckung einer alternativen Metaphysik bzw. Ontologie (Callicott 1986, p. 301 ff) ist nicht ungehört verhallt. Es scheint gegenwärtig kaum eine metaphysische Position zu geben, die nicht im Dienste der Ökologischen Ethik konstruiert bzw. revitalisiert wird. Neben den nachfolgend kurz skizzierten seien noch paradigmatisch genannt: Bubers Ich-Du-Theorie (Michael / Grove-White 1993), Deweys Pragmatismus[63], Hegels objektiver Idealismus (Hösle 1991, S. 72 f), Heideggers Fundamentalontologie[64], Merleau-Pontys Phänomenologie (Abram 1988), Schopenhauers Willens- und Mitleidstheorie (Varner 1985), Teilhard de Chardins Kosmologie (Skolimowski 1981, O'Brien 1988), Whiteheads Prozeßmetaphysik (Armstrong-Buck 1986, Clement 1979, Haught 1986).

1. Teleologisch fundierte Verantwortung (Jonas)

«Verantwortung» ist das Prinzip, in dem Hans Jonas' Ethik als normativem Endpunkt und ultimativer Verhaltensanweisung gipfelt.[65] Gegenstand dieser Verantwortung, die Jonas als «Gefühl» bezeichnet (1984, S. 170), soll «alles Lebendige» (S. 185), aber «zuallererst menschliches» Leben sein (S. 189). Die Reichweite seiner Theorie ist also hierarchisch biorelational.[66]

Gemeint ist mit «Verantwortung» ausdrücklich nicht primär die retrospektive Rechenschaft als kausale Zurechnung vergangener Handlungen (S. 172 ff), sondern die prospektive Verpflichtung zu zukünftigem Tun. Begründet wird diese Verpflichtung auf zwei ineinander verschlungenen, analytisch aber deutlich trennbaren Wegen, die die generierte Pflicht zur Verantwortung entweder auf das Sein des Verantwortungssubjekts oder das Sein des Verantwortungsobjekts zurückführen. Jonas selbst würde möglicherweise einer derartigen Subjekt-Objekt-Analyse seiner Argumentation – ähnlich wie sein Lehrer Heidegger (1984, S. 206) – skeptisch gegenüberstehen. Da sich eine entsprechende Differenzierung innerhalb seines Gedankengangs aber deutlich erkennen läßt, erscheint die damit korrespondierende Unterscheidung gerechtfertigt:

1. Die objektive Normierung des Verantwortungsverpflichteten durch das Verantwortungsobjekt ergibt sich aus einem «Recht auf Dasein aus dem, was es ist oder sein kann».[67] Wie wird nun dieses «Recht auf Dasein» fundiert? Als rationaler Grund gilt ein «verbindliches Soll» (S. 163), dem ein «selbstgültige(s) erste(s) Gute(s)» (S. 155) zugrunde liegt, für das wiederum gilt: «Indem die Natur Zwecke unterhält, oder Ziele hat, wie wir jetzt annehmen wollen, setzt sie auch Werte; denn bei wie immer gegebenem, de facto erstrebten Zweck wird die jeweilige Erreichung ein Gut und die Vereitelung ein Übel, und mit diesem Unterschied beginnt die Zusprechbarkeit von Wert» (S. 153). Den Anfangspunkt dieser Ableitungslinie erreicht man dann beim Heideggerschen Zentralbegriff des Seins: «In jedem Zweck erklärt sich das Sein für sich selbst und gegen das Nichts» (S. 155). Jonas charakterisiert seine Vorgehensweise selbst als «ontologische Basierung von ‹Wert›» (S. 129). Die Ableitungskette hat also folgende Gestalt: Sein → Zweck → Wert → Recht auf Dasein → Verantwortungsverpflichtung.[68]

Jonas thematisiert den Seinsbegriff als solchen nicht weiter, sondern verweist nur en passant – offenbar in Anlehnung an die frühe Theorie seines Lehrers Heidegger in «Sein und Zeit» (1927; 1984) – auf die «ontologische Verfassung unseres Zeitlichseins» (S. 198). Diese fundamentalontologische Grundströmung darf in ihrer Wichtigkeit für Jonas' Theorie trotzdem nicht unterschätzt werden. Sie bedingt die basale Entscheidung für eine ontologische Fundierung der Ethik und gegen eine Trennung von Sein und Sollen.

Die einzige Explikation erfährt der Seinsbegriff in seiner moralpraktischen Dimension: im Begriff des Zwecks. Gegen die Einschränkung auf subjektive Zwecksetzungen verteidigt Jonas eine naturteleologische, ontologische, transsubjektive Interpretation des Zweckbegriffs. Seine Position ist in dieser Hinsicht genuin aristotelisch/thomistisch.[69] Wenn wir vom Menschen durch die Tierreihe hinabstiegen, geböte «das Prinzip der Kontinuität die Einräumung unendlicher Schattierungen», und «in umgekehrter, aufsteigender Richtung ließe sich gar nicht begreifen, daß das subjekthafte Streben in seiner Partikularisierung völlig unstrebend emporgetaucht sei. Etwas schon von seiner Art muß es aus dem Dunkel in die größere Helle emporgetragen haben» (S. 141). War die bisherige Argumentation noch als naturalistische Ableitung einer Präskription aus Evaluation und Deskription interpretierbar, so überschreitet Jonas mit diesem Rückschluß von der zweckhaften Ontogenese der Individualentwicklung zur zweckhaften Phylogenese der Naturentwicklung die Grenzen des im Anschluß an die Evolutionstheorie empirisch Überprüfbaren. Das metaphysische Argument – das stark an die Struktur der thomistischen Gottesbeweise erinnert – mündet letztendlich in einen Panpsychismus: «... im All glaube ich eher an Subjektivität ohne Subjekt, das heißt an die Streuung keimhafter appetitiver Innerlichkeit durch zahllose Einzelelemente» (S. 142). Die vorsichtige Formulierung und die nachfolgende Kommentierung «Aber solche Spekulationen gehen weit über das hinaus, was wir hier benötigen» zeigen, daß Jonas selbst nicht an die intersubjektive Erkenn-, Kommunizier- und Vermittelbarkeit dieses letzten Schritts im metaphysischen Terrain glaubt. Aber auch der vorletzte Schritt zur Naturteleologie entzieht sich schon rationaler bzw. empirischer Begründbarkeit. Der prätendierte Vernunftschluß von erkennbaren Partikularzwecken zurück zu einem allgemeinen Zweck in allem kann keine Realität dieser allgemeinen, transindividuellen, metaphysischen Zweckhaftigkeit beweisen.

Mit der essentialistischen Annahme, daß hinter dem zweckhaften Verhalten von Einzelwesen ein weiterer strukturgleicher Zweck «als Ursache» stehe, ist das Probandum schon gesetzt. Von der Zweckhaftigkeit *in* der Natur kann nicht auf einen Zweck *der* Natur geschlossen werden.[70] Die Vorstellung, etwas könne nur durch ein Gleiches erzeugt sein, ist eine starke metaphysisch-ontologische Annahme. Sicherlich ist auch die Gegenannahme, Zweckhaftigkeit könne sich ohne eine gleichartige Ursache entfalten, nicht völlig metaphysikfrei. Aber ihre Prämissen sind weit weniger stark. Die Lernentwicklung des Kleinkindes ohne eigene Zwecke zum zwecksetzenden Erwachsenen ist ihr Paradigma. Ein weiteres wäre der Aufbau organischer Strukturen aus chemischen Substanzen, etwa Aminosäuren. Die Annahme, die sich auf schwächere metaphysische Prämissen stützt, verdient mangels überzeugender Gründe für die naturteleologische Auffassung den Vorzug.

Nimmt man aber zugunsten von Jonas an, daß auch der vorletzte Schritt, der die Grenze zwischen Physik und Metaphysik auf problematische Weise übersteigt, nicht nötig ist, so fällt das Postulat eines allgemeinen Naturzwecks weg, und zurück bleiben menschliche Akteure und betroffene Lebewesen mit ihren jeweiligen Einzelzwecken. Selbst wenn man damit individuelle Zweckhaftigkeit auch für nichtmenschliche Lebewesen anerkennt, ist nicht gerechtfertigt, warum sich der Mensch bei seinem Verhalten an den Zwecken anderer ausrichten und nicht lediglich seine eigenen jeweiligen Zwecke verfolgen soll. Jonas spricht diesen «kritischen Punkt der Moraltheorie, an dem ihre Grundlegung so leicht zuschanden wird», ausdrücklich an. Seine Antwort besteht in einem erneuten Rückgriff auf die einheitsstiftenden ontologisch-metaphysischen Grundlagen: «Als bloßes Geschöpf des Willens mangelt das Gute der Autorität, die den Willen bindet. Anstatt seine Wahl zu bestimmen, ist es ihr unterworfen und jeweils dies oder das. Erst seine Gründung im Sein stellt es dem Willen gegenüber.»[71] Der Rückgriff auf einen allgemeinen metaphysischen Naturzweck soll also für den einzelnen Akteur die Normativität eines eigenen Rechts der jeweils betroffenen Entität generieren. Aber die naturteleologische These ist nicht begründet. Und selbst wenn sie es wäre, könnte man die Frage stellen, welchen Eintrag die Fundierung in einem Gesamtzweck bei konfligierenden Partikularzwecken bewirkt. Der von Jonas angeführte Zweck des «Lebens» (S. 141 f) kann dabei zu keiner Entscheidung führen, wenn menschliches Leben tierischem oder pflanzlichem gegenübersteht.

Aber selbst wenn man die objektive Existenz von Naturzwecken zugesteht, bleibt als Weiteres der Übergang zu Werten fraglich. Jonas kann nicht plausibel machen, warum mit Zwecken objektive Werte verbunden sein sollen, denen keine subjektive Wertung entgegengestellt werden könnte. Schließlich ist zweifelhaft, warum diese Werte notwendig eine Verpflichtung generieren sollen. Jonas argumentiert, daß das Gute seinem Begriff nach die Forderung nach seiner Wirklichkeit enthält (S. 135). Dem hat aber Kettner mit Recht entgegengehalten, daß wir nicht wissen, daß dieser formale Begriff nicht nur denkmöglich ist, sondern auch einen Inhalt hat (1990, S. 435). Im übrigen kann das Gute allenfalls für die Zukunft seine Realisierung fordern, nicht aber für die Gegenwart und Vergangenheit, denn hier ist es schon realisiert oder nicht realisiert. Für die Zukunft besteht es aber noch gar nicht, denn es ist eben zukünftig und kann deshalb gar nichts fordern. Die von Jonas implizit vorgenommene Ontologisierung des Guten vermag deshalb keine Normativität zu generieren, weil das Gute bei dieser Interpretation entweder schon besteht oder noch nicht besteht und dann auch zu nichts verpflichten kann. Die Verpflichtung zur Verantwortung ergibt sich nicht aus dem bloßen Bestehen einer Situation, die verantwortliches oder unverantwortliches Handeln ermöglicht, sondern setzt ein tieferliegendes normatives Prinzip voraus, demzufolge wir überhaupt zur Übernahme von Verantwortung verpflichtet sind (ebenso Apel 1990, S. 197). Die primäre Auszeichnung des Seins durch Jonas' Theorie läßt Werten und Sollen wie Planeten in ein schwarzes Loch stürzen. Von begründeter Wertung oder Normativität im Rahmen der Verantwortung bleibt nichts mehr übrig.

2. Jonas' zweiter Begründungsweg für die postulierte Ethik bzw. Moral der Verantwortung setzt beim handelnden Menschen als Verantwortungssubjekt an: «Nur beim Menschen ist die Macht durch Wissen und Willkür vom Ganzen emanzipiert und kann ihm und sich selbst verhängnisvoll werden» (S. 232). Diese Fähigkeit zur Verantwortung konstitu-

iert deren Tatsächlichkeit und diese wiederum Normativität: «Im Sein des existierenden Menschen... ist ein Sollen ganz konkret» enthalten (S. 185). Jonas formuliert: «Du sollst, denn du tust, denn du kannst,...» (S. 230). Er bestimmt also eine Rechtfertigungskette: Möglichkeit → Faktizität → Normativität. Die Tatsache, daß Möglichkeit die notwendige Bedingung für Normativität und Realisierung eines Verhaltens ist, kann man nicht bestreiten. Aber die Möglichkeit eines Verhaltens ist keine hinreichende Bedingung für eine Realisierung oder gar Notwendigkeit. Die Möglichkeit eines Verhaltens stellt vielmehr eine Alternative zur Wahl, deren Realisierung nicht normativ determiniert ist. «Sollen» impliziert «Können», aber nicht umgekehrt. Wenn wir einen anderen Menschen nicht töten können, weil er zu weit entfernt ist, so impliziert nicht erst die Tatsache, daß wir einen Revolver in die Hand nehmen, ein Tötungsverbot. Das Verbot besteht entweder in beiden Situationen, oder es besteht in keiner der beiden Situationen. Im ersten Fall ist es nur wegen der fehlenden Tötungsmöglichkeit nicht aktualisiert.

Auch im Rahmen dieses Zweigs der Argumentation gilt im übrigen: Bleibt Jonas bei einer naturalistisch-empirischen Ableitungskette stehen, so ist nicht ersichtlich, woraus die gesuchte Normativität generiert werden soll. Die Generierung von Normativität kann ihm nur gelingen, wenn er Möglichkeit und Tatsächlichkeit metaphysisch und damit normativ auflädt. Dafür fehlt aber eine intersubjektiv vermittelbare Rechtfertigung.

Bemerkt werden soll noch, daß Jonas 1993 selbst an der Gültigkeit seiner Begründung gezweifelt hat: «Die Existenz der Verantwortungsfähigkeit ist eine ontologische Tatsache, die sich quasi selbst beglaubigt. Ob das logisch gültig gefolgt ist, ist mir selbst nicht ganz klar. Es handelt sich da wirklich um sehr subtile Fragen von Schlußverfahren, deren Zulässigkeit strittig ist» (S. 31). – Es ist – nach meiner Ansicht – nicht gültig gefolgt.

2. Deep Ecology Movement / Ökosophie T (Naess u. a.)

1. 1972 prägte der norwegische Philosoph Arne Naess (ein früheres Mitglied des Wiener Kreises des logischen Positivismus) zum erstenmal die begriffliche Dichotomie «deep / shallow ecology movement»[72]. Die Shallow-ecology-Bewegung wendet sich nach Naess vor allem wegen der Gesundheit des Menschen und der Ressourcenerhaltung gegen Luftverschmutzung und Ressourcenverbrauch, also aus anthropozentrischen Gründen. Die Deep-ecology-Position verwirft dagegen das einseitige

Mensch-Umwelt-Paradigma zugunsten eines relationalen Totalfeldbildes. Die Organismen sind lediglich Knoten in einem biosphärischen Netz oder Feld intrinsischer Relationen. In der Biosphäre herrschen (im Prinzip) Egalitarismus und die Grundsätze der Diversität und der Symbiose (Naess 1973, p. 95 f; 1989, p. 28). Naess' Position ist also holistisch, aber intern diversifizierend.

Neben der inhaltlichen Abgrenzung der Deep-ecology-Position erfolgte auch eine formale: Die Deep-ecology-Bewegung fragt «tiefer», nämlich auf einer abstrakteren Ebene nach Rechtfertigungen unseres Verhaltens in und gegenüber der Natur (Fox 1990, p. 91 ff). Dazu gehört ausdrücklich, daß nicht nur eine neue Moral bzw. Ethik gesucht, sondern eine Änderung des gesamten Weltbildes mit Hilfe der Ontologie bzw. Metaphysik angestrebt wird. Von diesem neuen Weltbild aus können dann auch Moral und Ethik radikal verändert werden (Naess 1989, p. 67). Inhaltliche und formale Bedeutungsbestimmung hängen mit der impliziten Annahme, daß derjenige, der formal tiefer fragt, materiell zu einer holistischen Position gelangt, zusammen.

Die Prägung «deep ecology» wurde Anfang der 80er Jahre vor allem in den USA von Bill Devall und George Sessions aufgegriffen[73] und hat sich als «deep ecology movement» daneben auch in Norwegen, Australien, Kanada und Großbritannien ausgebreitet. Die ausführlichste Beschreibung findet sich bei Fox (1990). Wie sich aus dem Namen ergibt, handelt es sich nicht nur um eine ökophilosophische Schule, sondern um eine Naturschutzbewegung mit verschiedenen Organisations- und Aktionsformen. Im Gegensatz zu vielen anderen solcher Gruppen hat sie freilich einen «philosophischen Theoriekern» entwickelt, der hier von Interesse ist.

Naess unterscheidet vier ethische bzw. moralische Abstraktionsstufen: (1) fundamental religiöse bzw. philosophische Weltanschauungen und Intuitionen, (2) generelle Ansichten, die Unterstützer der Deep-ecology-Bewegung auf Grund dieser Weltanschauung vertreten, (3) konkrete normative Folgerungen für Politik, Ökonomie und Lebensstil, die sich daraus ergeben, und (4) Handlungsmaximen für den Einzelfall (1993, p. 205 f; Devall/Sessions 1985, p. 226). Naess differenziert weiterhin klar zwischen Tatsachenbeschreibungen und Wertungen (Normen) (1989, p. 41 ff, 68; 1993, p. 205). Auf der obersten Ebene (1) der weltanschaulichen Intuitionen ist keine Begründung möglich, sondern lediglich eine axiomatische Setzung via Intuition. Deshalb wird auf eine einheitliche Rechtfertigung auf dieser primären Ebene (1) verzichtet und eine Vielfalt von Quellen angeführt, die erst auf der sekundären normativen Ebene (2) zu einer konkreten Plattform der Deep-ecology-Bewegung zusammengeführt werden. Devall und Sessions zählen folgende weltanschaulichen Quellen auf der primären Ebene (1) auf: immerwährendes Philosophieren (perennial philosophy; Pythagoras, Platon), die literarische Tradition des Naturalismus und Pastoralismus in Amerika, die wissenschaftliche Ökologie, die «neue Physik» (Fritjof Capra u. a.), das Christentum (Franz von Assisi, Giordano Bruno), der Feminismus, die Intuitionen der Eingeborenen (Indianer, Eskimos etc.), Martin Heidegger, östliche Spiritualität (Taoismus, Buddhismus), Robinson Jeffers, John Muir, David Brower.[74]

Für die Ebene (2) haben Naess und Devall 1984 folgende Normen vorgeschlagen:

«1. The well-being and flourishing of human and nonhuman Life on Earth have value in themselves (synonyms: intrinsic value, inherent value). These values are independent of the usefulness of the nonhuman world for human purposes.
2. Richness and diversity of life forms contribute to the realization of these values and are also values in themselves.
3. Humans have no right to reduce this richness and diversity except to satisfy *vital* needs.
4. The flourishing of human life and cultures is compatible with a substantial decrease of the human population. The flourishing of nonhuman life requires such a decrease.
5. Present human interference with the nonhuman world is excessive, and the situation is rapidly worsening.
6. Policies must therefore be changed. These policies affect basic economic, technological, and ideological structures. The resulting state of affairs will be deeply different from the present.
7. The ideological change is mainly that of appreciating *life quality* (dwelling in situations of inherent value) rather than adhering to an increasingly higher standard of living. There will be a profound awareness of the difference between big and great.
8. Those who subscribe to the foregoing points have an obligation directly or indirectly to try to implement the necessary changes» (Naess 1989, p. 29; 1993, p. 197; Devall/ Sessions 1985, p. 70).
(In einer Anmerkung wird ergänzt, daß «life» hier nicht in einem spezifisch biologischen Sinn verwendet wird, sondern holistisch, also auch für Arten, Populationen, Habitate, Flüsse, Landschaften und Ökosysteme.)

Die Normen dieser Plattform sind moralische Normen, keine Prinzipien ethischer Rechtfertigung. Sie führen die unterschiedlichen weltanschaulichen Intuitionen der obersten Ebene (1) auf der sekundären Plattformebene (2) zusammen. Interessant ist die Parallele dieser Theoriekonstruktion zur Argumentationsstruktur virulenter (in Kapitel F I noch zu erörternder) Parteiprogramme bezüglich der (Nicht-)Anthropozentrikfrage, in denen teilweise (v. a. bei SPD und Grünen) in ähnlicher Weise auf eine einheitliche, primäre Letztbegründung verzichtet wird. In einer weltanschaulich pluralistisch gewordenen Welt scheint nur mit dieser

«Bündelungsmethode» noch eine möglichst große Aktionsbasis aus akzeptierten Normen erreichbar zu sein.

Bevor auf Naess' eigene metaphysisch-weltanschauliche Intuition auf der primären Ebene (1) «Ecosophy T» eingegangen wird, soll kurz die Theoriestruktur des Gesamtmodells der Deep-ecology-Bewegung herausgearbeitet und diskutiert werden. Sie kehrt im übrigen in Ecosophy T wieder. In der Theoriestruktur der Deep-ecology-Position findet Naess' frühe Prägung durch den logischen Positivismus an verschiedenen Punkten ihren Niederschlag. Naess lehnt zwar nicht wie noch radikalere logische Positivisten mangels Verifizierbarkeit jede semantische Bedeutung praktischer Äußerungen grundsätzlich ab und hält diese damit nicht bloß für emotiv oder evokativ (wie etwa Alfred J. Ayer 1970, S. 135 f), aber praktische Äußerungen werden logisch und semantisch scharf von deskriptiven getrennt. Sie sind zu einer Wahrheit oder Rechtfertigung nur durch höherrangige Normen fähig, wobei Naess in Abschwächung der Rigidität des logischen Positivismus zugesteht, daß auch deskriptive Hypothesen dabei eine Rolle spielen (1989, p. 43). Naess betont aber, daß die Normen nicht logisch von den Hypothesen abgeleitet, sondern nur psychologisch durch sie motiviert werden. Die höchste Norm ist axiomatisch gesetzt und Teil einer Weltanschauung.

Dieses Systemmodell, das dem mathematisch-logischen Deduktionsmodell ähnelt, ohne tatsächlich eine echte Deduktion zu ermöglichen, begegnet in der Sphäre der Ethik indessen mehreren Zweifeln. Zum ersten vermischt Naess Wertungen und Normen (Verhaltensverpflichtungen; zu einer umfassenden Kritik an dieser Position v. d. Pfordten 1993, S. 228 ff) Zum zweiten ist fraglich, ob man frei zwischen völlig verschiedenen Weltanschauungen wählen kann, die quasi aus einer einzelnen singulären obersten Norm bestehen, aus der dann alle anderen (zusammen mit Hypothesen) abgeleitet werden. Dieses Modell mag den (ästhetischen) Systematisierungsbedürfnissen von Mathematik und Logik entsprechen. Der Realität von verschiedenen Wertungen weltanschaulicher Art, die auf unterschiedlichen Ebenen liegen und praktisch ein vielgliedriges Netz der Gesamtweltanschauung einer Person bilden, wird es nicht gerecht. Nur wenige Fanatiker oder Märtyrer entwickeln eine einzige absolute Norm für ihr Leben und ändern diese oberste Norm abrupt und total. Nur sie machen ihre Moral und Ethik radikal von ihrer obersten grundlegenden Weltanschauung abhängig. Die große Mehrheit der Menschen paßt ihr Gesamtnetz von Evaluationen, Deskriptionen und Präskriptionen dagegen langsam und kontinuierlich an den verschiedensten Punkten neuen Einsichten und Herausforderungen an (v. d. Pfordten 1993, S. 413). Dabei werden die obersten weltanschaulichen Haltungen auch mit Hilfe einer «praktischen Induktion» durch niederstufige Wertungen gestützt. Das Bild von der Einbahnstraße der Deduktion ist insofern zu einseitig. Viele einzelne Wertungen konstituieren ein Weltbild und nicht die einmalige heroische Dezision, wie sie vielleicht im Denkhorizont der Anfangsjahrzehnte des 20. Jahrhunderts mit seinen radikalen Umbrüchen eine korrespondierende Realität gefunden hat. Naess' Systemverständnis ähnelt übrigens erstaunlich norm- und rechtstheoretischen Konzepten des Neukantianismus und Wertrelativismus der 20er und 30er Jahre, etwa bei Gustav Radbruch (1950, S. 100) oder Hans Kelsen (1983).

Einschneidende Konsequenz dieses deduktiv-hierarchischen Systemmodells ohne wirkliche logische Deduktionsmöglichkeit ist der freie Dezisionismus bezüglich der obersten Norm. Insofern ist die oben dargestellte Zulassung einer Pluralität von obersten Weltanschauungen im Rahmen der Deep-ecology-Position durchaus folgerichtig. Aber dieses Modell führt zwangsläufig zur relativistischen Beliebigkeit bezüglich der obersten Norm. Naess kann keinerlei Einwände erheben, wenn sich jemand nicht für eine der von ihm vorgeschlagenen Weltanschauungen entscheidet, sondern etwa eine radikal-atomistische Anthropozentrik vertritt. Eine intersubjektiv vermittelbare ethische Rechtfertigung wird damit unmöglich.

Ein Grundwiderspruch von Naess' Konzept liegt auch in folgendem: Zum einen wird eine unmittelbare Rückführung der Ethik auf die Ontologie gefordert, zum anderen mit der scharfen semantischen Trennung von Deskriptionen und Wertungen eine solche Bezugnahme verstellt. Wie soll man sich die oberste Weltanschauung vorstellen, als säuberlich getrenntes Verhältnis von Weltbild und Grundnorm wie bei Kelsen? Das erscheint kaum realistisch. Im übrigen wird die Trennung Naess selbst nicht durchgehalten.

2. Der Widerspruch zwischen ontologischer Fundierung und semantischem Dualismus taucht auch in Naess' eigener Basisphilosophie «Ecosophy T» auf.[75]

«Ecosophy T» hat nur eine höchste Norm: Selbst-Realisation! («Self-realisation!»).[76] Entscheidend ist dabei, daß der Ausdruck «Selbst» – auch im Englischen mit großem S geschrieben statt mit kleinem – von Naess nicht in einem engen, individualistischen Sinn gebraucht wird, sondern eine weite Bedeutung erhält, die auf der Unterscheidung von umfassendem Selbst («Self») und egoistisch engem Selbst («self») basiert (Naess 1993, p. 209). Das weite, umfassende Selbst schließt alle Lebensformen auf dem Planeten (und auch darüber hinaus) ein, zusammen mit den individuellen Egos («selves»). Dabei kann die Weiterung des Selbst prinzipiell ad infinitum gehen, wobei allerdings spärlich vom großen S Gebrauch gemacht werden soll, da das Fortschreiten ad infinitum nur metaphysischen Sinn hat. Wichtig ist, daß im Gegensatz zu einer substantiell- bzw. monistisch-holistischen Position auf jeder Ebene der Realisation von Potentialen des Selbst die einzelnen Egos separat bleiben. Sie lösen sich – dies betont Naess ausdrücklich – nicht wie Tropfen in einem Ozean auf (p. 195). Unsere Sorge bezieht sich letztendlich auf die Individuen, nicht auf irgendein Kollektiv. Andererseits ist das Individuum nicht isolierbar. Was immer existiert, hat nach Naess Gestaltcharakter («gestalt character»).

Wenn Normen mit N abgekürzt werden und Hypothesen mit H, so ergibt sich folgendes Schema (p. 197 ff):

«N1: Self-realisation!
H1: The higher the Self-realisation attained by anyone, the broader and deeper the identification with others.
H2: The higher the level of Self-realisation attained by anyone, the more its further increase depends upon the Self-realisation of others.
H3: Complete Self-realisation of anyone depends on that of all.
N2: Self-realisation for all living beings!
H4: Diversity of life increases Self-realisation potentials.
N3: Diversity of life!
H5: Complexity of life increases Self-realisation potentials.
N5: Complexity!
H6: Life resources of the Earth are limited.
H7: Symbiosis maximises Self-realisation potentials under conditions of limited resources.
N5: Symbiosis!»

Die philosophiehistorischen Wurzeln dieser Konzeption liegen bei Spinoza, Gandhi und in der Gestaltpsychologie. Für eine detailliertere Interpretation sei auf die Darstellung von Fox (1990, p. 104 ff) verwiesen. Hier folgt eine sachorientierte Kritik von Naess' Position.

Aus der obersten Norm «Selbst-Realisation!» sollen alle anderen abgeleitet werden. Dabei sind Intensitätssteigerung und Radiusausweitung untrennbar miteinander verbunden. Je höher der Grad der Selbstrealisation, desto mehr hängt ihre weitere Erhöhung von der Erhöhung der Selbstrealisation anderer ab. Dies widerspricht offensichtlich fundamental den Intuitionen der meisten Menschen in den westlichen Ländern. Wie die ständig zunehmende Zahl von Einpersonenhaushalten, Singles und Alleinreisenden zeigt, wird eine Selbstrealisation in immer stärkerem Maß individuell und unabhängig von anderen gesucht. Doch dieser Trend mag ein kollektiver Irrtum sein. Entscheidend gegen Naess' Konzeption spricht jedoch, daß N1 eben nicht nur normativ zu verstehen ist, sondern die extrem starke metaphysische Prämisse enthält, daß über die Individualperson hinaus eine Realisation des Selbst möglich und steigerbar ist. Konsequent lehnt Naess jede Form von altruistischer Ethik ab. Nicht ein anderer ist ethisch zu beachten, sondern man selbst soll sich realisieren im anderen. Dies birgt aber unhintergehbar die Gefahr der Usurpation anderer Entitäten in sich und hat der Deep-ecology-Bewegung nicht ganz zu Unrecht den Vorwurf des Totalitarismus (Dryzek 1990, p. 200), der Kolonialisierung (Cheney 1989, p. 314) und des Antimodernismus eingebracht.[77] Die Ausweitung des Selbst steigert nicht Diversität, sondern vermindert sie (vgl. H1–H3). Naess versucht dieses unifizierende Resultat mit Hilfe der Hypothesen H4 und H5 zu konterkarieren. Im Ergebnis ist aber die ganze Theorie in sich widersprüchlich. Einerseits führt die Steigerung des Selbst zu einer Unitarisierung, andererseits soll eine Erhöhung von Diversität und Komplexität angestrebt werden. Fraglich ist, ob derart widersprüchliche Maximen überhaupt noch durch eine weltanschauliche Basis gedeckt werden können. Das zentrale Problem liegt jedoch darin, daß reale Interessenkonflikte zwischen Einzelentitäten auf dieser Grundlage überhaupt nicht lösbar sind. Jede Entität sucht nach ihrer Selbstrealisation. Wessen Strebung im Konfliktfall Vorrang verdienen soll, kann nicht ermittelt werden. Ethik und Moral verlieren damit ihre normative Kraft. Im Grunde herrscht das schon von den Sophisten propagierte Recht des Stärkeren (vgl. oben B II 1 (a)). Naess teilt mit der existentialistischen Ethik nicht nur die sehr ähnliche Basisnorm (Suche nach Authentizität), sondern auch das Ergebnis einer rationalen Unentscheidbarkeit ethischer Probleme. Dazu paßt Dryzeks Beobachtung, daß eine effektive Theorie der Umsetzung der Deep-ecology-Postulate fehlt (1990, p. 201).

Wie oben schon angedeutet, macht im übrigen die starke weltanschaulich-ontologische Aufladung der Basisnorm der Selbstrealisation die semantische Unterscheidung von Deskription und Präskription zunichte. Im Grunde genommen ist schon die primäre Weltanschauung sowohl ontologisch als auch normativ. Auch hier besteht also ein theorieinterner Widerspruch.

Angemerkt sei noch, daß die Einordnung der Deep-ecology-Bewegung in die Kategorie metaphysischer Theorien zwar für «Ecosophy T» zutrifft, das gesamte Spektrum möglicher und tatsächlicher Basisphilosophien aber von religiösen über metaphysische bis hin zu naturalistischen Positionen reicht, also die Taxonomie dieser Darstellung übersteigt.

3. Ordo amoris (Spaemann)

Robert Spaemann hat im deutschsprachigen Raum als einer der ersten auf die negativen Folgen der industriellen Produktion und Konsumtion hingewiesen und die Nutzung der Kernenergie abgelehnt (1986, S. 204, 206). Er plädiert inhaltlich ähnlich wie Jonas – allerdings expliziter – für eine Erneuerung teleologischen Denkens (1983a, S. 41ff) und die Annahme eines Naturrechts (1983, S. 60ff). Im Rahmen seines eigenen «opus magnum» – auf das hier die Diskussion beschränkt werden soll – postuliert Spaemann ein grundlegendes Wohlwollen gegenüber dem «anderen», das auch nichtmenschliche Entitäten erfaßt (1989, S. 153), eine grundlegende «delectatio in felicitate alterius». Unser Sein erfüllt sich dabei in bezug auf jene Wirklichkeit, die wir nicht selber sind. «Etwas um seiner selbst willen zu lieben, das gerade ist die spezifische Weise menschlicher Selbstverwirklichung» (S. 156). Dabei soll das «andere» reales Symbol der «Präsenz des Absoluten» sein (S. 142). Die Endlichkeit des Handelnden macht es diesem unmöglich, jeden zum unmittelbaren Um-willen seiner Handlung zu machen. Deshalb besteht eine Liebesordnung, ein «ordo amoris», eine gestufte Rangordnung innerhalb des universalen Wohlwollens (S. 145). Spaemann vertritt offensichtlich eine altruistisch-liebesethische Variante einer naturteleologischen bzw. naturrechtlichen Ordnungsvorstellung.

Von dieser Grundposition aus kommt Spaemann allerdings nur zu einem eingeschränkten Tierschutz:

«Da das Tier sich selbst nicht wirklich wird, sondern in der Zentralität des Triebhanges verharrt, wird sein Leben nicht zu einem Ganzen. Lust und Unlust werden in ihrer lebensdienlichen Funktionalität nicht entdeckt. Das Tier lebt ganz in seinen Zuständen. Und so ist auch das Wohlwollen dem Tier gegenüber auf diese Zustände, auf die Weisen seines Erlebens bezogen, nicht auf sein Leben als Ganzes. Darum muß die Tötung des Tieres zwar – wie jede Vernichtung eines Seienden – durch einen guten Grund gerechtfertigt sein. Aber sie ist nicht, wie die absichtliche Tötung eines unschuldigen und wehrlosen Menschen, etwas stets Verwerfliches» (S. 155, vgl. S. 231).

Das Zitat zeigt: Wenn sich die Frage der Konkretisierung erhebt, tritt das sympathieethische Kriterium des Wohlwollens zugunsten einer metaphysischen bzw. teilweise naturalistischen Argumentation in den Hintergrund, die man im Zusammenhang mit der Vorstellung des «ordo amoris» als moderne, liebesethische Variante metaphysischer Naturrechtsvorstellungen ansehen kann. Dagegen läßt sich einwenden: Versteht man das Wohlwollen als immanentes Faktum, so bleibt seine normative Kraft zweifelhaft. Entweder es bestehen wohlwollende Gefühle gegenüber einem anderen; dann bestehen sie, und eine normative Verpflichtung ist nicht nötig. Oder sie bestehen nicht, dann kann auch aus dem Postulat des Wohlwollens keine Normativität erwachsen. Sieht man das Wohlwollen dagegen im Zusammenhang der metaphysischen Weltvorstellung des «ordo amoris», so ist dieser metaphysische Anteil der eigentlich tragende. Seine Annahme muß aber als glaubensabhängig angesehen werden. In Spaemanns Position stützen sich auf diese Weise Immanenzannahmen und Transzendenzpostulate gegenseitig (v. d. Pfordten 1990a). Damit bleiben aber beide fraglich.

4. Beseelung aller Mitwelt (Meyer-Abich)

Klaus-Michael Meyer-Abich hat vielfältige Argumente für eine holistische Ökologische Ethik angeführt (1984, 1990), die hier nicht alle diskutiert werden können. Nur eine zentrale metaphysische Annahme soll herausgegriffen werden: Meyer-Abich vertritt die Ansicht, alle Natur, ja sogar die nichtlebendigen Naturentitäten wie Flüsse und Berge, hätte eine je eigene Persönlichkeit bzw. Seele (1984, S. 187f, 192).[78] Was genauer mit dieser metaphysischen Zuschreibung gemeint ist, führt Meyer-Abich jedoch nicht aus. Im Ergebnis konstituiert sie jedenfalls eine holistische Beachtung aller Naturgegebenheiten.

Schon Aristoteles hatte auch Pflanzen und Tieren eine Seele als Form der Materie zugesprochen (1965, Teil II, 412bff, p. 50ff). Allerdings geschah dies im Rahmen einer Abstufung: Bei den Pflanzen umfaßt die Seele als vegetative das Ernährungsvermögen, bei den Tieren als sensitive zusätzlich Begehren mit Lust und Unlust, Wahrnehmung und Ortsbewegung, beim Menschen dann schließlich auch Vernunft. Die christliche Tradition hatte – wie oben erwähnt (C I 1) – die menschliche Seele durch Zuschreibung der Unsterblichkeit besonders ausgezeichnet.

Meyer-Abich schließt sich mit seinem Postulat einer in allem bestehenden Seele keiner dieser Traditionen an. Mangels näherer Explikation ist seine panpsychistische Annahme weder diskutier- noch entscheidbar. Der Terminus «Seele» hatte in den bisherigen Traditionslinien schon eine extrem vage Bestimmung. Werden aber diese Erklärungslinien auch noch abgeschnitten, so bleibt nur noch das praktisch bedeutungslose Wort und die vage Behauptung, daß da irgend etwas sei, das zu berücksichtigen wäre.

III. Naturalistische und partiell naturalistische Begründungen

Signifikant für diesen Typ ethischer Theorien ist zum einen, daß zumindest ein rechtfertigender Teil des begründenden Strukturmerkmals (1) (vgl. A II 2), empirisch festgestellt und deskriptiv beschrieben werden kann, zum anderen, daß eine explizite oder implizite Ableitungs- und damit Begründungskette von dieser Deskription über eine Evaluation zur gerechtfertigten Präskription geknüpft wird. Die verschiedenen naturalistischen Theorien unterscheiden sich darin, welches empirische Merkmal sie als allein oder hauptausschlaggebend ansehen und wie sie die Begründungskette konstruieren.

Diese Definition von «naturalistisch» geht in mehrfacher Hinsicht weiter als die ursprünglich von G. E. Moore (für «naturalistic fallacy») eingeführte der definitorischen Ersetzbarkeit von «gut» durch einen deskriptiven Begriff bzw. eine natürliche Eigenschaft (1948, p. 10, S. 41). Sie umfaßt auch eine streng logische oder schwach rechtfertigende Ableitung ohne Bedeutungsgleichheit und bezieht nicht nur Evaluationen («gut» etc.), sondern auch Präskriptionen mit ein. Diese Erweiterungen erscheinen gerechtfertigt, weil die meisten Theorien zum einen keine semantischen Äquivalenzen behaupten, sondern dieses Problem offenlassen, zum anderen nicht bei Wertauszeichnungen stehenbleiben, sondern zu normativen Handlungsanweisungen übergehen. Für diese weitere Interpretation spricht darüber hinaus, daß sie auch den Problemkreis des sog. Humeschen Gesetzes bzw. des Sein-Sollen-Fehlschlusses einbezieht, der nicht nur eine entsprechende bedeutungsgleiche Ersetzbarkeit erfaßt.

Die hier zugrunde gelegte Definition von «naturalistisch» ist auch weiter als die heute verschiedentlich eingeführte, wonach die Bedeutung moralischer Urteile durch Definitionen von Wahrheitsbedingungen bestimmt wird, die sich auf nichtmoralische Wahrheiten oder Eigenschaften beziehen (Hare 1995, S. 6).

Dabei mag es auf den ersten Blick problematisch erscheinen, eine Position, die an Rechten orientiert ist, wie die Tom Regans, oder eine Version des Präferenzutilitarismus, wie bei Peter Singer, als zumindest partiell naturalistisch einzustufen. Mangels einer ausgearbeiteten metaethischen Position gilt dies auch nicht in einem engen metaethischen Sinn. Aber wie gezeigt werden soll, läßt es sich in dem soeben definierten weiteren Sinn plausibel machen und bietet eine Einsicht in den eigentlichen Kerngehalt der jeweiligen Argumentation. Im übrigen ist damit eine zentrale metaethische These verbunden: Ein Großteil der ökologischen Ethiker, die nicht theologisch oder metaphysisch argumentieren, greift bei der Zuschreibung einer Verpflichtung gegenüber der nichtmenschlichen Natur zumindest partiell auf naturalistische Rechtfertigungen zurück.[79] Zur Begründung von Verpflichtungen gegenüber der nichtmenschlichen Natur wird auf die Natur Bezug genommen. Dies gilt häufig selbst dann, wenn der Urheber der Theorie aus einer Theoriegruppe mit anderer Schwerpunktsetzung stammt.

1. Leiden / Empfindung

Ebenso wie Bentham (1963, p. 311, Anmerkung) sehen auch gegenwärtig verschiedene Theoretiker im Leiden bzw. Empfinden oder – generalisiert – in der Leidens- bzw. Empfindungsfähigkeit von Menschen und Tieren das oder zumindest ein zentrales ethisch relevantes Merkmal.[80] Dabei kann das Kriterium alleinige oder hauptsächliche Grundlage einer «Leidens- bzw. Empfindungsethik» sein (Krebs 1993) oder nur partielles Element von rechtfertigenden Theorien, die sich – wie die verschiedenen Varianten des Utilitarismus – auch oder sogar schwerpunktmäßig auf andere Theorieelemente stützen, etwa eine normative Position, Intuitionen, konsequentialistische Ableitungen und / oder interpersonale Aggregation und Maximierung etc. Verschiedentlich wird die Berücksichtigung tierischen Leids mit dem Universalisierungsargument gekoppelt (Patzig 1983a, S. 339). Hier soll zunächst nur das Leidens- bzw. Empfindungsargument als solches dargestellt und kritisiert werden. Auf komplexere Positionen, die dieses Strukturmerkmal im Rahmen ihrer Theorie integrieren (z. B. die präferenzutilitaristische Position Singers), wird noch eingegangen werden.

Die Leidens- bzw. Empfindungsbegründung präsentiert sich im Rahmen einer Tier- bzw. Naturschutzethik regelmäßig in drei Schritten:

1. Zunächst wird auf einer rein deskriptiv-empirischen Ebene aufgewiesen, daß höhere Tiere in gleicher Weise wie Menschen psychische Erlebnisse wie Schmerz oder Wohlbefinden empfinden können (Krebs 1993, S. 997; Singer 1990, p. 10 ff). Ihre äußerlich wahrnehmbaren Reaktionen auf Gefährdungen und Angriffe wie Fluchtverhalten, Schreie, Zittern, Schweißausbrüche etc. zeigen signifikante Ähnlichkeiten zu menschlichen Verhaltensweisen. Zudem ähnelt das Nervensystem höherer Tiere dem menschlichen und hat eine konvergierende Evolutionsgeschichte.

Argumentationslinien, die menschlichen Empfindungen – z. B. mit

Verweis auf die menschliche Rationalität, Selbstbewußtsein oder Zukunftsbewußtsein – eine gänzlich andere Qualität zusprechen (vgl. Frey oben A III 4.1 (b)), werden zugunsten der Annahme einer prinzipiellen Egalität (Singer 1993, p. 60) oder allenfalls gradueller Unterschiede (Birnbacher 1986, p. 120 f) der Empfindungen zurückgewiesen. Mag der Mensch auch von manchen Schmerzen, die er als Symptom einer schweren Krankheit oder seines nahen Todes erkennen kann, schwerer betroffen sein als ein Tier, so kann er andererseits auch das baldige Verschwinden mancher Schmerzen antizipieren und leidet entsprechend weniger. Auf dieser ersten deskriptiv-empirischen Ebene erscheint das Argument plausibel und verdient Zustimmung. Es wird auch von Anthropozentrikern und Gegnern einer Leidensethik regelmäßig anerkannt.

2. Als zweiter Schritt wird die Tatsache bestimmter psychischer Zustände mit einer positiven bzw. negativen Bewertung gekoppelt. Dies geschieht verschiedentlich implizit, indem Begriffe wie «Leid», «Qual» oder «Empfindung» verwendet werden, die eine deskriptiv-wertende Funktionszwittrigkeit aufweisen (vgl. Stevenson 1944, p. 94). Sie sind gleichzeitig Beschreibung und Bewertung. Die Beschreibung der empirischen Wirklichkeit (Schmerz, Wohlbefinden) und ihre Bewertung (Leid, Lust, Freude, Gutes) werden schon begrifflich verwoben. Die Gültigkeit der entsprechenden Ableitung scheint deshalb nahezuliegen.

Verschiedentlich wird der Übergang von der innerpsychischen Wahrnehmung zur Bewertung als Leid oder Empfindung auch explizit begründet, z. B. bei Krebs (1993, S. 997 f) mit der Annahme, innerpsychische Wahrnehmung und eigene Bewertung seien keine zwei divergierenden Akte. Die Bewertung habe insofern «Widerfahrnischarakter». Sie gehe nicht auf eine bewußte und steuerbare Verbindung von Tatsache und Wertung in der Vergangenheit zurück, sondern gehöre zur Natur des Menschen und sei weitgehend unverfügbar: «Es gelingt uns in der Regel nicht, schrille Geräusche, den Gestank von faulen Eiern, drückende Schwüle oder ziehende Kopfschmerzen als angenehm zu erleben.»

Verschiedentlich wird – insbesondere in der utilitaristischen Tradition – versucht, den naturalistischen Rechtfertigungsanteil zu minimieren oder ganz auszuschalten, indem Leid oder Empfindung nur als Güter einer Werttheorie angesehen werden (vgl. z. B. Birnbacher 1988, S. 28). Damit wird die Verbindung zum ersten Argumentationsschritt gelockert bzw. gekappt. Die ganze Rechtfertigungslast liegt nunmehr bei den Annahmen der Werttheorie. Fraglich ist dann aber, wie die Wertsetzungen dieser Werttheorie gerechtfertigt werden.

3. Der letzte Schritt ist der Übergang von der Bewertung als Leid bzw. Lust, die als gut oder schlecht ausgezeichnet werden, zu präskriptiven

Verpflichtungen der Leidvermeidung bzw. Freudmehrung. Dabei kann sich – in der utilitaristischen Tradition – eine Maxime zur kollektiven Leidvermeidung bzw. Lustmehrung bezüglich der Gesamtsumme ergeben oder nur eine Verpflichtung zur Berücksichtigung einzelner Individuen.

Pragmatische Probleme des Leidensarguments ergeben sich schon daraus, eine klare Grenze zwischen leidensfähigen und nicht leidensfähigen Tieren zu ziehen; weiterhin aus der Tatsache, daß der Schutz leidensfähiger Lebewesen ohne den Schutz ihrer Lebensbedingungen im Regelfall sinnlos erscheint (Vossenkuhl 1991, S. 12). Derartige Grenzziehungs- und Praktikabilitätsprobleme stellen zwar in der Praxis gravierende Durchführungshindernisse dar, erschüttern den Kern des Leidensarguments jedoch nicht.

Von der Warte anderer ethischer Begründungsansätze aus läßt sich einwenden, daß nicht das Leiden, sondern ein anderes zentrales Kriterium ethisch relevant sei, etwa die Rationalität (Kantianismus) oder die formale Interessenberücksichtigung im herrschaftsfreien Diskurs (Diskursethik). Diese Einwände können nur greifen, wenn sie ein Doppeltes beweisen: zum einen die Richtigkeit des anderen vorgeschlagenen Kriteriums, zum anderen dessen Ausschließlichkeit als ethische Begründung. Ersteres setzt eine Prüfung des jeweils vorgeschlagenen Alternativkriteriums voraus. Dies müßte dann zu einer umfassenden Diskussion sämtlicher alternativer Ethikmodelle führen, was hier nicht zu leisten ist. Man muß aber annehmen, daß der Beweis der zweiten Voraussetzung der Ausschließlichkeit kaum je erfüllt sein wird. Man weiß zunächst gar nicht, wie ein solcher Beweis geführt werden sollte. Er müßte dann aber vor allem die Alltagseinsicht widerlegen, daß verschiedene divergente ethische Begründungen menschliche Praxis rechtfertigen können. Als fruchtbarere Auseinandersetzungsstrategie erscheint es demgegenüber, Einwände zu finden, die den Rechtfertigungsanspruch des Leidensarguments direkt destruieren. Deren sollen hier fünf angeführt werden:

1. Der Einwand naturalistischer Ableitung

(a) Analysiert man das sprachlogische Grundgerüst des Leidensarguments, so ergibt sich: Im Rahmen der drei Begründungsschritte wird eine Präskription (Verpflichtung) aus einer Evaluation (Wertung) und diese aus einer Deskription (Beschreibung) abgeleitet. Normlogisch gilt aber: Weder die Ableitung von Evaluationen aus Deskriptionen noch die von Präskriptionen aus Deskriptionen oder Evaluationen ist ohne zusätzliche Annahmen als logischer Schluß gültig (Stuhlmann-Laeisz 1983, S. 163;

v. d. Pfordten 1993, S. 319). Die in der Literatur mit den Bezeichnungen «is-ought-question» bzw. «Sein-Sollen-Problem» (Hudson 1969) und «naturalistischer Fehlschluß» gekennzeichnete Einsicht der jeweiligen logischen und rechtfertigungstheoretischen Unabhängigkeit von Normativität, Evaluativität und Faktizität ist unhintergehbar. Die Tatsachen der Welt werden nicht unmittelbar handlungsanleitend, sondern müssen in eine Rechtfertigungssequenz eingebettet werden, deren Ergebnis eine normative Verhaltensverpflichtung ist. Auch folgende Anwendungsfälle machen dies deutlich: Aus der Tatsache, daß Menschen durch andere Lebewesen oder Naturkatastrophen zu Schaden kommen, folgt nicht, daß dies positiv bewertet oder nachgeahmt werden darf bzw. muß. Wenn der Wind bewirkt, daß ein Ziegel vom Dach fällt und einen Menschen verletzt, rechtfertigt dies nicht, andere mit Dachziegeln zu bewerfen. Auch die physische oder psychische Natur des Menschen gibt insofern – zumindest im Hinblick auf intersubjektive Rechtfertigungen – keine alleinige Ableitungs- bzw. Rechtfertigungsmöglichkeit. Die psychische Disposition eines Menschen zu Diebstählen rechtfertigt diese nicht.

Krebs versucht, Deskription und Evaluation mit dem Argument zu verbinden, beide mentalen Zustände träten nicht in Form von zwei separaten Akten, sondern untrennbar verbunden als «Widerfahrnis» auf (1993, S. 997). Aber selbst wenn man dies als psychische Realität für einige Empfindungen zugibt, so kann doch kaum geleugnet werden, daß der Mensch sich gegenüber jeder dieser Empfindungen auch wertend verhalten kann. Man kann drückende Schwüle unmittelbar als unangenehm empfinden, sie aber für gewisse Zeit in der Sauna positiv bewerten. Selbst die eigene Lebenserhaltung als ultimative Bedingung aller Empfindungen kann vom Suizidenten negativ bewertet werden. Für bestimmte Korrelationen von Tatsachen und Wertungen bestehen hohe statistische Wahrscheinlichkeiten – etwa bezüglich der je eigenen Lebenserhaltung –, aber keine logischen Ableitungsbeziehungen oder gar notwendige semantische Bedeutungsidentitäten (vgl. Hare 1969, p. 34). Die Tatsache, daß ein Terminus wie «Leid» häufig gleichzeitig deskriptiv und wertend, also funktionszwittrig, gebraucht wird, ändert hieran nichts. Damit wird dem einzelnen Sprecher nicht die Möglichkeit genommen, eine bestimmte Schmerzerfahrung positiv zu bewerten und nicht als Leid anzusehen.

Entscheidend ist: Jede naturalistische Verbindung von Empfindung und Bewertung kann wieder Gegenstand einer sekundären Bewertung sein. Damit wird aber die ursprünglich mit dem Gefühl verbundene Ausgangsbewertung verdrängt und die naturalistische Verbindung zwischen

Deskription und Evaluation gekappt. Der Naturalist müßte demnach nicht nur zeigen, daß es tatsächlich Situationen gibt, in denen Empfindungen mit Bewertungen quasi untrennbar verbunden sind, sondern daß diese bewerteten Empfindungen nicht mehr Gegenstand einer weiteren Bewertung sein können. Es genügt also nicht der Aufweis der Untrennbarkeit von Empfindung und Bewertung, sondern nötig ist die Darstellung der Unverdrängbarkeit einer derartigen naturalistischen Bewertung durch eine sekundäre Bewertung. Dies ist bisher nicht gelungen.

Die Vertreter einer Leidensethik mögen entgegnen, der Einwand der naturalistischen Ableitung gelte vielleicht für Menschen, die werten könnten, nicht aber für Tiere, die keine entsprechenden mentalen Fähigkeiten hätten. Aber dieses Manöver bringt den Leidensethiker in eine noch schwierigere Lage: Damit fällt das Gleichbehandlungs- bzw. «Speziesismus»argument weg, das vielfach erst die Forderung der Leidensbeachtung bei Tieren wegen der nicht zu rechtfertigenden Beschränkung auf die Berücksichtigung menschlichen Leids plausibel gemacht hat (Singer 1990, p. 5). Dann stellt sich aber die Frage: Warum soll der Mensch eine psychische Kondition bei Tieren zur Grundlage seiner praktischen Entscheidungen machen? Die Verschmelzung von Bewertung und Tatsache nimmt ersterer ihre normrechtfertigende Kraft.

Aber selbst wenn diese Einwände nicht stichhaltig wären und man mit Krebs tatsächlich eine naturalistisch-logische Verbindung von Deskription und Evaluation zugestehen müßte, bliebe immer noch der weitere Hiatus zwischen Evaluation und Präskription zu überbrücken. Es müßte auch gezeigt werden, wie bewertete Empfindungen naturalistisch-logisch Präskriptionen bedingen. Abgesehen davon, daß eine entsprechende Annahme extrem unplausibel ist, bringt sie auch große Gefahren mit sich. Die intersubjektive Begründung durch Gebote wird auf diese Weise zugunsten einer rein subjektivistischen Gefühlsrechtfertigung aufgegeben. Gegen denjenigen, der sich über das Verhalten eines anderen ärgert, dieses negativ bewertet und ihm dann untersagt, läßt sich nichts mehr einwenden. Alles geschah im Rahmen der naturalistischen Ableitungskette: Deskription, Evaluation, Präskription.

(b) Callicott hat als Argument gegen die Unterscheidung von Fakten und Bewertungen die Kopenhagener Deutung der Quantentheorie angeführt.[81] Dem hat aber Fieser mit Recht entgegengehalten, daß diese Interpretation der Quantentheorie zwar möglicherweise für den subatomaren Bereich befriedigende Erklärungen gebe (1993, p. 171–180, vor allem p. 176). Aber Moral und Ethik operierten nicht auf der subatomaren Ebene, sondern auf einer Ebene, auf der das Fakten-Bewertungen-Modell der Welt adäquat sei. Im übrigen scheint Callicott bei seiner Annahme nicht klar genug zwischen der Subjekt-Objekt-Differenzierung und der Fakt-Bewertungs-Differenzierung zu unterscheiden. Auch wenn die erste Differenzierung durch die Kopenhagener Deutung der Quantenmechanik in Frage gestellt wäre (was umstritten ist), folgte daraus noch nicht die Aufhebung der zweiten und schon gar nicht der logische Anschluß *moralischer* Wertungen an die Fakten.

(c) Ein weiterer Ausweg, um dem Einwand gegen naturalistische Ableitungen zu entgehen, wäre, eine «schwache», nichtlogische Begründungsbeziehung zu postulieren. Ob man eine solche schwache Begründungsbeziehung zwischen Deskriptionen, Evaluationen und Präskriptionen rechtfertigen kann, soll an dieser Stelle dahinstehen und wird später noch zu diskutieren sein. Konstatieren läßt sich allerdings, daß dieser Ausweg zwar das Problem der naturalistischen Ableitung zu entschärfen scheint, dafür aber die Frage nach der intersubjektiven Gültigkeit bzw. Normativität der entsprechenden Rechtfertigung aufwirft. Es mag zwar plausibel sein, daß eine Person für sich selbst eine entsprechende schwache Rechtfertigung für ausreichend hält, so daß sich auf dieser Basis vielleicht eine Theorie kluger Lebensführung und subjektiver Glücksverwirklichung errichten läßt. Wie aber eine solche schwache Rechtfertigung gegenüber einem anderen, der vielleicht eine ganz andere Begründungskette favorisiert, intersubjektive Normativität generieren soll, müßte erst gezeigt werden. Schmerz mag dem einen ein Grund für Vermeidungsgebote an die Umwelt sein, während ein anderer entsprechende Situationen geradezu sucht, um seine Willensstärke und seine Widerstandskraft zu stählen. Mag man auch empirisch bzw. statistisch feststellen, daß letzteres nur eine Minderheit ist, so führt dies doch zur Konstitution divergierender Begründungsketten, die intersubjektive Normativität ausschließen.

Zur Lösung dieses Problems könnte man in irgendeiner Form auf das Universalisierungsprinzip zurückgreifen, das aber dann seinerseits begründungsbedürftig ist. Geht man dabei den Kantischen Weg, so muß man starke und entsprechend problematische metaphysische Annahmen machen, um eine transzendentale Dignität zu erreichen. Beschränkt man sich dagegen auf die Aggregation empirisch feststellbarer Interessen, so lassen sich jedenfalls keine wirklich universell gültigen Verpflichtungen begründen.

2. Der Hierarchieeinwand
Hochleistungssportler, Soldaten und Märtyrer nahmen und nehmen regelmäßig aus den verschiedensten Gründen Schmerzen und Unwohlsein auf sich, ohne daß damit notwendig eine negative Bewertung als Leid verbunden (gewesen) wäre. Ähnliches gilt in kleinerem Rahmen auch für

den Normalbürger. Wer Blut spendet, willigt in den schmerzhaften Einstich ein. Insofern liegt Schmerz- bzw. Unwohlvermeidung keineswegs von vornherein und unabdingbar im menschlichen Interesse. Gleiches gilt für Tiere. Versuche zeigen, daß z. B. der Futteraufnahme, Brutpflege und Fortpflanzung von Tieren unter bestimmten Bedingungen ein höherer Status zugemessen wird als der Schmerzvermeidung. Ratten laufen etwa über Gitter, die unter Strom stehen, um zu ihren Partnern zu kommen (Dawkins 1986, S. 59, 62). Hier gilt wohl ähnliches wie beim Menschen. Ein gewisses Quantum an Schmerzen wird durchaus in Kauf genommen, wenn es langfristig den Lebens-, Fortpflanzungs-, Brutpflege- und Gesundheitsinteressen des Tiers dient. Wie Menschen haben auch Tiere ein erheblich größeres Spektrum möglicher Empfindungen als die bloßen Schmerz- bzw. Unwohlempfindungen. Wohlbefinden und Schmerz sind bloße Mittel, das Überleben und die Erfüllung basaler Bedürfnisse sicherzustellen (Rollin 1992, p. 74). Die Schmerzvermeidung steht – wie beim Menschen – keineswegs im alleinigen oder Höchstinteresse der Tiere.[82]

Was für die Ebene psychischer Empfindungen zutrifft, gilt ebenso für den Übergang zu negativen Bewertungen. Auch Leid kann in Kauf genommen und auf Lust verzichtet werden, um höherer Ziele willen. Beispielsweise erwarten beinahe alle Religionen dies von ihren Anhängern. Man kann den Begriff des «Leidens» natürlich so erweitern, daß jedes objektive Verhalten als Wahlhandlung interpretiert und mit Leiden oder Lust assoziiert wird. Dann kehrt sich allerdings das Bestimmungsverhältnis um: Nicht das Leid oder die Lust bestimmt, was gut oder schlecht ist, sondern was als gut oder schlecht gewählt wird, zeigt, was als Leid oder Lust interpretiert werden muß. Damit hat der Begriff des Leidens aber jede objektivistische Implikation eingebüßt und ist synonym mit «Wahl» bzw. «Interesse» geworden. Dann hat sich aber auch das entsprechende ethische Kriterium geändert. Es handelt sich nicht mehr um eine Leidensethik, sondern um eine Interessenethik.

Gegen die Auszeichnung des Leidens als zentrales ethisches Kriterium spricht weiterhin, daß es auch unterhalb der Schmerz- bzw. Leidensschwelle offensichtlich beachtenswerte Strebungen von Tieren gibt: Wenn eine Katze an der Tür steht und ins Haus will[83], wird man kaum davon sprechen, daß sie leidet, wenn sie nicht ins Haus darf. Trotzdem ist man geneigt zu fordern, daß man ihrer Bestrebung genauso nachkommen sollte, wie wenn sie wirklich litte. Der fließende Übergang zwischen solchen bloßen «Strebungen» und dem Leiden läßt die ethische Begründung mit Bezug auf das Leiden zweifelhaft erscheinen.

Damit gilt: Die Leidvermeidung ist lediglich eine bestimmte Form der

Interessenberücksichtigung innerhalb einer ganzen Hierarchie von Interessen. Dann kann das Leid aber nicht das entscheidende ethische Kriterium sein. Es ist allenfalls eine mögliche Interpretation von tierischen oder anderweitigen Interessen.

Dabei ist zu konstatieren, daß die herrschende Moral und auch das Tierschutzgesetz fälschlicherweise und ohne Rücksicht auf die tatsächlichen Interessen der Tiere vielfach der Leidvermeidung den absoluten Vorrang gegenüber allen anderen Interessen einräumt. Nach 9 II Nr. 8 S. 2 des deutschen Tierschutzgesetzes muß etwa ein Versuchstier nach dem Versuch unverzüglich getötet werden, wenn es nur unter Schmerzen oder Leiden weiterleben könnte. Auch geringfügige Schmerzen werden also für gravierender erachtet als der Tod des Tiers. Dies läuft aber dem alltäglichen Verhalten bei der Behandlung von Haustieren zuwider. Kaum jemand würde einen alten Hund einschläfern lassen, weil er leichte arthritische Schmerzen hat.

3. Der Intersubjektivitätseinwand

Selbst wenn der Naturalismus- und der Hierarchieeinwand ausgeräumt sind, bleibt noch das Problem, den Hiatus zwischen dem fraglichen Akteur und dem Tier als wegen seines Leidens zu berücksichtigendem Objekt zu überwinden. Dieses Problem kann man als «Intersubjektivitätseinwand» bezeichnen, wobei dann der Terminus «Subjekt» nicht im klassischen Sinn für eine Person mit Selbstbewußtsein, sondern lediglich für eine präsumtiv um ihrer selbst willen ethisch und moralisch zu berücksichtigende Entität steht.

Wer nicht in Wirklichkeit – wie es mangels einer klaren Trennung verschiedentlich geschieht – statt dem Leid des betroffenen Tiers das eigene Mitleid des Akteurs als menschliches Gefühl zum entscheidenden ethischen Kriterium macht[84], muß erklären, warum Schmerz und Leid als Eigenschaften bzw. Eigenschaftsbewertungen einer anderen Entität für die Handlungsentscheidung des Akteurs als divergenter Entität relevant sein sollen. Dabei ändert es nichts, daß auch der Akteur Lust und Leid der anderen Entität nicht nur als Beschreibungen, sondern Bewertungen interpretiert. Jeder kann sich auf den egoistischen Standpunkt stellen und die mentalen Zustände bzw. Wertungen anderer Personen für irrelevant bezüglich der eigenen Handlungsentscheidungen erklären.

Auch das Postulat einer Parallelisierung von objektivem Leid und subjektivem Mitleid hilft insofern nicht weiter. Denn auch diese Parallelisierung muß begründet werden. Versucht man dies, wie z. B. Schopenhauer, durch Rekurs auf einen umgreifenden Weltwillen, so lastet man sich starke und kaum einzulösende metaphysische Prämissen auf.

4. Der Unspezifitätseinwand

Die Leidensethik ist unspezifisch gegenüber der Unterscheidung von Tun und Unterlassen. Entscheidend ist für sie die Leidminimierung und die Lustmaximierung. Wie konsequentialistischen Ethiken generell muß es ihr bei der Generierung von Handlungsanweisungen gleichgültig sein, ob etwas verboten (Präskription des Unterlassens) oder geboten (Präskription des Tuns) wird. Damit werden aber die Anforderungen an die moralischen Akteure viel zu stark. Sie sind tendenziell für die Vermeidung alles menschlichen und tierischen Leides in der Welt verantwortlich – eine absurde Hypertrophie und Überforderung des Menschen. Man kann als Gegenmittel gegen diesen Einwand einen «limitierten Altruismus» postulieren, der sich lediglich auf Angehörige und Personen bzw. Entitäten, mit denen man in näherem Kontakt steht, bezieht. Aber dann muß man ein weiteres ethisches Prinzip zulassen, das unabhängig von der konsequentialistischen Zustandsverbesserung deren Limitation herbeiführt. Das Rechtfertigungsproblem ist somit nur verlagert und in eine Negation gewendet. Im übrigen würde die ethische Rechtfertigung dann praktisch extrem limitiert werden. Zu Schlachttieren (aber auch den meisten anderen Naturentitäten) hat der moderne Zivilisationsmensch keinen Kontakt mehr. Wenn man das abgepackte Schnitzel aus dem Tiefkühlfach des Supermarkts nimmt, dürften einem somit die problematischen Bedingungen seiner Entstehung gleichgültig sein. Nur die eigenen Haustiere müßte man gut behandeln, was wohl sowieso überwiegend geschieht. Krebs meint, dieses Problem mit der Formulierung «Es [das pathozentrische Argument] fordert uns nur auf zu helfen, wo wir tatsächlich helfen können» zu widerlegen (1993, S. 1007). Aber selbst diese Forderung ist viel zu stark. Wenn sie gälte, dann müßte ein Großteil der Deutschen alles stehen- und liegen lassen und zur Hilfe in die Dritte Welt aufbrechen. Dies wäre nicht nur als gut anzusehen, sondern moralisch gefordert.

5. Der Einwand schwindender Normativität

Als letztes sei auf ein spezifisches Problem jeder Leidensethik, ja jeder naturalistischen Ethik schlechthin hingewiesen: Die dominante Auszeichnung eines natürlichen Merkmals und der Verbindung zur Bewertung führt unweigerlich zu einem Verlust von Normativität. Die Ableitungskette Deskription / Evaluation / Präskription gerät in eine Schieflage zugunsten ihrer deskriptiven und wertenden Teile. Die Wertungen werden naturalistisch angereichert und können dann ihre Funktion als Präskriptionsrechtfertigung nicht mehr erfüllen. Mutatis mutandis ergibt sich ein ähnliches Bild wie bei Jonas' metaphysischer Auszeichnung des Seins bzw. der Zwecke (C II 1). Eine adäquate ethische Rechtfertigung muß aber die entsprechende naturalistisch-deskriptive Schieflage vermeiden, sonst kann sie keine plausible Normativität generieren.

2. Empfindung / Selbstbewußtsein / Interessen (Singer)

1. Peter Singer übernimmt im Rahmen seiner präferenzutilitaristischen Position einige Grundannahmen des klassischen Utilitarismus, wie er etwa von Bentham in seiner Abhandlung «An Introduction to the Principles of Morals and Legislation» (1963) formuliert wurde: Alle Individuen sind im Rahmen der ethischen Verteilung zu beachten (Universalismus der prädistributiven Berücksichtigung der Individuen, Singer 1993, p. 10 ff, 315, 317), und zwar gleich (Egalisierung, p. 21). Entscheidend sind die Folgen der Handlungen (Konsequentialismus, p. 3, 13), die zur größten Summe gebracht werden müssen (interpersonale Aggregation und Maximierung des Nutzens, p. 13).

Während jedoch Bentham schon im ersten Satz die anthropologische Handlungsbestimmung des Menschen durch Leid und Freude (pain and pleasure) betont[85] und den Begriff des Interesses davon abhängig als Bestrebung zur Leidvermeidung und Glücksmehrung definiert[86], kehrt der Präferenzutilitarismus dieses Verhältnis um: Singer führt zunächst den formaleren Begriff des Interesses (bzw. der Präferenz) des jeweiligen betroffenen Individuums als entscheidendes ethisches Kriterium ein (p. 13 f, 23 ff). Dies geschieht anfangs ohne nähere Explikation.

Zur abstrakten Auszeichnung des Interessenbegriffs tritt das schon erwähnte Prinzip, daß alle Interessenträger prädistributiv in gleicher Weise Berücksichtigung finden müssen, will man sich nicht eines willkürlichen «Speziesismus» schuldig machen (1991, p. 6; 1993, p. 74). Damit verdienen Menschen keinen prinzipiellen Vorrang gegenüber Tieren.[87] Die handlungsleitende Aggregation der Interessen der verschiedenen Interessenträger folgt der Maximierungsregel. Allerdings ergeben sich egalisierende Einschränkungen, z. B. mit Verweis auf das ökonomische Prinzip des abnehmenden Grenznutzens (principle of declining marginal utility): Je mehr eine(r) schon hat, desto weniger nützt ihr/ihm ein Zuwachs. Dies führt Singer zur Forderung nach gleicher Einkommensverteilung. Die gleiche Berücksichtigung von Interessen kann allerdings wegen des Maximierungsprinzips eine bestehende Ungleichheit noch verstärken, so daß Singer von einem Minimalprinzip der Egalität spricht (1993, p. 25).

In der zweiten Auflage der «Practical Ethics» hat Singer 1993 R. M.

Hares Zweiebenenmodell der Ethik übernommen, bei dem auf der ersten intuitiven Ebene des Alltagshandelns zur Entscheidungsentlastung allgemeine, aber im Einzelfall abänderbare Prinzipien gelten, die erst auf einer zweiten übergeordneten Ebene – in schwierigen Fällen – mit Hilfe des utilitaristischen Kalküls überprüft werden (Hare 1981, p. 60 f; Singer 1993, p. 92 f, 325 f).

Bei der Bestimmung, was unter «Interessen» zu verstehen ist, hebt Singer im weiteren Fortgang seiner Darstellung zwei Eigenschaften heraus: Empfindungsfähigkeit und Selbstbewußtsein bzw. Rationalität. Entitäten, die Empfindungsfähigkeit aufweisen, verdienen grundsätzlich gleiche Beachtung.[88] Tiere, die aufgrund empirischer Erkenntnisse als leidensfähig angesehen werden können (Singer zieht die Grenze irgendwo zwischen Shrimp und Auster), sind mit ihren Empfindungen prädistributiv in gleicher Weise zu berücksichtigen wie Menschen, wobei die unterschiedlichen mentalen Kapazitäten im speziellen Fall eine Verminderung oder Intensivierung der Empfindungen auslösen und damit auch eine Bevorzugung oder Benachteiligung erfordern können, aber keine generelle Hierarchisierung erlauben (p. 58). Die schmerzlose Tötung von Tieren wird durch diese Pflicht zur Leidvermeidung aber nicht prinzipiell ausgeschlossen. Sie ist beispielsweise gerechtfertigt, wenn das durch die Tötung des Tiers verursachte Leid vom Lebensglück eines neuen Tiers überkompensiert wird, vorausgesetzt, die Tötung des einen Tiers ist notwendige Voraussetzung für das Leben des anderen. Die interpersonale Interessenmaximierung findet mit Bezug auf die Interessenkriterien Leid bzw. Freude also uneingeschränkt statt (p. 125 f, 133).

Anders ist dies beim zweiten Interessenkriterium des Selbstbewußtseins bzw. der Rationalität, das Singer nur «Personen» zuschreibt (p. 87). Außer Menschen (ab einem gewissen Lebensalter und ohne schwere geistige Behinderungen) fallen unter dieses Kriterium auch einige höhere Säugetiere, vor allem Menschenaffen, zur Sicherheit aber auch: Delphine, Wale, Katzen, Hunde und die anderen Säugetiere, die wir gewöhnlich verzehren (p. 110 ff, 118 f).

Während der klassische Utilitarismus die Tötung einer Person nur aus indirekten Gründen der Leidzufügung gegenüber Angehörigen oder der Angstverbreitung unter den Lebenden ablehnen konnte, da den Zukunftserwartungen des Opfers gegenüber dem Gebot der Leidvermeidung und Glücksmehrung keine eigene Signifikanz zugemessen wurde und deshalb insbesondere bei der Rechtfertigung des Verbots heimlicher und schmerzloser Tötungen in Schwierigkeiten kam (p. 91), erhebt der Präferenzutilitarismus das Interesse von Personen an ihrem Weiterleben zum eigenständigen ethischen Kriterium. Weil Personen ein Interesse an ihrem Weiterleben haben, besteht ein direktes Tötungsverbot (p. 94 f). Diesem Tötungsverbot korrespondiert aber kein absolutes Lebensrecht, denn die Überlebensinteressen anderer Personen können unter bestimmten Umständen überwiegen und eine Tötung rechtfertigen (p. 95). Nicht zulässig ist es jedoch, das Lebensinteresse einer Summierung von bloßen Glücksinteressen nachzuordnen. Personen sind in dieser Hinsicht (anders bezüglich Glücksinteressen!) keine bloßen «Gefäße von Glücksgefühlen» wie bloß empfindungsfähige Wesen:

«Rational, self-conscious beings are individuals, leading lives of their own and cannot in any sense be regarded merely as receptacles for containing a certain quantity of happiness. They have... a life that is biographical, and not merely biological. In contrast, beings who are conscious, but not self-conscious, more nearly approximate the picture of receptacles for experiences of pleasure and pain, because their preferences will be of a more immediate sort. They will not have desires that project their images of their own existence into the future» (p. 126).

Mit dem Lebensinteresse bei selbstbewußten Individuen (Personen) und dem Glücksinteresse bei empfindungsfähigen Wesen hat Singer somit zwei divergente und voneinander unabhängige Konkretisierungen des Interessenbegriffs eingeführt, die jeweils für sich zwar der interpersonalen Aggregation und Maximierung unterworfen sind, nicht aber untereinander. Unter dem Dach des Präferenz- bzw. Interessenbegriffs hat Singer somit im Grunde genommen zwei unabhängige ethische Kriterien etabliert, die auf zwei divergente natürliche Eigenschaften, Selbstbewußtsein / Rationalität und Empfindungsfähigkeit, zurückgeführt werden. Angemerkt sei, daß eine solche doppelte Kennzeichnung grundlegender ethischer Prinzipien in der gegenwärtigen Ethikdiskussion häufiger zu finden ist, etwa auch bei Frankena[89] und Trapp (1988).

Was schließlich den Bereich nichtempfindungsfähigen Lebens und der unbelebten Natur betrifft, so bestehen für Singer aufgrund der Interessen der Menschen und Tiere starke Schutzpflichten (p. 268 ff). Mangels Bewußtseins und damit der Beeinträchtigung von Interessen kommt der nichtempfindungsfähigen Natur aber keine eigenständig zu berücksichtigende ethische Position zu (p. 276 ff). Ihr gegenüber bestehen nur indirekte Pflichten mit Bezug auf Menschen oder Tiere. Die Reichweite von Singers Position kann also als pathozentrisch gekennzeichnet werden.

Eine Kritik an Singers präferenzutilitaristischer Position muß schon an den Grundelementen ansetzen:

(a) Das Prinzip des Universalismus wird zunächst nicht begründet, sondern mit einem Verweis auf die vorherrschende Ethiktradition einge-führt (p. 10 ff). Dabei wird z. B. auch J.-P. Sartre genannt, dessen exi-stentialistische Ethik der Einzelentscheidung schwerlich als universali-stisch angesehen werden kann.[90] Im übrigen gab es in der Ethiktradition von den Sophisten in der Antike bis zu den Kommunitaristen und Prag-matisten in der Gegenwart immer auch Gegenströmungen. Schließlich würde selbst eine einheitliche oder überwiegende Anerkennung einer Position in der Philosophiehistorie keine ethische Begründungskraft ge-nerieren. Das historistische Argument ist wertlos.

Darüber hinaus ist das von Singer angeführte Prinzip der Goldenen Regel «Was du nicht willst, das man dir tu, das füg auch keinem ande-ren zu» gerade nicht vollständig universalistisch. Das formale Prinzip als solches soll zwar für alle gelten, aber es schreibt – anders als etwa Kants kategorischer Imperativ – nicht die Berücksichtigung aller vor, sondern nur die des jeweiligen *anderen*, also des konkret reziprok Betroffenen. Dabei mag die eigene Präferenz und damit das eigene Verhalten gegen-über verschiedenen anderen durchaus divergieren. Von manchen Perso-nen mag man etwa umarmt oder belogen werden, von anderen dagegen nicht.

Die Annahme, die einzige Alternative zum Universalismus sei der Re-lativismus einer Gruppen- oder Ethnienmoral, verkürzt insofern die Pro-blematik wesentlich. Singers Theorie enthält vielmehr mit dem Prinzip der Interessenberücksichtigung selbst schon ein individualisierendes Ge-gengewicht zu einem uneingeschränkten Universalismus. Zwar mag man mit der Beschränkung auf empfindungsfähige Wesen eine relevante Gruppe von Individuen festlegen; aber wessen Interessen in welchem Maß zu berücksichtigen sind, hängt davon ab, ob und wie stark im jewei-ligen Fall Interessen vorhanden sind. Dabei leuchtet es häufig nicht ein, daß ein Universalisierungs- oder Egalisierungsprinzip den Ausschlag ge-ben soll. Wieso soll z. B. jemand, der besonders vorsichtig und ängstlich ist, in Kontexten, in denen eine individuelle Berücksichtigung möglich wäre, diese nicht verlangen können? Entsprechendes gilt, wenn seine Verhaltensweise weit von derjenigen des Durchschnitts abweicht, also weder faktisch universell ist noch die normative Berücksichtigung uni-versalisierbar wäre, weil eine solche Gesellschaft von Hyperängstlichen vielleicht nicht bestehen könnte. Gerade weil eben nicht alle ein ähnlich starkes Interesse haben, ist es möglich, die Ängste der wenigen Hyper-ängstlichen zu berücksichtigen.

(b) Peter Singer gesteht selbst zu, daß das Argument für den Utilita-rismus tentativ ist (p. 74). Erst am Schluß seiner Überlegungen führt er unter dem Titel «Why Act Morally?» eine Begründung für das Überschreiten einer egoistischen, eigeninteressenorientierten Haltung ein. Er qualifiziert diese Begründung aber selbst als bloß spekulativ (p. 332): Der reine Egoist handelt nach Singer zwar nicht irrational oder paradox; aber wie beim hedonistischen Paradoxon die direkte Verfolgung des Glücks nicht zum Ziel führt, gewinnt auch der Egoist keinen wirklich erfüllenden Sinn des Lebens, da ihm kein Ziel mehr verbleibt, wenn seine eigenen Wünsche erfüllt sind. Das Interesse an der Führung eines glücklichen Lebens erfordert es demnach, die ausschließliche Orientierung am Eigeninteresse aufzugeben.

Abgesehen davon, daß der Autor seine Argumente selbst nur als in einem schwachen Sinn überzeugend auffaßt, lassen sich folgende Einwände formulieren:

Zunächst ist die Argumentation schon in sich selbst widersprüchlich, da Singer zwar auf die endgültige Erfüllung aller egoistischen Wünsche als Rechtfertigung für die Berücksichtigung anderer Entitäten verweist, gleichzeitig aber zugibt, daß es sowohl möglich als auch empirisch beobachtbar ist, daß Menschen immer neue – auch egoistische – Wünsche und Interessen entwickeln. Im übrigen kann diese Begründung nur für einen kleinen Teil der Weltbevölkerung Wirkungskraft entfalten, deren Interessen zumindest in materieller Hinsicht als weitgehend gesichert angesehen werden können. Für nichtmaterielle Interessen wird man angesichts der *conditio humana* wohl nie von einer vollständigen und endgültigen Sicherung (etwa gegen Krankheit) ausgehen können.

Das Überschreiten des Egoismus führt darüber hinaus nicht notwendig zum universalistischen Standpunkt. Denkbar ist auch ein in der Reichweite limitierter Altruismus bezüglich nahestehender Personen oder ein Universalismus, der zwar alle Interessenträger berücksichtigt, aber die jeweiligen Interessen mit zunehmender Entfernung abnehmend gewichtet. Die Limitation der altruistischen Gefühle auf wenige Nahestehende scheint für die Befriedigung der Seelenbedürfnisse häufig zu genügen, wie das Beispiel der Nazimörder zeigt, die nicht selten gleichzeitig treusorgende Familienväter waren. Gerade gegenüber weniger nahestehenden Personen, mit denen uns keine tieferen Gefühle verbinden, stellt sich aber in der Praxis die ethische Frage der Interessenberücksichtigung am dringlichsten. Insgesamt kann Singers Position also nicht überzeugen.

Partridge hat versucht, den Altruismus mit folgendem Argument zu rechtfertigen: Wir sind nur dann in der Lage, den Begriff des «Selbst» als kontinuierliche Entität zu identifizieren, wenn wir dieses «Selbst» in einem Feld von anderen «Selbsts» identifizieren (Partridge 1984, p. 118). Ob dies zutreffend oder zumindest plausibel ist, muß die Psychologie auf empirischem Weg untersuchen und entscheiden. Aber selbst wenn man

Partridges Annahme als zutreffend unterstellt, wäre damit nur die Anerkennung einer einzigen anderen menschlichen Person gefordert, nicht aber ein genereller nichtanthroporelationaler Altruismus.

(c) Noch problematischer ist Singers utilitaristische Annahme der Interessenabwägung, -aggregation und -maximierung bezüglich der Empfindungen von Lebewesen ohne Selbstbewußtsein und Rationalität. Abgesehen von den logischen und technischen Voraussetzungen bzw. Schwierigkeiten jeder Präferenzaggregation (vgl. Nida-Rümelin 1987, S. 48 ff) müßte erst einmal begründet werden, warum nicht jede Aufrechnung und jede interpersonale Maximierung der Interessen ausgeschlossen sein soll, wie es eine auf Rechte bezogene Position fordert. Man vergleiche die Theorie von Tom Regan, die im nächsten Abschnitt diskutiert wird.

(d) Auch die Auszeichnung der Präferenzen / Interessen als zentrales ethisches Merkmal führt zu Problemen. Zum einen läßt Singer den Präferenzen- / Interessenbegriff theoretisch ungeklärt. Dabei wird insbesondere nicht berücksichtigt, daß die Grundannahme des Konsequentialismus bei einem wirklichen Primat der Interessenberücksichtigung problematisch wird. Hält man z. B. das Lebensinteresse einer Person für den entscheidenden Parameter, so wird dadurch nicht erst die Tötungshandlung ausgeschlossen. Verboten sind auch alle Handlungen, die das Leben gefährden, denn das Lebensinteresse kann schon durch bloß gefährdende Handlungen beeinträchtigt werden. Das ist nicht inkonsequent: Die bloße Gefährdung eines sehr hochrangigen Interesses kann insgesamt die Interessen eines Interessenträgers erheblich stärker beeinträchtigen als die tatsächliche Mißachtung eines nebensächlichen Interesses, etwa die Beschädigung einer wertlosen Sache. Im deutschen Strafrecht findet diese Wertung ihren Ausdruck darin, daß nicht nur das tatsächliche Herbeiführen von negativen Konsequenzen zur Strafbarkeit führt (Erfolgsdelikte), sondern auch Gefährdungen (Gefährdungsdelikte) oder der bloße Versuch eines Verbrechens. Eine wirklich konsequente Interessenberücksichtigung muß also den Konsequentialismus zugunsten der Sanktionierung der bloßen Abweichung des Akteurs von den Interessen der Betroffenen aufgeben.

Singers Theorie ist aber keine wirklich konsequente Interessenethik, weil er dem Interessenbegriff – ähnlich wie schon Bentham – keine eigenständige Operationalisierbarkeit gibt, sondern ihn sofort durch die Rückführung auf Empfindungen und Selbstbewußtsein bestimmt. Signifikant ist in diesem Zusammenhang auch, daß Singer zwischen Schmerz, Leid und Empfindung keine Unterscheidung trifft, also mögliche Ansätze zu einer Differenzierung zwischen den bloßen Fakten (Schmerz) und einer bewerteten Wirklichkeit (Leid) nicht fruchtbar macht. Trotz seiner Verwendung des Interessenbegriffs bleibt Singer demnach in den Bahnen des klassischen Utilitarismus, wenn er letztendlich empirisch feststellbare[91] und deskriptiv beschreibbare Fakten an den Ausgangspunkt seiner Begründungskette stellt: Empfindung und Selbstbewußtsein bzw. Rationalität. Wie die Einordnung des klassischen Utilitarismus bei Bentham als Naturalismus gerechtfertigt ist, so auch die entsprechende von Singers Position.

Dabei muß eine verschiedentlich geäußerte Selbstbeschreibung des Utilitarismus hinterfragt werden, die diesen in das Utilitätsprinzip als «Verpflichtungstheorie» und eine beliebige «Werttheorie» bzw. «Wertlehre» zerlegt, wobei dann der Hedonismus eine dieser «Werttheorien» sein soll (Frankena 1973, p. 16, S. 35; Birnbacher 1988, S. 81 ff). Schon in Benthams berühmtem ersten Satz in «An Introduction to the Principles of Morals and Legislation» (1963, p. 1) geht es nicht primär um die Bewertung, sondern um den Aufweis einer empirisch feststellbaren natürlichen Eigenschaft des Menschen. Gleiches gilt trotz der Vorschaltung des Interessenbegriffs für Singers Theorie. Die «Werttheorie» ist also nicht das, was ihr Name suggeriert. Sie ist keine Theorie über Werte oder eine materiale Wertlehre. Es handelt sich vielmehr um eine als notwendig bzw. wirklich apostrophierte Verbindung von Tatsachen und Werten, also eine «Tatsachen-Wert-Theorie». Damit wird eine Lösung für die erste Stufe des Problems der naturalistischen Ableitung präsentiert, ohne den Übergang von Deskriptionen zu Evaluationen deutlich auszuweisen. Ähnliches gilt auch für die «Verpflichtungstheorie» des Utilitätsprinzips, die die Verbindung von Werten und Normen herstellt, also eigentlich eine «Wert-Verpflichtungs-Theorie» ist. Bei beiden «Theorien» handelt es sich also um Verbindungsthesen im Rahmen des naturalistischen Dreischritts: Deskription, Evaluation, Präskription. Beide müssen sich demnach ebenso wie andere normativ-ethische Positionen den Einwänden gegen naturalistische Ableitungen stellen.

Läßt man eine echte Bewertung der Betroffenen zu, so ist eine bestimmte Empfindung nicht mehr notwendig, sondern allenfalls häufig mit einer bestimmten Bewertung verbunden. Die oben (C III 1) gegen das Leidensargument vorgebrachten Einwände gelten auch gegenüber Singers zentraler Auszeichnung der Empfindungen als Bestimmung des Interessenbegriffs. Auch der Präferenzutilitarismus bleibt also vom Grunddilemma der naturalistischen Begründungskette nicht verschont: Die Ableitung von Präskriptionen aus Evaluationen und von Evaluationen aus Deskriptionen ist keine logisch notwendige und damit keine, die notwendig intersubjektive Verpflichtungen erzeugen kann.

Mit der Annahme zweier distinkter entscheidender Merkmale durch Singers Präferenzutilitarismus wird das Problem der naturalistischen Ableitung nicht gelöst, sondern eher noch verschärft. Dies zeigt sich, wenn beide Merkmale konkurrieren: Für den intrapersonalen Konflikt (z. B. bei der Frage der Euthanasie) läßt sich dabei eine Lösung finden. Der interpersonale Konflikt scheint dagegen nur dezisionistisch aufzulösen zu sein. Folgendes Beispiel mag dies erläutern: Drei Bergsteiger geraten in Bergnot. Es ist entweder die Rettung des einen ohne nennenswerte Verletzungen möglich oder die Rettung der beiden anderen mit schwersten Verletzungen, wobei zwar deren Selbstbewußtsein erhalten bleibt, aber ansonsten der Verlust aller Gliedmaßen und Sinneswahrnehmungen, Bewegungsunfähigkeit, starke Schmerzen und baldiger Tod eintreten. Singers interpersonale Trennung der beiden naturalistischen Entscheidungsmerkmale Leben und Glücksempfindung müßte hier zur Wahl der zweiten Alternative führen. Dies erscheint aber wenig plausibel, da die beiden Überlebenden angesichts ihrer Lage ihr Überlebensinteresse wohl kaum sehr hoch einschätzen werden. Der zentrale Schwachpunkt von Singers Position liegt also darin, daß selbst die Betroffenen interpersonal die von vornherein festgelegte Rangfolge der beiden naturalistischen Interesseninterpretationen nicht relativieren können.

2. Jean-Claude Wolf knüpft an Singers Überlegungen an, wobei die Rückführung der Interessenbestimmung auf die Schmerz- bzw. Lusterfahrung noch deutlicher formuliert wird (1992, S. 96). Wolf geht jedoch in interessanter Weise an einem Punkt über Singers Version des Präferenzutilitarismus hinaus und entfernt sich damit noch ein Stück weiter vom klassischen Utilitarismus: Wolf billigt auch bloß empfindungsfähigen Wesen ohne Selbstbewußtsein einen zu berücksichtigenden je individuellen Lebenswert zu, der nicht der interpersonalen Relativierung im Rahmen einer Maximierung der Glückssumme unterworfen werden darf. Die Tötung eines empfindungsfähigen Lebewesens soll also – anders als bei Singer – auch dann verboten sein, wenn dadurch die Gesamtglückssumme erhöht werden könnte, weil dadurch das Leben eines anderen Lebewesens ermöglicht würde.

Als Gründe für diese Höherbewertung der individuellen Empfindungsfähigkeit führt Wolf an, «daß ein Wesen, indem es sich als Zentrum von Lust, Schmerz und elementaren Interessen erleben kann, bereits über Voraussetzungen verfügt, sich von anderen Wesen zu unterscheiden» (S. 102, Argument 1). «Schließlich erlebt es keine anonymen Freuden und Leiden, die ebensogut Empfindungen eines anderen Wesens sein könnten, sondern es erlebt nur seine Empfindungen» (Argument 2). Im übrigen ist nach Wolf die Kontinuität des Bewußtseins eine hinreichende Voraussetzung dafür, daß der Tod in Gestalt der Vernichtung des Bewußtseins ein Übel ist (Argument 3).

Dem wird man entgegenhalten können, daß die bloße intrapersonale Selbstunterscheidungsfähigkeit der Individuen als empirisch feststellbare Tatsache (Argument 1) kaum genügen kann, das normative Postulat der interpersonalen Aggregation auszuhebeln. Die Tatsache, daß ein Wesen die Empfindungen als «seine» erlebt (Argument 2), ist das Spezifikum von Selbstbewußtsein und kann deshalb wohl nur schwerlich zugunsten einer Abweichung von Singer angeführt werden. Warum die Bewußtseinskontinuität als natürliche Tatsache (Argument 3) die interpersonale Maximierung als normative Regel ausschließen soll, ist für mich nicht einsehbar. Zweifelhaft erscheint auch, wieso bei einer nicht-tödlich verlaufenden Entscheidungssituation die interpersonale Vergleichbarkeit der Glücksmengen zulässig sein soll, bei der tödlichen aber nicht. Insofern erscheint Singers Differenzierung zwischen zulässiger und unzulässiger interpersonaler Aggregation mit Bezug auf zwei divergente Kriterien – Empfindungsfähigkeit und Selbstbewußtsein/Rationalität – stringenter.

3. Subjekt eines Lebens/Inhärenter Wert/Rechte (Regan)

Tom Regan hat eines der meistdiskutierten Bücher zur Tierethik verfaßt: «The Case for Animal Rights». Er vertritt darin die Position, daß nicht nur Menschen, sondern auch Säugetieren ein eigenes, gleiches, unabgeleitetes, unveräußerliches, moralisches Recht auf Respekt zukommt (1983). Dieses Recht soll kein bloßes negatives Abwehrrecht gegenüber Eingriffen moralischer Akteure (moral agents) sein, sondern sogar ein positives Recht auf Beistand und Hilfe, wenn die jeweilige Rechtsposition des Tiers bedroht ist (p. 282). Unter «Recht» versteht Regan im Anschluß an J. St. Mill (1972, p. 55) einen gerechtfertigten Anspruch (valid claim) gegenüber denkbaren moralischen Akteuren (p. 269, 271, 279). Die Verfestigung als «Recht» gewährt den Tieren eine stärkere ethische Position als die bloße Annahme einer Verpflichtung des Menschen zur moralischen Berücksichtigung der Tiere wie bei Singer. «Tierrechtler» haben regelmäßig eine striktere Position als «Tierethiker». Die Anknüpfung an die jahrhundertelange Forderung nach Zuerkennung und Einhaltung von Menschenrechten ist intendiert. Dafür umfaßt die Gruppe der derart strikt geschützten Tiere bei Regan nur die Säugetiere[92] und ist damit enger als die bei Singer geschützte Gruppe aller empfindungsfähigen Wesen, denn entscheidend ist für Regan die Zuschreibung einer Subjektstellung (subject of a life).[93] Das bedeutet nicht, daß nach Regan nicht auch andere Tiere – etwa Vögel in Geflügelzüchtungen oder Frösche – Schutz verdienten. Aber hier sind Zusatzannahmen nötig, etwa: Es sei schwierig, eine genaue Grenze der Subjektstellung und damit der Rechtszuschreibung zu ziehen (p. 349, 366), und es würden Verhaltensweisen des Menschen eingeübt, die alle Lebewesen gefährden (p. 367 f). Im Ergebnis reicht damit der Schutz ähnlich weit bzw. sogar noch weiter als bei Singer. Er erfaßt alle Tiere. Der Schutz ist aber nicht in ähnlicher Weise egalitär konstruiert.

Seine zentrale Ausgestaltung findet das unaufhebbare Recht der moralisch relevanten Individuen (moral patients, Menschen und Säugetiere) auf Respekt in einem Prima-facie-Recht, nicht geschädigt zu werden (p. 286 f). Wie das Recht auf Respekt darf auch das Recht auf Schadensfreiheit nicht durch eine interpersonal-utilitaristisch minimierende Schadensaufrechnung überspielt werden (p. 328). Keinem Menschen ist es also erlaubt, mit dem Verweis auf eigenen Nutzen einem Säugetier Schaden zuzufügen. Nur in speziellen unausweichlichen Konfliktfällen ist eine Schädigung von Tieren (wie bei Menschen) zumutbar: (1) gegenüber dem Aggressor zur Notwehr bzw. Nothilfe (p. 287 ff); (2) wenn mehrere ohne Ausweg von Schädigung bedroht sind, den wenigen Unschuldigen gegenüber den vielen Unschuldigen bei gleichem prospektivem Schaden der Individuen beider Gruppen (minimize overriding principle, p. 305 ff, 328); (3) wenn mehrere ohne Ausweg von Schädigungen bedroht sind, den vielen Unschuldigen gegenüber den wenigen bei geringerem Schaden der vielen (worse-off principle, p. 307 ff, 328).

Die praktischen Konsequenzen der Annahme basaler Rechte für Säugetiere und des erweiterten Schutzes auch für andere Tiere sind radikal: Verbot jeglicher Nutztierhaltung, fleischlicher Ernährung, der Jagd und der Tierversuche (p. 330 ff).

Regan stützt die starke Annahme eines Individualrechts für Säugetiere mit mehreren Begründungsmustern, die in der Folge abnehmender Wichtigkeit dargestellt und diskutiert werden:

1. Die Hauptrechtfertigung für die Zuschreibung von Individualrechten für Säugetiere beruht auf folgender Begründungskette: Weder ein utilitaristischer Kalkül noch ein realer oder fiktiver Kontrakt können nach Regan Rechte begründen, sondern nur ein grundlegendes, normatives Verhaltensprinzip, moralisch Betroffene mit Respekt zu behandeln (p. 277 f, 286). Dieses Prinzip des Respekts findet seine Grundlage in der Annahme inhärenter Werte (inherent values) bei allen moralisch Betroffenen (moral patients, p. 261 f, 268). Diese inhärenten Werte hängen nach Regan anders als intrinsische Werte nicht von den Erfahrungen und

Empfindungen der jeweils betroffenen Individuen ab und sind damit interpersonal weder vergleichbar noch abwägbar oder aggregierbar (p. 235 f). Hier besteht die zentrale Differenz zu utilitaristischen Konzeptionen wie etwa der von Singer. Jedem Individuum mit inhärentem Wert kommt dieser nach Regan auf eigener Grundlage und in gleichem Maß wie anderen Individuen zu. Beim Terminus «inhärenter Wert» handelt es sich um einen «kategorischen Begriff» (categorical concept, p. 240).

Inhärenten Wert schreibt Regan denjenigen Individuen zu, die «Subjekt eines Lebens» (subject of a life) sind (p. 243, 246, 319). Er bezieht sich dabei auf diejenigen Entitäten, die folgende Charakteristika aufweisen: Annahmen, Wünsche, Wahrnehmungen, Gedächtnis, Zukunftsvorstellungen, Emotionen, Gefühle des Glücks und Leids, Präferenz- und Wohlfahrtsinteressen, die Fähigkeit, Handlungen zu initiieren, um Wünsche und Ziele zu erreichen, eine psychologische Identität in der Zeit, individuelle Wohlfahrt (p. 243). Da Regan diese Gruppe an anderer Stelle von den Individuen ohne Bewußtsein abgrenzt (p. 246), kann man zusammenfassend verschiedene Aspekte von Bewußtsein (consciousness) als empirischen Endpunkt dieser Begründungslinie ansehen.

Betrachtet man die Rechtfertigungskette im Ganzen, so stellt sie sich dar als Linie von empirisch wahrnehmbaren und deskriptiv beschreibbaren Eigenschaften (Wünsche, Bewußtsein) über die Beschreibung der (mehr oder minder entwickelten) Eigenbewertung und mentalen Bündelung dieser Eigenschaften (Subjekt eines Lebens), die Annahme objektiver Werte (inhärenter Wert), die eine entsprechende Bewertung (Evaluation) des moralischen Akteurs erfordert, die Präskription gegenüber dem Akteur (Prinzip des Respekts) bis hin zur Festigung, Verstetigung und Individualisierung dieser Präskription im basalen Recht auf Respekt. Die Rechtfertigungskette hat also die Form: Bewußtseinsphänomene → Subjekt eines Lebens → inhärenter Wert → entsprechende Bewertung des Akteurs → Prinzip des Respekts → Recht auf Respekt.

Analysiert man das sprachlogische Grundgerüst in dieser Weise, so zeigt sich auch hier die Stufung von Beschreibung (Deskription), Bewertung (Evaluation) und Norm (Präskription). Dabei läßt Regan weitgehend offen, wieviel er an Rechtfertigungskraft jeweils aus der vorhergehenden Stufe – quasi intern – zieht und wieviel auf jeder Stufe – quasi extern – über Intuitionen einströmt. Man kann Regan somit nur partiell naturalistisch (im erläuterten weiten Sinn) interpretieren. Gegen diese naturalistischen Anteile sprechen die obigen (C III 1) Einwände. Präskriptionen (die Geltendmachung von Rechten) und Evaluationen können nicht aus Deskriptionen (hier die einzelnen Bewußtseinsaspekte) abgeleitet werden. Den sonstigen Anteilen fehlt eine plausible weitere Rechtfertigung. Es handelt sich um Wertungen und Normen, deren Herkunft nicht spezifiziert ist.

Anders als Jonas (vgl. C II 1) erkennt Regan ausdrücklich den Einwand des naturalistischen Fehlschlusses an und setzt sich mit ihm auseinander. Seine Verteidigungsstrategie ist aber defizient: Dies ergibt sich schon daraus, daß sie sich nur auf eine der soeben aufgewiesenen unhaltbaren Ableitungsverknüpfungen bezieht, während die anderen nicht weiter gerechtfertigt werden. Aber auch die von Regan verteidigte Koppelung überzeugt nicht. Regan bestreitet die Inferenz der Charakterisierung der Säugetiere als Subjekte eines Lebens von der Zuschreibung von inhärenten Werten (p. 247). Dies widerspricht jedoch anderen Textaussagen, die die Annahme einer Begründungsbeziehung zwischen der Subjekt-eines-Lebens-Kennzeichnung und inhärenten Werten nahelegen: «... the subject-of-a-life-criterion as a sufficient, not a necessary, condition for possessing inherent value...» (p. 319, 246). Aber selbst wenn man von diesem Widerspruch absieht, müßten bei Verneinung einer Begründungsbeziehung doch andere Gründe für die Annahme inhärenter Werte beigebracht werden:

Ein Argument Regans ist in diesem Zusammenhang die Zurückweisung des Utilitarismus und Perfektionismus (p. 247). Auch wenn man deren Widerlegung für voll gerechtfertigt hält, muß jedoch gelten: Wenn gegen eine (ethische) Theorie gute Gründe sprechen, so impliziert dies nicht die Begründung einer anderen, wenn nicht zusätzlich ein kontradiktorisches Tertium-non-datur-Verhältnis dargelegt wurde (keine Theoriekontradiktion). Da Regan dies aber nicht einmal versucht, kann seine Widerlegung von Utilitarismus und Perfektionismus allenfalls einem bunten Strauß anderer ethischer Theorien – einschließlich des Nihilismus – das Feld eröffnen, aber nicht die These des Bestehens oder auch nur der Möglichkeit inhärenter Werte stützen.

Ein zweites Argument für die These inhärenter Werte sieht Regan in der Möglichkeit, die kontraintuitiven Implikationen aller Formen des Akt-Utilitarismus zu vermeiden (z. B. die Zulassung geheimer Tötungen, p. 247). Man könnte diese Argumentform als «Theoriekonsequentialismus» bezeichnen: Um eine Theorie zu rechtfertigen, werden ihre Folgen als positiv dargestellt. Der Pragmatismus hat dieses Argumentationsmuster zum zentralen Kriterium erhoben (vgl. Rorty 1988, S. 104, 109 f). Die Externalisierung und Verschiebung des ethischen Begründungsproblems auf die Ebene einer normativen Ethik 2. Stufe kann aber kaum überzeugen: Denn der Nichtkonsequentialist auf der 1. Stufe sieht sich zum einen möglicherweise im Widerspruch zu seinen konsequentialistischen Annahmen auf der 2. Stufe. Er muß zum anderen den Theoriekonsequentialismus dann jedenfalls auf der 2. Stufe seinerseits begründen. Der Konsequentialist auf der 1. Stufe steht mit der Annahme des Konsequentialismus auf der 2. Stufe dagegen sofort vor einem iterierten Begründungsdilemma.

Als drittes Argument führt Regan an, daß das Subjekt-eines-Lebens-Kriterium erst *nach* dem Postulat des inhärenten Werts eingeführt wurde (p. 247). Die Wahl einer induktiven oder deduktiven Darstellungsweise prädestiniert aber nicht das postulierte Begründungsverhältnis.

Insgesamt befindet sich Regan also in einem unlösbaren Dilemma: Entweder postuliert er eine logische Ableitung oder zumindest Begründungsbeziehung zwischen dem Subjekt-eines-Lebens-Kriterium und dem inhärenten Wert, dann scheitert seine Begründung am Einwand naturalistischer Ableitung; oder er kappt die Begründungskette an dieser Stelle und bringt andere Gründe für die Annahme inhärenter Werte. Wie soeben gezeigt wurde, ist ihm dies – trotz mehrfacher gegenteiliger Beteuerungen – nicht gelungen. Aber selbst wenn es gelungen wäre, dann muß – wie oben erwähnt – gegen sämtliche anderen Schritte der Begründungskette der Einwand der nicht gerechtfertigten Ableitung erhoben werden.

Neben dem prinzipiellen Einwand gegen die Gültigkeit der vollständigen Rechtfertigungskette Bewußtseinsphänomene → Subjekt eines Lebens → inhärenter Wert → entsprechende Bewertung des Akteurs → Prinzip des Respekts → Recht auf Respekt überzeugen auch einzelne spezifische Ausgestaltungen von Regans Theorie wenig:

Schon die starken empirischen Annahmen mentaler Eigenschaften bei Tieren dürften zumindest partiell jenseits dessen liegen, was unter Naturwissenschaftlern noch für gerechtfertigt angesehen wird.[94] Zwar verzichtet Regan in der entscheidenden Aufzählung (p. 243) auf das problematische Postulat eines Selbstbewußtseins bei Tieren, das er am Anfang seiner Untersuchung aufgestellt hat (p. 91) und das nach dem Spiegel-Test wohl allenfalls für Primaten angenommen werden kann (Gallup 1979, p. 417 ff).[95] Aber es bleibt doch die Frage, ob bei Tieren nicht die Zukunftserwartungen und Präferenzen gegenüber den menschlichen erheblich eingeschränkt sind und ob dies nicht eine unterschiedliche Wertzuschreibung rechtfertigt.

Wenig plausibel ist auch die Zuschreibung des Subjekt-eines-Lebens-Kriteriums und seiner mentalen Charakterisierungen zu der Gruppe der Säugetiere. Die Säugetierarten mögen im Durchschnitt zu höheren kognitiven Leistungen fähig sein als andere Tierarten. Aber gerade im Rahmen einer Theorie, die die mentalen Fähigkeiten der einzelnen Individuen zum entscheidenden Kriterium erhebt, ist eine größere Differenzierung nötig. Versuche haben z. B. gezeigt, daß Tauben zu besserem Lernverhalten in der Lage sind als Katzen und Waschbären und auch Fische in dieser Hinsicht Erstaunliches leisten (Griffin 1991, S. 179 f). Erinnert sei in diesem Zusammenhang auch an die Informationsweitergabe durch den Bienentanz (S. 221 ff).

Das Subjekt-eines-Lebens-Kriterium suggeriert im übrigen einerseits die Sachthese einer subjekthaften oder zumindest subjektähnlichen Zusammenfassung einzelner mentaler Teilaspekte, die wohl mentale Fähigkeiten einer zweiten oder höheren Stufe (Bewertungen von Wünschen, Wünsche nach Emotionen, Voraussicht von Wünschen etc.) erfordern würde, wird aber andererseits von Regan lediglich als Abstraktionsbegriff gegenüber den einzelnen oben dargestellten Eigenschaften eingeführt (p. 243).

Für die inhärenten Werte werden zwar einige formale Charakteristika (Gleichheit, Nichtabgeleitetheit etc.) angegeben, eine nähere ontologische oder erkenntnistheoretische Charakterisierung erfolgt aber nicht. Sollten die inhärenten Werte nur im Rahmen der oben erwähnten empirisch feststellbaren mentalen Eigenschaften erfahrbar bzw. zuschreibbar sein, ließe sich deren Annahme kaum rechtfertigen. Regan sieht sich insofern entweder dem Einwand ausgesetzt, er führe einen überflüssigen Begriff ein[96], oder ist – sollte dies nicht der Fall sein – mit sämtlichen Problemen naturalistischer bzw. objektiv-idealistischer Werttheorien konfrontiert.[97]

Nicht thematisiert und begründet wird darüber hinaus der normative Übergang von der Annahme inhärenter Werte in einzelnen Subjekten zur intersubjektiven Verpflichtung auf deren Respektierung. Die Grundfrage jeder altruistischen Theorie, warum man sich nicht ausschließlich egoistisch verhalten, sondern auch die Belange anderer berücksichtigen soll, wird damit überspielt. Andere zeitgenössische Vertreter einer objektiven Werttheorie wie von Kutschera haben zumindest versucht, diesen Intersubjektivierungsschritt durch das Postulat einer Korrespondenz von objektiven Werten und subjektiven Wertungen zu plausibilisieren (1982, S. 244).

Der Terminus des «Respekts» ist schließlich ähnlich wie derjenige des «inhärenten Werts» derart vage, daß man zweifeln muß, wie Regan seine eigene Anforderung der Präzision an gültige moralische Theorien (p. 132) als erfüllt ansehen kann. Hierin eine Basis für die Ableitung detaillierter Rechte zu sehen kann kaum überzeugen. An dieser Stelle wirkt sich Regans Verwerfung jeder präferenzutilitaristischen Interessenberücksichtigung und sein Postulat absoluter Gleichheit der inhärenten Werte und der Rechte auf Respekt besonders problematisch aus. Man fragt sich, wie dann im Rahmen der erwähnten Schadensverteilung in ausweglosen Konfliktfällen unterschiedlich starke Schädigungen festgestellt werden können.

Kaum haltbar erscheint auch das von Regan angenommene extrem starke positive Recht auf Hilfeleistung. Die Theoriekonstruktion inhärenter (objektiver) Werte mag vielleicht noch das Prinzip eines gegenseitigen Respekts und damit einer Nichtschädigung der Individuen tragen, kann aber nicht derart massiv an intersubjektiver Normativität gewinnen, daß ohne Zusatzannahmen das Recht auf wechselseitige positive Solidarität und Hilfeleistung plausibel wird.

2. Eine zweite Rechtfertigungsstrategie Regans besteht darin, die einzelnen Glieder der soeben dargestellten Begründungskette durch den Aufweis zu stützen, daß sie bestimmten Kriterien eines adäquaten moralischen Urteils genügen. Das sollen sein: begriffliche Klarheit, Information, Rationalität (Fähigkeit der logischen Verknüpfung unterschiedlicher Ideen), Unparteilichkeit, Emotionslosigkeit (p. 126 ff). Diese Verfahrensanforderungen an den Prozeß der Urteilsbildung sind sicherlich gerechtfertigt. Aber sie können – wie Regan selbst bemerkt (p. 130) – die Gültigkeit der Ergebnisse eines Urteilsbildungsprozesses nicht garantieren.

Dazu bedarf es nach Regan weiterer Kriterien für die Bewertung ethischer Prinzipien. Dies sind: Konsistenz (Widerspruchsfreiheit), Adäquanz des Anwendungsbereichs, Präzision, Konformität mit inneren Intuitionen. Für die ersten drei dieser Bedingungen gilt das soeben Ausgeführte analog: Es handelt sich zwar um notwendige Bedingungen einer gültigen Theorie, nicht aber um Rechtfertigungen, die die Normativität einer tragfähigen Ethik hinreichend oder auch nur partiell sicherstellen können. Dies wird sofort einsichtig, wenn man sich vor Augen führt, daß diese Bedingungen auch für jede deskriptiv-naturwissenschaftliche Theorie gelten. Damit können sie die spezielle, zusätzliche Anforderung der Verpflichtungsgenerierung für eine normative Ethik nicht erfüllen, insbesondere die von Regan vorgeschlagene Begründungskette in keiner Weise stützen.

Die vierte Anforderung spezifiziert Regan dahin, daß es sich nicht um ungeprüfte moralische Überzeugungen handeln soll. Nur reflektierte Intuitionen könnten rechtfertigend wirken. Reflektiert sind Intuitionen dann, wenn die obigen fünf prozeduralen Anforderungen an unsere moralischen Urteile erfüllt wurden (p. 134). Diese generieren aber für sich keinerlei normative Begründungskraft.

Das Verhältnis von reflektierten Intuitionen und ethischen Prinzipien bestimmt Regan wie folgt:

«No principle is shown to be invalid, therefore, *merely* on the grounds that it fails to match each and every reflective intuition. But a principle *is* shown to be invalid if it fails to match our intuitions *in a broad range of cases*, assuming that these intuitions *are* matched by an alternative principle that is validated by appeals to other relevant criteria» (p. 135).

Entscheidend sind dann aber nicht die reflektierten Intuitionen, sondern entscheidend ist das besser begründete «alternative Prinzip». Bei den dafür «relevanten Kriterien» kann es sich nach dem Wortlaut dieses Zitates nicht wieder um reflektierte Intuitionen handeln, so daß diesen jedenfalls keine entscheidende Begründungsfunktion zukommt, können sie doch nach Regans eigenen Ausführungen weder ein ethisches Prinzip falsifizieren noch bei zwei widersprechenden ethischen Prinzipien eine Entscheidung herbeiführen. Aber selbst wenn man reflektierten Intuitionen eine Begründungsfunktion zuschreiben wollte, bliebe zweifelhaft, wie die alleinige Beobachtung der obigen Verfahrensvorschriften in einem Konfliktfall, in dem sich zwei Personen auf unterschiedliche Prinzipien berufen und diese Personen jeweils für sich die jeweiligen Verfahrensvoraussetzungen eingehalten haben, streitentscheidend wirken soll.

Insgesamt erscheint die Unterscheidung von einfachen Intuitionen, reflektierten Intuitionen und ethischen Prinzipien eine idealtypische zu sein. Man muß annehmen, daß jeder über ein kontinuierliches Netz stärker reflektierter und weniger reflektierter Annahmen in ethischen Fragen verfügt. Der Versuch, einzelne dieser Annahmen als «Intuitionen» auszuzeichnen und ihnen einen besonders begründenden Status zuzuweisen, muß scheitern, weil sie einerseits nicht klar aufgrund eines intersubjektiv verbindlichen Kriteriums von anderen Annahmen abgrenzbar sind, andererseits nicht erklärt ist, wann ihnen ein derartiger letztbegründender Status zukommt. Eine Annahme mag mit dem Verweis auf eine andere zu rechtfertigen sein (z. B. die Herleitung einer Präskription für den Einzelfall aus einer allgemeineren Norm). Dann liegt dies aber an der sachlichen Rechtfertigung der Annahme und der Ableitung, nicht an ihrer speziellen Auszeichnung als «Intuition».

Schließlich ist anzumerken, daß Regan einerseits andere Theorien mit dem Verweis auf eigene Intuitionen verwirft (p. 289), andererseits selbst verschiedentlich ausdrücklich gegen bestehende Intuitionen im Rahmen der Entfaltung seiner Position entscheidet (p. 302, 312). Erfolgt der Verweis auf Intuitionen im Weg einer solchen «Rosinenmethode» – jeder pickt sich diejenigen heraus, die ihm passen –, so verliert er jede Erklärungskraft.

3. Eine dritte Rechtfertigungsstrategie Regans besteht in der Fruchtbarmachung der Unterscheidung zwischen moralischem Akteur (moral

agent; im Regelfall normale, erwachsene Menschen) und moralisch Betroffenem (moral patient). Erstere können für ihr Verhalten zur Verantwortung gezogen werden, letztere nicht (p. 151 f).

Regan weist für die einzelnen Schritte seiner Begründungskette (Subjekt eines Lebens, inhärenter Wert etc.; vgl. oben) zunächst die Plausibilität für moralische Akteure auf und behauptet dann, es gäbe keinen Grund, die entsprechende Charakterisierung Entitäten, die nicht moralische Akteure, sondern nur moralisch Betroffene sind, abzusprechen (p. 202 ff, 235 ff, 276 ff). Mag diese Methode auch überzeugungstaktisch sehr geschickt sein, so ist doch klar: Bei der Zuweisung von inhärenten Werten, Verpflichtungen und Rechten geht es von vornherein nicht um die Frage, ob jemand als moralisch verantwortlicher Akteur fungieren kann, sondern darum, ob er als Betroffener zu berücksichtigen ist oder nicht. Auch bei den moralischen Akteuren zählt insofern nur ihr Status als moralisch Betroffener. Die Annahme, daß der Status des moralischen Akteurs und der des moralisch Betroffenen korrelieren, ist eine spezielle Auffassung verschiedener normativ-ethischer Theorien, vor allem der Kantschen Ethik (vgl. oben A III 4.1 (a)). Regan versucht, diese Verkoppelung im Rahmen seiner Theorie gerade aufzuheben und auch Säugetiere als moralisch Betroffene aufzuweisen, die nicht gleichzeitig moralisch verantwortliche Akteure sind. Dann darf er sich aber die für andere Theorien spezifische Verbindung des Status von moralischem Akteur und moralisch Betroffenem nicht argumentativ zunutze machen. Grundsätzlich muß man annehmen, daß auch bei moralischen Akteuren immer gefragt werden muß, worin ihre spezifische moralische Betroffenheit liegt. Die Qualität als moralischer Akteur impliziert nicht notwendig die als moralisch Betroffener, sondern nur, wenn ein gleiches spezifisches Kriterium zur Zuschreibung führt, etwa Bewußtsein oder Selbstbewußtsein. Dann muß aber der Bestand dieses Kriteriums und seine Fähigkeit, als Kriterium für die Zuschreibung des Status als moralischer Akteur oder moralisch Betroffener zu dienen, gerechtfertigt werden. Die Tatsache der kriterialen Gleichheit ist bloß zufällige Folge.

Zusammenfassend läßt sich konstatieren, daß keine von Regans Begründungsstrategien zu einer adäquaten Rechtfertigung seiner Annahme von nichtanthroporelationalen Rechten bei Säugetieren führt. Auch die Kumulation der verschiedenen Argumentationsstränge führt nicht zum Ziel, weil aus verschiedenen nicht tragfähigen Rechtfertigungen keine tragfähige entsteht.

4. Interessen (Nelson, Feinberg, Hare)

Während Singers Präferenzutilitarismus mit seiner zentralen Interpretation des Interessenbegriffs als Lust/Leid bzw. Empfindung dem klassischen Utilitarismus noch relativ nahe steht, verzichten andere Theoretiker der utilitaristischen Tradition wie Feinberg, Hare, Rollin und Rodd[98] auf eine derart starke hedonistisch-naturalistische Rückführung des entscheidenden ethischen Strukturmerkmals. Sie stellen zwar ebenso den Interessen- bzw. Präferenzbegriff in den Mittelpunkt ihrer Begründung, geben diesem aber zumindest partiell andere Konturen. Bevor die Positionen von Feinberg und Hare skizziert werden, soll ein anderer Theoretiker Erwähnung finden, der schon 1917, aus der ganz anderen Tradition des Neukantianismus bzw. der Friesschen Schule kommend, zu einer ähnlich zentralen Auszeichnung des Interessenbegriffs und der Zubilligung von Interessen an Tiere gelangt ist: Leonard Nelson. Kantianismus und Utilitarismus weisen insofern in ihren abgeschwächten Versionen eine erstaunliche Konvergenz auf.

1. Leonard Nelson vertrat in seiner 1917 erschienenen «Kritik der praktischen Vernunft» die Ansicht, daß zwischen der Vorstellungskraft und dem Willen noch ein drittes «Vermögen» vermittele (1972, S. 344 ff). Als Antrieb und Bestimmungsgrund des Willens müsse zur Vorstellung des Gegenstandes das Interesse hinzutreten. Dieses Interesse sei als «elementare Qualität» keiner Definition zugänglich, sondern nur durch Beispiele zu erhellen. Nelson gibt folgende Bestimmungen: Es handelt sich um ein Begehren, ein Gefallen, einen Wunsch, ein Vermögen, Dingen Wert beizulegen, ein Kausalverhältnis, das auf den Willen wirkt, ein Wohlgefallen, das Lust und Unlust miteinschließt, sich aber nicht in ihnen erschöpft. Nelson unterscheidet zwischen sinnlichem, ästhetischem und sittlichem Interesse (S. 367). Nur letzteres ist ein «reines» Interesse, d. h. eines, «dessen Besitz nicht von den Umständen abhängt, sondern durch die Natur des Geistes selbst bestimmt ist» und damit reine praktische Vernunft und alleinige Quelle allgemeingültiger Werturteile. Zum Aufweis des Bestehens eines sittlichen Interesses geht Nelson vom «sittlichen Gefühl» aus[99] und bestimmt dieses näher. Im Rahmen einer «allgemeinen Theorie» des sittlichen Interesses formuliert Nelson als Inhaltsbestimmungen des Sittengesetzes: begriffliche Auflösbarkeit, urspüngliche Dunkelheit, praktischer, synthetischer und rationaler Charakter, imperativische Form (S. 547).

Im Ergebnis führt dies zum Universalisierungsprinzip der «Ausschließung des durch die numerische Bestimmtheit der Person bedingten Vorzugs». Trotz dieser kantischen Methodik der Deduktion eines synthetischen Urteils a priori und der Formalität des Sittengesetzes weist die Einführung des Interessenbegriffs doch weit über die Kantsche Position hinaus. Bei der ethischen Sachentscheidung «kommt es dafür, welches Interesse den Ausschlag gibt, weder darauf an, ob es dem Handelnden, noch ob es dem Behandelten gehört, sondern allein darauf, welches das überwiegende Interesse ist» (S. 522). Damit ist nicht mehr wie bei Kant die logische Möglichkeit der Universalisierung der Maxime, sondern die konkrete Interessenabwägung der jeweils Betroffenen in der fraglichen Situation entscheidend. Pflichtsubjekt und Rechtssubjekt müssen nicht zusammenfallen. Subjekte von Rechten und damit «Personen» sind alle Wesen, die Interessen haben, also auch Tiere (1970, S. 117, 162 f.). Nelson lehnt verschiedene Argumente, die auch in der gegenwärtigen Diskussion gegen die Annahme von Interessen bei Tieren vorgebracht werden (vgl. oben Frey A III 4.1 (b)), mit scharfen Worten («sophistischer Charakter») ab (S. 164 ff). Der skeptische Einwand der Nichterkennbarkeit tierischer Interessen müßte auch die Erkenntnis menschlicher Interessen ausschließen. Auch die Sprachfähigkeit des Menschen ändere hieran nichts. Im übrigen könne mit Hilfe der Sprache auch getäuscht werden. Gegen das Schiefe-Ebene-Argument, daß bei der Berücksichtigung von Tieren auch Pflanzen und Steinen Interessen zugeschrieben werden müßten, wendet Nelson ein, daß die Grenze zwischen Mensch und Tier ebenso schwer zu ziehen sei wie die zwischen Tier und Pflanze.

Auch das Interesse der Tiere an ihrem Leben ist nach Nelson zu beachten und darf nur im Fall einer echten Kollision und nach gerechter Abwägung zugunsten des Lebensinteresses eines Menschen geopfert werden, wenn dessen Interesse überwiegt (1970, S. 169). Die Vernunftnatur des Menschen rechtfertigt nicht – wie viele meinen – eine Bevorzugung gegenüber Tieren. Denn gerade aufgrund dieser Vernunftnatur ist der Mensch zur Aufgabe seines Lebens für höhere Interessen in der Lage. Die bloße Lebenserhaltung kann damit gegenüber anderen Interessen als nachrangig eingestuft werden (S. 171 f).

Nelsons Anerkennung der Interessen von Tieren und seine Abwehr entsprechender Einwände erscheint überzeugend. Problematisch ist allerdings die zugrundeliegende ethische Theorie. In das strikte methodische Korsett der Kantschen Transzendentalphilosophie werden mit dem Interessenbegriff und dem Postulat der Abwägung der Interessen im Einzelfall Elemente eingebaut, die die Formalität des Kantschen Sittengesetzes bzw. des Universalisierungsprinzips überschreiten. Die dominante Stellung des Willens des Akteurs bei Kant wird durch die Einführung eines willensantreibenden Bestimmungsvermögens des Interesses, das den von Kant inkriminierten Neigungen sehr ähnlich ist, depotenziert.

Die Abwägung erfolgt nicht mehr abstrakt mit Bezug auf ein allgemeines Gesetz, sondern konkret im Hinblick auf die Interessen der je Betroffenen, die nicht anders als empirisch festgestellt werden können. Welche Pflichten im einzelnen Fall auftreten, hängt von den vorliegenden Interessen ab (S. 173). Wenn man aber von den faktischen Interessen des Akteurs ausgeht, ist zweifelhaft, wie man zu einem «sittlichen Interesse» kommen soll, mit dessen Hilfe eine egoistische Interessendurchsetzung beschränkt werden kann. Nelson gibt nur den oben zitierten Verweis auf die Existenz des «sittlichen Gefühls». An anderer Stelle heißt es: «Was aber die Voraussetzungen betrifft, die wir dem Aufbau dieser Theorie zu Grunde legen werden, so liegen sie in dem einen Satze von der Existenz des sittlichen Gefühls beschlossen» (1972, S. 476). Aber diese Existenzannahme ist eine empirische Beobachtung, die nicht allgemeingültig ist. Es gibt Menschen ohne jedes erkennbare sittliche Gefühl oder Gewissen. Und selbst bei denen, die ein solches sittliches Gefühl bzw. Gewissen aufweisen, mag es sich um ein sachlich und personal limitiertes handeln. Aus einer solchen empirisch-faktischen Annahme läßt sich kein apriorisch-synthetisches Sittengesetz der Gerechtigkeit und damit der Berücksichtigung der Interessen der anderen Betroffenen deduzieren. Das transzendentalphilosophische Gebäude steht – in dieser Formulierung von Nelson – auf tönernen Füßen. Zweifelhaft ist im übrigen auch, warum im Rahmen der Bestimmung des Interesses als «Begehren» nicht auch Pflanzen ein Interesse zugeschrieben werden muß.

Angemerkt sei noch, daß Nelsons Position im Rahmen ihres kantischen Ausgangspunkts natürlich nur partiell naturalistisch ist und somit – zumindest nach Nelsons Selbstverständnis – nur bedingt in diesen Abschnitt naturalistischer Theorien paßt. Andererseits ist der entscheidende Bezug auf die «Existenz eines sittlichen Gefühls» eindeutig ein empiristisch-naturalistisches Theorieelement. Im übrigen nähert sich Nelsons Position mit ihrer zentralen Auszeichnung des Interessenbegriffs in starkem Maß den nun zu behandelnden Theorien utilitaristischer Provenienz.

2. Nach Joel Feinberg weist eine Entität Interessen auf, wenn man ihr ein eigenes Wohlergehen zuschreiben kann. Interessen bauen sich «irgendwie aus Strebungen» («somehow out of conations») auf (1980, p. 165 f, S. 149). Dingen kann kein Interesse zugebilligt werden, weil sie keine Strebungen kennen, keine bewußten Wünsche oder Hoffnungen, keine Regungen oder Triebe, keine unbewußten Zwänge oder Zwecke, keine Neigungen, Entwicklungsziele oder natürlichen Befriedigungen. Viele der höheren Tiere besitzen Triebe und Strebungen und – ansatzweise – Wünsche, also Interessen. Pflanzen weisen dagegen keine Inter-

essen auf, denn Wünsche und Ziele setzen nach Feinberg Bewußtsein voraus, also ein zumindest im Ansatz vorhandenes Erkenntnisvermögen (p. 168, S. 153).

Zunächst kann man einwenden, daß Feinberg keinen Grund angibt, *warum* wir überhaupt die Interessen anderer beachten sollen. Mit dem bloßen Aufweis des Bestehens von Interessen ist deren normativer Charakter für den Akteur noch nicht begründet. Damit bleibt aber auch die Beschränkung der Interessen auf Lebewesen mit Bewußtsein zweifelhaft. Ohne Erklärung der normativen Funktion des Interessenbegriffs überzeugt die Auszeichnung bestimmter tatsächlicher Merkmale potentieller Interessenträger als konstitutiv für die Interessenzuschreibung nicht.

Darüber hinaus ist auch die spezielle Auszeichnung des «Bewußtseins» als zentrale Eigenschaft fraglich. Schon Feinbergs eigene Erklärung enthält mit der Bezugnahme auf «Strebungen» eine Charakterisierung, die nicht unbedingt eine intentionalistische Interpretation erfordert. Alle Lebewesen mit Bewußtsein haben im übrigen auch nichtbewußte, «vegetative» Strebungen, etwa die Atmung, die Verdauung, die Blutzirkulation etc. Für die Beachtung dieser Strebungen durch einen anderen ist es gleichgültig, ob der Betroffene sich ihrer bewußt ist oder nicht. Das Bewußtsein generiert selbst Strebungen in Form von Wünschen und ist zur Kenntnis und Beachtung unbewußter Strebungen bei anderen durch den Akteur erforderlich (Pluhar 1983, p. 54), aber keine *conditio sine qua non* der ethischen Beachtung dieser Strebungen beim Betroffenen. Der klassische Utilitarismus hat im Rahmen seiner hedonistischen Interpretation des Interessenbegriffs mentalistische Grundannahmen zur *conditio sine qua non* erhoben, die hartnäckig aufrechterhalten werden, ohne daß eine wirkliche Rechtfertigung erkennbar ist.

Feinberg versucht, seine Negierung von Interessen bei Pflanzen mit Sprachbeobachtungen zu untermauern. Die bloße Anlage oder Neigung, nach etwas zu streben, könne nicht als ein «Wünschen» («desire») bezeichnet werden (1980, p. 169, S. 153). Die Bemerkung, ein Baum brauche Licht und Wasser bzw. habe entsprechende Bedürfnisse («needs»), bedeute nur, daß er ohne Licht und Wasser nicht wachsen und überleben kann, nicht aber die Zuschreibung von Interessen. Gleiches gelte für die Verwendung des Wortes «blühen» («flourish») mit Bezug auf Pflanzen. Hierzu ist zu sagen, daß zwar die englischen Wörter «needs» und «flourish» und die deutschen Wörter «brauchen» und «blühen» keine spezifische Signifikanz für die Interessenzuschreibung haben. Aber das deutsche Wort «Bedürfnis» wird offensichtlich nur für Lebewesen verwendet. Man würde einer Maschine, etwa einem Computer, kein «Bedürfnis» nach Strom zusprechen, sondern nur sagen, er «braucht» Strom. Pflanzen werden dagegen «Bedürfnisse» nach Licht und Wasser attestiert. Dieser Sprachgebrauch würde also – zumindest im Deutschen – eher gegen Feinbergs These sprechen, Pflanzen hätten keine Interessen. Aber selbst wenn der Sprachgebrauch im Englischen anders wäre, gilt doch: Bei dieser Art von Argumenten schlägt die metaethische Analyse zu stark auf die normativen Annahmen durch. Solange kein Sachargument gefunden ist, warum wir nur beim Vorliegen von Wünschen Interessen zusprechen sollen, kann der entsprechende Sprachgebrauch keine plausible Grenzziehung rechtfertigen. Man muß sich insgesamt der Einschätzung Varners gegenüber Feinbergs Position anschließen: «The only reason he gives for concluding that interests ‹presuppose› at least rudimentary cognitive equipment is that this explains his own reluctance to attribute interests to plants» (1987, p. 71).

3. Auch für Richard M. Hare kann es keine Interessenbeeinträchtigung ohne zumindest mögliche Verhinderung einer Wunschbefriedigung geben, so daß Pflanzen und niederen Tieren ohne entsprechende Wünsche (desires) keine Interessen zuerkannt werden können (1989, p. 237 f). Anders als Feinberg gibt Hare für seine These eine plausible Begründung mit Rekurs auf seine eigene normativ-ethische Position, die nur auf Wesen mit Wünschen anwendbar ist, nicht aber auf Pflanzen:

«If the basis of morality is the Golden Rule to do others as we wish that they should do to us, then if, as I have said, I could not care less what happens to me if I am a tree, I shall not care in particular whether, if I am the tree, it realizes its peculiar good or not. I no more care what happens to me if I am the tree than I do what happens to me if I am the bicycle that I knock over. The bicycle too has a good; one can harm it by knocking it over. But that does not entail that the bicycle has interests of the sort that could generate moral rights or duties» (p. 244).

Dagegen kann zunächst eingewendet werden, daß die Goldene Regel kein adäquates ethisches Prinzip ist. Schon zwischen Menschen gilt sie nicht: Wenn mein Nachbar gern belogen und geschlagen wird, dann gibt ihm das kein Recht, mich zu belügen und zu schlagen. Eine Gleichheit der Interessen, wie von der Goldenen Regel vorausgesetzt, ist nicht realistisch.

Aber selbst wenn man die Goldene Regel als ethisches Prinzip akzeptierte, wäre Hares Argumentation wenig überzeugend: Entweder man fordert für die Entität, in die man sich hineinversetzen soll, tatsächlich eine mentale Realisation des für sie selbst jeweils Guten, dann müssen aber auch Tiere ausgeschlossen werden; oder man gesteht der anderen Entität auch in dieser Hinsicht eine Unterschiedlichkeit zu, dann ist kein

Grund ersichtlich, warum die Strebungen von Pflanzen nicht ähnlich relevant sein sollten wie vergleichbare Strebungen beim Menschen. Auch der Mensch hat zahllose unbewußte Strebungen, etwa den Flüssigkeitstransport im Körper oder die Sauerstoffaufnahme. Sie gleichen Strebungen bei Pflanzen. Nicht umsonst spricht man etwa vom «vegetativen Nervensystem» beim Menschen oder im angloamerikanischen Sprachraum von «human vegetables» (Patienten im irreversiblen Koma). Ein wirkliches Sich-in-den-anderen-Versetzen in nichtmenschliche Entitäten müßte also gerade von einer solchen zusätzlichen Eigenschaft wie mentalen Wünschen absehen, weil es auch beim Menschen nichtmentale Strebungen gibt. Die Anwendung der Goldenen Regel schließt demnach die Berücksichtigung von pflanzlichen Interessen nicht aus.

Auch der zweite Teil des Hareschen Arguments spricht nicht dagegen. Darin wird versucht, pflanzliche Strebungen mit der Funktionsfähigkeit eines Fahrrads als Artefakt auf eine Stufe zu stellen. Aber der Unterschied ist eindeutig: Pflanzen streben nach Sonne, Luft, Licht und Nährstoffen, während ein Fahrrad nach nichts strebt, auch nicht danach, repariert oder gewartet zu werden. Die Vernachlässigung der Kategorie nichtmentaler Strebungen erscheint nicht gerechtfertigt.

4. Angemerkt sei noch, daß die Reichweite der Theorien, die Interessen auf mentale Fähigkeiten stützen, natürlich von der empirischen Feststellung abhängt, welche Entitäten mentale Fähigkeiten aufweisen. Ob dies für Tiere zutrifft, ist umstritten (vgl. Griffin 1991). Allerdings dürfte jedenfalls die Beschränkung mentaler Fähigkeiten auf Tiere von der weit überwiegenden Zahl der Wissenschaftler geteilt werden. Die These, daß auch Pflanzen über mentale Fähigkeiten verfügen, ist wohl bisher nur eine Einzelmeinung geblieben.[100] Ob man Computern mit «künstlicher Intelligenz» auch Bewußtsein zuschreiben kann, wird von Informatikern und Psychologen in nicht allzu ferner Zukunft vermutlich verstärkt diskutiert werden müssen.

5. Interessen/Leben (Attfield u.a.)

Aus der Kritik an der Beschränkung der Interessenzuschreibung auf Lebewesen mit mentalen Fähigkeiten haben einige Theoretiker die Konsequenz gezogen, auch andere Lebewesen als Interessenträger anzusehen. Dies betrifft regelmäßig Tiere ohne mentale Fähigkeiten, Mikroorganismen und Pflanzen, so bei Attfield, Taylor, Lombardi und Cahen.[101] Die Reichweite der jeweiligen Position hängt davon ab, wie man «Leben» definiert. Goodpaster bezieht sich im Gegensatz zu den soeben Genannten auf eine physikalische Definition und will daran anknüpfend auch eine Berücksichtigung des Biosystems nicht ausschließen. Nötig ist nach dieser Definition nur: ein dauernder Zustand niedriger Entropie, der durch metabolische Prozesse der Energieakkumulation unterstützt und durch homöostatische Rückkopplungsprozesse im Gleichgewicht mit seiner Umwelt gehalten wird.[102] Unterschiedlich bewertet werden auch die relativen Wertigkeiten der Interessen der jeweiligen Gattungsmitglieder. Während Attfield (1991, p. 166ff, v. a. p. 177) und Lombardi (1983, p. 263ff) eine Hierarchie Mensch/Tier/Pflanze befürworten, plädiert Taylor für eine Egalität aller Lebewesen (1989, p. 129ff; 1984). Da Reichweite- und Gewichtungsfragen nachrangig sind, werden im folgenden nur die Argumente diskutiert, die für eine ethische Berücksichtigung aller Lebewesen angeführt werden.

1. Goodpaster postuliert wie Albert Schweitzer, den man als Nestor dieser Theoriegruppe ansehen kann[103], daß «Leben» das zentrale ethische Rechtfertigungskriterium sei (1978, p. 310, 313, 316). Lebewesen seien Nutznießer von Wohltaten und Opfer von Schädigungen (p. 316). Pflanzen hätten die Tendenz, sich selbst zu erhalten und zu heilen. Aber die Bezugnahme auf das «Leben» und die «Selbsterhaltung» verweist zunächst nur auf ein biologisches bzw. biophysikalisches Faktum. Ohne eine Erklärung, wie daraus verhaltensleitende Normativität erwachsen soll, unterfallen diese Rechtfertigungen dem Einwand der naturalistischen Ableitung. Und ob Lebewesen Nutznießer oder Opfer sein können, ist keine Rechtfertigung ihrer ethischen Berücksichtigung, sondern wäre eine evaluativ-normative Folgerung aus einer gerechtfertigten Berücksichtigungsforderung. Man kann somit Attfields Zweifeln, ob es Goodpaster gelungen ist, nichtempfindungsfähigen Wesen eigenständige Berücksichtigungswürdigkeit zuzusprechen, nur beipflichten (1991, p. 146).

2. Attfield führt zwei Argumentationsstränge an. Zum einen verweist er auf eine Analogie:

«Accordingly, although Goodpaster's reminder that plants have a good of their own does not establish that they have moral standing, there is some analogy between them and items which are widely agreed to have such standing, consisting precisely in their having interests and in the qualities and capacities which make this true. Thus the capacities for growth, respiration, self-preservation and reproduction are common to plants and sentient organisms (as also to many unicellular organisms). So there is an analogical argument for holding that all the organisms concerned not only can but also do have moral standing. There is, in fact, a qualification to make, as the analogical argument applies only to organisms with interests; and though sentient organisms whose flourishing was in the past clearly still have interests as long as they have any prospect of consciousness, the same cannot be said, in general, of nonsentient beings. For the interests of these beings lie in the fulfilment of their capacities, and once this fulfilment is in the past and decay sets in (often through the flourishing of other organisms) their interests decline and vanish. Only what retains a potential for realizing the generic good of its kind has interests and is valuable» (p. 153).

Die Position – die man einerseits als naturalistische Variante von Jonas' partiellem metaphysischem Neoaristotelismus, andererseits als Revitalisierung des Analogia-entis-Denkens skizzieren könnte – verbindet ein Analogieargument, ein Argument bezüglich bestimmter tatsächlicher Eigenschaften und ein Potentialitätsargument. Das Analogieargument ist ein (quasi)logisches und fordert, Gleiches gleich zu behandeln. Es soll hier ohne weitere Diskussion zugestanden werden. Mit Bezugnahme auf die von Attfield vorgeschlagenen Eigenschaften (Wachstum, Atmung, Selbsterhaltung, Reproduktion) würde es die Berücksichtigung von nichtempfindungsfähigen Lebewesen fordern, wenn drei Bedingungen erfüllt wären: (1) Empfindungsfähige Lebewesen müßten ethisch zu berücksichtigen sein; (2) sie müßten diese Eigenschaften aufweisen; (3) sie müßten gerade wegen dieser Eigenschaften ethisch zu berücksichtigen sein.

Bedingung (2) kann als empirische Annahme zugestanden werden. Für Bedingung (1) vertritt Attfield einen Konsequentialismus mit hedonistischem Interessenkriterium, das ähnlich wie bei Feinberg und Hare (siehe oben C III 4) voluntaristisch / mentalistisch erweitert ist: Lust- und Leidfähigkeit ist ein Interessenkriterium, aber nicht das einzige (Attfield 1991, p. 107, 142). Diese Rechtfertigung kann und muß man bezweifeln. Aber selbst wenn man sie zugestehen würde, wäre doch Bedingung (3) nicht erfüllt: Empfindungsfähige bzw. bewußte Wesen werden wegen ihrer spezifischen (mentalen) Eigenschaften berücksichtigt und nicht wegen ihres Wachstums oder ihrer Reproduktion. Die Tatsache, daß sie zusätzlich zu den ersteren entscheidenden Merkmalen noch die von Attfield erwähnten weiteren Eigenschaften aufweisen und mit anderen Lebewesen gemeinsam haben, erlaubt es nicht, auch den anderen Lebewesen moralische Berücksichtigung zuzugestehen. Die Analogie ist unzulässig, weil sie sich auf unterschiedliche Eigenschaften bezieht. Das Potentialitätsargument erliegt schließlich ohne weitere Qualifikation ähnlich wie die Bezugnahme auf aktuelle Eigenschaften dem Einwand naturalistischer Ableitung. Auch hier ist nicht erklärt, warum der fragliche Akteur in irgendeiner Weise verpflichtet sein soll.

Attfields zweiter Argumentationsstrang ist als «last-person-argument» bekannt geworden. In Umkehrung und Erweiterung von Kants These, daß ein Mörder noch hingerichtet werden müsse, selbst wenn er der letzte Mensch im Gefängnis wäre und die fragliche Gesellschaft sich selbst auflöse und auseinanderginge (1907, S. 333), vertritt Attfield, daß auch der letzte Überlebende einer Nuklearkatastrophe sich falsch verhalten würde, falls er die letzte noch bestehende Ulme umschlägt (p. 155 f). Dies sei ein fairer Test für den intrinsischen Wert der Ulme. Aber dagegen spricht zum einen, daß dann außer dem Überlebenden niemand mehr da ist, der über richtig und falsch entscheiden könnte (wenn man Gott nicht berücksichtigt). Die Negativbewertung könnte darüber hinaus auf die anthroporelationalen Interessen des Überlebenden zurückzuführen sein. Er benötigt vielleicht Schatten und die Blätter des Baums zur Verfertigung einer Arznei. Möglicherweise bietet ihm der Baum als einziger Gegenstand einen ästhetischen Genuß. Entscheidend gegen das Argument spricht schließlich, daß Attfield bei diesem Test lediglich seine eigene, persönliche Intuition wiedergibt. Auch wenn sie von manchen geteilt würde, könnte sie schlichtweg falsch sein. Eine ethische Rechtfertigung bietet dieser «Test» mit Rekurs auf moralische Intuitionen also nicht.

3. Paul W. Taylor sieht den Organismus als «teleologisches Zentrum eines Lebens» («teleological center of a life»). Das bedeutet: «To say it is a teleological center of life is to say that its internal functioning as well as its external activities are all goal-oriented, having the constant tendency to maintain the organism's existence through time and to enable it successfully to perform those biological operations whereby it reproduces its kind and continually adapts to changing environmental events and conditions» (1989, p. 121 f). Für unbelebte Objekte gilt das hingegen nicht. Maschinen wie Satelliten, Schachcomputer oder Fertigungsroboter, die von Menschen so konstruiert wurden, daß sie in einer quasiautonomen, selbstregulativen Weise funktionieren, verfolgen zwar bestimmte Zwecke und sind ebenfalls als teleologische Systeme interpretierbar, aber sie bleiben trotzdem unbelebte Objekte. Die Zwecke, für die sie programmiert wurden, sind nicht ihre eigenen. Es handelt sich um bloß derivative Zwecke. Anders ist dies bei Pflanzen und Tieren, die wie Menschen unabhängig von allen anderen Entitäten ihre Ziele verfolgen (p. 124).

Taylors Beschreibung der Zielgerichtetheit von Lebewesen verdient als Deskription der biologischen Fakten Zustimmung, wenn man den Terminus «teleologisch» rein immanent und «Ziel» nicht im Sinn von intentional Erstrebtem, sondern mit Bezug auf das bloße Moment der Strebung interpretiert. Allerdings ist sie insgesamt zu undifferenziert. Die moderne Ökologie bzw. Ethologie unterscheidet allein bezüglich des umweltrelevanten Verhaltens sechs verschiedene Stufen: Tropismen (gerichtete Bewegungen und Orientierungen bei Pflanzen), Taxien (Be-

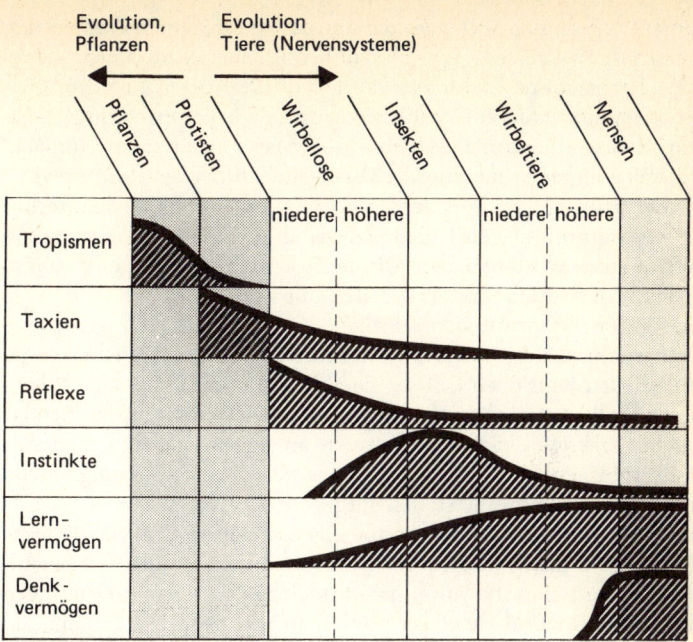

	Pflanzen	Protisten	Wirbellose		Insekten	Wirbeltiere		Mensch
			niedere	höhere		niedere	höhere	
Tropismen								
Taxien								
Reflexe								
Instinkte								
Lern- vermögen								
Denk- vermögen								

Evolution, Pflanzen ← Evolution Tiere (Nervensysteme) →

Schematische Darstellung der relativen Bedeutung von sechs Komponenten des Verhaltens in der Phylogenie (*aus:* Odum, Eugene P., Grundlagen der Ökologie, Band 1, Grundlagen, 2. Aufl., Georg Thieme Verlag, Stuttgart–New York 1983, S. 399)

wegungsreaktionen auf Reize), Reflexe (Bewegungsreaktionen spezifischer Teile oder Organe), Instinkte (Sequenzen stereotyper Verhaltensweisen), Lernvermögen und Denkvermögen (Odum 1983, S. 398–402).

Weniger optimistisch als Taylor muß man angesichts der schon stattfindenden Genmanipulationen an Nutzpflanzen und Versuchstieren auch bezüglich der Autonomie der jeweiligen Strebungen sein. Aber immerhin erfolgt die Ausprägung des genetischen Plans, also die Umsetzung des Genotyps in den Phänotyp der Pflanzen und Tiere, noch im wesentlichen eigenständig. Den avanciertesten Produkten künstlicher Intelligenz wird man umgekehrt nicht mehr nur rein derivative Zielgerichtetheit unterstellen können. Aber dies sind jeweils Marginalfälle, die an der Richtigkeit der grundsätzlichen Einteilung (noch) nichts ändern.

Nicht stichhaltig erscheint der Einwand von Thompson, mit Taylors

Argument müsse man auch anerkennen, daß die einzelnen Organe eines Organismus ein eigenes ethisch zu beachtendes Gut hätten (1990, p. 153). Hier könnte Taylor erwidern, daß die Aufrechterhaltung der Funktionsfähigkeit dieser Organe einzig und allein der Erhaltung des Gesamtorganismus diene und deshalb wie bei Maschinen rein instrumentell sei. Einzelne Organe sind ohne die Versorgung durch den restlichen Körper (wenn man einmal von der Konservierung mittels medizintechnischer Apparaturen absieht) nicht lebensfähig. Dieses Mindestmaß an Unabhängigkeit wird man aber für die Zuschreibung einer eigenständigen ethisch relevanten Strebung fordern müssen.

Aber gegen Taylor müssen sämtliche Einwände erhoben werden, die gegen die ethische Auszeichnung natürlicher Merkmale bisher vorgebracht wurden (vgl. oben C III 1). Die bloße Tatsache, daß eine Pflanze nach Sonnenlicht strebt, verpflichtet mich – auch wenn ich dieses Streben als solches erkenne – nicht normativ, sie ans Fenster zu stellen oder die Jalousie zu öffnen. Der Einwand der naturalistischen Ableitung und der Intersubjektivitätseinwand stehen entgegen.

Taylor relativiert im übrigen seine eigene Position ähnlich wie Naess mit Verweis auf mögliche divergierende Weltanschauungen: «It must be emphasized here that the biocentric outlook has not been *proven*. It cannot be… Since world views are neither formal deductive systems nor explanatory scientific theories, neither pure logic nor the procedures of empirical confirmation are appropriate methods» (p. 167). Taylors oben zitierten Thesen zur Teleologie stehen unter der Überschrift «The Biocentric Outlook on Nature», sind also schon unter der Prämisse der Wahl eines bestimmten Weltbildes vorgebracht.

6. Interessen / Wohlbefinden / Kybernetisches System / Selbstidentität (Johnson)

Alle bisher erörterten naturalistischen bzw. partiell naturalistischen Positionen waren strikt individualethisch ausgerichtet. Interessen oder Rechte von Kollektiven wie Arten, Ökosystemen oder der Biosphäre wurden nicht anerkannt. Der australische Philosoph Lawrence E. Johnson vertritt demgegenüber in seinem Buch «A Morally Deep World» – das eine der interessantesten Veröffentlichungen zur Ökologischen Ethik darstellt – eine Position, die individualethische und kollektivethische Merkmale zu integrieren versucht. Er steht somit zwischen den bisher erörterten und den noch darzustellenden weitergehenden holistischen Theorien. Johnsons Position kann als naturalistische Variante der metaphysisch inspirierten Ecosophy T bzw. der Deep-ecology-Position (vgl. oben C II 2) angesehen werden.

1. Johnson sieht – in der utilitaristischen Tradition stehend – wie Singer und Feinberg in der Interessenberücksichtigung den zentralen Aspekt ethischer Verpflichtung. Sein Grundprinzip lautet: Respektiere die Interessen aller Daseinsformen, die Interessen haben, im Verhältnis zu ihren jeweiligen Interessen (1991, p. 74, 118, 185, 198). Die Konkretisierung des Terminus «Interesse» nimmt bei Johnson aber eine ganz andere Richtung als bei Singer und Feinberg.

Zur Explikation seines Interessenbegriffs weist Johnson zunächst die utilitaristische Interpretation der Interessen als mentale Zustände (mental states) oder vernünftige Wünsche (prudent desires, preferences) zurück (p. 98 ff). Mentale Zustände sind zwar partiell signifikant, aber wir sind Lebewesen, für die mentale Zustände im Hinblick auf das Gute nur eine von mehreren ethisch relevanten Grundlagen ausmachen. An die Stelle der mentalistischen Interpretation des Interessenbegriffs tritt eine ontologisch-teleologische: Unsere Hauptwünsche ergeben sich aus unserem zentralen Dasein (being)[104] und sind danach auszuwählen, was zu unserem Wohlbefinden (well-being) beiträgt (p. 106). Somit ist das Wohlbefinden die ursprünglichere Bestimmung, auch wenn dieses nicht ermittelt werden kann, ohne auch die Entscheidungen und Wünsche des jeweils betroffenen Individuums zu berücksichtigen, sofern dieses mentale Kapazitäten aufweist (p. 108). Eine Vernunftbewertung der Wünsche kann nur danach beurteilt werden, wie die Wünsche jeweils mit den Wohlbefindensinteressen übereinstimmen. Die Tatsache, daß selbstzerstörerische Tendenzen von psychisch Kranken als Beweis einer Geistesstörung angesehen werden, ist wesentliches Indiz dafür, daß der Begriff der vernünftigen Wünsche an den Begriff des Wohlbefindens gekoppelt wird – und auch werden muß (p. 112). «Wohlbefinden» definiert Johnson als das generelle, integrierte Funktionieren eines Lebensprozesses als Ganzes (p. 142). Der Begriff des Wohlbefindens bezieht sich – wie Johnson ausdrücklich vermerkt – auf einen empirischen Sachverhalt, der prinzipiell im Hinblick auf die betroffene Entität bestimmt werden kann (p. 145). Dabei variiert das ethisch signifikante Gut mit der Natur der ethisch signifikanten Entität (p. 196).

Als notwendiges Kennzeichnungskriterium für ethisch berücksichtigungswürdige lebende Entitäten fordert Johnson die Struktur eines kybernetischen selbstregulierenden Systems, das sich selbst in einem Gleichgewichtszustand stabilisiert (p. 203 f). Johnson übernimmt den von Lovelock geprägten Begriff der Homöostasis (1979, p. 56 ff). Er bezieht sich wie Goodpaster (vgl. C III 5) auf Sayres physikalistische Defi-

nition eines lebenden Systems: «The typifying mark of a living system...
appears to be its persistent state of low entropy, sustained by metabolic
processes for accumulating energy, and maintained in equilibrium with
its environment by homeostatic feedback processes» (p. 204). Johnson
erweitert diese Definition aber: Einige Wohlbefindenskonfigurationen
sind besser als andere, weil sie größere Komplexität, Diversität, Balance,
organische Einheit oder Integrität aufweisen (p. 227). Lebende Entitäten
zeichnen sich durch eine Komplexität des kybernetischen Prozesses aus,
die nicht nur graduell interpretiert werden kann, sondern bei der die
Homöostasis des Systems Ausdruck einer organischen Einheit und
Selbstidentität ist, in der der Rückkopplungsprozeß zentriert (p. 205).
Entscheidend für die Zuschreibung von Eigeninteressen an ein kollektives System, die über die Partikularinteressen der Teile hinausgehen, ist
diese Selbstidentität (p. 207 ff). Sie trennt lebende von nichtlebenden
Systemen. Die zentrale Auszeichnung des Begriffs «Selbstidentität»
erinnert stark an Naess' obersten Imperativ (vgl. oben C II 2). Der Begriff
wird von Johnson aber anders als bei Naess nicht normativ, sondern deskriptiv verwendet. Er ist auch nicht metaphysisch, sondern empirisch-
naturalistisch bestimmt. Jede mentalistische Aufladung oder auch nur
Konnotation in der Tradition der Subjektphilosophie seit Descartes ist
getilgt. Selbstidentität setzt nach Johnson kein Selbstbewußtsein voraus.
Man kann hier wohl mit Fug und Recht nicht nur von einer «Umwertung
aller Werte», sondern auch von einer «Umwidmung aller Begriffe» sprechen.

Johnson sieht vor dem Hintergrund dieser Position neben individuellen
Entitäten wie Mensch, Tier, Pflanze, Mikrobe und Zelle auch Arten,
Ökosysteme und die Biosphäre als interessentragende Entitäten an. Anders als z. B. eine Meereswelle ist eine Spezies nicht nur ein selbstentwik-
kelnder Prozeß, sondern ein Prozeß mit integrierender Selbstidentität,
der selbst definiert, was gut für ihn ist. Sie ist ein Prozeß, der in einer
Weise fortschreitet, die ihrer Kohärenz, Einheit und Lebensfähigkeit
dient und insofern Interessen hat (p. 209 f). Auch ein Ökosystem kann
«Ökointeressen» haben (eco-interests, p. 265, 275). Es kann Streß erlei-
den, beschädigt werden, auf einen niederen Stand von Stabilität und
Komplexität abgesenkt und in seiner Selbstidentität beeinträchtigt werden (p. 217). Gegenüber der gesamten Biosphäre kann man sich nach
Johnson falsch verhalten, wenn man sie signifikant beeinträchtigt. Dies
gilt selbst dann, wenn man annimmt, daß ein entsprechendes ausbeuteri-
sches Verhalten in der Natur des Menschen liegt. Der Mensch kann nach
Johnson die Ausbeutung der Welt nicht mit seiner Natur rechtfertigen
(p. 225 f).

Johnson vertritt keinen strikten Ökofunktionalismus, wonach die Individuen nur als Teile des übergeordneten Systems Berücksichtigung verdienen. Sowohl die Teile zählen als auch das Ganze. Aber tendenziell sind die übergeordneten Systeme (Arten, Ökosystem, Biosphäre) wichtiger als die einzelnen Individuen. Auch zwischen den Individuen gibt es graduelle Abstufungen, wobei der Mensch Priorität genießt (p. 7).

2. Eine Kritik an Johnsons gemischt individualistisch-ökofunktionalistischer Position muß an mehreren Gesichtspunkten ansetzen:

Johnsons Theorie ist eingestandenermaßen naturalistisch und unterfällt damit dem Einwand naturalistischer Ableitung und dem Intersubjektivitätseinwand (vgl. oben C III 1).

Johnson stützt sich in seiner Theorie auf klassische Begriffe bzw. Kennzeichnungen der ethischen Tradition wie «Interesse», «Wohlbefinden», «Leben» und «Selbstidentität», weitet diese aber stark in Richtung auf abstrakte systemtheoretische Kennzeichnungen mit dem Zweck der Systemoptimierung aus. So plausibel seine Ablehnung einer monistischen Interesseninterpretation über mentale Zustände oder vernünftige Wünsche ist, so problematisch erscheint der Versuch, die Interessen wiederum monistisch über den Begriff des «Wohlbefindens» zu definieren. Zum einen wird damit jeder Rest einer Zielgerichtetheit des Interessenbegriffs eliminiert. Er verliert damit offensichtlich ein notwendiges Merkmal. Johnson könnte sofort vom Begriff des Wohlbefindens im Sinne der Stabilisation des selbstregulierten kybernetischen Systems ausgehen und benötigte bei seiner Interpretation den Interessenbegriff überhaupt nicht. Zum zweiten ist kein Grund ersichtlich, den Interessenbegriff für alle Interessenträger vollständig einheitlich zu definieren. Möglicherweise gibt es bei verschiedenen Interessenträgern – von dem soeben erwähnten Bezugspunkt der Zielgerichtetheit abgesehen – bezüglich ihrer Interessen hauptsächlich Familienähnlichkeiten gemäß Wittgensteins Bedeutungstheorie (1977, § 66, S. 57). Es erscheint plausibel, bei einem erwachsenen Menschen, dessen Verhalten nicht in sich widersprüchlich ist, die Interessen tatsächlich als die artikulierten Wünsche zu interpretieren. Dafür lassen sich folgende Gründe anführen:

Ein möglicher Beobachter kann, wenn er bei einem anderen erwachsenen Menschen eine Abweichung von präsumtiven Wohlbefindensinteressen konstatiert, ja selbst nur wieder ein erwachsener Mensch sein und deshalb für seine Beobachtung keine von vornherein höhere Einsichtsfähigkeit in Anspruch nehmen. Kognitive Fähigkeiten und Lebenserfahrung mögen bei verschiedenen Menschen variieren. Aber diesbezüglich bestehen allenfalls graduelle und kontingente Unterschiede, die in einem echten Konfliktfall keine superiore Beurteilungskompetenz des Beobachters rechtfertigen.

Der Suizid müßte nach Johnsons Konzept (außer vielleicht bei Todkranken mit starken Schmerzen) immer als Handlung eines Geisteskranken angesehen und verhindert werden. Ein solcher Paternalismus erscheint aber gegenüber der freien und bewußten Entscheidung eines erwachsenen Menschen kaum rechtfertigbar zu sein. Dies gilt jedenfalls für den sog. Bilanzselbstmord. Die Feststellung einer Geistesstörung ließe sich im übrigen auch durch Rekurs auf die Selbstwidersprüchlichkeit der Wünsche des Betroffenen vornehmen, z. B. wenn ein Mensch eigentlich glücklich leben will, sich aber selbst verstümmelt.

Aber selbst wenn man für einzelne menschliche Interessen sogar bei widerstreitenden Wünschen das objektive Wohlbefinden für ausschlaggebend hält, so gibt es doch ohne Zweifel Interessen, die nicht auf das Wohlbefinden reduziert werden können. Ein Beispiel wäre das Interesse, die Wahrheit zu erfahren und nicht belogen zu werden. Dieses Interesse könnte nur unter begrifflicher Gewaltanwendung als Vermeidungsinteresse bezüglich der Beeinträchtigung des Wohlergehens des präsumtiv Belogenen angesehen werden.

Insgesamt ist Johnson also in seiner Kritik an einer ausschließlich mentalistischen Bestimmung des Interessenbegriffs zuzustimmen. Die Ersetzung durch eine ausschließlich objektivistisch-naturalistische Wohlergehensbestimmung ist aber abzulehnen.

Zweifelhaft ist des weiteren das physikalistische Kriterium für Leben. Zwar ist richtig, daß organischer Aufbau und Entropieabbau Hand in Hand gehen. Aber dies bedeutet eben nicht, daß man ein System, in dem Entropie abgebaut wird, als insgesamt belebt ansehen kann. Lebende Einzelorganismen können sich durch Entropieabbau in der unbelebten Umwelt Lebensmöglichkeiten schaffen. Dann kann man aber nur die einzelnen Organismen als lebendig ansehen, nicht das ganze System.

An der für das ethische Kriterium entscheidenden Abgrenzungsstelle zwischen rein physikalischen Vorgängen und Erscheinungen von «Leben» weicht Johnson auf den sehr vagen Begriff der «Selbstidentität» aus. Dabei kann er keine Merkmale angeben, die entsprechend ausgezeichnete Entitäten (Arten, Ökosysteme, Biosphäre) von bloß physikalischen Prozessen bzw. unbelebten Sachgesamtheiten unterscheiden. Man könnte z. B. mit der gleichen Plausibilität annehmen, ein Fluß habe sich über Jahrmillionen ein Bett gegraben und damit eine Identität entfaltet, die weit klarer ist als die einer ständig mutierenden Spezies, bei der die Grenzen zu Nachbarart zweifelhaft sind.

Problematisch scheint etwa folgender Fall: Eine Spezies wird – z. B.

durch ein Erdbeben und einen dadurch entstandenen Wasserkanal – unüberbrückbar in zwei Hälften getrennt. Beide Teile haben keinerlei Verbindung zueinander und entwickeln sich vollständig selbständig weiter. Die genetischen Mutationen akkumulieren sich während der Isolation und führen schließlich dazu, daß die Mitglieder der einzelnen Fraktionen – selbst wenn die räumliche Trennung aufgehoben würde – durch Kopulation keine Gene mehr austauschen könnten (Odum 1983, S. 388). Hier kann man nicht mehr von einer gemeinsamen Selbstidentität der getrennten Fraktionen sprechen. Und was ist während der Übergangszeit, wo die Fortpflanzungsfähigkeit der Mitglieder der beiden Fraktionen theoretisch noch besteht?

Der entscheidende Begriff der Selbstidentität bleibt auch deshalb derart vage, weil er von Johnson nicht einmal plausibel naturalistisch interpretiert wird – etwa mit Rekurs auf gemeinsame Merkmale der DNA. Der Begriff kann allenfalls als Konstanz von äußeren Merkmalen bestimmt werden. Aber diese haben zum einen unbelebte Gegenstände der Natur in gleicher Weise, zum anderen ist auch nicht ersichtlich, welche normative Signifikanz aus einer solchen Konstanz erwachsen soll.

Bestimmte Speziesmerkmale werden in der Evolution durch die Zufallsvorgänge der Mutation und Selektion ausgeprägt. Ändern sich die Umweltbedingungen, so werden möglicherweise ganz andere Eigenschaften bevorzugt. Von «Selbstidentität» kann insofern mit Bezug auf Arten kaum ausgegangen werden. Das Fehlen jeglicher tatsächlicher Gemeinschaft – jenseits der zufälligen Individualbeziehungen zwischen den Mitgliedern einer Spezies – findet seinen Niederschlag auch darin, daß die Ökologie sich zwar als Aut-, Dem-, und Synökologie spezifisch mit Organismen, Populationen und Ökosystemen beschäftigt (Odum 1983, S. 7f), aber keinen eigenständigen Forschungszweig für die Beziehungen der Mitglieder einer Spezies entwickelt hat. Zwischen den einzelnen Mitgliedern einer Spezies findet keine Interaktion statt, die über die Populations- bzw. Ökosysteminteraktion hinausgeht. Die Kategorie der Spezies ist eine reine Klassifikation durch den Beobachter, der in der Realität keine ökologischen Interaktionen korrespondieren. Damit fehlt aber der Zuschreibung von «Selbstidentität» jede empirisch-naturalistische Grundlage. Gerade ein naturalistischer Theoretiker wie Johnson müßte sie ablehnen.

Für Ökosysteme gilt: Hier postuliert die Ökologie tatsächliche wechselseitige Interaktionen der einzelnen Lebewesen untereinander und mit der unbelebten Umwelt. Es gibt sogar so etwas wie eine Ökosystementwicklung, die sog. Sukzession. Dabei handelt es sich um einen in einer Zeitrichtung ablaufenden und zumindest grob voraussagbaren Prozeß der Gemeinschaftsentwicklung. Er kulminiert in einem stabilisierten Ökosystem, in welchem eine maximale Biomasse (oder hoher Informationsumfang) und symbiontische Funktion zwischen den Organismen je Einheit des verfügbaren Energieflusses aufrechterhalten wird (S. 405). Wird z. B. ein Weizenfeld nicht mehr bewirtschaftet, so setzt eine stetige Ablösung verschiedener Organismen im Rahmen einzelner Entwicklungsstadien (sog. Seren) ein: Aus Brachland wird Grasland, dann Grasland mit Sträuchern, dann Kiefernwald, dann Laubholz-Niederwald, schließlich je nach Klima und Bodenbeschaffenheit Laubholz-Hochwald (Eiche, Buche). Entsprechend lösen sich die vorherrschenden Tierarten ab (S. 424 f). Die ökologische Gesamtentwicklung ist dabei darauf gerichtet, eine so umfassende und mannigfaltige organische Entfaltung zu erreichen, wie es durch den Energieeintrag und die vorherrschenden physikalischen Existenzbedingungen (Boden, Wasser, Klima usw.) gesetzten Grenzen möglich ist (S. 416f). Die Entwicklung endet in einer Klimax höchstmöglicher Stabilität, Diversität, Energieausnutzung usw. Das nebenstehende Schema zeigt die Entwicklungstendenzen der einzelnen Faktoren.

Dabei sind Einzelheiten noch zweifelhaft und umstritten, etwa ob die zunehmende Diversität zur Stabilität des Gesamtsystems beiträgt oder nicht (S. 415ff). Eindeutig ist aber, daß die Systementwicklung entscheidend von äußeren physikalischen Bedingungen wie Klima und Bodenbeschaffenheit abhängt. Auf mageren Böden entsteht nur Grasland, aber kein Hochwald. Diese extreme physikalische Abhängigkeit ist ein erster Einwand gegen die Zuschreibung einer «Selbstidentität» an Ökosysteme. Bei Einzelorganismen ist eine ähnlich starke physikalische Dependenz des Phänotyps nicht erkennbar. Sie entwickeln sich nach dem genetischen Bauplan, wenn Energie und Nährstoffe vorhanden sind. Beim Menschen führen Differenzen in den klimatischen Bedingungen oder der Nahrungsaufnahme allenfalls zu unwesentlichen Unterschieden (Tönung der Haut, Größe, Leibesumfang etc.), während Ökosysteme entscheidend von diesen Faktoren konstituiert werden.

Was die Stabilität, Diversität usw. anbelangt, so kann die Tatsache einer zeitgerichteten, grob voraussagbaren Entwicklung noch keinen Beleg für «Selbstidentität» liefern. Auch wenn sich ein expandierender ökonomischer Markt zwischen Anbietern und Nachfragern bildet, steigt die Diversität und mündet in eine gewisse preisbedingte Stabilität. Niemand würde hier aber auf die Idee kommen, dem Markt als solchem «Selbstidentität» bzw. ethische Signifikanz zuzusprechen. Es sind eben die zielgerichteten Aktionen der Marktteilnehmer, die auf den Interaktionsaufbau und die anderen Marktteilnehmer einwirken. Ähnliches

Ein tabellarisches Modell der ökologischen Sukzession: bei der Entwicklung des Ökosystems zu erwartende Trends

Eigenschaften des Ökosystems	in Entwicklung befindliche	reife Stadien
Energetik der Gemeinschaft		
1. Bruttoproduktion/Atmung der Gemeinschaft (P/R-Verhältnis)	größer oder kleiner als 1	annähernd 1
2. Bruttoproduktion/Biomasse des Bestandes (P/B-Verhältnis)	groß	klein
3. Unterhaltene Biomasse/Energiefluß je Einheit (B/E-Verhältnis)	klein	groß
4. Nettogemeinschaftsproduktion (Ertrag)	groß	klein
5. Nahrungsketten	linear, vorwiegend Fraß	vernetzt vorwiegend Detritus
Struktur der Gemeinschaft		
6. Gesamte organische Substanz	wenig	viel
7. Anorganische Nährstoffe	frei gelöst	inkorporiert
8. Artendiversität–Mannigfaltigkeits-komponente [1]	klein	groß
9. Artendiversität–Gleichmäßigkeits-komponente [2]	klein	groß
10. Biochemische Diversität	klein	groß
11. Schichtung und räumliche Heterogenität (Musterdiversität)	wenig organisiert	gut organisiert
Lebensablauf		
12. Nischenspezialisierung	ausgedehnt	eng
13. Größe der Organismen	klein	groß
14. Lebenszyklen	kurz, einfach	lang, komplex
Kreislauf der Nährstoffe		
15. Kreisläufe der anorganischen Nährstoffe	offen	geschlossen
16. Austauschrate der Nährstoffe zwischen Organismen und Umwelt	schnell	langsam
17. Rolle des Detritus bei der Nährstoffregeneration	unwichtig	wichtig
Selektionsdruck		
18. Wachstumsform	für schnelles Wachstum («r-Selektion»)	für Feedback-Kontrolle («K-Selektion»)
19. Produktion	Quantität	Qualität
Gesamthomöostase		
20. Innere Symbiose	unentwickelt	entwickelt
21. Nährstoffspeicherung	wenig	gut
22. Stabilität (resistent gegen Störungen von außen)	wenig	gut
23. Entropie	groß	gering
24. Information	gering	groß

Aus: Odem, Eugene P., Grundlagen der Ökologie, Band 1, Grundlagen, 2. Aufl., (Georg Thieme Verlag) Stuttgart – New York 1983, S. 407

gilt in einem Ökosystem. Deshalb kann aber nicht von einer ethisch relevanten «Selbstidentität» des Ganzen ausgegangen werden. Im übrigen lassen sich die Systemeigenschaften der Diversität und Stabilität auch bei künstlichen Systemen wie reglergesteuerten Maschinen konstatieren. Wenn man eine Klimaanlage einschaltet, diversifiziert sie die Luft in ihren Leitungssystemen und stabilisiert Luftmenge und Temperatur auf einem bestimmten Niveau. Man kann hier aber kaum von «Selbstidentität» sprechen.

Dazu kommt, daß innerhalb einer Sukzession praktisch ein Totalaustausch nicht nur der einzelnen Organismen, sondern auch der Populationen und Arten stattfindet. Keine Pflanzen- oder Vogelart kann von Anfang bis Ende der Sere hindurch gedeihen. Die Arten haben ihre Maxima an verschiedenen Punkten des Zeitgradienten (S. 424). Beim Menschen und anderen Organismen werden zwar auch die molekularen Zellbestandteile erneuert, aber – wenn man einmal von der Kontinuität des Mentalen absieht – es ist doch eine starke Konstanz der physiologischen Bestandteile, etwa der Organe, festzustellen. Anders als beim Ökosystem sind es nicht nur hochabstrakte Systemeigenschaften wie Diversität und Stabilität, die integrativ wirken.

Weiterhin gilt: Man denke sich einen ähnlichen Fall wie oben bei den Fraktionen einer Spezies. Ein Ökosystem wird durch ein neu entstandenes Meer unüberbrückbar geteilt. Von einer Überbrückung durch Vögel, der Windverteilung von Samen etc. wird einmal abgesehen. Aufgrund der geänderten Bedingungen stellt sich jeder Teil neu auf ein Gleichgewicht ein. Manche Arten sterben aus, andere kommen aufgrund der Gunst der andersartigen Bedingungen hinzu. Welches der beiden Systeme ist dann noch bis zu welchem Grad der Veränderung mit dem alten identisch?

Was die Biosphäre anbelangt, ergibt sich ein ähnliches Bild wie bei Ökosystemen. Auch hier läßt sich eine gerichtete Entwicklung feststellen (S. 439). Diese wurde aber vermutlich physikalisch ausgelöst (die Ultraviolettstrahlung der Sonne erzeugte Aminosäuren), geschah unter starken Schwankungen und einem partiell totalen Austausch von Populationen, Arten und Ökosystemen (man denke an die Dinosaurier) und ist überdies gegenüber Störeinflüssen stark anfällig, wie der Anstieg des CO_2-Gehalts zeigt. Selbst aus naturalistischem Blickwinkel ist insofern eine Zuschreibung von «Selbstidentität» kaum zu rechtfertigen.

Insgesamt kann also Johnsons Begründungsversuch mittels der Einführung eines quasi umdefinierten, systemoptimierenden, rein objektivistischen Interessenbegriffs und eines ebenfalls umdefinierten und hochabstrakten Begriffs der «Selbstidentität» nicht überzeugen.

7. Werte/gemäßigter Ökofunktionalismus (Rolston u.a.)

1. Der amerikanische Philosoph Holmes Rolston plädiert im Rahmen einer explizit naturalistischen Position (1988, p. 1, 1989) für eine Berücksichtigung der natürlichen hierarchischen Eigenwerte folgender Entitäten: Ökosphäre, Ökosysteme, Arten, Menschen, empfindungsfähige Tiere, sonstige Tiere, Pflanzen, unbelebte Gegenstände der Natur (1988, p. 223 ff). Der Übergang von entsprechenden Naturwerten zu Verpflichtungen wird dabei mit der Aussage «value generates duty» vorausgesetzt und nicht weiter problematisiert (p. 41, vgl. auch p. 2).

Die soeben dargestellte ökofunktionale Grundhierarchie der Entitäten bzw. ihrer intrinsischen Werte wird von Rolston in zwei Einzelhierarchien aufgegliedert: diejenige der Kollektive und diejenige der Einzelentitäten. Innerhalb der Individuen ergibt sich die hierarchische Abfolge: Mensch, Tier, Pflanze, unbelebter Gegenstand. Innerhalb der Kollektive die Abfolge: Ökosphäre, Ökosystem, Spezies. Dabei gilt zwischen den beiden Hierarchien: Auch der wertvollste Teil ist weniger wert als das Ganze (p. 181). Das System hat gegenüber dem individuellen Leben Priorität. Der Einzelmensch wird somit der menschlichen Spezies und diese der gesamten Ökosphäre untergeordnet. Subjekte zählen, aber sie zählen nicht so viel, daß sie das übergeordnete System zerstören dürften. Sie zählen allerdings genügend, um sich im Gesamtsystem der Ökosphäre systemkonform entfalten zu dürfen (p. 191).

Am unteren Ende der kollektiven Hierarchie und am oberen Ende der individuellen gibt es allerdings Überschneidungen. Der einzelne Mensch als höchstes Gut der individuellen Hierarchie rechtfertigt die Auslöschung der Spezies des Pockenvirus. Die Erhaltung einer bestimmten Pflanzenart erlaubt dagegen die Tötung einzelner Ziegen (p. 141 ff). Eine genauere Grenzziehung nimmt Rolston allerdings nicht vor. Er plädiert zwar für die Erhaltung des Panthers in Florida, auch wenn dies pro Einzeltier eine Million US-Dollar kosten würde, äußert sich aber nicht dazu, ob die Spezies der Florida-Panther auch auf Kosten von Menschenleben erhalten werden soll. Abgesehen von diesem unsicheren Überschneidungsbereich ergibt sich damit etwa folgendes Hierarchietableau der natürlichen Werte:

Höchstwert

Ökosphäre
Ökosystem
Spezies   Mensch
                 empfindungsfähiges Tier
                 Tier
                 Pflanze
                 unbelebter Gegenstand

Nullwert

Menschliches Handeln wird nach Rolston durch eine Vielzahl von Werten bestimmt. Neben seinen eigenen instrumentellen Werten soll der Mensch die intrinsischen Werte der anderen Naturentitäten, die intrinsischen Werte der menschlichen Spezies und anderer Arten und schließlich als systemischen Höchstwert die Integrität der Ökosphäre beachten (p. 216 f). Da die Bewahrung der Ökosphäre nicht alleiniger, sondern nur höchster Wert ist, kann man bei Rolstons Position von einem «gemäßigten Ökofunktionalismus» sprechen.

Innerhalb der Natur läßt sich nach Rolston eine beständige Transformation von Werten durch Schaffung und Vernichtung konstatieren. Wenn ein Tier eine Pflanze frißt, vernichtet es zwar mit deren Leben auch deren Lebenswerte, schafft aber gleichzeitig im Rahmen der eigenen Ernährung und Lebenserhaltung neue Lebenswerte. Die Natur generiert beständig in ungeheurem Ausmaß höhere Werte aus niederen (p. 218). Der Lebenskampf produziert Werte (1979, p. 23).

Bei der Bestimmung, wie die natürlichen Werte genau zu verstehen seien, setzt sich Rolston von «anthropogenischen» Werttheorien ab, wonach Naturwerte zwar in der Natur ihren Ausgangspunkt haben, aber nur durch menschliche Projektion entstehen (1988, p. 112, 114). Diesem Kompromiß zwischen objektiver und subjektiver Werttheorie setzt Rolston eine genuin objektive Position entgegen. Es bestehen «autonome intrinsische Werte». Die wertkonstituierenden Attribute sind in der Natur. Dem Menschen bleibt nur der kognitive Part der Attribution bzw. Registrierung, ohne ontische oder normative Zugaben. Menschliches Bewußtsein nimmt die Werte der Natur wahr. Rolston vergleicht dies mit einer Lampe, die die Umgebung erhellt, dazu aber Leuchtmittel benötigt, die die Natur selbst bereitstellt (p. 116).

Aber wenn man das menschliche Verhalten auf das rein kognitive

Wahrnehmen der intrinsischen Werte beschränkt, ist nicht einzusehen, wie dieses in irgendeiner Weise Handlungen generieren soll. Man nimmt dann die Werte so wahr, wie man andere Tatsachen bzw. Wertungen wahrnimmt, ohne daß daraus eine Handlungsverpflichtung folgen würde. Wenn ich erkenne, daß jemand anderes gern mein Fahrrad benutzen würde, ergibt sich daraus für mich keine Verleihverpflichtung. Wenn man dagegen von parallelen Werten beim Menschen ausgeht, so muß man zum einen erklären, warum Naturwert und subjektiver Wert parallel vorhanden sind, und muß zum anderen darlegen, warum letzterer nicht von ersterem abweichen darf. Wird dies zugelassen, so büßt der Naturwert seine handlungsbestimmende Funktion ein. Jeder Mensch kann dann anders werten, als dies die Naturwerte vorgeben, und sich entsprechend verhalten.

2. Rolston führt im einzelnen eine Vielzahl von expliziten und eher impliziten Begründungen für die Annahme natürlicher Werte an:

(1) Das teleologische Argument: Rolston spricht zwar bei der abstrakten Begründung der Naturwerte – anders als bei der für Arten (p. 149 f) – nicht von einem immanenten Telos und versichert, «we do not want to ascribe purpose to nature» (p. 197). Formulierungen wie «projective nature,... projects – stars, comets, planets, moons, and also rocks, crystals, rivers, canyons, seas», «inventiveness of systemic nature», «formative processes» und «positive creativity» (p. 197ff) und die entsprechenden Erläuterungen legen aber die Annahme von Naturzwecken nahe. Makrophysikalische Prozesse werden teleologisch interpretiert, obwohl sich allenfalls die bekannten vier physikalischen Grundkräfte darlegen lassen. Während Jonas und Taylor ihre teleologischen Annahmen auf die belebte Natur beschränkten (C II 1, III 5), werden sie bei Rolston auf das gesamte Universum ausgedehnt. Die schon oben bei der Diskussion der Positionen von Jonas (C II 1) und Taylor (C III 5) vorgebrachten Einwände gelten auch hier.

(2) Das Teil-Ganzes-Argument: Wir sind nach Rolston Teil der Gesamtnatur. Da wir Werte haben und der Teil dem Ganzen untergeordnet ist, muß auch das Ganze Werte haben.[105] Hiergegen ist einzuwenden, daß die faktische Tatsache, daß etwas Teil eines anderen ist, nichts über die Wertgleichheit oder das Wertverhältnis von Teil und Ganzem aussagt. An einem Tennismatch als Ganzem sind Menschen beteiligt. Trotzdem würde niemand auf die Idee kommen zu behaupten, weil die Einzelmenschen oder ihre Interessen ethischen Wert haben, habe auch das Match als solches ethischen Wert oder dessen ethischer Wert überwiege sogar. Das Teil-Ganzes-Verhältnis sagt über die Wertverteilung in abstracto gar nichts. Wenn dem Ganzen Wert zukommt, so kann dies die

Teile indirekt einschließen bzw. umgekehrt. Hat der Mensch als ganzer Wert, so haben dies auch seine Organe, weil sie für ihn Wert haben. Haben die Menschen in einer Organisation Wert, so gilt dies auch für die Organisation, wenn und weil diese für die Menschen Wert hat. Darüber hinaus ist eine abstrakte Wertzuschreibung in einem Teil-Ganzes-Verhältnis nicht möglich.

(3) Das genetische Argument: Die Natur ist nach Rolston eine Quelle des Lebens (p. 197). Das wertende Subjekt hat sich selbst aus dieser Umgebung entwickelt (p. 204). Daraus folge auch die Werthaftigkeit des Entwicklungsgrundes. Rolston fragt, wie wir mit Werten aufgeladen sein können, wenn uns nichts auflädt (p. 207). Hiergegen muß eingewendet werden: Man kann Werte nicht als natürliche Eigenschaften ansehen, die quasi wie Erbmerkmale mittels der DNA übertragen werden. Es gibt im übrigen keinen allgemein gültigen Satz, daß dasjenige, was sich aus etwas anderem entwickelt, diesem gleicht bzw. auch nur einzelne Eigenschaften von diesem übernimmt. Dies ist aus der Biologie bekannt. Jeder neue Organismus kann Mutationen gegenüber dem ursprünglichen aufweisen. Es spricht nichts dagegen, auch die Fähigkeit zur Bewertung als eine solche Mutation bzw. Ergebnis einer Reihe von aufsteigenden Mutationen anzusehen.

(4) Das Wertevermittlungsargument: Die menschlichen Glieder und Organe, die dem Menschen Werte vermitteln – Körper, Sinne, Hände, Gehirn etc. –, sind nach Rolston sämtlich natürliche Produkte (p. 204). Somit muß auch die Natur selbst Wert besitzen. Dieses Argument gerät schon zu Rolstons oben dargestellter Annahme in Widerspruch, daß der Mensch Werte nur kognitiv erfaßt. Die Entwicklung der entsprechenden sinnlichen Fähigkeiten kann man allenfalls als Anpassungsleistung an gegebene Umstände ansehen. Ohne entsprechende Umstände gäbe es auch die Anpassungsleistung nicht. Dann kann aber von der Anpassungsleistung nicht auf die Existenz objektiver Werte geschlossen werden.

(5) Das historische Argument: Für den Menschen als späteste Spezies auf der Evolutionsleiter ist es nach Rolston nicht nur kurzsichtig, sondern auch arrogant anzunehmen, das Gesamtsystem habe nur instrumentellen Wert für ihn und er allein besitze intrinsischen Wert (p. 198, 207). Aber die zeitliche Abfolge des Auftretens einer Entität sagt nichts über die Berücksichtigungswürdigkeit aus. Kein älterer Mensch kann sich gegenüber dem jüngeren in ethischen Fragen auf sein Alter berufen (oder umgekehrt).[106] Die zeitliche Abfolge ist bloßes Faktum im Zeitstrom ohne ethische Bedeutung (vgl. auch C V). Rolston käme – würde er selbst diesem Argument Plausibilität zumessen – mit seiner eigenen

Wertehierarchie der Individuen (Mensch, Tier, Pflanze, unbelebter Gegenstand) in Konflikt, denn offensichtlich verhält sich diese Werteabstufung – generalisiert betrachtet – gerade umgekehrt zum historischen Auftreten der jeweiligen Spezies.

(6) Das holistische Argument: Subjekt und bewertetes Objekt sind nach Rolston nicht isoliert. Sie sind selbst wieder in eine natürliche Umgebung eingebettet (p. 204). So richtig diese Beobachtung eines Faktums ist, so wenig sagt sie aber darüber aus, ob damit intrinsische Werte dieser Umgebung einhergehen. Das bloße Faktum einer Einbettung impliziert keine Werte. Die Tatsache, daß jemand in einem kargen und unfruchtbaren Land geboren und aufgewachsen ist, verpflichtet ihn nicht zu einer positiven Bewertung und zum Bleiben. Es handelt sich hier um eine Variante des Teil-Ganzes-Arguments.

(7) Das diversifikatorische Argument: Rolston gesteht zu, daß es Zufall innerhalb der Evolution gibt. Aber es sei kein Zufall, daß im ganzen eine solch große Diversifikation der Arten eingetreten ist. Vier Milliarden Spezies treten nach Rolston nicht durch einen Unfall auf. Der Zufall ist vielmehr nur ein Wertegenerator, ein Wertetransformator (p. 207). Das Argument kann nicht überzeugen. Es stellt zum einen einen historistischen Fehlschluß dar. Aus der historischen Entwicklung kann nicht auf Wertzuschreibungen geschlossen werden. Zum andern ist nicht widerlegt, daß rein biologisch-physikalische Prozesse wie Mutationen, Selektionsvorteile etc. die Diversifikation bewirkt haben. Warum daraus eine Verhaltensverpflichtung erwachsen soll, ist nicht ersichtlich. Schließlich kann – wie sich oben bei der Diskussion der Position von Johnson ergab (C III 6) – die bloße abstrakte Systemeigenschaft der Diversität keine ethische Berücksichtigung begründen.

(8) Das Fitneßargument: Nach Rolston gibt die Anerkennung intrinsischer Naturwerte den Menschen eine besondere situative Überlebensfähigkeit bzw. Fitneß (comprehensive situated fitness) im globalen Ökosystem. Diese Fitneß rechtfertige eine entsprechende menschliche Anerkennung intrinsischer Naturwerte (p. 227). Hier handelt es sich nicht um ein genuin nichtanthroporelationales, sondern um ein transanthroporelationales Argument (vgl. oben A III 6). Bewertet man die Fitneß im Ökosystem also als positiv für den Menschen, dann generiert das Argument keine intrinsischen Werte des Ökosystems, sondern lediglich eine anthroporelationale Rechtfertigung der Naturbeachtung. Andernfalls ergibt die Steigerung der Fitneß als faktischer Anpassungsvorgang keinen Anhaltspunkt für die Werthaftigkeit dieses Vorgangs oder des Gesamtsystems der Natur.

Im übrigen kann man bezweifeln, ob die altruistische Anerkennung der Eigenwerte anderer die eigene Fitneß steigert, wenn diese Anerkennung über einen limitierten Altruismus gegenüber den Mitgliedern der Familie, Gruppe oder Population hinausgeht. Ein von Nietzsche inspirierter Skeptiker könnte einwenden, durch die Erfindung solcher Werte werde die Fitneß und Durchsetzungsfähigkeit der Stärksten gerade herabgesetzt.

(9) Insgesamt kann somit keiner von Rolstons Versuchen, natürliche Werte zu begründen, überzeugen. Jedes Argument ist entweder schon innerhalb der Gesamttheorie widersprüchlich oder als einzelnes Argument unplausibel. Der Einwand naturalistischer Ableitung greift aber in jedem Fall. Rolston sieht diesen Einwand auch, wehrt ihn aber – zumindest für eine nichtinterpersonale Ethik – ab (p. 230). «Is» und «ought» werden seiner Meinung nach mit Bezug auf die Natur nicht voneinander abgeleitet, sondern «gleichzeitig erkannt» («discovered simultaneously», p. 232). Damit verliert aber das «ought» seine spezifische Normativität.

3. Rolston erkennt einen spezifischen Bereich der Kultur als Wertebereich der menschlichen Spezies an. Die menschliche Interaktion im Bereich der Kultur kann und soll ihren eigenen Regeln und Gesetzen folgen und nicht durchgängig ökofunktional bestimmt sein. Dies ist im Rahmen von Rolstons Gesamttheorie nur möglich, weil der einzelne Mensch und auch die menschliche Spezies als Endpunkt der Nahrungskette keine wesentlichen natürlichen Funktionen im Ökosystem erfüllen. Der zwischenmenschliche Bereich kann partiell nach eigenen Regeln strukturiert werden, weil es für die Funktion des Ökosystems als Ganzes irrelevant ist, ob Menschen ihre natürlichen Funktionen ausüben oder nicht. Fragen der interpersonalen Gerechtigkeit zwischen Menschen sind somit nicht nach dem Vorbild der Natur zu lösen (p. 81, 182). Für die diesbezüglichen Wert- und Moralkonflikte deutet Rolston eine hedonistisch / utilitaristische Position an. Er spricht davon, daß sein ethisches System eine Ökosystembasis habe, auf der eine hedonistische zwischenmenschliche Berücksichtigung aufbaut (p. 61).

Der Ökofunktionalismus des Gesamtsystems ist also in Partikularbereichen bis zu einer gewissen Grenze außer Kraft gesetzt. Es gibt quasi eine Nische für die zwischenmenschliche Ethik. Auch dies rechtfertigt es, von einem «gemäßigten Ökofunktionalismus» zu sprechen. Rolston entzieht sich mit dieser Position geschickt dem Vorwurf einer Naturalisierung der gesamten Ethik und Moral. Die Werte des übergeordneten Bereichs der Natur sollen nur dann zum Tragen kommen, wenn die Systemgrenzen zwischen Natur und Kultur überschritten werden. In diesem Fall gilt nach Rolston ein sog. Homologieprinzip (homologous principle): Kulturelle menschliche Eingriffe in das Gesamtsystem der

Ökosphäre bzw. die einzelnen Ökosysteme und die anderen Naturentitäten dürfen diese nicht stärker belasten, verändern oder schädigen als systeminterne Schädigungen (p. 61).

Die naturalistische ökofunktionalistische Position Rolstons ermöglicht somit vor allem gegenüber einzelnen Naturentitäten stärkere Eingriffe als etwa tierethische Positionen wie die von Regan oder Singer, die in ihrer Reichweite den nichtanimalischen Naturzusammenhang ganz außer acht lassen. Da Tiere in der Natur Beute sind, dürfen sie nach Rolston auch Beute des Menschen sein. Wegen der Priorität des Gesamtsystems wird die Berücksichtigung der Einzelindividuen relativiert.

Das Homologieprinzip ist aber derart vage, daß es im Verhältnis Mensch/Natur kaum eine brauchbare Leitlinie geben kann. Zudem stellt es gegenüber menschlichen Natureingriffen nur ein sehr schwaches Limit auf. Sofern menschliche Naturzerstörungen Großkatastrophen der Naturgeschichte, also etwa Eiszeiten oder Meteoriteneinschlägen mit ihren gravierenden Folgen, nicht übertreffen, können sie nicht als verboten angesehen werden. Rolston gerät hiermit in eindeutigen Widerspruch zu seiner massiven Forderung nach Artenschutz, die noch im einzelnen erläutert wird.

Im übrigen ist zu fragen, warum sich der Mensch bei der Überschreitung seiner Kulturgrenzen vollständig den Naturgesetzen anpassen soll. Dies wird von der Natur, wenn sie auf die menschliche Kultur einwirkt, auch nicht gefordert. Es käme – heutzutage – niemand auf die Idee, den Löwen, der ein Kind getötet hat, wegen Mißachtung des menschlichen Tötungsverbots zu verurteilen. In der Natur versuchen die einzelnen Arten vielmehr, der Umgebung ihre jeweiligen Verhaltensweisen aufzuzwingen – selbst wenn dies zur eigenen Dezimierung führt. Löwen reißen soviel Wild wie zur Nahrungsgewinnung nötig, auch wenn dann einige von ihnen mangels übrigbleibender Beute verhungern müssen. Die Ökologie kennt diesbezüglich wechselseitig oszillierende Zyklen der Populationszahlen von Beute und Jäger, die mit Zeitverzögerung aufeinander folgen (Begon/Harper/Townsend 1990, p. 337 ff; Odum 1983, S. 356). Begon/Harper/Townsend führen zwar auch selbstlimitierende Faktoren innerhalb der einzelnen Populationen an, die diese Zyklen abschwächen. Aber diese Faktoren (z. B. intraspezifischer Wettbewerb) lassen keine Übernahme irgendwelcher Prinzipien der Beutepopulation erkennen (p. 344 ff). Das Homologieprinzip ist also kein Prinzip der Natur. Seine Anerkennung durch den Menschen widerspräche Rolstons naturfunktionalen Grundannahmen.

Dazu kommt, daß der Mensch selbst denaturiert, wenn er sich in seinen Verhaltensweisen den Naturvorgängen anpaßt. Die Entwicklung der menschlichen Kultur muß als natürlich bedingter Vorgang angesehen werden, der den Menschen zu seiner menschlichen Natur führt. Der Verzicht auf spezifisch menschliche Leitlinien im Umgang mit der Natur zerstört die Kultur zumindest in einem wesentlichen Teil. Das bedeutet nicht, daß eine intrinsische Beachtung der Natur nicht möglich oder geboten wäre. Das Verhalten des Menschen gegenüber der Natur prinzipiell an den Naturvorgängen auszurichten und damit diesen gleichzuschalten geht darüber aber weit hinaus.

Angemerkt sei, daß das Homologieprinzip eine gewisse Ähnlichkeit mit der ersten Formel des kategorischen Imperativs von Kant aufweist: «Handle so, als ob die Maxime deiner Handlung durch deinen Willen zum allgemeinen Naturgesetze werden sollte» (1911a, S. 421, A III 4.1 (a)). Aber auch die Unterschiede sind klar. Kant geht es um hypothetische Naturgesetze, während Rolston die Ausrichtung an den tatsächlichen Naturverhältnissen fordert. Die Kantschen hypothetischen Naturgesetze umfassen nur den Menschen als zu berücksichtigendes Kulturwesen, weil es für ihn keine direkten Pflichten gegenüber nichtmenschlichen Lebewesen gibt, während Rolston gerade diesen interpersonalen Bereich als durch das Homologieprinzip nur begrenzt, aber nicht bestimmt ansieht.

4. Das Homologieprinzip gibt nach Rolston auch für die Frage des Tierschutzes die entscheidende Leitlinie. Der Mensch darf gegenüber Tieren nur das Leid erzeugen, dem sie in der natürlichen Umgebung ausgesetzt sind bzw. wären. Die Jagd ist demnach erlaubt, das religiös und damit kulturell motivierte Schächten dagegen nicht (Rolston 1988, p. 83 f). Da ein Wertetransfer ohne Leidverursachung nicht möglich ist, kann eine weitergehende Leidvermeidung nicht verlangt, sondern allenfalls empfohlen werden (p. 61). Die Haltung und Tötung von Tieren zum Fleischverzehr ist erlaubt. Fressen und Gefressenwerden ist omnipräsent in der Natur. Die Menschen essen als Naturwesen, nicht als Kulturwesen (p. 81). Insofern gibt es nach Rolston keinen Grund, kulturell bedingte Tötungsverbote zwischen Menschen auch gegenüber Tieren anzuwenden. Die Gewinnung von Leder für Schuhe, Wolle für Kleidung und Insulin für Diabetiker erweitert das Homologieprinzip, überschreitet aber seine Grenzen – anders als bei bloßen Modeerzeugnissen wie Krokodillederwaren – nicht: Es gibt im Rahmen der Kultur Notwendigkeiten, die in der Natur nicht bestehen (p. 85). Rolston äußert sich bezeichnenderweise nicht zu Tierversuchen; aber da er die Tötung von Tieren zur Fleischgewinnung und auch eine naturanaloge Leidzufügung gegenüber Tieren zuläßt, ist kein Grund für eine Ablehnung ersichtlich. In dieser Argumentation manifestiert sich ein Konflikt zwischen individualethi

schen Tierschützern und (überwiegend) holistisch orientierten Ökoethikern.[107] Letztere sind anders als erstere bereit, einzelne Individuen dem Bestand eines Ökosystems oder einer Spezies zu opfern. Sie fordern z. B. höhere Abschußquoten für Wild, um den Wildverbiß zu reduzieren und auf diese Weise das Ökosystem Wald zu erhalten.

Gerade im Verhältnis zu Tieren zeigt sich, wie zweifelhaft das Homologieprinzip ist. Der Mensch hat mit der Massentierhaltung, den Tierversuchen und der Entwicklung verschiedenster Produkte aus von Tieren gewonnenen Grundstoffen den Bereich des natürlichen Fressens und Gefressenwerdens weit überschritten. Es handelt sich um spezifisch kulturelle Verhaltensweisen, die völlig andersartig sind als unbeeinflußte Naturvorgänge. Jeder Vergleichsversuch mit trophischen Verhaltensweisen in der Natur führt damit zu einer kaschierten Willkürentscheidung.

5. Ein weiteres zentrales Argument für die Zuschreibung intrinsischer Werte an Lebewesen bzw. Organismen ist für Rolston – ähnlich wie für Goodpaster und Johnson – ihr Merkmal als selbsterhaltende Systeme (self-maintaining system; p. 97 ff.). Die genetische Ausstattung der Organismen ist eine normative Struktur, die zwischen dem, was ist, und dem, was sein soll, unterscheidet. Jeder Organismus ist ein axiologisches bzw. evaluatives System, allerdings ist bei der Bewertung auch jeweils die situative Fitneß in der Umwelt zu beachten. Der intrinsische Wert einzelner Entitäten wird also auch hier vom gewichtigeren ökofunktionalen Wert überwölbt. Während eine Maschine nur den abgeleiteten Wert ihres Erbauers und Betreibers widerspiegelt, ergibt sich der intrinsische Wert des Organismus für Rolston aus seiner nichtderivativen, genuinen Autonomie als spontanem natürlichem System, aus seinen selbstgenerierenden und selbstverteidigenden Tendenzen.

Die von Rolston beschriebenen selbstorientierten Tendenzen lebender Organismen können als Fakta kaum geleugnet werden. Fraglich ist aber, ob dies die Zuschreibung einer Selbstbewertung erlaubt. Die Annahme von Bewertungen scheint ein Mindestmaß an Wahlfreiheit vorauszusetzen, die allenfalls höheren Tieren zugeschrieben werden kann, nicht aber allen Organismen. Rolston changiert hier mit seiner Ansicht zwischen einer subjektiven und einer objektiven Werttheorie. Beides muß aber klar getrennt werden. Die Zuschreibung objektiver Werte an Organismen ist im Rahmen von Rolstons allgemeiner Theorie objektiver Werte denkbar, ohne daß auch eine subjektive Selbstbewertung der Organismen angenommen werden müßte. Problematisch erscheint auch die strikte Trennung zwischen Organismen und Maschinen. Computer übernehmen heute vielfach die Funktion der Selbstentfaltung

(Programminstallation) und Selbstkontrolle, während lebende Organismen vom Menschen gezüchtet und genetisch verändert werden.

6. Bei Arten muß nach Rolston nicht die jeweilige einzelne Individuationsform, sondern der formative Lebensprozeß (p. 135 ff) berücksichtigt werden. Rolston spricht von der «biologischen Identität» einer Spezies (p. 143). Wichtig ist dabei für die positive Bewertung jeweils aber auch die Situierung der Spezies in ihrem angestammten Habitat. Tiere, die in einer fremden Umgebung eine Pflanzenspezies bedrohen, sollen gegenüber dieser nachrangig berücksichtigt werden (p. 142).

Allgemein hat die Spezies Vorrang vor dem Individuum. Krankheit und Tod mögen für die Einzelindividuen nachteilig sein. Für die Erhaltung der Spezies sind sie von Vorteil und dürfen deshalb nicht künstlich ausgeschlossen werden (p. 148 ff). Der einzelne Organismus ist für Rolston nur Teil eines größeren Bildes, in dem die Spezies in einer teleologischen (telic) Linie läuft und Individuen ökonomisch einsetzt, um ihren Kurs über eine erheblich längere Zeit zu halten. Bei Arten handelt es sich nach Rolston um einen historischen Prozeß mit lebendiger Individualität. Das Telos der Spezies ist kein fixiertes, sondern entwickelt sich über die Verbreitung des genetischen Codes. Der Mensch darf keine Spezies auslöschen. Er ist allerdings nicht verpflichtet, ihr natürliches Aussterben zu verhindern (p. 155).

Gegenüber diesen tentativen Versuchen Rolstons, ein Telos und eine Individualität der jeweiligen Spezies zu etablieren, muß folgendes eingewendet werden: Die einzelne Spezies entsteht durch zufällige genetische Mutation. Sie kann nur bestehenbleiben, wenn es die Umweltbedingungen zulassen, also ein Selektionsvorteil besteht. Der genetische Code der Einzelindividuen wird nur an die jeweiligen unmittelbaren Nachkommen weitergegeben. Die Verbindung, die er schafft, besteht also zur jeweiligen Nachkommenschaft, die möglicherweise genetisch mutiert ist und damit vielleicht schon außerhalb der Spezies steht, in engerem Maß als zu anderen Individuen innerhalb der gleichen Spezies. Insofern läßt sich lediglich die tatsächliche genotypische und phänotypische Ähnlichkeit der individuellen Merkmale konstatieren. Diese kann aber kein Grund für die Annahme eines Telos sein. Ein Telos der Spezies ist außerhalb des ständigen Reproduktionsprozesses nicht erkennbar. Sein Abbruch kann durch vielfältige Naturvorgänge ausgelöst werden und hat zur Vernichtung des größten Teils der bisher bestehenden Arten geführt. Wenn man das Homologieprinzip als Maßstab nimmt, ist somit nicht plausibel zu machen, warum dem Menschen ein entsprechender Abbruch verwehrt sein soll. Im übrigen gelten hier auch die oben gegen Johnsons Argumente für eine Interessenzuschreibung an Arten vorgebrachten Einwände (C III 6). Insbesondere sei noch einmal daran erinnert, daß mangels realer Interaktionen, die über die in einer Population üblichen hinausgehen, nicht einmal eine ökologische Disziplin besteht, die sich mit den Arten befaßt (Odum 1983, p. 7 f).

7. Ökosysteme generieren nach Rolston als neuen Typ von Werten systemische Werte (systemic values), die die instrumentellen und intrinsischen Werte von Individuen und Arten überwölben (p. 188). Im Rahmen von Ökosystemen bestehen «ökologische Notwendigkeiten» wie: Konflikte, Selektion, Druck, Nischenfitneß, Umweltunterstützung etc. Daneben gibt es «organische Notwendigkeiten» der Organismen, die Kooperation, funktionale Effizienz und metabolisch integrierte Teile erfordern (p. 164). Beide Notwendigkeiten stehen zueinander in einem unauflöslichen Abhängigkeitsverhältnis wie die beiden Seiten einer Medaille. Die Entwicklung von Organismen setzt die Formung durch «ökologische Notwendigkeiten» voraus. Nach Rolston gibt es demnach keinen Grund, nur das «Innere» – also die Organismen – positiv zu bewerten, das «Äußere» – also das Ökosystem – aber zu vernachlässigen. Er gesteht zu, daß der wechselseitige Beeinflussungsprozeß in Ökosystemen nicht genügend zentriert sei, um diese als Einheit anzusehen und in ihrer Kohärenz mit Individuen zu vergleichen. Aber sie seien auch keine Zufallsprodukte (p. 169). Es wäre ein Kategorienfehler, bei der Zuschreibung von Werten an Gemeinschaften (communities) nach Individualeigenschaften wie Selbstidentifizierung oder Selbsterhaltung zu suchen. Rolston würde also Johnsons und Naess' Ansatz ablehnen. Man muß vielmehr nach einer Matrix der Interkonnexität zwischen Zentren fahnden, nicht nach einem einzelnen Zentrum; nach einem kreativen Stimulus, einem Open-end-Potential, nicht nach einem festen Telos und einem Ausführungsprogramm. Man muß nach Auswahlnotwendigkeiten und Anpassungsfitneß suchen, nicht nach Selbsterhaltungsstrebungen wie einer Schadens- und Todesvermeidung (p. 172 f). In der Natur generiert ein Ökosystem nach Rolston spontane Ordnung, eine Ordnung, die sich in Reichhaltigkeit, Schönheit, Integrität und dynamischer Stabilität ausprägt und diese Eigenschaften den Teilen wechselseitig vermittelt und von ihnen empfängt. Rolston zieht als Vergleich menschliche Gemeinschaftsphänomene wie Sprache, Märkte, Wissenschaft und Religion heran, in denen zwar einzelne Menschen ihre Interessen verfolgen, die aber nicht vollständig mit Bezug auf aggregierte individuelle Interessen erklärt werden können. Anders als Naess und Johnson propagiert Rolston auf der Stufe der Ökosysteme also nicht die Zuschreibung eines gemeinsamen «Selbst» oder «Telos», sondern versucht, bloßen Vergemeinschaftungsprozessen Wert zuzusprechen. Er ist damit, was die fak-

tischen Annahmen betrifft, näher an den Aussagen der Ökologie über Ökosysteme.[108]

Rolston ist sicherlich darin zuzustimmen, daß die von ihm beschriebenen menschlichen Gemeinschaftsphänomene Relationen erzeugen, die als gemeinschaftlicher Prozeß über die beschreibbaren Individuenbeiträge hinausgehen. Ein Vertragsschluß ist aufgrund der zeitlichen, räumlichen und inhaltlichen Koinzidenzen mehr als die Summe der jeweiligen Einzelbeiträge. Damit ist aber die normative Frage nicht entschieden, ob man solchen Interaktions- bzw. Interrelationsprozessen normative Signifikanz zuschreiben kann, die über die Interessen der Einzelkomponenten hinausgeht. Würde man versuchen, einen Markt aufrechtzuerhalten, wenn keine tatsächlichen oder potentiellen Marktteilnehmer mit ihren jeweiligen Interessen mehr vorhanden wären? Würde man einer Sprache oder Religion intrinsischen Wert zuerkennen, wenn alle Sprecher bzw. Religionsteilnehmer gestorben wären? Man würde sicher versuchen, Zeugnisse der Sprache bzw. Religion zu bewahren. Aber dies geschähe im kulturhistorischen Interesse anderer Menschen und nicht, weil man der Sprache als prozeßhaftem Phänomen einen intrinsischen Wert zuschreibt. Im übrigen gerät Rolston hier auch in Widersprüche zu seinem Ausschluß von Computern. Auch deren kybernetischem Prozeß muß man dann ähnlich wie der Sprache, dem Markt und dem Ökosystem Reichhaltigkeit, Schönheit, Integrität und dynamische Stabilität zuschreiben. Gleiches gälte für das Bewegungs- und Gravitationssystem der Planetenbahnen unseres Sonnensystems.

Cahen hat im übrigen mit Recht eingewendet, daß die Eigenschaften von Ökosystemen wie Stabilität und Integrität nur nichtintendierte Nebenprodukte zielgerichteten Handelns von Individuen sind (1988, p. 204). Die Ökosysteme stabilisieren sich nach externen Störungen nur als Ergebnis selbstorientierter Verhaltensweisen der Individuen.[109] Wenn man zielgerichtetem Handeln oder sogar entsprechenden unbewußten Strebungen Wert zuerkennt, dann kann man die bloßen, nichtintendierten Nebenprodukte dieses Verhaltens nicht als eigenwertig oder jedenfalls nicht als höherwertig ansehen. Die Erzeugung bestimmter Bedingungen ist somit tatsächlich kein Zufall, aber auch kein Ziel einer einheitlichen Entität, sondern Produkt des zielgerichteten Verhaltens einzelner Individuen.

Es soll nicht bestritten werden, daß Ökosysteme und die Ökosphäre die von Rolston beschriebenen tatsächlichen biologisch-ökologischen Eigenschaften wie Stabilität, Diversität etc. aufweisen (vgl. oben C III 6). Aber Mutation und Selektion sind bisher nur als Zufallsereignisse auffaßbar und beschreibbar. Ohne einen Aufweis teleologischer oder teleonomischer Strukturen kann der reine Zufallsprozeß keine Zuschreibung intrinsischer Werte für sich in Anspruch nehmen.

Im übrigen gilt: Selbst wenn man berücksichtigt, daß das Geschehen in der Biosphäre lokal Entropie abbaut, so besteht doch der übergreifende kosmische Prozeß nach dem zweiten Hauptsatz der Thermodynamik im Entropieaufbau. Dieser Prozeß mit seinem «Grundgesetz vom Niedergang» überwölbt den Prozeß lokalen Entropieabbaus. Würde man demnach den umfassendsten Prozeß der Natur als Handlungsgesetz zugrunde legen, so müßte die Destruktion organisch höherer Strukturen oberste Maxime sein. Jedes bewahrende Element in der Umweltethik wäre entgegen Rolstons Annahmen ausgeschlossen.

8. Zusammenfassend läßt sich konstatieren: Rolstons Theorie der Naturwerte ist sicherlich das am besten ausgearbeitete und durchdachte System einer gemäßigten naturalistisch-ökofunktionalistischen Werttheorie in der Ökologischen Ethik. Mit seiner umfassenden Berücksichtigung aller möglichen Gesichtspunkte und Detailliertheit erinnert es etwas an Systeme des Natur- bzw. Vernunftrechts. Die Berücksichtigung des eigenständigen menschlichen interpersonalen Kulturbereichs und die Zuschreibung von Werten an Individuen verhindert die wenig plausible Extremposition eines naturalistischen Totalitarismus bzw. reinen Ökofunktionalismus. Allerdings reichen die verschiedenen Begründungsgesichtspunkte für objektive Werte von Zwecken über Funktionen bis hin zu Prozessen und erwecken einen eklektizistischen Eindruck. Das Homologieprinzip bedingt eine kaum zu rechtfertigende Naturalisierung eines wesentlichen Teils menschlichen Verhaltens. Die naturalistische Ableitungskette und die Annahme objektiver Werte sind nicht plausibel. Rolstons Theorie kann somit insgesamt nicht als haltbar angesehen werden.

9. Ein sprachphilosophisches Argument für eine naturalistische Werttheorie hat O'Neill vorgebracht. Er vertritt die Ansicht, daß der objektive Gebrauch evaluativer Terme in biologisch-ökologischen Kontexten die Annahme stütze, einige evaluative Eigenschaften seien reale Eigenschaften von Naturentitäten. Dies gelte auch für kollektive Entitäten wie Ökosysteme (1992, p. 130 f). Zur Widerlegung dieser Annahme muß man nicht auf die zweifelhafte «Irrtumstheorie» von Mackie zurückgreifen, wonach die Sprecher zwar einen Anspruch auf die Objektivität sittlicher Werte erheben bzw. meinen, sich damit aber im Irrtum befinden (1990, p. 35, S. 39 f). Es ist – zumindest mit Bezug auf nichtmenschliche Entitäten – schon zweifelhaft, ob die These zutrifft, daß die Alltagssprecher in entsprechenden Kontexten die evaluativen Begriffe in einem (rein) objektiven Sinn verwenden. Man kann die Verwendung evaluativer Terme auch in einem deskriptiv-naturalistischen oder in einem deskriptiv-sub-

jektivistischen Sinn verstehen. So wie die deskriptive Ethik moralische Äußerungen und damit auch Wertäußerungen beschreibt, kann auch die Verwendung primär evaluativ gebrauchter Terme mit Bezug auf Naturentitäten oder Kollektive eine rein beschreibende Funktion aufweisen, die keine Objektivität von Werten impliziert. Dabei ist zu beachten, daß die semantische Verwendung evaluativer Terme noch nicht über die endgültige Funktion der Äußerung entscheidet. Eine entsprechende pragmatische Einbettung kann die Äußerung zu einer deskriptiv-naturalistischen, deskriptiv-subjektivistischen oder sogar präskriptiven machen:

Die Äußerung «Es ist gut für die Pflanze, zweimal in der Woche gegossen zu werden» kann z. B. dreifach interpretiert werden: (1) «Es ist der Aufrechterhaltung der Systemfunktionen der Pflanze förderlich, wenn sie zweimal in der Woche gegossen wird» oder (2) «Ich halte es für gut, die Pflanze zweimal in der Woche zu gießen» oder (3) «Du solltest die Pflanze zweimal in der Woche gießen!» Die erste Interpretation der Äußerung verweist auf eine deskriptiv-naturalistische Aussage über die Systemfunktionen der Pflanze, die zweite auf eine subjektivistische Bewertung dieser objektiven Funktionen, die dritte auf eine Präskription gegenüber einem anderen Akteur, die Handlung auszuführen. Die Ausgangsformulierung kann man nun ohne weiteres auch als abgekürzte Zusammenfassung aller dieser Interpretationen lesen. Der Sprecher macht damit deutlich, daß er meint, seine Präskription auf diese Weise rechtfertigen zu können, wodurch der Eindruck der Annahme objektiver Werte entstehen kann. Dies bedeutet aber nicht, daß der Sprecher mit dieser Rechtfertigung auf objektive Werte verweist. Die Verknüpfung aller drei Bedeutungsmöglichkeiten etabliert eine kohärentistische Rechtfertigung, indem sie ein Netz von Beschreibungen, Wertungen und Verpflichtungen aufbaut, aber keine Behauptung objektiver Werte.

Gestützt wird eine solche Interpretation durch die Tatsache, daß es Sprecher gibt, die zwar die Ausgangsformulierung verwenden (würden), aber die Annahme eigener, objektiver Werte bzw. einer moralischen Berücksichtigungswürdigkeit von Pflanzen bzw. Ökosystemen ablehnen. Besonders deutlich wird dies bei Maschinen. Man kann ohne weiteres bestimmen, was einem Motor «guttut», und es läßt sich auch ein entsprechender deskriptiver und präskriptiver Sprachgebrauch feststellen, ohne daß damit der Verweis auf objektive Werte verbunden wäre. Aber selbst wenn man diesen Einwand nicht für stichhaltig hält, bleibt doch zu erklären, warum entsprechende objektive Werte auch als ethische bzw. moralische anzusehen sind und warum ihnen normative Kraft zukommen soll, sie also Präskriptionen bzw. Normen generieren.

Insgesamt ist festzuhalten, daß bei O'Neills Argument die sprachanalytische Methode eine kaum zu rechtfertigende Dominanz erreicht. Das ursprüngliche sprachkritische Programm Wittgensteins (sowohl des frühen als auch des späten) wird ins Gegenteil verkehrt. Von der Sprachverwendung auf die Existenz oder zumindest Quasiexistenz objektiver Werte zu schließen, ähnelt bezüglich der Beweisstruktur dem ontologischen Gottesbeweis.

8. Holismus / Land-Ethik / Gaia-Hypothese (Leopold, Lovelock u. a.)

Während Johnson und Rolston mit den Termini «Interesse» und «Wert» noch zentrale Begriffe bisheriger (individual)ethischer Positionen in ihre Theorien integrieren, haben zwei amerikanische Naturwissenschaftler holistisch-naturalistische Positionen ohne derartige terminologische und sachliche Rückgriffe auf traditionelle Ethikmodelle entwickelt: Aldo Leopold und James Lovelock.

1. Aldo Leopold war Wild- und Forstwirtschaftler in Wisconsin. Er gilt mit seiner 1949 veröffentlichten «Land Ethic» (1989, p. 201 ff) als Nestor der holistisch-naturalistischen Ökoethik.[110] Leopold knüpft mit der Annahme eines natürlichen Kampfes der Individuen an Darwins Evolutionstheorie an (Callicott 1989 e, p. 79). Dieser Kampf erfährt eine gewisse altruistische Limitation nur im Rahmen von Gemeinschaften (Leopold 1989, p. 202 f). Nur in ihnen findet neben Konfrontation auch Kooperation statt, die den Individuen einen Selektionsvorteil beschert. Jede Moral ist damit an entsprechend anerkannte Gemeinschaftsgrenzen gebunden. Eine Ethik kann nur versuchen, in einem evolutionären Prozeß diese Grenzannahmen und damit die Grenzen zu verschieben. Ziel der Land-Ethik ist es deshalb, ein Bewußtsein der Gemeinschaft mit dem «Land» zu erzeugen. Zentrales Mittel ist hierzu der Verweis auf ökologische Interdependenzen. Alle Teile eines Ökosystems sind Mitglieder der ökologischen Gemeinschaft: Boden, Wasser, Pflanzen, Tiere, Menschen. In moderner Terminologie könnte man Leopolds Position als soziobiologisch rekonstruieren (Callicott 1989 f, p. 66). Als zentrale Norm ergibt sich für Leopold (1988, p. 224 f):

«The ‹key-log› which must be moved to release the evolutionary process for an ethic is simply this: quit thinking about decent land-use as solely an economic problem. Examine each question in terms of what is ethically and esthetically right, as well as what is economically expedient. A thing is right when it tends to preserve the integrity, stability, and beauty of the biotic community. It is wrong when it tends otherwise.»

In dieser Passage wird deutlich, daß auch Leopold kein rein holistisches bzw. ökofunktionalistisches Konzept vertritt. Menschliche Interessen sollen berücksichtigt, aber relativiert werden. Die Land-Ethik hat einen holistischen und einen individualistischen Aspekt.[114] Bemerkenswert ist des weiteren, daß primär eine Gemeinschaft mit dem jeweils umgebenden Ökosystem gemeint ist. Insofern ist die Kennzeichnung «holistisch» nicht ganz zutreffend. Leopold bezieht sich nicht primär auf die Biosphäre als Ganzes, sondern auf die jeweiligen Ökosysteme. In der gegenwärtigen Diskussion haben neben Callicott (1989 f) vor allem Colwell[112] und Gunn[113] ähnliche oder weiterführende Positionen eingenommen.

Vielfältig sind die Einwände: Regan (1983, p. 362) und Martin (1991, p. 234) haben gegenüber der Land-Ethik den Vorwurf des «Umweltfaschismus» erhoben. Und in der Tat sind sowohl die Land-Ethik als auch die faschistische Maxime «Du bist nichts, dein Volk ist alles!» im Kern holistisch. Aber zum einen sagt der Vergleich mit einer negativ zu bewertenden Ideologie bzw. Sozialmoral noch nichts über die Tragfähigkeit einer ökologisch-ethischen Theorie aus. Zum zweiten hat die obige Darstellung ergeben, daß individualethische Maßstäbe bei Leopold nicht ausgeschlossen sind, sondern nur (stark) relativiert werden. Zum dritten hat die soziobiologische Fundierung einen nicht reduzierbaren Individualbezug. Die Kooperation in Gemeinschaften dient den individuellen Selektionsvorteilen und damit dem individuell bevorzugten Gentransfer. Callicott geht in seiner Interpretation der Land-Ethik sogar so weit, die Übernahme einer solchen Ethik als bloß utilitaristisches Mittel zur Erreichung höherer Fitneß anzusehen. Damit würde das holistisch-nicht-anthroporelationale Modell in ein transanthroporelationales umschlagen. Die Gemeinschaftsethik auf der ersten Stufe wäre nur Mittel zum Zweck, um auf einer zweiten Stufe den Menschen Selektionsvorteile im Überlebenskampf zu sichern (1989 f, p. 69 f). Ob diese Interpretation von Leopolds Position adäquat ist, mag fraglich sein. Entscheidend ist aber, daß jede soziobiologisch-darwinistische Theorie tendenziell individualistische Gegengewichte enthält.

Passmore hat gegen Leopolds Land-Ethik eingewendet, daß eine ethisch relevante Gemeinschaft nur angenommen werden könne, wenn die Mitglieder gemeinsame Interessen und wechselseitige Verpflichtungen haben (1974, p. 116). Dem hat aber Callicott mit Recht entgegengehalten, daß die erste Voraussetzung trivial ist, weil sie auch für Bakterien und Pflanzen gelte, die z. B. ebenso ein Interesse an der Vermeidung einer Vergiftung der Umwelt haben wie die Menschen. Die zweite Voraussetzung gilt für viele Menschen nicht, denen wir ethische Berücksichtigungswürdigkeit zusprechen: Kinder, Senile etc. (1989 f, p. 71).

Katz ist der Ansicht, daß sich neben dem Gemeinschaftsmodell im Werk Leopolds auch das strikter holistische Organismusmodell rekonstruieren lasse (1985, p. 244 ff). Während in ersterem die Individuen nicht nur Teile des Ganzen seien (Beispiel: Universität), würden sie im Organismusmodell als «Quasiorgane» zu bloßen Funktionsteilen. Die Ökosysteme ähnelten eher einer Gemeinschaft als einem Organismus. Indiz dafür ist, daß die Umsetzung von Individuen in andere Ökosysteme möglich sei. Hiergegen läßt sich einwenden, daß auch Organe mittlerweile transplantiert werden können. Alle diese Metaphern haben also bei der Feststellung ethischer Verpflichtungen nur einen geringen Wert. Katz sieht des weiteren ein Substitutionsproblem: Die Entität, der nur ein funktionaler Wert zugeschrieben werde, könne ohne weiteres substituiert werden. Solche Substitutionen hält er aber für ethisch falsch (p. 251 f). Dem muß entgegengehalten werden, daß Leopold keinen strikten Ökofunktionalismus vertritt und auch entsprechende Substitutionen nicht befürwortet hat.

Zu bedenken ist aber, daß ein konsequenter evolutionärer Darwinismus dem Menschen als Naturwesen die maximale Ausnutzung seiner Überlebens- und Vermehrungsmöglichkeiten nicht streitig machen kann. Im Rahmen eines reinen Kampfes aller gegen alle wäre er eben der Sieger, und mehr wäre dazu nicht zu sagen. Es wäre nicht einzusehen, warum der Mensch spezielle Rücksichten auf andere Entitäten oder die Ökosphäre nehmen sollte. Der Mensch ist wie andere Entitäten in der Natur in der Lage und damit auch befugt, sein evolutionäres Potential soweit als möglich zu entfalten (Watson 1983, p. 253). Dies ist die Position, die schon von den Sophisten vertreten wurde (vgl. oben B II 1 (a)). Der wirklich konsequente Naturalismus führt demnach zu einer reinen Anthropozentrik – oder wenigstens zu einer bloß transanthropozentrischen Position wie bei Callicott – zurück. Nur im eigenen Interesse der menschlichen Spezies kann es den Menschen dann geboten sein, ihre eigenen Überlebensbedingungen nicht zu gefährden. Die Land-Ethik und ihre Anhänger sind damit in ihrer Theorieentfaltung nicht konsequent. Sie vertreten eine naturalistisch-evolutionstheoretische Position, die aber in ihren letzten Konsequenzen zu einem durch die Evolutionstheorie nicht gerechtfertigten Altruismus führen soll.

Ein weiterer entscheidender Einwand gegen den evolutionistischen Naturalismus wird von Cheney erhoben (1991, p. 321 f). Aus einer äußeren Beschreibung der biotischen Gemeinschaft mittels eines speziell zu diesem Zweck entwickelten Vokabulars kann keine Ethik erwachsen, die innerhalb der Gemeinschaft Verpflichtungen erzeugt. Die Reduktion der Funktion der Ethik auf Prozesse des Ökosystems ist inadäquat.

2. James Lovelock sieht – wie Johnson und Rolston – die Biosphäre der Erde als riesiges kybernetisches System (Gaia) an, das sich selbst in einem homöostatischen Gleichgewichtszustand hält (1979, p. IX, 11 und passim). Gegen diese Interpretation hätten Geophysiker und Ökologen noch nichts einzuwenden (vgl. Odum 1983, S. 439 ff), sieht man einmal von der intentionalistischen Formulierung ab. Lovelock geht aber einen Schritt weiter. Er schreibt diesem System in toto «Leben» zu und hält die Erde für einen Organismus. Grundlage dieser Zuschreibung ist eine stark erweiterte physikalistische Definition von «Leben». Leben existiere immer dort, wo man eine hoch unwahrscheinliche molekulare Ansammlung findet, d. h. es selbst *oder zumindest eines seiner Produkte* (p. 34; Hervorhebung D. v. d. Pf.). Die Erdatmosphäre weist nun nach Lovelock eine Gaszusammensetzung auf, die nicht in einem physikalischen Gleichgewicht steht (p. 36). Sie enthält zuviel Stickstoff und Sauerstoff. Wenn das Disequilibrium aber ein globales ist, dann habe man etwas von globaler Größe entdeckt, das in der Lage sei, eine hoch unwahrscheinliche Molekülverteilung aufrechtzuerhalten. Das globale kybernetische System ist demnach lebendig und ein einziger riesiger Organismus.

Ohne über spezielle physikalische Kenntnisse zu verfügen, bin ich der Meinung, daß hier genau der Punkt ist, an dem Lovelock einen physikalistisch-naturalistischen Fehlschluß begeht. Bei der obigen Definition von «Leben» hat er nicht ausgeschlossen, daß eine unwahrscheinliche Molekülverteilung auch bloßes Produkt einzelner organischer Lebewesen sein kann. Dann stellt er ein entsprechendes globales Disequilibrium fest, interpretiert aber die oben erwähnte allgemeine Schlußfolgerung auf organisches Leben derart, daß nur kollektive Organismen mit gleicher Ausdehnung wie das im Gleichgewicht befindliche System in der Lage seien, eine entsprechend unwahrscheinliche Molekülverteilung herbeizuführen, und schließt auf die Existenz von Gaia als Superorganismus. Diese Beweisführung mit dem Ergebnis der Interpretation der Biosphäre als Superorganismus kann nicht überzeugen. Es ist nicht mit hinreichender Sicherheit ausgeschlossen, daß die einzelnen Organismen auf der Erde im Rahmen ihrer Nahrungskette Bedingungen hergestellt haben, die von einer externen physikalischen Warte aus als instabil erscheinen mögen, aber im Rahmen des trophischen Verhaltens der einzelnen Individuen ein biologisch erzeugtes Gleichgewicht natürlicher Lebensbedingungen der Einzelorganismen darstellen. Lovelocks Fehlschluß ähnelt im übrigen dem von Johnson (vgl. C III 6). Johnsons Folgerungen sind aber nicht so radikal, denn er sieht die Biosphäre nicht als Organismus an.

Nur am Rande erwähnt sei, daß Lovelock dann noch weit über diesen Globalnaturalismus hinausgeht und Gaia neben Intelligenz auch – durch die Menschen – Bewußtsein und Selbstbewußtsein zuspricht (p. 146). Im übrigen sind die ethischen Folgerungen der Gaia-Hypothese zweifelhaft (Weston 1987, p. 220). Lovelock ist der Ansicht, daß selbst ein Nuklearkrieg Gaia nicht wesentlich stören würde (p. 41). Damit würde die Gaia-Hypothese jede ethische Berücksichtigung nichtglobaler Entitäten zumindest einschränken. Weston meint sogar, daß vielen rechtlichen Sicherungen der Natur durch die Gaia-Hypothese der (rechtsethische) Boden entzogen würde (1987, p. 220). Im gegenwärtigen Zeitpunkt wäre allenfalls vielleicht die globale Erwärmung durch den CO_2-Ausstoß und andere Gase bzw. die Zerstörung der Ozonschicht durch die Fluorchlorkohlenwasserstoffe (vgl. Goudie 1994, S. 334ff) für Gaia ethisch relevant. Folgerichtig ist demnach, daß Lovelock selbst im Rahmen seiner Theorie keine explizite Ethik entwickelt. In den Diskussionen der Ökologischen Ethik wird die Gaia-Hypothese von anderen aber immer wieder zur Stützung holistischer Argumente herangezogen.

IV. Logische und quasilogische Begründungen

Im Rahmen dieses Begründungstypus werden logische oder quasilogische Ableitungen, Erweiterungen oder Relationen als zentrales ethisches Strukturmerkmal angesehen. Es kann sich insofern um theorieinterne Relationen handeln oder um theorieexterne, die dann natürlich auch den Bezug auf eine nichtlogische Gegebenheit einschließen.

1. Universalisierung von Geboten

Das Prinzip der Universalisierung spielt in der neueren Ethik eine zentrale Rolle (vgl. Hoerster 1977; Wimmer 1980; von Kutschera 1982, S. 32ff). In einer basalen Version besagt es, daß rein numerische Unterschiede bei Entitäten nicht zu unterschiedlichen Wertungen oder Geboten berechtigen. Eine Ungleichbehandlung muß anders begründet sein. M. G. Singer hat dieses Prinzip so formuliert: «Was für einen richtig ist, muß auch für jeden anderen mit ähnlichen individuellen Voraussetzungen und unter ähnlichen Umständen richtig sein» (1975, S. 35: Prinzip der Verallgemeinerung).

Von Vertretern der Ökologischen Ethik wird gefordert, aufgrund dieses Universalisierungsgebots Schutzverpflichtungen, die dem Menschen dienen, auch auf die nichtmenschliche Natur auszudehnen. Begründet wird dies mit dem Bestehen gleicher ethisch relevanter Merkmale wie Leidensfähigkeit, Bewußtsein, Leben etc.

Dabei ist allerdings die Reichweite der Ausdehnung umstritten. Patzig (1983 a, S. 339), Rollin (1989, p. 83) und Singer (1993, p. 55 ff) vertreten die Ansicht, die Verbote, Menschen Leiden zuzufügen, seien auch auf empfindungsfähige Tiere anzuwenden. Demgegenüber will Meyer-Abich entsprechende Verbote mit Hilfe des Gleichheitsprinzips auch auf Pflanzen und die natürlichen Elemente ausdehnen (1984, S. 171 ff, 182). Und Theoretiker wie Johnson und Rolston, die ein systemtheoretisches Kriterium in den Vordergrund stellen, gehen noch erheblich weiter: Sie beziehen auch Arten, Ökosysteme und die Biosphäre ein.

Dies zeigt: Die Universalisierungsforderung hängt davon ab, daß eine bestimmte Eigenschaft als ethisch relevantes Strukturmerkmal (1) (vgl. oben A II 2) ausgezeichnet wird. Erst wenn dies geschehen ist, kann man ermitteln, welche Entität ethisch zu berücksichtigen ist (ein Aspekt von Strukturmerkmal (3)). Die Universalisierungsforderung stellt demnach als sekundäres Prinzip Kohärenz zwischen den Strukturmerkmalen (1) und (3) her. Sie taucht somit im Prinzip in jeder ethischen Theorie auf, die das Verhältnis von zentralem Strukturmerkmal und betroffenen Entitäten kohärent ausformt. Die Universalisierungsforderung ist aber selbst keine unabhängige, rechtfertigende Grundlage einer normativen Verpflichtung. Damit ist die Rechtfertigung per Universalisierungsgebot von einer anderen, basaleren abhängig.

Der Universalisierungsaspekt liegt im übrigen als zentrale These auch dem sog. Ökofeminismus (ecofeminism) zugrunde: Dieser will begriffliche und empirische Verbindungslinien zwischen der männlichen Unterdrückung der Frauen und der Natur herstellen und beide bekämpfen (Warren 1993, p. 322).

Angemerkt sei noch, daß die andere Version des Universalisierungsprinzips, die M. G. Singer als «Argument der Verallgemeinerung» gekennzeichnet hat («Wenn jeder x tun würde, wären die Folgen verheerend...; deshalb sollte niemand x tun.»), ähnlich wie ihre kantianische Variante (der kategorische Imperativ) zwar in der Ökologischen Ethik eine Rolle spielt, aber nur in einer anthroporelationalen Fassung. Ein Versuch, das Argument der Verallgemeinerung auch auf nichtmenschliche Naturentitäten anzuwenden, ist mir nicht bekannt. Dies mag daran liegen, daß man vor Anwendung des Arguments zunächst gerechtfertigt haben muß, daß die Beeinträchtigung der nichtmenschlichen Naturentitäten überhaupt ethisch relevant ist. Es mag auch daran liegen, daß eine Reziprozität der Akteure insofern nicht vertretbar ist.

2. Rationalitätsbedingungen (Regan, Taylor)

Bei der Darstellung von Regans Plädoyer für Rechte der Tiere war auf einen Argumentationsstrang bei Regan verwiesen worden, der bestimmte Rationalitätsbedingungen einer ethischen Theorie aufstellt: begriffliche Klarheit, Information, Rationalität, Unparteilichkeit, Emotionslosigkeit, Konsistenz, Adäquatheit des Anwendungsbereichs, Präzision und Konformität mit inneren Intuitionen (vgl. C III 3.2). Hiergegen war oben eingewendet worden, daß es sich zwar um notwendige Bedingungen der Theoriebildung handelt (bis auf das letzte Kriterium), daß die bloße Beachtung dieser Bedingungen aber allein die alles entscheidende Normativität einer normativ-ethischen Rechtfertigung nicht generieren kann.

Gleiches muß für einen ähnlichen Vorschlag von Taylor gelten, der folgende Kriterien angibt: (a) Verständlichkeit und Vollständigkeit; (b) systematische Ordnung, Kohärenz, interne Konsistenz; (c) Freiheit von Unklarheiten, begrifflicher Konfusion und semantischer Bedeutungslosigkeit; (d) Konsistenz mit allen empirischen Fakten (1989, p. 158 ff).

3. Ausweitung von Rawls' Vertragsmodell

John Rawls hat 1971 mit seinem Buch «A Theory of Justice» die in den letzten 20 Jahren wohl am meisten diskutierte sozialethische Konzeption vorgelegt. Fiktive Teilnehmer einer hypothetischen Vertragssituation sollen unter der Bedingung stark limitierter Informationen – einem «Schleier des Nichtwissens» – über die Gerechtigkeitsprinzipien einer Gesellschaft entscheiden. Menschen – bzw. präziser: rationale Personen – wählen die Struktur ihrer Gesellschaft als Mitglieder in einer hypothetischen Vertragssituation (1973, p. 9, 17). Ergebnis dieses Gedankenexperiments sollen nach Rawls folgende Gerechtigkeitsprinzipien sein: Die Mitglieder der fraglichen Gesellschaft sollen das gleiche Recht größtmöglicher Grundfreiheiten haben und Nutznießer einer sozialökonomischen Umverteilung sein, die alle gleich behandelt und Unterschiede nur zuläßt, wenn sie auch die Situation der am schlechtesten Gestellten verbessert (Differenzprinzip, p. 60). Das Modell ist also in seiner ursprünglichen Form genuin anthroporelational. Rawls hat die Behandlung von Tieren und der sonstigen Natur ausdrücklich aus seinem Modell ausgeschlossen und auf mögliche andere Rechtfertigungen verwiesen, etwa eine Verpflichtung zum Mitleid (p. 17, 504 f, 512). Rawls hat diesen Ausschluß erst jüngst bekräftigt: In bezug auf zukünftige Generationen, andere Staaten und die Behandlung von Menschen, die zu keiner rationalen Wahl fähig sind (Föten etc.), sei eine Extension des Prinzips der Gerechtigkeit als Fairneß prinzipiell möglich, nicht jedoch hinsichtlich der nichtmenschlichen Natur (1993, p. 21, 245 f). Beim Verhältnis zur nichtmenschlichen Natur handle es sich nicht um eine konstitutionelle Notwendigkeit oder eine Grundfrage der Gerechtigkeit. Insofern könne jeder seinen nichtpolitischen Werten folgen und die anderen zu überzeugen versuchen. Die Beschränkungen öffentlicher Vernunft seien nicht anwendbar.

Trotzdem sind von verschiedenen Autoren Versuche unternommen worden, Rawls' Theorie wenigstens auch auf empfindungsfähige Wesen auszudehnen.[114] Das zentrale Argument für eine solche Extension ist folgendes: Das Modell des ursprünglichen Vertragsschlusses unter dem Schleier des Nichtwissens soll sicherstellen, daß nur solche grundlegenden Gerechtigkeitsprinzipien ausgewählt werden, die eine unparteiische Berücksichtigung der Eigeninteressen aller Beteiligten ermöglichen. Deshalb wissen die präsumtiv Wählenden nichts über ihre zufälligen natürlichen und sozialen Eigenschaften und Rollen. Dann spricht aber nichts dagegen, in Rawls' Modell auch Ungeborene und geistig Schwerstbehinderte zu berücksichtigen, die Interessen haben. Das gleiche muß für viele Tierarten gelten. Wenn man im Rahmen des Gedankenexperiments keine Tiere berücksichtigt, dann benachteiligt man sie von vornherein – und zwar grundlos (B. A. Singer 1988, p. 221 ff).

Zuzustimmen ist zunächst der Annahme, daß im Rahmen des hypothetischen Vertrags auch die Interessen anderer berücksichtigt werden können, die nicht als am Vertragsschluß beteiligt anzusehen sind. Diese Interessenberücksichtigung ist aber eine abgeleitete, sekundäre. Von den Vertragschließenden hängt ab, ob sie Dritte berücksichtigen wollen oder nicht. Insofern wäre eine solche Berücksichtigung der nichtmenschlichen Natur eine anthroporelationale.

Der dargestellte Extensionsversuch geht aber noch einen Schritt weiter. Er unternimmt es, über das Vertragsmodell quasi selbstreferentiell zu bestimmen, wer überhaupt als möglicher Vertragspartner in Frage kommt. Auf diese Weise sollen dann auch Tiere ethische Berücksichtigung finden. Bei realen Verträgen ist eine solche selbstreferentielle Auswahl der Vertragspartner ohne weiteres möglich und erfolgt häufig. In § 1 eines Vertrags heißt es dann etwa: «Vertragschließende Parteien dieses Vertrags sind W, X, Y, Z.» Bei einem hypothetischen Vertrag, dessen Funktion darin besteht, normativ-ethische Gerechtigkeitsprinzipien zu generieren, erscheint die selbstreferentielle Bestimmung der Vertragspartner dagegen sinnlos. Denn das Gedankenexperiment kann erst Wirkung entfalten, wenn die möglichen Vertragspartner feststehen. Erst dann ist die Frage sinnvoll, was sie aushandeln würden. Damit ist Rawls' Ausschluß der nichtmenschlichen Natur genauso plausibel wie der Einschluß der höheren Tiere durch seine Kritiker. Beide Annahmen können nicht durch das Gedankenexperiment des Vertragsschlusses gerechtfertigt werden. Rawls rechtfertigt den Ausschluß mit der Intention, eine Theorie politischer Gerechtigkeit zu entwickeln. Seine Kritiker rechtfertigen den Einschluß mit der Intention, alle Interessenträger zu berücksichtigen. Beides ist je für sich betrachtet plausibel, aber als kontradiktorische Alternative mit Rekurs auf einen hypothetischen Vertrag nicht zu entscheiden.

Damit gilt: Rawls' Kritiker inkriminieren mit Recht, daß Rawls Tiere in seinem Vertragsmodell willkürlich ausschließt. Aber ihr Einschluß der Tiere ist genauso willkürlich. Er läßt sich nicht durch das Vertragsmodell rechtfertigen, sondern nur durch ein anderes Prinzip: das Prinzip «Interessenträger müssen ethisch beachtet werden». Damit ist aber die Grundlage des hypothetischen Vertrags verlassen. Insgesamt ist Rawls' Selbsteinschätzung also zuzustimmen. Das Vertragsmodell kann nicht begründen, warum und wie nichtmenschliche Entitäten ethisch zu berücksichtigen sind.

4. Ausweitung der Diskursethik

Die Diskursethik sieht in den sprachpragmatischen (Apel in den transzendentalpragmatischen, Habermas in den universalpragmatischen) Voraussetzungen, die jeder Kommunikation notwendig zugrunde liegen, das konstituierende ethische Element. Die wechselseitige Verantwortlichkeit der Mitglieder einer Kommunikationsgemeinschaft sei allen Systemen, Institutionen, Kontrakten und Einzelinteressen, die andere ethische Theorien für ausschlaggebend halten, als letzte Instanz von Rationalität vorgeordnet (Apel 1992, p. 228 f). Die ultimative Kommunikationsgemeinschaft soll aus allen Entitäten bestehen, die entsprechende kommunikative Fähigkeiten zur Argumentation aufweisen und insofern als Ko-Subjekte anzusehen sind (p. 256). Dies können alle rationalen, sprachfähigen Wesen sein: außer Menschen etwa auch Marsbewohner. Praktisch relevant ist das Kriterium aber nur für Menschen (p. 228, 245, 256). Das Universalisierungsprinzip der Gerechtigkeit als generalisierte Reziprozität führt zur Solidarität aller Menschen als Vernunftwesen. Nichtkommunikationsfähige menschliche Wesen wie Föten haben nach Apel nicht dieselben Rechte wie Ko-Subjekte des Diskurses. Aber sie sind

immerhin im Diskurs als potentielle Kommunikationspartner advokatorisch zu berücksichtigen (p. 256). Bezüglich der Frage nach der ethischen
Berücksichtigung nichtmenschlicher Entitäten kommen die Diskursethi-
ker zu unterschiedlichen Ergebnissen:

1. Nach Apel muß man aus einer quasihermeneutischen Perspektive
der Biologie, die die natürliche Evolution als Vorgeschichte der menschlichen Geschichte betrachtet, einen Schritt über die Kantsche Anthropozentrik mit ihrem Subjekt-Objekt-Dualismus hinausgehen und Naturentitäten als etwas Gleiches oder Analoges zu menschlichen Ko-Subjekten
der Kommunikation ansehen (p. 249). Unser ethisches Verhältnis zu Tieren und allen lebenden Entitäten soll nicht dasselbe sein wie zu Sachen:

«It [the relationship to higher animals] should at least also be a relationship of responsi-
ble care-taking by good advocates as we know it from cases of human interaction under
conditions of restricted reciprocity of communicative competence. This does not mean
that we are bound to lift all living beings, or at least the higher animals, to the status of *co-
subjects* in the primordial communication community of reasonable beings. This, I
think, is simply forbidden by the obligations we have with regard to humans. It has
rather to be stated that a certain *anthropocentric perspective in the wider sense* cannot
and must not be eliminated from our advocacy for those living beings that have their
place in the *scala of nature* which is to be reconstructed as *pre-history of human history*.
For the very urgency of the ecological crisis compels us constantly to consider the inter-
related systems of the planetary biosphere as preconditions of *our* natural ecosphere.
Hence, this very comprehensive anthropocentric perspective must function as the up-
permost yard-stick or normative criterion for our treatment of plants and animals»
(p. 250f).

Wenn aber die nichtmenschlichen Lebewesen nicht als Ko-Subjekte angesehen werden können, weil dies durch Verpflichtungen gegenüber anderen Menschen verboten ist, und wenn die Naturgeschichte nur als Vorgeschichte der Menschheitsgeschichte in den Blick kommen soll, so kann
man hierin nur eine anthroporelationale Begründung erblicken. Ob sie
auch strikt anthropozentrisch ist, mag dahinstehen. Der Vorschlag einer
advokatorischen Berücksichtigung macht nicht klar, ob hier ein wirklich
eigener moralischer Status (minderer Qualität) gemeint ist. Anders als bei
den Föten mit dem Verweis auf potentielle Kommunikationsfähigkeit
wird darüber hinaus für die advokatorische Berücksichtigung anderer Naturentitäten keine Rechtfertigung für die Berücksichtigung angegeben. Es
bleibt die Frage, *warum* wir nichtmenschliche Entitäten advokatorisch
berücksichtigen sollen. Apel behauptet eine Verpflichtung zur advokatorischen Berücksichtigung, aber eine Begründung mit Bezug auf das zentrale ethische Kriterium der Kommunikation gibt er nicht. Damit ist das
Kommunikationskriterium aber mit Bezug auf nichtmenschliche Entitäten ohne jeden normativ-ethischen Wert.

Noch problematischer als das *Warum?* ist dann aber das *Wie?* bzw. das *Wie weit?* Die von Apel zur Generierung von Normen und Anwendung der Diskursethik auf einer sekundären Ebene vorgeschlagenen «praktischen Diskurse» (p. 255) können die Naturentitäten mangels Kommunikationsfähigkeit nicht einschließen. Man kann also die Anwendungsdiskurse ad infinitum konkretisieren und wird trotzdem kein Kriterium finden, das eine normative Leitlinie gibt, ob und wie Naturentitäten zu berücksichtigen sind. Allein die Faktizität des Diskurses zählt. Das ist aber kein normativ-ethisches Kriterium.

    2. Einen anderen Weg der Extension geht Habermas (1993). Hier wird die Kommunikationsgemeinschaft – zumindest hypothetisch – erweitert:

«Wie moralische Verpflichtung überhaupt, so hat auch unsere *moralanaloge* Verantwortung gegenüber Tieren ihren Bezug und ihren Grund in jenem, allen sozialen Interaktionen innewohnenden Gefährdungspotential. Soweit Lebewesen an unseren sozialen Interaktionen teilnehmen, begegnen sie uns in der Rolle des Alter Ego als ein schonungsbedürftiges Gegenüber, das damit eine Anwartschaft auf unsere treuhänderische Wahrnehmung seiner Ansprüche begründet. Eine moralanaloge Verantwortung besteht gegenüber Tieren, die uns in der (wenn auch nicht *vollständig* ausgefüllten) Rolle einer zweiten Person entgegentreten – denen wir in die Augen sehen *wie* einem Alter Ego. Für viele Tiere, aber wohl nicht für Pflanzen gilt, daß wir ihnen gegenüber eine performative Einstellung einnehmen können. Dann sind sie nicht länger ein Objekt unserer Beobachtung, nicht einmal nur Gegenstand unserer Einfühlung, sondern Wesen, die, indem sie mit uns interagieren, ihren Eigensinn auf andere Weise zur Geltung bringen als der Stein seine mineralische Härte oder die Pflanze die osmotische Abgrenzung des Organismus von ihrer Umwelt. Soweit Tiere an unseren Interaktionen teilnehmen, treten wir miteinander in einen Kontakt, der, weil er *von der Art* einer intersubjektiven Beziehung ist, über einseitige oder wechselseitige Beobachtung hinausreicht» (S. 224).

Realistischerweise kann man allerdings eine solche Quasikommunikation nur bei höheren Haustieren annehmen. Geschützt sind also primär Schoßhündchen und Schmusekatzen. Schon bei Zierfischen ergeben sich große Zweifel. Das Betrachten der Fische im Aquarium mag Kontemplation und Entspannung bewirken, aber von Kommunikation wird man nicht sprechen können. Was ist aber mit den Nutztieren in der Massentierhaltung oder den vielen Delphinen, die in den Netzen der Thunfischfänger verenden? Niemand würde auf die Idee kommen, sie als Alter ego oder Quasi-Alter ego anzusehen. Nur dort also, wo der Mensch Tiere huldvoll in den Stand eines Quasikommunizierenden erhebt, wäre er nach Habermas ethisch verpflichtet. *Ob* er dies aber tun soll, wird nicht gesagt. Die Faktizität menschlichen Kommunikationsverhaltens soll auf diese Weise Normativität gegenüber Tieren generieren. Von ihrer absurden Grenzziehung abgesehen, scheitert diese Rechtfertigung am Einwand naturalistischer Ableitung. Im übrigen muß sie als genuin anthroporelational angesehen werden, da das menschliche Verhalten maßgebend sein soll. Wie wenig aussagekräftig und anwendungsstark die Diskursethik ist, mag hier ein weiteres Zitat belegen. Ein Kommentar erübrigt sich angesichts dieser Häufung von «könnte» und «würde», die von jeder klaren Aussage entlasten:

«Die Grenzen unserer moralanalogen Verantwortung gegenüber Tieren sind erreicht, sobald Menschen in ihrer Rolle als Angehörige einer Spezies Tieren als Exemplaren einer anderen Spezies gegenübertreten. In welcher Situation uns das erlaubt ist, stellt allerdings wieder eine heikle moralische Frage dar. Ich will nicht a priori ausschließen, daß bestimmte Vegetarier heute schon eine moralische Sensibilität zur Geltung bringen, die sich unter entlasteten sozialen Bedingungen allgemein als die richtige moralische Intuition erweisen könnte. Dann würden Tiere in allen Situationen als mögliche Interaktionsteilnehmer anerkannt; und die Schonung, zu der wir uns in der Interaktion mit Tieren verpflichtet fühlen, erstreckte sich auch auf deren Existenz» (S. 225).

3. Noch einen Schritt weiter geht Konrad Ott in seinem Buch «Ökologie und Ethik». Nachdem er das Diskurskriterium akzeptiert hat (1993, S. 103), konstatiert er:

«Potentielle Teilnahme an praktischen Diskursen ist für anerkannte ‹moral patients› keine notwendige Bedingung für normativ fixierte Schutzrechte, die wirkliche strafbewehrte Rechte sind... Der Tier- und Naturschutzgedanke beruht auf der Prämisse, seine Gegenstände seien ‹moral patients›. Der Begriff von Ökologie impliziert die These, höher entwickelte Tiere, Arten, Ökosysteme und Landschaften seien aufgrund ihrer Eigenschaften zumindest Kandidaten für den Status von ‹moral patients›. Wenn ein Tier an seinem Wohl interessiert ist, ist es verboten, es ohne Grund zu quälen oder zu töten. Der entscheidende Schritt einer Naturschutzethik besteht darin, Arten, Ökosysteme und Landschaften als ‹moral patients› einzustufen. Meinen Intuitionen zufolge ist ein Flußtal oder ein größeres Waldgebiet ökologisch wertvoller als eine einzelne Stubenkatze und sollte daher nicht weniger Schutz genießen als diese» (S. 112).

Man fragt sich bei dieser Position, welche normativ-ethischen Folgerungen sich noch aus dem Diskurskriterium ergeben. Es scheint – mit Recht – zur bloßen Verfahrensmaxime geworden zu sein.

4. Dryzek kombiniert beides: die Gaia-Hypothese und das Diskursprinzip. Daraus ergibt sich: Da die Natur jede Kommunikation als Medium erst ermöglicht, muß sie zumindest partiell an dem Respekt teilhaben, den wir den Kommunizierenden zukommen lassen (1990, p. 205). Mit diesem Argument muß man aber auch eine ethische Verantwortlichkeit gegenüber Mobiltelefonen und Faxgeräten postulieren.

5. Insgesamt kann man konstatieren, daß die Diskursethik noch gewisse Schwierigkeiten bei der Bestimmung der Folgen des Diskurskriteriums für die ethische Berücksichtigung von Naturentitäten zu haben scheint. Von der Hauskatze bis zum Flußtal ist offensichtlich alles mög-

lich. Dies spricht eine deutliche Sprache. Das Diskurskriterium ist als Verfahrensmaxime zur ethischen Entscheidungsfindung plausibel. Aber jeder Versuch, mit Rekurs auf sprachpragmatische Anforderungen materiell-ethische Normen zu rechtfertigen, führt zu Okkasionalismus und Dezisionismus. Aus formalen Anforderungen lassen sich keine inhaltlichen Normen generieren, die nicht schon Grundlage der formalen Anforderungen waren. Die Diskursethik scheitert in ihrem Anspruch auf normativ-ethische Rechtfertigung an einem formal-materiellen-Fehlschluß. Wäre das Kommunikationskriterium aber als ethisches Strukturmerkmal tragfähig, so bliebe es auf kommunikationsfähige Lebewesen beschränkt und damit anthroporelational.

5. Schiefe Ebene

Nach Meyer-Abich begibt sich derjenige, der sich einmal auf die anthropozentrische Bewertung der Umweltprobleme einläßt, auf eine abschüssige Bahn, auf der es «kaum noch ein Halten gibt» und an deren unterem Ende die Rechtfertigung des Status quo stehe (1984, S. 47). Dieses Schiefe-Ebene-Argument wird in der Ökologischen Ethik verschiedentlich auch umgekehrt verwendet: Wenn man als ethisches Kriterium das «je eigene Gute» annimmt, dann muß man nach Thompson schließlich alles als wertvoll ansehen (1990, p. 153, 155).

Schon diese gegensätzliche Anwendung zeigt, daß es sich beim Schiefe-Ebene-Argument nicht um ein ethisches Kriterium bzw. eine ethische Rechtfertigung handelt, sondern um den Versuch, aus den Folgen der Anwendung von Moralnormen quasilogisch bzw. pragmatisch auf die ethische Theoriebildung zurückzuschließen. Damit wird aber die ethische Rechtfertigung der Pragmatik bzw. Empirik untergeordnet und verliert ihre normative Kraft. Die Ergebnisse werden beliebig bzw. von anderen (pragmatischen bzw. empirischen) Zielen und Folgen abhängig.

V. Historische Begründungen

Verschiedene Beispiele dieses Argumentationstyps, der den Geschichtsprozeß als zentrales ethisches Strukturmerkmal ansieht, wurden schon erwähnt bzw. angedeutet (z. B. bei der Diskussion der Theorie von Rolston: C III 7.2). Nach Tribe (1986, S. 61 f) und Meyer-Abich (1984, S. 172) spricht die Tatsache, daß bisher in der Geschichte eine kontinuierliche Ausweitung der Zuschreibung von Eigenwert und Rechten zu verzeichnen ist, etwa auf die Schwarzen, die Frauen und die Kinder, dafür, im Rahmen dieses historischen Prozesses nicht bei menschlichen Lebewesen stehenzubleiben (vgl. oben A I 3). Nach Rolston ist das späte Auftreten des Menschen in der Evolutionsgeschichte ein Argument dafür, daß der Mensch den anderen, entwicklungsgeschichtlich älteren Entitäten der Natur Wert zumessen soll (1988, p. 198, 207; vgl. oben C III 7.2).

Es handelt sich bei diesen Argumenten um moderne, zu ethischen Rechtfertigungen herangezogene Varianten des von Popper zu Recht allgemein inkriminierten Historismus (1979). Dem historischen Argument als ethischer Rechtfertigung ist entgegenzuhalten, daß der historische Prozeß an sich keine irgendwie geartete wertbesetzte Zielrichtung bzw. die Notwendigkeit einer Höherentwicklung oder eines Fortschritts enthält. Die Tatsache, daß bisher tatsächlich eine bestimmte Entwicklung stattgefunden hat, sagt nichts darüber aus, ob eine Norm besteht, sie weiter auszudehnen. Es mag gerade bei der jetzt zu treffenden Entscheidung der Punkt erreicht sein, wo eine weitere Ausdehnung nicht mehr zu rechtfertigen ist.

VI. Ästhetische Begründungen

Jede naturästhetische Infragestellung menschlichen Verhaltens setzt einer starken Anthropozentrik Grenzen. Die Natur wird nicht mehr nur als Objekt und Werkzeug zur Befriedigung menschlicher Zwecke genutzt, sondern in ihrem Dasein und ihrer Unberührtheit begriffen (vgl. A III 5). Damit ist eine schwache Anthroporelationalität erreicht. Fraglich ist aber, ob die Anthropozentrikgrenze im Rahmen einer Naturästhetik auch überschritten werden kann. Gibt es eine nichtanthroporelationale Naturästhetik? Im Zusammenhang mit dieser Frage steht die Frage nach ihrer normativen Signifikanz: Wie könnte eine solche nichtanthroporelationale Naturästhetik normativ-ethisch handlungsleitend werden?

Eine nichtanthroporelationale Naturästhetik wäre nur denkbar, wenn die ästhetische Qualität vollständig in der außermenschlichen Natur verortet würde. Der Mensch könnte diese dann nur noch sinnlich wahrnehmen, ohne daß eigene Affektionen eine Rolle spielten. Hierfür lassen sich Beispiele finden: Der Pfau schlägt sein farbenprächtiges Rad ohne Rücksicht auf den Menschen. Gleiches gilt für die Blüten zahlloser Pflanzen. Die Crux ist nur, daß diese objektive Naturschönheit – nach allem, was wir wissen – rein funktionalen Zwecken dient. Der Pfau schlägt sein Rad nicht zur Verschönerung der Welt oder zur Ermöglichung eines ästhetischen Gefühls, sondern im Zusammenhang mit der Brautwerbung. Die auffälligen Blüten sollen Insekten zur Bestäubung anziehen. Die Natur bringt demnach Eigenschaften, die wir als schön empfinden, nicht um ihrer selbst willen hervor, sondern im Zusammenhang mit der Sicherung des Überlebens.[115] An dieser Quasiinstrumentalisierung der Ästhetik kann auch der Mensch nicht vorbei. Er würde in seiner Naturwahrnehmung der Natur nicht gerecht, wenn er von ihrer nichtinstrumentellen Schönheit als objektive ausginge.

Aber man muß noch weiter gehen: Sogar wenn der Mensch die Wahrnehmung von Naturästhetik als eigene Affektion annimmt, muß er sich die Frage stellen, ob er damit nicht selbst irgendwelchen Naturfunktionen unterworfen ist, etwa seinen eigenen Fortpflanzungszwecken dient, wenn er einen jungen attraktiven Partner statt eines älteren wählt. Reduziert sich demnach jede Anerkennung einer nichtanthroporelationalen Naturästhetik auf die Anerkennung funktionaler Strebungen in der Natur, dann stellt sich die zweite Frage, warum der Mensch solchen Strebungen verhaltensleitende Signifikanz zugestehen soll. Es wurde bereits festgestellt (C III 5), daß die bisher vorgeschlagenen Theorien hierfür keine wirklich befriedigende Antwort bieten.

Hargrove versucht, das Problem der Normativität auf andere Weise zu lösen, indem er die objektive Naturästhetik ontologisiert: «Since natural beauty does not have preexistence in the imagination or in artist sketches, it must exist physically in order to exist in any sense at all.»[116] Damit wird zwar die Unabhängigkeit der Naturästhetik vom Menschen begründet, aber wie bei Jonas' Ontologisierung wird das Problem der Normativität unlösbar. Die Faktizität der Naturschönheit verpflichtet uns zu nichts. Damit kann man die These aufstellen, daß eine Naturästhetik mit normativer Signifikanz nicht als nichtanthroporelationale möglich ist.[117]

Neuere naturästhetische Positionen bestätigen diese Einschätzung. Zwar lassen sich gerade in den letzten Jahren z. B. in Deutschland auffallende Tendenzen ausmachen, die Naturästhetik von der Dominanz des Kunstschönen zu befreien. Die allgemeine Virulenz der ökologischen Frage mag hier auch eine katalysierende Rolle spielen. Der Versuch, eine genuin nichtanthroporelationale Naturästhetik zu etablieren, wird aber nicht unternommen. Nach Gernot Böhme geht es in einer ökologischen Naturästhetik um eine Wiederaufnahme des schon von Marx formulierten Programms einer Humanisierung der Natur, in dem die äußere Natur als anorganischer Leib des Menschen verstanden wird, die als solcher stets unmittelbar sein Befinden mitbestimmt (Böhme 1989, S. 34f, 1992, S. 17f, 136f). «Die Empfindung der Schönheit von Natur wäre dann nicht nur die Mitwahrnehmung des für ihn [den Menschen] Zuträglichen, sondern die Erfahrung des eigenen Daseins als getragen und gesteigert durch die umgebende Natur im Spiel ihrer Anwesenheit» (1989, S. 54). Folgerichtig ist es auch nicht die völlig unberührte Natur, sondern der englische Garten, dem Böhme als Alternative zum französischen Park eine paradigmatische Bedeutung für die Entwicklung einer neuen Naturbeziehung zuschreibt (S. 88). Nicht die quasi selbstgenügsamen Eigenschaften der Dinge sind entscheidend, sondern die «Ekstasen» als Restriktionen oder Artikulationen des Heraustretens eines Dinges aus sich (S. 52). Die traditionelle Subjekt-Objekt-Spaltung wird zwar nivelliert, aber damit verliert sich auch die Möglichkeit, der Natur als (weitgehend) menschenunabhängiger Entität eine eigene ethisch signifikante Ästhetik zuzuschreiben.

Auch Martin Seel geht über eine anthroporelationale Relevanz der Naturschönheit nicht hinaus, wenn er konstatiert, daß ein Sinn für das Naturschöne im reflektierten Eigeninteresse jedes Menschen liegt. Nach seiner Ansicht sprechen für die Erhaltung der Artenvielfalt vor allem ökologische, ästhetische und theoretische Gründe, die sämtlich auf dem reflektierten Eigeninteresse des Menschen beruhen (1991, S. 344).[118] Die anthroporelationale Perspektive ist klar: «Nicht die Natur hat ein Recht gegenüber dem Menschen, der Mensch hat ein Recht auf Natur – gegenüber dem Menschen» (S. 346).

VII. Pluralistische Begründungen

Wie oben (C II 2) dargestellt wurde, besteht das Konzept der Deep-ecology-Bewegung darin, mehrere primäre metaphysische bzw. religiöse Weltbilder auf einer sekundären Ebene grundlegender ethischer bzw. moralischer Prinzipien zu einer einheitlichen Plattform zusammenzuführen. Dieses Konzept verbindet eine Theoriepluralisierung auf der höchsten metaphysisch-religiösen Rechtfertigungsebene mit einer Normintegration auf einer sekundären Ebene. Noch einen Schritt weiter in Richtung auf einen Pluralismus ethischer Rechtfertigungen geht Christopher Stone in seinem Buch «Earth and Other Ethics» (1987). Obwohl diese Diskussion den Bereich normativ-ethischer Theorien schon partiell verläßt und zu einer metaethischen Debatte wird, sei die Diskussionslinie zum Abschluß hier kurz skizziert, weil sich zum einen im Anschluß an Stones Buch eine lebhafte Auseinandersetzung entwickelt hat, die noch im Gang ist, und weil damit zum anderen die Vielfältigkeit des Theoriebildes komplettiert wird.

Stone hat vorgeschlagen, auf den Monismus einer einheitlichen Theorie der Ökologischen Ethik zu verzichten und eine Pluralität von Ansätzen – die sich in den letzten Jahren in der Diskussion herausgebildet hat – zu akzeptieren. Als Gründe führt er an, daß die Ethik unterschiedliche «Aktivitäten» beinhalte: die Auswahl von Verhaltensmaximen, die Verurteilung oder Belobigung von Akteuren und die Bewertung von Institutionen. Die Ethik beziehe sich zudem auf eine größere Anzahl verschiedener Gegenstände: Personen in einer Gemeinschaft, zeitlich und räumlich weit entfernte Personen, Embryonen, Nationen, Tiere, Pflanzen, schöne und heilige Dinge (p. 13, 118, 122, 147 f). Die Behandlung dieser verschiedenen Gegenstände in ein einziges Theoriekorsett zu spannen ist nach Stone nicht nur fruchtlos, sondern legt der Theoriebildung unangemessene Beschränkungen auf. Die pluralistische Begründungstheorie ermöglicht dagegen eigene Theorierahmen mit jeweils eigenen Prinzipien und logischen Strukturen (p. 13, 113). Stone spricht von divergenten Bauplänen bzw. Ebenen («planes») und führt utilitaristische und nichtutilitaristische auf, die einen Teil der bisher referierten Positionen wiedergeben (p. 205 ff). In Konfliktfällen soll entweder eine übergeordnete «Superregel» (master rule) oder eine lexikalische Ordnung der verschiedenen Ebenen gefunden werden (p. 251). Ist dies nicht möglich, so ist der Anwendungsbereich moralischer Imperative erschöpft. Übrig bleibt dann, unsere Freiheit zu bestätigen und unseren Charakter zu definieren und in letzter Instanz eine Lebensform zu wählen (p. 254, 258). Hier zeigt sich eine Parallele nicht nur zu Wittgenstein, sondern vor allem auch zu Naess und der Deep-ecology-Bewegung. Offenbar korrespondiert das Konzept der Wahl einer ultimativen Lebensform mit einem pluralistischen Theoriekonzept. Wenn man auf der grundlegenden Rechtfertigungsebene die Möglichkeit total divergenter Lebensformen anerkennt, kommt man um eine pluralistische Konzeption nicht herum.

Callicott hat gegenüber Stone zu Recht auch in bezug auf letzte Weltanschauungen auf der Suche nach ethischer Konsistenz beharrt (1990, p. 99 ff). Der Versuch, nach inkonsistenten oder wechselseitig kontradiktorischen Prinzipien zu handeln, führe entweder zur Frustration des Akteurs oder zu inkohärenten oder sich gegenseitig neutralisierenden Handlungen. Die Akzeptanz des Pluralismus ziehe im übrigen ethische «Promiskuität» nach sich. Man wähle unter konkurrierenden Anforderungen dann diejenige, die dem Eigeninteresse am meisten entspricht. In wirklichen Konfliktfällen sei das Problemlösungskonzept des Pluralismus im übrigen nutzlos. Der Mensch bedürfe der Kohärenz und Konsistenz seines Weltbildes und seiner grundlegenden ethischen Prinzipien. Das eigentlich zentrale Problem des Pluralismus liege aber darin, die ethische Theorie von ihren notwendigen metaphysischen Wurzeln abzukoppeln.

Cheney hat in einer Gegenkritik gegen Callicott eingewendet, daß die metaphysische Einheit in keiner Weise eine einheitliche ethische Theorie zur Konfliktlösung garantiert (1991, p. 311 ff). Aber die Tatsache, daß eine Vereinheitlichung der Weltanschauung nicht notwendig zu einer einheitlichen ethischen Theorie führt, spricht meiner Meinung nach nicht dagegen, Kohärenz und Konsistenz anzustreben. Voraussetzung ist nur, daß die Möglichkeit einer einheitlichen ethischen Theorie erhöht wird. Dies ist aber zweifellos gegenüber möglichen pluralen Weltanschauungen der Fall. Hier gilt die obige (A III 4.5) These 13 sinngemäß. Eine einheitliche Weltanschauung generiert mit größerer Wahrscheinlichkeit auch eine einheitliche(re) ethische Theorie.

Wenz unterscheidet in einem – allerdings zu Stone neigenden – Vermittlungsversuch zwischen einem minimalen, einem moderaten und einem extremen moralischen Pluralismus (1993, p. 61 ff). Ein minimaler Pluralismus besteht, wenn für Konflikte zwischen ethischen Prinzipien kein logisch deduktiver Entscheidungsalgorithmus angegeben wird, ein extremer Pluralismus, wenn divergente ethische Theorien zugelassen werden. Wenz plädiert für einen moderaten Pluralismus als Kompromiß. Innerhalb einer ethischen Theorie sollen mehrere unabhängige Prinzipien möglich sein, die nicht aufeinander reduziert oder von einem «Superprinzip» abgeleitet werden können. Dieser moderate Pluralismus sei mit der Annahme eines einzigen metaphysischen Prinzips vereinbar.

Hier soll demgegenüber eine Kompromißposition vorgeschlagen werden, die eher zur Position Callicotts tendiert und die man im Rahmen der Skalierung von Wenz einen «partiellen, konkretisierenden Pluralismus» nennen könnte. Stones Kritik am Monismus ist überzeichnet. Neben der Verhaltensanleitung führt er an divergenten «Aktivitäten» einer Ethik bzw. Moral nur die Bewertung von Akteuren oder Institutionen an. Diese Wertungen lassen sich aber – ähnlich wie Bewertungen durch den Akteur – als Vorstufen in eine verhaltensleitende normative Theorie integrieren (vgl. oben A II 2, Strukturmerkmal 5) oder als eigenständige Bewertungstheorie ohne ethische Signifikanz abtrennen. Eine Pluralisierung normativ-ethischer Theorien ist deshalb nicht veranlaßt. Die Kriterien ethischer bzw. moralischer Rationalität beziehen sich jedenfalls zentral auf menschliches Verhalten (Vossenkuhl 1992, S. 162).

Warum die Vielzahl möglicher betroffener Gegenstände (Strukturmerkmal 3; vgl. oben A II 2) eine einheitliche normativ-ethische Theorie ausschließen soll, ist nicht ersichtlich, solange man nicht annimmt, daß jeder mögliche Gegenstand auch ethische Berücksichtigung für sich beanspruchen kann oder – noch weiter gehend – quasi im Sinne einer naturalistischen Theorie aus jedem Gegenstand eine ethische Verpflichtung erwächst. Beides sind aber Annahmen, die nur im Rahmen einer bestimmten dezidierten normativ-ethischen Position angebracht sind, nämlich im Rahmen eines (partikularistischen) Holismus, den Stone ja selbst ursprünglich in seinem berühmten rechtstheoretischen Aufsatz «Should Trees Have Standing?» vertreten hatte (1988, p. 42 und passim).

Eine schwächere Position – etwa die Bezugnahme auf leidensfähige Wesen – hat keine Schwierigkeiten, einige Objekte einzuschließen (Menschen, höhere Tiere) und einige auszuschließen (Pflanzen, Arten etc.). Nur wenn man alle denkbaren Gegenstände ethisch berücksichtigen will und dabei Begründungsschwierigkeiten hat, mag die Forderung pragmatisch sinnvoll erscheinen, für jedes mögliche Objekt eine ethische Berücksichtigung schon dann anzunehmen, wenn irgendeine Theorie dies stützt. Damit werden aber mit einer metaethischen Wende normativ-ethische Begründungsprobleme und -kontroversen überspielt. Es ist somit kein Zufall, daß gerade Vertreter holistischer Positionen wie Naess und Stone nach einem pluralistischen Gesamtkonzept verlangen.

Richtig ist allenfalls, daß innerhalb einer anzustrebenden einheitlichen ethischen Theorie mehrere unabhängige Prinzipien bestehen können. Insofern verdient Wenz' moderater Pluralismus Zustimmung. Allerdings muß die wechselseitige Unabhängigkeit mit einer Einschränkung versehen werden, die Wenz nicht macht. Die verschiedenen Prinzipien dürfen auf einer höchsten Abstraktionsstufe nicht zueinander im Widerspruch stehen oder inkohärent sein. Und auf den Stufen weiterer Konkretisierungen muß es zur Lösung von Konfliktfällen Entscheidungsprinzipien geben. Gefordert ist dabei nicht, daß diese in jedem Fall eine zweifelsfrei und quasi logisch gewonnene, eindeutige Entscheidung generieren. Aber es müssen Regeln einer Konfliktlösung vorhanden sein.

VIII. Zusammenfassung

Keine der bisher erörterten normativ-ethischen Theorien konnte eine vollständig befriedigende Rechtfertigung für die nichtanthroporelationale Berücksichtigung nichtmenschlicher Naturentitäten liefern. Dabei mag das Bild nunmehr zu düster erscheinen. Kritisch diskutiert wurden nur die zweifelhaften Elemente der jeweiligen Theorie. Viele Annahmen sind natürlich zutreffend und unterstützenswert. Diese wurden aber aus Platzmangel nicht jeweils herausgestellt. Eingegangen wurde nur auf die problematischen Punkte. Das Ergebnis ist also nur, daß keine der Theorien in toto überzeugen konnte, nicht, daß keines der Theorieelemente der einzelnen Theorien plausibel ist. Damit ist auch nicht gezeigt, daß es keine adäquate nichtanthroporelationale Ökologische Ethik gibt. Nur die hier diskutierten Positionen sind jeweils als ganze nicht überzeugend.

Auffallend ist die weite Bedeutungsspannweite, die der Interessenbegriff bei den verschiedenen Theoretikern in der utilitaristischen Tradition und sogar darüber hinaus – erinnert sei an die Position von Leonard Nelson – gewonnen hat: von Freys strikter Beschränkung auf Selbstbewußtsein und höhere Sprachfähigkeit bei Menschen über Singers Leidens- und Personenkriterium, Feinbergs Bezugnahme auf Wünsche, Goodpasters und Attfields Auszeichnung des Lebens bis hin zu Johnsons physikalistischem Kriterium eines homöostatischen Feedbackprozesses mit Zuschreibung von Selbstidentität. Die mit Bezug auf Interessen zu berücksichtigenden Entitäten reichen von Menschen mit Selbstbewußtsein über höhere Tiere und Pflanzen bis hin zu Arten, Ökosystemen und der Biosphäre. Bemerkenswert ist auch, daß Nelson in der Lage war, den Interessenbegriff in das völlig divergente Denksystem des Kantianismus zu implementieren. Dies gibt Anlaß zu der Vermutung, daß der Interessenbegriff für eine adäquate normativ-ethische Theorie von zentraler Bedeutung ist.

D. Ethik der Anderinteressen

Meine eigene Position geht von drei Elementen aus, die sich in den bisherigen Überlegungen als konstruktiv notwendig, inhaltlich tragfähig oder wenigstens plausibel erwiesen haben. Dabei handelt es sich zum einen – im Anschluß an die soeben unter C VIII angestellten Überlegungen – um den Begriff des Interesses. Dieser erscheint als Zentralbegriff einer Ethik plausibel. Er ist allerdings dermaßen vage, daß alles auf seine Interpretation ankommt. Zum zweiten muß jede Ethik die konstruktiven Voraussetzungen der im ersten Teil erläuterten fünf Strukturmerkmale (A II 2) erfüllen: Auszeichnung ethisch relevanter Kriterien, Festlegung ihrer erkenntnistheoretischen Bestimmung, Zuordnung zu Trägern, Urhebern und Betroffenen, Aussagen über die sprachlogische Struktur der Verbindung der einzelnen Rechtfertigungselemente, Bestimmung des zu Begründenden. Das dritte Element besteht in der Notwendigkeit der Berücksichtigung der Betroffenen durch den Akteur. Hierbei handelt es sich um die oben (A II 2) schon angeführte Abgrenzung zwischen einer Ethik und einer bloß akteurszentrierten «Theorie des glücklichen Lebens».

Kombiniert man die Elemente eins und zwei, so ergibt sich die Bezugnahme auf Interessen als zentrales erstes Strukturmerkmal einer Ethik. Damit ist noch nicht festgelegt, wessen Interessen Beachtung finden sollen. Zur Klärung dieser Frage muß man Element drei hinzunehmen. Wenn nicht ausschließlich der Akteur zu berücksichtigen ist, dann müssen die Interessen der anderen Betroffenen eine zentrale Rolle spielen. Um diese wichtige Einsicht zu fixieren und meine Überlegungen von vornherein von egoistischen / subjektiven oder utilitaristischen abzugrenzen, sollen diese Interessen der je betroffenen anderen als «Anderinteressen» bezeichnet werden. Damit ist nicht impliziert, daß die Interessen des Akteurs irrelevant sind. Auch ist ein Gebot der Anderinteressenbeachtung damit nicht erwiesen. Meine These ist lediglich, daß für die normative Ethik die Frage nach der Beachtung der Anderinteressen zentral ist. Wer diese Frage verneint und nur Eigeninteressen des Akteurs – seien diese aufgeklärt oder nicht – anerkennt, der führt die normative Ethik auf eine Theorie des glücklichen Lebens bzw. die Präferenzbildung und -aggregation einer egoistisch verstandenen Entscheidungstheorie[119] oder eine Form der Gewohnheitsbildung zurück. Wer die Interessen der Beteilligten ohne Differenzierung summiert oder auf andere Weise aggregiert – wie dies Utilitarismus und Sozialwahltheorie tun –, der mißachtet die grundlegende Asymmetrie der ethischen Situation und assimiliert die Individualethik an die Sozialethik. Kernproblem der Individualethik ist die Limitation bzw. Herausforderung des Verhaltens eines Akteurs, nicht die Entscheidung über Gemeinschaftsprojekte wie in der Sozialethik. Um den zentralen Status, den nach meiner Ansicht die Frage nach der Beachtung der Anderinteressen in der Ethik hat, herauszustellen, soll die hier vertretene Position als «Ethik der Anderinteressen» bezeichnet werden.

Im folgenden wird diese Position zunächst allgemein entfaltet, in der Konkretisierung aber hauptsächlich auf zwischenmenschliche Interaktionen bezogen. Erst im Anschluß daran soll die spezielle Frage der Ökologischen Ethik nach der ethischen Berücksichtigung nichtmenschlicher Entitäten beantwortet werden. Zuerst wird der Begriff des Interesses präzisiert (I), dann der der Anderinteressen (II). Nach einem kurzen Blick auf traditionelle Lösungsansätze (III) erfolgt als Kernstück meiner Überlegungen die Begründung der Verpflichtung zur Anderinteressenbeachtung (IV). Die nächsten Kapitel sind den Folgerungen für nichtmenschliche Entitäten gewidmet (V–X). Noch ein Hinweis zur Terminologie: Im folgenden werden die Relationsbezeichnungen «interpersonal, intrapersonal, intersubjektiv» etc. für Relationen zwischen allen möglichen Entitäten verwandt. Eine Beschränkung auf Personen im herkömmlichen Sinn (Menschen) ist damit nicht impliziert. Bezeichnend ist aber, daß die Sprache für die Referenz auf Relationen zu Nichtpersonen keinen Ausdruck kennt. Ausdrücke wie «Betroffener», «anderer» etc. gelten immer für beide Geschlechter gleichermaßen.

I. Interessen

Vor Beginn einer Analyse des Interessenbegriffs soll geklärt werden, was und mit welchem Ziel analysiert wird. Mir geht es nicht darum, für den Interessenbegriff einen notwendigen, bedingungsfreien Inhalt im Sinne einer transzendentalphilosophischen Idee oder Kategorie zu postulieren. Dies erscheint für ethische Begriffe unmöglich, weil sie aufgrund der notwendig interpersonalen Struktur jeder Ethik immer schon gemeinschaftsbedingt sind. Es soll auch keine normalsprachliche Analyse des Interessenbegriffs, d. h. eine Darstellung seiner Alltagsverwendung geliefert werden. Dies würde wahrscheinlich zu ähnlich disparaten Ergebnissen führen wie die schon erläuterte (C III 4–6, C VIII) Interpretation des Begriffs in Theorien der Ökologischen Ethik. Der Begriff des Interesses ist offensichtlich in erheblich höherem Maß durch seine Einbettung in Gebrauchs- und Zeichenkontexte bestimmt als andere Begriffe wie «Schmerz» oder «Lust». Zentrale Einbettungsstruktur ist für den Interessenbegriff in dieser Hinsicht der Kontext der Rechtfertigung, wenn man einmal von der Spezialbedeutung im Sinne von «Neugier» absieht, die hier sowieso außer Betracht bleiben soll.

Die alltagssprachliche Verwendung wird aber aus zwei Gründen eine gewisse Rolle spielen: Zunächst kann sich natürlich keine Begriffsanalyse vollständig von der Verwendung in der Alltagsprache entfernen. Dies gelingt selbst in einer formalisierten Logiksprache nicht für alle Zeichen, wenn man den Formalismus auf die Wirklichkeit beziehen will. Im übrigen läßt sich die These vertreten, daß die ethischen Alltagsrechtfertigungen bis zu einem gewissen Grad zu der hier vorgestellten Ethik parallel laufen, was sich auch in partiell übereinstimmenden Interpretationen des Interessenbegriffs manifestiert.

Primäres Ziel wird es dagegen sein, den Begriff des Interesses – und darauf aufbauend den des Anderinteresses – als zentrales Element einer tragfähigen ethischen Rechtfertigung auszuweisen. Der Begriff soll also strukturell durch Einbettung in eine ethische Rechtfertigung an Konturen gewinnen. Ein Beispiel für diese Vorgehensweise wäre die schon erwähnte notwendige Intersubjektivität im Rahmen einer normativen Ethik.

Umgekehrt strukturiert und bestimmt der Begriff selbst aber auch die ethische Theorie. Meine These ist also, daß zwischen der Bestimmung des Interessenbegriffs und der Entfaltung der ethischen Theorie ein interdependentes Gleichgewicht aufgebaut werden muß. Die Überlegungen hätten also auch umgekehrt beim Kapitel IV einsetzen können. Der Interessenbegriff sitzt quasi wie der Schlußstein im Kreuzrippengewölbe einer gotischen Kathedrale: Er stützt die Rippen, und sie stützen ihn.

Diese strukturalistische Bestimmung des Interessenbegriffs ist aber keine vollständige, sondern nur eine partielle. Der Interessenbegriff ist nicht nur Teil der ethischen Rechtfertigung, sondern immer auch auf alle sonstigen Weltbeschreibungen bezogen. Im übrigen ist die Einpassung der ethisch gerechtfertigten Verpflichtung in die Welt als solche ja genau das, was die fünf Strukturmerkmale jeder ethischen Theorie leisten sollen (vgl. A II 2). Der Interessenbegriff kann also nur strukturadäquat sein, wenn er mit dem externalistischen Verweis der übrigen Strukturmerkmale auf die Welt korrespondiert.

«Interesse» kommt von lateinisch *inter esse*, also «dazwischen liegen», «sich dazwischen befinden». Der Begriff hat eine wechselvolle Geschichte, die auch eine juristische (Streitgegenstand, Schaden) und eine ökonomische (Zins, Gewinn) Verwendung einschließt.[120] Bemerkenswert erscheint, daß der Interessenbegriff in seiner allgemeinen Verwendung wie auch in seinen Spezialverwendungen das intersubjektive Moment des «Zwischenseins» nie ganz abgelegt hat. Auch wenn einer Entität ein Interesse zugeordnet wird, bleibt die intersubjektive Beurteilung und/oder Infragestellung präsent.

In der philosophischen Tradition gewinnt der Begriff des «Interesses» in der englischen Moralphilosophie des 18. Jahrhunderts eine zentrale Stellung. Bentham hat ihn mangels eines unabhängigen Genus auf herkömmliche Weise *(per genus et differentiam specificam)* für nichtdefinierbar erklärt und lediglich tentativ als Addition zur Summe des individuellen Glücks oder Vermeidung der Leidensmehrung bestimmt.[121] Dieser Versuch einer hedonistischen Explikation des Interessenbegriffs findet bei Präferenzutilitaristen wie etwa Peter Singer eine Fortsetzung (der aber die Lebenserhaltung als zweites Erklärungselement begreift; vgl. C III 2). Wie die obige Diskussion gezeigt hat, ist damit jedoch der Interessenbegriff offensichtlich nicht ausgeschöpft. Es gibt Beispiele, in denen Menschen sowohl Glück als auch Leben aufs Spiel setzen oder sogar aufgeben, um andere Ziele zu erreichen, etwa ihre Würde zu wahren, ihrer Religion oder Lebensgemeinschaft zu dienen, ein Versprechen zu halten (man erinnere sich an Schillers «Bürgschaft») oder ein außergewöhnliches künstlerisches oder wissenschaftliches Werk zu schaffen. Man könnte einwenden, solche Menschen handelten nicht rational und damit nicht ihren «wirklichen» Interessen entsprechend. Aber welches Recht steht einem anderen zu, die entsprechende Selbstwahrnehmung und begriffliche Kennzeichnung des Betroffenen zu korrigieren? Man kann zur Rechtfertigung jedenfalls nicht den allgemeinen Sprachgebrauch anführen; denn es ist ohne weiteres möglich zu sagen, jemand habe ein Interesse, seine Würde zu wahren, seiner Religion oder Lebensgemeinschaft zu dienen, ein Versprechen zu halten oder ein künstlerisches oder wissenschaftliches Werk zu schaffen. Damit ergibt sich ein wichtiger Gesichtspunkt des Interessenbegriffs: Anders als etwa «Glück» oder «Leid» kann er sich offensichtlich auf alle denkbaren Verhaltensweisen, Absichten, Konsequenzen, Zustände, Tugenden oder Personenbilder beziehen. Man kann sogar ein Interesse am eigenen Tod haben, wie die im Zusammenhang mit der Frage der Euthanasie diskutierten Fälle zeigen. Der Interessenbegriff entzieht sich also offensichtlich jeder Definition mit Bezug auf die Konsequenzen einer Handlung, wie dies häufig von Utilitaristen oder Konsequentialisten angenommen wird (Trapp 1988, S. 313), seien dies nun äußere Konsequenzen oder innere, wie Glückszustände.

Das Interesse kennzeichnet auch nicht ausschließlich den mentalen Zustand eines Menschen. Man kann insofern Moores berühmtes Argument der offenen Frage analog anwenden (1948, p. 15). Einem Akteur kann jeder nur erdenkliche äußere oder innere Zustand verschafft werden. Es bleibt dann immer noch die sinnvolle Frage, ob er daran ein Interesse hat, ob er also diesen Zustand auch als gut bewertet und realisiert wissen will. Im übrigen kann selbst dann bezweifelt werden, ob der entsprechende Zustand wirklich in seinem Interesse liegt. Der Interessenbegriff kann also nicht auf die ausschließlich subjektive Perspektive beschränkt werden. Eine rein subjektivistische Deutung würde seine wesentlich intersubjektive Bestimmung aufheben. Das bedeutet nicht, daß bei einem einzelnen nicht Interessen als seine anerkannt werden müssen. Aber die Bewertung und Infragestellung durch andere kann nicht ausgeschlossen werden. Die subjektiven Zustände sind nicht der letzte, ultimative Bezugspunkt der Interessenzuschreibung.

Ein wichtiger Aspekt, der immer wieder hervorgehoben wird (Regan 1983, p. 87), ist in diesem Zusammenhang die Unterscheidung zwischen tatsächlich feststellbarem Wunsch, Willen oder der Absicht einer Person[122] (Aktualinteresse) und der bloßen Zuschreibung eines Interesses, ohne daß die Person mental zur Ausbildung und Kommunikation eines aktuellen Willens oder Wunsches in der Lage ist (Potentialinteresse) oder jemals dazu in der Lage war. Bezüglich eines kleinen Kindes spricht man etwa davon, daß es in seinem Interesse läge, eine Schulbildung zu erhalten und Lesen und Schreiben zu lernen, obwohl das Kind keinen entsprechenden Wunsch geäußert hat, ja vielleicht sogar dagegen war. Der Interessenbegriff entzieht sich also der alleinigen Definition durch Verweis auf psychische Fakten intentionaler Art.

Häufig findet sich auch eine implizite oder explizite Gleichsetzung von Interessen und Präferenzen (Trapp 1988, S. 313). Präferenzen sind komparative Stellungnahmen. Eine Handlung, eine Konsequenz etc. wird von einer Person als besser bewertet als eine andere. Der Präferenzbegriff hat seine zentrale Funktion im Rahmen eines komparativen entscheidungstheoretischen Modells und in utilitaristischen Theorien. Wichtig ist nun folgendes: Die Rechtfertigung einer Präferenz kann zwar selbst wiederum mit Bezug auf (abstraktere) Präferenzen erfolgen. Wenn man Salat Pommes frites vorzieht, so läßt sich dies damit rechtfertigen, daß man lieber gesund als krank ist. Am Ende der Kette der Rechtfertigung von Präferenzen durch Präferenzen kann und muß man dann aber auf Interessen verweisen. Umgekehrt ist dies nicht möglich. Ein Interesse kann nicht mit Bezug auf eine Präferenz gerechtfertigt werden. Ein Grund dürfte sein, daß der Präferenzbegriff nur komparativ ist, während der Interessenbegriff auch klassifikatorisch und quantitativ sein kann. Der Interessenbegriff ist also im Rahmen einer Verhaltensrechtfertigung fundamentaler als der Präferenzbegriff.

Als negative Abgrenzungsergebnisse lassen sich festhalten: Interessen bestehen weder in Konsequenzen oder subjektiven Zuständen, noch sind sie ausschließlich auf diese bezogen. Interessen lassen sich auch nicht mit Präferenzen gleichsetzen. Es ist offensichtlich nicht möglich, ein aktuelles Interesse an etwas zu äußern und dieses gleichzeitig negativ zu beurteilen. Man kann z. B. nicht sagen: «Ich habe ein Interesse, daß die schulische Bildung in Deutschland verbessert wird, bewerte dies aber negativ.» Wenn ein Interesse bekundet wird, so enthält dies offensichtlich (außer wenn bloße Neugier ausgedrückt wird) eine positive Bewertung. Die Interessenbekundung und die positive Bewertung sind aber nicht synonym; denn man kann auf die Frage, warum man klassische gegenüber romantischer Musik höher bewertet, durchaus antworten, man habe insofern ein stärkeres Interesse; was etwa ausdrückt, man habe eine entsprechende Disposition, Neigung oder sogar Persönlichkeit oder aber ein Bedürfnis, und damit doch wiederum auf ein naturalistisches psychisches oder physisches Faktum verweist. Es ergibt sich ein verwirrendes Bild. Wenn jemand sein Interesse an etwas äußert, so drückt er den Willen zu oder den Wunsch nach dessen Realisierung aus, manifestiert gleichzeitig eine entsprechende Bewertung und verweist schließlich zur Stützung auf ein eigenes psychisches Faktum der Disposition oder Persönlichkeitsstruktur. Der Interessenbegriff vereinigt in sich quasi die gesamte Rechtfertigungskette Verhaltensintention bzw. -präskription, Bewertung, Beschreibung eines physischen oder psychischen Faktums. Er zieht damit die durch das Argument des naturalistischen Fehlschlusses (C III 1) inkriminierte Begründungskette Deskription, Evaluation, Präskription (bzw. Volition, d. h. Willensbildung) in einen einzigen Begriff zusammen. Damit weist der Interessenbegriff gegenüber den von Stevenson dargestellten und analysierten janusköpfigen Begriffen, die deskriptive und evaluative Bedeutung haben (1944, p. 82), noch eine dritte, volitive bzw. – gegenüber anderen dann – präskriptive Bedeutung auf. Man kann sich fragen, welchen Sinn diese sprachlogische Funktionsambiguität des Interessenbegriffs hat. Im Hinblick auf Präzision und Klarheit wäre es sicherlich wünschenswert, auf derartige chamäleonhafte Ausdrücke ganz zu verzichten. Gleichzeitig läßt sich aber konstatieren, daß die Verwendung des Begriffs sowohl in philosophisch-ethischen Abhandlungen als auch in Gerichtsurteilen und in der Alltagssprache häufig ist und sogar zunimmt.[123]

Versucht man eine erkenntnistheoretische Bestimmung, so fällt eine ähnlich chamäleonhafte Struktur auf. Interessen können als geäußerter Wille einer anderen Person Tatsachen sein und empirisch erkannt werden. Gleichzeitig haftet ihnen aber eine präskriptive Funktion an, die durch die empirische Tatsachenerkenntnis nicht erschöpft wird. Wenn wir das Interesse eines Kindes an einer guten Schulbildung betonen, gehen wir nicht davon aus, daß wir dieses Interesse als Tatsache empirisch erkannt haben. Es handelt sich um eine evaluative bzw. präskriptive Zuschreibung, die allenfalls an bestimmte Tatsachen anknüpft.

Eine weitere Eigenheit des Interessenbegriffs besteht offensichtlich darin, daß er eine schon quasi implementierte selbstbezügliche «Zwei- bzw. Mehrstufigkeit» aufweist. Diese manifestiert sich darin, daß man ihn, anders als andere Bezeichnungen für mentale Zustände, nicht auf sich selbst beziehen kann. Man kann Intentionen bezüglich Intentionen, Wertungen gegenüber Wertungen und Dispositionen gegenüber Dispositionen haben, nicht aber ein Interesse an einem Interesse. Jemand mag äußern, er würde gern andere Menschen positiver sehen. Er kann aber kein Interesse am Interesse an anderen haben – sofern man Interesse nicht als «Neugier» versteht. Bei dieser Spezialbedeutung ist eine Zweistufigkeit durchaus möglich: Man kann neugierig darauf sein, wie neugierig man sich in einer bestimmten Situation gebärden wird.

Diese implementierte Zwei- bzw. Mehrstufigkeit des Interessenbegriffs hängt wiederum offensichtlich mit seiner zweifachen Brückenfunktion zwischen Deskription, Evaluation und Präskription/Volition zusammen. Der Übergang von deskriptiv beschreibbaren Fakten zu Evaluationen und dann zu Verhaltensintentionen bzw. Präskriptionen gegenüber anderen ist nicht in Form einer eindeutigen logischen Ableitung möglich, sondern bedarf an jedem Übergangspunkt seinerseits einer volitiven Entscheidung, einer Bewertung und einer Rechtfertigung. Der Rechtfertigungsregreß wird damit also aufgrund der internen Verknüpfung von Deskription, Evaluation und Präskription durch den Interessenbegriff von einer horizontalen Ebene in eine vertikale gehoben. Dieses Netz aus horizontalen und vertikalen Rechtfertigungsregressen kann man als das Ultimative ansehen, was an Rechtfertigung eines Verhaltens möglich ist. Eine möglichst weite Ausdehnung und höchste Kohärenz dieses Netzes läßt sich als Selbstaufklärung des modernen Individuums, als Ausgang aus seiner nicht selbstverschuldeten Unmündigkeit deuten. Die äußere Anerkennung, daß es allein Sache des jeweiligen Individuums ist, wie es dieses Rechtfertigungsnetz in der Horizontalen und in der Vertikalen aufbaut, ist als Prozeß der Liberalisierung und Individualisierung der Lebensgemeinschaften zu begreifen. Die Eröffnung dieser persönlichen Gestaltungsmöglichkeiten legt statt der Verwendung der determinierenden Begriffe Wille, Wertung, Neigung, Glück, Lust etc. die des Interessenbegriffs nahe.

Als Interesse eines Individuums kann man generell somit nur die möglichst weitgehende horizontale und vertikale Ausprägung des Rechtfertigungsnetzes zur Begründung von Verhalten oder sprachlichen Äußerungen ansehen. Jede weitere Bestimmung bedarf empirischer Beobachtung im Einzelfall. Jede Anderinteressenbeachtung erfordert die Aufmerksamkeit auf eine explizite oder implizite Bekundung seines jeweiligen Interesses. Erst wenn eine solche Bekundung nicht erkennbar (1. Schritt) und nicht erlangbar (2. Schritt) ist, kann der Versuch, das mutmaßliche Interesse des Betroffenen herauszufinden (3. Schritt), und, wenn selbst dies nicht möglich ist, eine Generalisierung anderer Situationen bzw. Personen (4. Schritt) erfolgen. Die intersubjektive Bestimmung nimmt gegenüber der subjektiven schrittweise zu. Im deutschen Zivilrecht drückt § 677 BGB, der die Geschäftsführung ohne Auftrag regelt, zwei Stufen dieser Berücksichtigungskaskade aus: «Wer ein Geschäft für einen anderen besorgt, ohne von ihm beauftragt oder ihm gegenüber sonst dazu berechtigt zu sein, hat das Geschäft so zu führen, wie das Interesse des Geschäftsherrn mit Rücksicht auf dessen wirklichen oder mutmaßlichen Willen es erfordert.»

Das intrapersonale Interessennetz, das jede Person im Lauf ihres Lebens für sich selbst knüpft, ist zwar prinzipiell offen. Insofern haben existentialistische Positionen von Pico della Mirandola bis Sartre und Camus mit der Annahme, daß der Mensch sich selbst konstituiert, recht (Sartre 1970, p. 22). Aber es besteht quasi eine tendenzielle schwache naturalistische Anbindung des Interessennetzes an die Bedingungen der *conditio humana*. Diese setzen aber nicht an Lust und Leid bzw. den entsprechenden mentalen Zuständen an, wie der Hedonismus meint, sondern sie ergeben sich zunächst aus den vegetativen Lebensfunktionen des Menschen und treten an deren Übergangsstellen zu gesteuertem Handeln auf. Ein Mensch atmet. Er rülpst vielleicht manchmal. Die Atmung erfolgt unwillkürlich, aber sie kann auch willentlich beeinflußt werden. Man kann die Luft anhalten. Ein Rülpser kann einen als unabwendbares vegetativ-leibliches Ereignis überfallen oder auch bewußt unterdrückt werden. Sobald ein Kind lernt und eine Absicht faßt, Rülpser zu unterdrücken, hat es den vegetativen Vorgang in sein Interessennetz integriert – und zwar in diesem Fall negativ, d. h., die natürliche Vegetativität des Vorgangs wird nicht als Grund für seine beliebige Durchführung angesehen. Anders ist dies bei der Atmung. Hier wird jeder, der atmet, auf die (zugegebenermaßen blödsinnige) Frage hin, warum er denn atme, auf seine vegetativen Lebensfunktionen verweisen: die Tatsachen, daß man die Luft rein physiologisch nur eine gewisse Zeit anhalten könne, daß der Körper ein gewisses Quantum an Sauerstoffzufuhr benötige etc. Ein schönes Beispiel für die – partiell hybriden – menschlichen Versuche, auch die grundlegendsten vegetativen Körperfunktionen mental zu kontrollieren, ist der Held Oskar Matzerath in Günter Grass' Roman «Die Blechtrommel». Oskar beschließt angesichts des Zustands der Welt im Alter von drei Jahren, nicht mehr weiter zu wachsen, und behält danach in der folgenden Zeit die Größe und Physis eines Dreijährigen.

Insgesamt läßt sich mit Hilfe der modernen Medizintechnik eine stetige Erweiterung der mentalen Beeinflußbarkeit der vegetativen Funktionen des Menschen konstatieren. Trotzdem bleiben noch viele unbeeinflußbare bestehen. Die beeinflußbaren können im individuellen Interessennetz eine schwache naturalistische Rechtfertigung konstituieren. Für die äußere Beschreibung der je individuellen Interessennetze der Personen gilt wie in der Quantenphysik kein kausallogischer, sondern nur ein statistischer Zusammenhang. Weil z. B. die Atmung Teil der *conditio humana* ist und die meisten Menschen beständig atmen wollen und demnach ein Interesse haben zu atmen, läßt sich für eine fragliche Person X *prima facie* annehmen, daß auch sie atmen will. Anders ist dies etwa im Spezialfall eines Giftgasunglücks, wo die Atmung unterdrückt werden sollte, bis man den verseuchten Raum verlassen hat.

Im folgenden Kapitel wird die intrapersonale Ebene überschritten und die Frage nach einer interpersonalen Interessenberücksichtigung gestellt. Bezüglich der intrapersonalen Ebene soll hier nur noch negativ festgestellt werden: Das Verhalten eines Akteurs ist lediglich dann am Eigeninteresse orientiert, wenn er bei der Konstitution des je eigenen Rechtfertigungsnetzes für sein Verhalten nur Elemente seiner eigenen Person bzw. Gegenstände der Welt als Mittel integriert, ohne andere Betroffene zu berücksichtigen.

II. Anderinteressen

Es liegt auf der Hand, daß ein guter Teil unseres täglichen Verhaltens durch den Verweis auf *Eigeninteressen* gerechtfertigt wird. Dies gilt für alle basalen Lebensvorgänge wie Atmen, Schlafen, Essen und Trinken. Auch gegenüber anderen – also interpersonal – werden entsprechende Verhaltensweisen mit einer entsprechenden Bezugnahme auf Eigeninteressen begründet. Wenn eine Torte zur Verteilung ansteht, bittet man um ein Stück, weil man darauf Appetit hat. Natürlich kann man auch mit dem Satz «Damit es nicht schlecht wird, muß ich mich wohl opfern!» rechtfertigen, daß man sich das letzte Tortenstück von der Tortenplatte nimmt. Aber das sind Ausnahmefälle.

Neben den Eigeninteressen finden sich als zweite Kategorie bei jedem auch Interessen, die nicht eigenorientiert sind, etwa die Sorge um Verwandte und Freunde oder auch um Flüchtlinge und Kriegsopfer. Man kann diese Interessen als *Interessen bezüglich anderer* kennzeichnen. Sie bedeuten keine Übernahme der tatsächlichen Interessen der anderen. Deshalb können das Interesse eines Akteurs bezüglich eines anderen und das Interesse des anderen auch inhaltlich – und nicht nur personal – auseinanderfallen. Diese Diskrepanz ist in der Realität gar nicht selten. Sie besteht immer dann, wenn das altruistische Interesse eines Akteurs dem tatsächlichen Interesse des Betroffenen zuwiderläuft. Wenn sich also die Eltern sorgen, weil der Sohn eine Flugreise unternimmt, während dieser die Sorge für unberechtigt hält, stimmen die Interessen bezüglich des anderen und die Interessen des anderen nicht überein. Das Paternalismusproblem ist genau in dieser Divergenz angelegt. Dort, wo der Akteur die Interessen des anderen möglichst unbeeinflußt und unverändert – also mit dem Ziel inhaltlicher Identität – übernimmt, kann man als dritte Kategorie von *Interessen vom anderen* sprechen.

Die drei Kategorien der Eigeninteressen, Interessen bezüglich anderer und Interessen vom anderen bilden zusammen die Interessen einer Entität (Entitätsinteressen). Natürlich ist diese Dreiteilung der Entitätsinteressen idealtypisch. Man kann mit Fug und Recht behaupten, daß eine reine Übernahme der Interessen eines anderen nicht möglich ist und dabei immer auch Interessen bezüglich des anderen oder sogar Eigeninteressen beteiligt sind. Entsprechende Vermischungen und graduelle Abstufungen im Alltag ändern aber an der Notwendigkeit der idealtypischen Unterscheidung nichts.

Nimmt man den nächsten Schritt der intersubjektiven Erweiterung des bisherigen rein subjektiven Modells einer Einpersonenwelt vor, so kann man zunächst von verschiedenen Entitäten mit jeweils bestehenden Entitätsinteressen ausgehen. Ein idealer Beobachter könnte diese Entitäten und ihre jeweiligen Interessen wahrnehmen. Ein Teil der Entitäten sind nun in der Lage, ihrerseits die Interessen anderer Entitäten zu beachten. Dies sind die ethisch verantwortlichen Akteure. Oben wurde davon ausgegangen, daß es sich hierbei nur um einsichtsfähige Menschen handeln kann (A III 4). Aber diese empirische Frage – die für die Ökologische Ethik nicht entscheidend ist – muß die Ethologie beantworten. Möglicherweise ist das feststellbare altruistische Verhalten höherer Tiere tatsächlich auch als Eingehen auf Anderinteressen zu interpretieren.

Für die ethisch verantwortlichen Akteure teilt sich die Welt der Interessen quasi in moralisch relevanter Weise auf. Ihre eigenen Interessen werden *Akteursinteressen*, die Interessen der jeweils anderen *Anderinteressen*. Anderinteressen sind also die Interessen einer anderen Entität, gleichgültig, ob es sich dabei um Eigeninteressen, Interessen bezüglich anderer oder Interessen von anderen handelt. Dabei läßt sich die Gruppe der Interessen von anderen – in der Perspektive des Akteurs der Anderinteressen – in *Drittinteressen* und *Gegeninteressen* unterteilen. Drittinteressen sind Anderinteressen, die das Interesse eines Dritten übernehmen, das wiederum ein Eigeninteresse oder ein Interesse bezüglich eines Vierten oder von einem Vierten sein kann usw. Gegeninteressen sind die spezielle Gruppe der Anderinteressen, die gerade den Akteur betreffen, der beim anderen die Anderinteressen konstatiert. Stellt man z. B. fest, daß ein anderer einem helfen will, und überlegt man, ob man diesen brüskiert, wenn man sein Hilfsangebot zurückweist, so beachtet man Anderinteressen in Form von Gegeninteressen.

Die Bezugnahme auf Anderinteressen erfordert die Perspektive des ethisch verantwortlichen Akteurs oder eines Beobachters, der die Konstellation Akteur – Betroffener beobachten kann. Anderinteressen kann also nicht nur der jeweils fragliche Akteur feststellen, sondern auch Dritte können dies. Voraussetzung ist aber die Einnahme der Perspektive eines potentiellen Akteurs.

Empirisch läßt sich im Alltag in vielen Situationen die Berücksichtigung von Anderinteressen konstatieren: Menschen sorgen füreinander, beraten einander, helfen einander. Manchmal findet sich eine personal limitierte Anderinteressenberücksichtigung: Nur bei den engeren Verwandten und Bekannten werden Anderinteressen beachtet. Häufig ist eine Verbindung von sachlich uneingeschränkter, aber personal limitierter, und sachlich eingeschränkter, aber personal unlimitierter Anderinteressenbeachtung. Oft läßt sich eine Vermischung von Eigeninteressen und der Berücksichtigung von Anderinteressen beobachten. Jedem ist klar, daß dem frechen Tortenesser im obigen Beispiel das Tortenstück gut schmecken wird, so daß es sich um ein zweifelhaftes «Opfer» handelt. Zum jeweiligen Verhältnis von Anderinteressen- und Akteursinteressenberücksichtigung spezifische oder typisierende Aussagen zu machen ist jedoch Sache von deskriptiver Ethik, Soziologie und Sozialpsychologie.

Für die normative Ethik stellt sich die entscheidende Frage, ob eine Beachtung der Anderinteressen durch den jeweiligen Akteur normativ geboten ist. Dabei sollte man zunächst jede Begriffsbildung, die die Frage der Anderinteressenbeachtung beim Akteur internalisiert und habitualisiert, vermeiden. Denn dies hätte zum einen eine Verminderung der normativen Anforderung an den Akteur durch die je eigene naturalistische Gefühlsbindung zur Folge und würde damit zum anderen zwangsläufig wieder ein Eigeninteresse an der Beachtung der Anderinteressen mit ins Spiel bringen. Wenn Mitleid, Sympathie, Respekt, Wohlwollen, Liebe, Altruismus, ein moralischer Sinn oder ähnliche Tugenden, Gefühle oder Charakterzüge postuliert oder gefordert werden, dann ist zwangsläufige Folge, daß jedes Verhalten schon einen guten Teil seiner Rechtfertigung in der Korrespondenz mit dem entsprechenden Gefühl etc. beim Akteur findet. Dabei besteht die nicht unerhebliche Gefahr, daß der Akteur sich nicht wirklich auf die Anderinteressen des jeweils Betroffenen einläßt, sondern seine Annahme, was für den anderen gut und richtig sei, durchexerziert.

Mißachtungen der Interessen anderer im Rahmen einer derartigen Durchsetzung der eigenen altruistischen Gefühle sind Legion. Sie reichen von Geburtstagsgeschenken, mit denen der andere nichts anfangen kann, bis zur Verpflichtung der Kinder durch die Eltern auf einen bestimmten Beruf oder Lebenspartner. Ein entsprechender Konflikt manifestiert sich etwa in folgendem Bonmot: «Vater: Ich will ja nur dein Bestes, Kind. – Kind: Gerade das will ich dir aber nicht geben.» Es kommt bei der Beachtung der Anderinteressen also nicht nur darauf an, dem anderen etwas Gutes zu tun, sondern das zu beachten, was der andere für sich als gut ansieht. Die Scheidelinie erfolgt damit beim Akteur zwischen den Interessen bezüglich des anderen und den Interessen vom anderen. Nur bei den letzteren handelt es sich um eine genuine Beachtung der Anderinteressen. Die schon mehrmals inkriminierte mangelnde Unterscheidung von Mitleids- und Leidensethik markiert insofern genau die Differenz. Mitleid ist ein altruistisches Gefühl des Akteurs für den anderen, kann aber von den tatsächlichen Anderinteressen weit entfernt sein. Da in der Tradition diese wichtige Unterscheidung oftmals nicht klar beachtet erscheint, wird hier – etwa anders als bei Nagel (1978, p. 15) – bewußt auf den Terminus «Altruismus» verzichtet. Denn bei seiner Verwendung wird nicht klar, ob wirklich die Interessen des anderen beachtet werden sollen oder eigene Affektionen des Akteurs.

Das heißt nicht, die Frage der Habitualisierung der Beachtung von Anderinteressen bei Akteuren spiele in der Ethik keine Rolle. Aber wenn man deren naturalistische oder quasinaturalistische Verankerung als anthropologische Konstante nicht rechtfertigen kann oder jedenfalls dadurch nicht alle Fragen nach normativen Verhaltensanforderungen abgedeckt sind, darf man den zweiten Schritt nicht vor dem ersten tun. Erst wenn ein Argument gegen die alleinige Verfolgung von Eigeninteressen gefunden ist, sind im Rahmen einer Umsetzung Überlegungen zu einer entsprechenden Habitualisierung der Anderinteressenbeachtung bei den Akteuren angebracht.

Angemerkt sei an dieser Stelle, daß zunächst bewußt die vage Formulierung der Forderung nach «Beachtung» der Anderinteressen gewählt wurde, um jede Vorentscheidung der Frage, was in einem Konflikt zwischen Akteursinteressen und Anderinteressen zu geschehen habe, zu vermeiden. Die Suche nach Lösungen für einen solchen Konflikt kann erst der zweite Schritt sein, wenn geklärt ist, daß Anderinteressen vom jeweiligen Akteur grundsätzlich zu beachten sind.

Man kann die Frage nach der Berücksichtigung von Anderinteressen im Modell und der Terminologie der Entscheidungstheorie formulieren. Die Grundthese der Entscheidungstheorie lautet: Eine Person handelt rational, wenn ihr Handeln ihren Zielen dient, d. h., wenn es ein geeignetes Mittel zur Erreichung dieser Ziele darstellt (vgl. Nida-Rümelin 1994). Dabei muß man aber auf die Annahme eigenorientierter bzw. egoistischer Präferenzen wie auch die begründend-konsequentialistische Interpretation der Nutzenbewertung von Handlungen verzichten; denn beide Präsuppositionen stellen bereits eine nicht ohne weiteres gerechtfertigte Zusatzqualifikation des entscheidungstheoretischen Grundmodells dar (Nida-Rümelin 1993, S. 40 f, 43, 46 f). Gefordert wird damit für ein rationales Verhalten bzw. eine rationale Entscheidung nur, daß Verhaltensabsicht und Verhalten übereinstimmen, mögliche Konsequenzen bei der Intentionenbildung als Gegenstände der Intention beachtet werden und eine intentionsbestimmende Ordnungsrelation der Präferenzen gebildet wird, die bestimmten Minimalbedingungen genügt (Reflexivität, Vollständigkeit, Transitivität).

Das entscheidungstheoretische Grundmodell wird zwar verschiedentlich mit einem Egoismus oder egoistischem Hedonismus als Bewertungsbestimmung verbunden, was auch für einige spezielle Entscheidungen bzw. Verhaltensweisen plausibel sein mag, etwa ökonomische Kaufentscheidungen. Aber dieser Egoismus ist im entscheidungstheoretischen Modell nicht theoriestrukturell notwendig angelegt. Selbst bei Kaufentscheidungen setzt sich immer mehr die Einsicht durch, daß man auch Ander- bzw. Kollektivinteressen berücksichtigen sollte, etwa indem man keine Einweg-, sondern Mehrwegflaschen bevorzugt, um die Müllflut zu stoppen. Neben der Bestimmung durch Eigeninteressen kann die Präferenzbildung auch mit Rücksicht auf Kollektivinteressen erfolgen (was einem Element der utilitaristischen Position entspricht) oder Anderinteressen integrieren. Man mag letzteres an folgendem Beispiel ersehen.

Mutter Theresa will in Kalkutta möglichst vielen Bedürftigen möglichst schnell und wirkungsvoll helfen, wobei sie davon ausgeht, daß die Lebenserhaltung von allen Betroffenen als höchstes Ziel angesehen wird. Dieses Anderinteresse der betroffenen Kranken macht sie zum eigenen Interesse von den anderen und läßt es ihre eigenen Entscheidungen leiten. Ihre Präferenzbildung basiert insofern auf einem Anderinteressenmodell. Sie handelt nach dem entscheidungstheoretischen Modell dann rational, wenn sie bei beschränkten, nicht vermehrbaren Mitteln mit Bezug auf dieses superiore Ziel zunächst denjenigen Kranken genügend Medikamente zukommen läßt, die in Lebensgefahr sind. Erst danach rangieren die Kranken, bei denen durch die medikamentöse Behandlung lediglich eine schnellere Heilung bewirkt werden kann, wobei innerhalb dieser Gruppe wiederum diejenigen eher Medikamente bekommen, bei denen eine bestimmte Menge besser hilft.

Irrational würde sie z. B. handeln, wenn sie allen die gleiche Menge zukommen lassen würde; denn dann würde sie ihre Mittel nicht gemäß dem ursprünglich höchsten Ziel der Anderinteressenbeachtung, d. h. der Lebenserhaltung und möglichst schnellen und wirksamen Hilfe einsetzen, sondern dem anderen Ziel der Gleichbehandlung folgen. Es liegt auf der Hand, daß dies kaum den Interessen der Betroffenen entsprechen wird. Die letzte Erwägung verläßt aber bereits das neutrale Modell rationaler Entscheidungsfindung und erreicht den Rahmen der materiellen Fragen des Aufbaus einer Präferenzordnung.

Angemerkt sei, daß die Verbindung des entscheidungstheoretischen Grundmodells mit der hier vertretenen Interessentheorie ausgeschlossen ist, wenn man das verschiedentlich propagierte Modell der aufgedeckten Präferenzen (revealed preferences) vertritt (v. Neumann/Morgenstern 1953, p. 15 ff). Wenn nur die tatsächlich erkennbaren Präferenzen die Interessen offenbaren, dann ist die Frage nach Interessen, die hinter der Präferenzbildung liegen, abgeschnitten.

Es muß betont werden, daß mit dem Anderinteressenmodell – wie mit der Bezugnahme auf Interessen; vgl. D I – keine Vorentscheidung für eine konsequentialistische Theorie getroffen ist. Interessen beziehen sich nicht nur auf Konsequenzen, sondern auch auf Absichten, Handlungen, Tugenden, Charaktereigenschaften und Personen. Gleiches gilt für Anderinteressen. Die Anderinteressen eines Betroffenen können sich z. B. ohne Beachtung der Konsequenzen auf eine Absicht bzw. eine Handlung des Akteurs richten. Wenn einen der Gesprächspartner bittet, ihm die

Meinung über eine Theateraufführung aufrichtig zu erzählen, so signalisiert er ein Anderinteresse an der Aufrichtigkeit und der Mitteilung der Meinung. Welche Konsequenzen sich daraus ergeben, ist für die Frage der Beachtung der Anderinteressen irrelevant. Zutreffend ist allerdings, daß sich die Interessen in vielen Fällen auf die Konsequenzen von Handlungen beziehen werden.

III. Lösungsansätze

Ein großer Teil der ethischen Theorien läßt sich als Versuch interpretieren, die normative Anforderung der Anderinteressenbeachtung gegenüber dem jeweiligen Akteur zu rechtfertigen. Eine ausführliche Auseinandersetzung mit diesen Theorien ist nicht möglich, da hier nur nach Rechtfertigungen Ökologischer Ethik gesucht wird. Aber eine kurze Skizze verschiedener Grundtypen soll doch zur Absetzung der anschließend entfalteten eigenen Position folgen.

1. Eine erste Strategie zur Rechtfertigung und Sicherung der Anderinteressenbeachtung könnte man als die «gefühls- und tugendethische» bezeichnen. Sie postuliert die naturalistische Disposition zur Anderinteressenbeachtung in Form von Gefühlen des Mitleids, der Sympathie oder des Wohlwollens beim Akteur oder fordert die Internalisierung, Habitualisierung und Entfaltung entsprechender Tugenden. Für den ersten Teilstrang kann man etwa Hume (1991, p. 8 ff, 126 f), Schopenhauer (vgl. B II 5) und Spaemann (1989) anführen, für den zweiten Aristoteles (1969, 1119b 22, S. 87 ff) und MacIntyre (1984). Abgesehen von den schon angesprochenen praktischen Problemen der möglichen tatsächlichen Nichtbeachtung der Anderinteressen im Rahmen der Durchsetzung eigener altruistischer Gefühle und Tugenden kann dieser Begründungsweg die Beachtung der normativen Anforderungen, die Anderinteressen im Konfliktfall an einen Akteur stellen, kaum rechtfertigen. Hat der Akteur ein entsprechendes altruistisches Gefühl oder eine tugendhafte Persönlichkeitsstruktur, so wird er sich durch diese in seinen Entscheidungen leiten lassen; hat er sie nicht, dann wird er sich nicht leiten lassen. Gerade im letzteren Fall stellt sich aber die Frage, ob die Anderinteressenbeachtung trotz des Fehlens einer rechtfertigenden Gefühls- oder Persönlichkeitsstruktur vom Akteur gefordert werden kann. Der Tugendethiker kann nicht erklären, warum man Tugenden ausprägen soll – wenn er nicht irgendwelche metaphysischen Zusatzannahmen wie die eines «ordo amoris» macht (wie Spaemann; vgl. oben C II 3).

2. Eine zweite Strategie des «aufgeklärten Eigeninteresses» will die

Anderinteressenbeachtung als höhere und besser entfaltete Form der Verfolgung der Eigeninteressen integrieren. Dabei kann man auch hier zwei Teilstränge unterscheiden, eine limitiertere vertragstheoretische Variante und eine extensivere altruistische Variante.

Die vertragstheoretische Variante, wie sie z. B. von Hobbes und Hoerster vertreten wird, bezieht ihr Modell auf einzelne tatsächlich materiell vergleichbare Eigeninteressen, bei denen der eigene Verlust schwerer wiegt als der prospektive Gewinn der Privation des ähnlichen Eigeninteresses anderer (Hobbes 1991, p. 86, S. 94 ff; Hoerster 1983, S. 225 ff, vor allem S. 229). Bei Hobbes besteht etwa der klare Kalkül darin, daß man mehr verliert, wenn man selbst getötet wird, als man gewinnen kann, wenn man andere tötet (Stadium 1). Im ersten Fall verliert man das eigene Leben, im zweiten gewinnt man allenfalls materielle Güter. Deshalb hat ein jeder ein Eigeninteresse, auf Tötungen zu verzichten, und beachtet damit indirekt das jeweilige diesbezügliche Anderinteresse (Stadium 2).

Wenn sich allerdings alle anderen an diesen Kalkül halten, ist es wieder interessant, sich nur am unmittelbaren Eigeninteresse zu orientieren und andere doch zu töten, weil keine Gefahr besteht, daß man seinerseits getötet wird (Stadium 3). Die faktische Etablierung des kollektiven Kalküls ermöglicht also dem einzelnen als sog. Trittbrettfahrer, sein Eigeninteresse noch weiter gehend zu optimieren, indem er sich selbst als einziger nicht an die kollektive Norm hält, was wiederum zum ursprünglichen Zustand des Kampfes aller gegen alle führt (Stadium 4), wenn man annimmt, daß jeder als eigeninteressenorientierter Akteur so handelt. Um diese selbstdestruktive Entwicklung zu verhindern, bedarf es der Institutionalisierung des friedlichen Zustandes (Stadium 2) im und durch den Staat sowie der Sanktionierung jedes «Trittbrettfahrens». Aus diesem Grund mündet dieser Theoriestrang regelmäßig in eine Rechts- und Staatstheorie (Hoerster 1983, S. 228).

Insgesamt erscheint der Kalkül zwar plausibel, er schränkt die Anderinteressenbeachtung aber enorm ein. Die Interessen der Individuen müssen materiell gleich oder wenigstens vergleichbar sein. Der prospektive Eigenverlust muß regelmäßig den prospektiven Gewinn, der durch die Nichtbeachtung der Anderinteressen gewonnen werden kann, übersteigen. Schließlich müssen eine äußere Institutionalisierung und die Sicherung durch Sanktionen möglich sein. Für die Erhaltung des nackten Lebens unter Menschen trifft dies zu – wenn man einmal von Terroristen absieht, die meinen, durch die Tötung anderer mehr (das Paradies der gerechten Ordnung auf Erden) erreichen zu können, als sie mit dem eigenen Tod verlieren. Aber schon bei materiellen Gütern gilt der Kalkül des aufgeklärten Eigeninteresses nicht mehr. Der Habenichts hat – außer vielleicht seinen berühmten Ketten – nichts zu verlieren und alles zu gewinnen. Es ist für ihn kein Eigeninteresse erkennbar, die materiellen Anderinteressen der reicheren Mitbürger zu beachten. Entsprechend läßt sich dann auch kein Staat rechtfertigen, der solche weiter gehenden Anderinteressen schützt.

Keinerlei Rechtfertigungsmöglichkeit bietet dieses Modell auch für eine Anderinteressenbeachtung gegenüber Tieren oder der sonstigen nichtmenschlichen Natur. Selbst wenn man deren Lebensinteresse als dem menschlichen vergleichbar ansieht, besteht von ihrer Seite keine realistische Gefährdung der Menschen – sofern die immer wieder realiter und in wissenschaftlichen Abhandlungen auftauchenden bengalischen Tiger unberücksichtigt bleiben. Jedenfalls ist mangels Einsichtsfähigkeit bei nichtmenschlichen Naturentitäten in den wechselseitigen Vorteil die Etablierung eines reziproken Tötungsverzichts unmöglich.

Eine Weiterentwicklung stellt das Gerechtigkeitsmodell von Rawls mit der Annahme eines fiktiven Vertragsschlusses unter einem «Schleier des Nichtwissens» bezüglich eigener subjektiver Vorteile dar. Aber die Frage der Teilnahme an der fiktiven Vertragssituation – wie sich ergab (C IV 3) – bedarf selbst einer normativen Entscheidung. Man kann die Gruppe relevanter Entitäten zur Lösung der Frage nach der gerechten Organisation eines Staates auf die Menschen in einem Staat beschränken. Damit beantwortet man aber weder die individualethische Frage der Anderinteressenbeachtung unter Menschen noch das Problem der Beachtung von Anderinteressen nichtmenschlicher Entitäten.

Die altruistische Version der Theoriegruppe des aufgeklärten Eigeninteresses schränkt die Anderinteressenbeachtung nicht auf ein hypothetisches Austauschverhältnis ein. Sie findet sich – wie schon erwähnt (C III 2) – als letzte Rechtfertigung z. B. bei Peter Singer. Es sei hier auf die dort geäußerten Zweifel verwiesen.

3. Eine dritte Lösungsstrategie postuliert einen grundlegenden Universalismus der Moral bzw. Ethik, sei es über ein transzendentales Universalisierungsgebot der Vernunft (Kant; vgl. A III 4.1 (a)), ein Faktum der Vernunft (Patzig 1983a, S. 335 f)[124], den Verweis auf eine bei allen anzutreffende natürliche Eigenschaft des Verlangens nach Lustmehrung (Bentham 1963, p. 1), eine überwiegende Ethiktradition (Singer; vgl. C III 2), eine spezifisch universalistische Sprachstruktur (Hare 1963) oder unter Hinweis auf grundlegende Intuitionen (Habermas 1988a, S. 73, 78). Was das Prinzip der Universalisierung anbelangt, daß Gebote für einen Einzelfall nicht nur für eine Person, sondern für alle Personen in derselben Situation gelten, so trifft es trivialerweise zu, wenn man jede

Folgenberücksichtigung außer Betracht läßt (vgl. C IV 1; v. d. Pfordten 1993, S. 267 ff). Das Prinzip kann aber keine inhaltlichen Entscheidungen über die Zulässigkeit einzelner Gebote generieren. Das Argument der Verallgemeinerung («Wenn jeder x tun würde, wären die Folgen verheerend, deshalb sollte niemand x tun»; vgl. C IV 1) begegnet in mehrfacher Hinsicht schweren Bedenken. Zunächst ist nicht klar, ob mit «jeder» «jeder einzelne» (distributiv) oder «alle» (kollektiv) gemeint ist. In beiden Fällen kann das Prinzip kaum Geltung beanspruchen: Wenn es zu katastrophalen Zuständen führen würde, wenn alle eine Straße benutzen, schließt dies nicht aus, daß einzelne diese benutzen. Das Prinzip ist zu stark (vgl. Trapp 1988, S. 251 ff). Es ist nicht in der Lage, die Beachtung individueller Anderinteressen, deren Verallgemeinerung zwar nicht möglich ist, die aber im Einzelfall ohne weiteres beachtet werden könnten, zu rechtfertigen (etwa besonders hohe Sensibilität, Sicherheitsbedürfnis, Freiheitsliebe, Orientierung an Idealen etc.). Es ist aber nicht ersichtlich, warum diese Anderinteressen keine Berücksichtigung finden sollten. Das Prinzip der Verallgemeinerung kann nur als Fairneßprinzip bei kollektiven Gütern oder Projekten Befolgung beanspruchen: Kann ein Gemeinschaftsziel nur gemeinschaftlich erreicht werden, so darf ein einzelner sich keine Sondervorteile verschaffen, es sei denn, das gemeinsame Ziel wird mit Sicherheit schon durch das Handeln anderer vereitelt.

4. Eine weitere Lösungsstrategie, die man als «reziprozitäre» kennzeichnen könnte, findet sich schließlich in der Theorietradition der «Goldenen Regel», die in neuerer Zeit von Thomas Nagel wieder aufgegriffen wurde (1978, p. 82 ff). Sie wird oft mit universalistischen Positionen in Verbindung gebracht, muß aber doch von diesen klar unterschieden werden. Während universalistische Positionen eine tendenziell möglichst umfassende entscheidungstragende Gruppe bzw. Gemeinschaft anstreben, die verschiedentlich die Gruppe der von dem fraglichen Verhalten tatsächlich Betroffenen weit übersteigt, nehmen reziprozitäre Lösungsstrategien wie die Goldene Regel nur den Akteur und den oder die tatsächlich unmittelbar Betroffenen in den Blick.

Die Goldene Regel erscheint in verschiedenen Formulierungen. Diese lassen sich differenzieren mit Bezug auf Tun und Unterlassen: «Behandle den anderen so, wie du von ihm behandelt werden willst!»; «Was du nicht willst, das man dir tu, das füg auch keinem anderen zu!» Weiterhin kann zwischen der Perspektive des Akteurs und der des Betroffenen unterschieden werden, je nachdem steht Behandeltwerden (passiv) des anderen oder Handeln des Akteurs (aktiv) im Vordergrund. Erstere Variante drücken die beiden schon angeführten Formulierungen aus, letztere wären: «Handle so, wie du willst, daß der andere handelt!»; «Was du nicht willst, daß der andere tu, das tu selbst nicht!»[125]

Die Goldene Regel ist eine Norm der Moral, aber keine ethische Rechtfertigung. Sie bedürfte also einer weiteren Begründung. Der zentrale inhaltliche Einwand gegen alle Formulierungen der Goldenen Regel richtet sich gegen die ihr impliziten Egalitätsannahmen. Die Reziprozität ist nur bei gleichen Interessen der Beteiligten ein adäquates Entscheidungskriterium (vgl. C III 4). Wie sich oben gezeigt hat, kann eine Interessengleichheit aber selbst bei grundlegenden Interessen nicht angenommen werden. Ein Arzt, der für sich selbst jede Euthanasie ablehnen würde, müßte dann einem Todkranken die erbetene Sterbehilfe verweigern. Maßstab der Entscheidung wäre damit nicht das Anderinteresse des Betroffenen, sondern das Akteursinteresse, das lediglich hypothetisch seiner Eigengerichtetheit entkleidet und zum Interesse bezüglich des anderen erklärt wird. Dieses kann aber vom tatsächlichen Anderinteresse, das für den Akteur zum Interesse vom anderen werden sollte, weit entfernt sein.

IV. Die Verpflichtung zur Anderinteressenbeachtung

1. Da die soeben dargestellten Theorien sich als problematisch erwiesen haben, soll zur Exploration eines anderen Lösungswegs noch einmal zum bisher erreichten Stand zurückgekehrt werden. Danach muß von mehreren verschiedenen Entitäten ausgegangen werden, die ihr Verhalten auf ihre Interessen (Eigeninteressen, Interessen bezüglich des anderen, Interessen vom anderen) stützen. Ein Teil dieser Entitäten – einsichtsfähige Menschen – sind darüber hinaus ethisch verantwortliche Akteure. Für diese stellen sich die Interessen der jeweils anderen als Anderinteressen dar. Die eigenen Interessen werden zu Akteursinteressen, die mit diesen Anderinteressen in Konflikt geraten können. Diese Anderinteressen kann jeder tagtäglich empirisch an den Menschen in seiner Umgebung wahrnehmen: Andere wollen nicht getötet, verletzt, betrogen, beleidigt oder gekränkt werden. Sie manifestieren diesen Willen in Verhaltensweisen und Äußerungen. Die Anderinteressen kann der Akteur als Interessen vom anderen zu seinen eigenen machen und seinem Verhalten zugrunde legen.

Die Interessenverfolgung der anderen konstituiert um sie einen Quasiraum ihrer Interessen und demgemäß der Betroffenheit im Fall eines fremden Eingriffs, einen Betroffenheitsraum.[126] Dieser Quasi-raum manifestiert sich partiell tatsächlich räumlich, etwa in der eigenen Wohnung, im eigenen Zimmer, dem eigenen Arbeitsplatz, dem eigenen Auto. Dabei ist nicht das rechtliche Eigentum entscheidend, sondern die Konstituierung des je eigenen Interessenbereichs. Sie drückt sich etwa in dem Satz «My home is my castle» metaphorisch aus. Natürlich sind solche Räume auch Sozialräume. Und wir belächeln denjenigen, der dies nicht wahrhaben will. Aber im Kern pochen wir auf die Beachtung der Individualzuordnung. Dem Vermieter steht z. B. kein unbeschränktes Zutrittsrecht zur Wohnung des Mieters zu.

Wichtig ist, daß den Interessen von den Betroffenen jeweils unter-schiedliche Bedeutung zugemessen wird. Man kann insofern generalisie-rend von einer zwiebelartigen Struktur mit einem Kernbereich und verschiedenen radialen Schalen ausgehen. Den Kern des Betroffenheits-raums bilden häufig Leben und Würde, wobei das Verhältnis dieser Kerninteressen bei verschiedenen Menschen ganz unterschiedlich ausge-prägt sein kann. Aufzeigen lassen sich massive Divergenzen. Extreme Persönlichkeiten sind in dieser Hinsicht etwa der Suizident und die Pro-stituierte. Ersterer verzichtet auf sein Leben, letztere partiell auf ihre Würde. Konstatieren läßt sich darüber hinaus, daß die empirisch-stati-stisch feststellbaren Unterschiede graduell zunehmen, je weiter die Inter-essen an den Randbereich des je eigenen Betroffenheitsraums rücken. Rapmusik-Beschallung durch sog. Ghettoblaster auf Straßen und in öffentlichen Verkehrsmitteln ist für manche extrem störend und reine Lärmbelästigung, während andere sie als Ausdruck pulsierender Lebens-freude begrüßen. Die Gefährdungen des modernen Straßenverkehrs ängstigen den einen, während der andere die Autobahn als Wettkampf-arena benutzt.

Das Modell wird weiter verkompliziert, weil sich die individuellen Be-troffenheitsräume an verschiedenen Stellen auch ohne irgendwelche usurpierenden Aktionen scheinbar untrennbar überlappen. Dies ist in jedem Alltagsgespräch der Fall, wenn z. B. A etwas sagen möchte, was B nicht hören will. Man sollte aber derartige Fälle nicht überbewerten. Sie stellen nur einen Teil der Interaktionssituationen dar. Und auch bei die-sem Teil läßt sich eine zumindest tentative Grenze der Betroffenheits-räume markieren. Es gibt keine Verpflichtung, Gespräche zu führen oder weiterzuführen. Jeder kann ein Gespräch, das seine Interessen beein-trächtigt, (höflich) beenden und damit auch die Überlappung der Inter-essenräume.

Solange jeder Akteur seine Interessen verfolgt, ohne in den Ander-interessenraum des anderen einzudringen, bleiben die jeweiligen Interessen des anderen und ihre Verfolgung bloßes Faktum. Man beobachtet, daß der andere atmet, ißt, trinkt, schläft etc. Sobald ein Akteur aber die Grenze zum Betroffenheitsraum des anderen überschreitet, ergeben sich für beide normative bzw. präskriptive Wirkungen. Solange beide Akteure sich nur ihres eigenen Kühlschranks bedienen, bleibt dies für den je anderen bloßes Faktum. Sobald ein Akteur aber den Kühlschrank des anderen leert, zwingt er den Betroffenen durch sein Verhalten zur Duldung. Dieser muß in seiner Interessenverfolgung zurückstehen. Gleichzeitig sieht sich der Akteur einer Präskription gegenüber. Die Anderinteressen des Betroffenen weisen ihn ab. Eine spezielle Form der Überschreitung der Betroffenheitsgrenze der Interessen zwischen Akteuren ist die explizite verbale Aufforderung zu einem Tun oder Unterlassen. Der andere wird zu einem bestimmten Verhalten verpflichtet und muß dann auf die entsprechende Entfaltung eigener Interessen verzichten.

Stehen sich nicht Akteure gegenüber, sondern wirkt ein Akteur auf einen ethisch zu berücksichtigenden Nichtakteur ein, wie es für den nichtanthroporelationalen Bereich der Ökologischen Ethik kennzeichnend ist, dann ist die Gegenüberstellung der Interessenräume grundsätzlich die gleiche. Die Situation verändert sich nur insofern, als die betroffene Entität die Mißachtung ihrer Interessen nicht als normative, sondern als faktische wahrnimmt, weil ihr nicht bewußt ist, daß der Akteur auch anders handeln könnte. Für den Akteur bleibt es bei der faktischen und normativen Wahrnehmung der Anderinteressen, vorausgesetzt, er spricht der anderen Entität nicht fälschlicherweise die Fähigkeit zur Konstitution eines eigenen Interessenraums ab.

In der möglichen normativen Wirkung des Überschreitens der Betroffenheitsgrenze des anderen durch tatsächliches Verhalten oder verbale Präskription liegt der Grund für die Suche nach normativ-ethischen Rechtfertigungen: Der Betroffene verwehrt die Überschreitung der Betroffenheitsgrenze und sucht – falls er selbst Akteur ist – dafür nach Rechtfertigungen. Der Akteur will diese Grenze nicht anerkennen und sucht seinerseits nach Rechtfertigungen für die Überschreitung. Die Frage nach einer Begründung für die Beachtung der Anderinteressen läßt sich nunmehr unter Berücksichtigung der Unterscheidung zwischen Handeln und Unterlassen dahingehend reformulieren, ob der jeweilige Akteur verpflichtet ist, (1) die Grenze des Betroffenheitsraums, der durch die Manifestation der Anderinteressen vom anderen gezogen wird, nicht gegen dessen Willen zu überschreiten und (2) dem anderen unter Überschreitung dieser Grenze (eventuell nur auf dessen Anforderung) Hilfe zu leisten. Teilfrage (1) formuliert demnach das Gebot des Unterlassens bzw. das Verbot des Handelns bezüglich einer Anderinteressenbeeinträchtigung, Teilfrage (2) das Gebot des Tuns und das Verbot des Unterlassens der Anderinteressenförderung.

2. Zur Beantwortung von Teilfrage (1) wird zunächst noch etwas genauer analysiert, was geschieht, wenn ein Akteur die Grenze des Betroffenheitsraums einer anderen ethisch relevanten Entität (gegen oder ohne deren Einverständnis) überschreitet. Es wurde schon konstatiert, daß darin eine Präskription liegt, weil die andere Entität in jedem Fall zur Duldung der Interessenbeeinträchtigung gezwungen wird. Wie sich in den obigen Überlegungen zur Rechtfertigung eines Verhaltens im rein intrapersonalen Akteursmodell ergab, ist ein Verhalten schon ohne Auswirkungen auf andere rein subjektiv nicht logisch rechtfertigbar, weil die naturalistische Ableitung zwischen Deskription, Evaluation und Präskription keine logisch gültige ist. Möglich ist lediglich eine schwache Form der Plausibilisierung durch Aufbau eines möglichst kohärenten horizontalen und vertikalen Rechtfertigungsnetzes. Dieses Netz weist grundsätzlich eine Tendenz zur Anbindung an die je eigenen vegetativen Lebensfunktionen auf. Wenn man Hunger leidet, ist dies eine plausible Rechtfertigung dafür, etwas zu essen. Wenn man sich langweilt, dann begründet dies intrapersonal eine schwache Rechtfertigung, sich nach einer Tätigkeit oder einem Ereignis umzusehen, das einem die Langeweile vertreibt.

Fraglich ist im Rahmen der interpersonalen Erweiterung des Modells aber nun, ob Hunger auch einen Brotdiebstahl und Langeweile eine Ohrfeige gegenüber einem anderen rechtfertigt. Voraussetzung dafür wäre zunächst, daß man seine Interessen nicht anderweitig befriedigen kann. Dies ergibt sich schon aus dem intrapersonalen Rechtfertigungsbedürfnis. Nur wenn man keine eigenen Lebensmittel hat, ist der Brotdiebstahl – der ja einen gewissen Aufwand und ein Risiko impliziert – erwägenswert. Nur wenn kein einfacheres Mittel zur Vertreibung der Langeweile zur Verfügung steht, kann das Ohrfeigen eines anderen in Frage kommen. Ist diese intrapersonale Voraussetzung des Fehlens einer besseren Alternative erfüllt, gilt für die Frage der interpersonalen Rechtfertigung: Der jeweils betroffene andere braucht die schwache intrapersonale Rechtfertigung für den Akteur nicht anzuerkennen. Nur spezielle Zusatzannahmen, etwa eine vorherige Verpflichtung, für den Unterhalt des anderen zu sorgen, oder eine gemeinschaftliche Güterproduktion in einer Volkswirtschaft, können diese Grundeinsicht überlagern. Darauf und auch auf das Beispiel des Brotdiebstahls wird zurückzukommen sein. Für das Beispiel des Ohrfeigens zum Zeitvertreib ist die Situation aber klar. Die einzige mögliche schwache Rechtfertigung im Rechtfertigungsnetz des Akteurs für die Ohrfeige ist seine eigene Langeweile. Irgendwelche kulturellen Bräuche oder gemeinschaftlichen Aktionen, die ein Ohrfeigen des anderen rechtfertigen würden, sind in unseren Breiten nicht bekannt. Da die eigene schwache Begründung keine intersubjektive Gültigkeit beanspruchen kann, ist das Ohrfeigen des anderen deshalb grundsätzlich nicht gerechtfertigt.

Im Rahmen des Minimalmodells der je eigenen Interessenräume ist kein Grund ersichtlich, warum der andere vom Ohrfeigen Betroffene die je eigene schwache Rechtfertigung des Täters mit dem Verweis auf dessen eigenes intrapersonales Rechtfertigungsnetz in irgendeiner Weise als rechtfertigend anerkennen müßte oder sollte. Er mag zwar vielleicht zugestehen, daß er das entsprechende Rechtfertigungsnetz des Akteurs in seiner Lage auch als schwache Rechtfertigung akzeptiert, wenn er sich in die Situation des anderen hineinversetzte oder wenn er selbst in dieser Situation wäre. Aber auch wenn er dieses hypothetische Gedankenexperiment durchführen könnte, ist kein Grund ersichtlich, warum ihn dies zur tatsächlichen Anerkennung dieser hypothetischen Rechtfertigung und zur Duldung verpflichten sollte. Der Akteur mag für sich wegen seiner Langeweile ein plausibles Interesse entwickelt haben, andere zu ohrfeigen. Dies begründet aber für den potentiell Betroffenen keine Verpflichtung, sich ohrfeigen zu lassen. Die hypothetische Möglichkeit des gedanklichen Perspektivenwechsels generiert keine reale Verpflichtung. Selbst wenn ihm das Ohrfeigen nicht viel ausmachen würde, während für den Akteur damit ein großer Lust- und Spannungsgewinn verbunden wäre, gälte nichts anderes. Es ist keine Rechtfertigung auszumachen, warum der Betroffene irgendeine Beeinträchtigung seiner Interessen in Kauf nehmen müßte, um das Ergebnis des abstrakten utilitaristischen Glückskalküls zu maximieren. Insgesamt ist also kein Grund ersichtlich, warum der Betroffene im jeweiligen Einzelfall eine nicht konsentierte Überschreitung der Grenze seines Betroffenheitsraums akzeptieren sollte.

Die Anderinteressenbeachtung ist somit in der jeweiligen Situation durch den spezifischen Aufbau je individueller Interessenräume quasi ex negativo deshalb geboten, weil dem Akteur jeder gute Grund zur Überschreitung des Betroffenheitsraums des anderen fehlt. Er kann jenseits der Grenze des eigenen Betroffenheitsraums der schwach intrapersonal gerechtfertigten Normativität des Anderinteressenraums des anderen nichts entgegensetzen. Da es aber der Akteur ist, der die Grenze überschreitet, müßte er zur Stützung dieser Überschreitung eine interpersonale plausible Rechtfertigung haben. Diese kann nicht in dem je eigenen intrapersonalen Rechtfertigungsnetz liegen, weil dieses als schwache Rechtfertigung lediglich zur je eigenen intrapersonalen Plausibilisierung des Akteursverhaltens und zum Aufbau eines je eigenen Interessenraums dienen kann.

Mit seiner Überschreitung der Betroffenheitsgrenze des anderen nimmt der Eindringling für sich in Anspruch, daß die schwachen intrapersonalen Rechtfertigungen auch interpersonal eine Rechtfertigung generieren können. Sein Verhalten impliziert, daß der eigene Betroffenheitsraum auch ohne Konsentierung des anderen Betroffenen und ohne daß dieser aus sonstigen interpersonalen Gründen zur Duldung verpflichtet wäre, ausgedehnt werden darf. Dann darf der Akteur aber nicht nach einer interpersonalen Berechtigung fragen, wenn der Betroffene ihn seinerseits in einem Akt der Notwehr am Eindringen in seinen Betroffenheitsraum hindert oder ihn daraus wieder zurückdrängt; denn dies geschieht ebenfalls im Rahmen der je eigenen intrapersonalen Interessenwahrung. Die Tragfähigkeit des hier skizzierten interpersonalen Modells der Verpflichtung zur Anderinteressenbeachtung manifestiert sich deshalb in der Anerkennung eines Notwehrrechts des Betroffenen, dessen Interessenraum tangiert wird. Das Notwehrrecht muß dabei weit interpretiert werden. Es beschränkt sich nicht nur auf einen juristischen Rechtfertigungsgrund, sondern ist auch für die Ethik zentral. Es stellt quasi die berechtigende Ergänzung der Verpflichtung zur Anderinteressenbeachtung dar. Notwehrrecht des Betroffenen und Pflicht zur Anderinteressenbeachtung des Akteurs sind zwei Seiten ein und derselben Medaille. Der Betroffene darf die Überschreitung seines Betroffenheitsraums mit Hilfe der Notwehr zurückweisen, weil der Akteur keine Rechtfertigung für das Eindringen in den Betroffenheitsraum des anderen hat.

Der Antagonismus von Beeinträchtigung und Zurückweisung erwächst aus dem Antagonismus von Akteur und Betroffenem. Das ethisch begründete Notwehrrecht umfaßt insbesondere auch verbale Präskriptionen. Denn gegenüber der faktischen Notwehrreaktion des Betroffenen zur Abwehr desjenigen, der in seinen Interessenraum eindringt, ist die verbale Präskription regelmäßig das mildere Mittel[127], solange sie sich darauf beschränkt, eine Verletzung des eigenen Interessenraums zu verhindern. Der Akteur muß ein solches verbales Abwehrgebot der Form «Unterlasse eine Verletzung meiner Interessen!» hinnehmen; denn solange er die Betroffenheitsgrenze des anderen nicht überschreitet, wird er durch die Präskription nicht tangiert. Sobald er aber die Grenze verletzt, aktualisiert sich gleichsam in derselben logischen Sekunde die Berechtigung, den Eindringling auf diesem Weg zurückzuweisen. Zwei Beobachtungen mögen die basale Stellung der Berechtigung zur Notwehr auch im Rahmen einer ethischen Begründung plausibilisieren:

Der moderne Staat beansprucht zwar ein umfassendes Gewaltmonopol für sich. Er verzichtet aber an einer zentralen Stelle darauf: Den Bürgern ist zur Abwehr von Angriffen anderer ein Notwehrrecht eingeräumt.[128] Angriffe auf ihren Interessenraum müssen die Bürger also in keinem Fall dulden. Die Abwehr kann dabei bis zur Tötung des Angreifers gehen. Wenn der Staat trotz der Gefahr der Lynchjustiz auf die vollständige Durchsetzung seines Gewaltmonopols verzichtet, kann dahinter nur die Anerkennung einer basalen (rechts)ethischen Position stehen.

Interessant, aber wenig beachtet ist, daß Hobbes (auch) im Naturzustand und damit also vor jeder Konstitution staatlicher Institutionen unabhängig von seinem vertragstheoretischen Kalkül zur Inauguration des Leviathan ein natürliches Recht auf Notwehr anerkannt hat (1991, p. 92, S. 100). Man kann sich fragen, warum Hobbes dann nicht auch zur Anerkennung einer korrespondierenden Verpflichtung zur Beachtung des Anderinteressenraums gekommen ist. Die Antwort dürfte in seiner naturalistischen Willens- und Freiheitstheorie liegen. Hobbes postuliert als «natürliches Recht» (jus naturale) die «Freiheit eines jeden, seine eigene Macht nach seinem Willen zur Erhaltung seiner eigenen Natur, das heißt seines eigenen Lebens, einzusetzen und folglich alles zu tun, was er nach eigenem Urteil und eigener Vernunft als das zu diesem Zweck geeignetste Mittel ansieht» (p. 91, S. 99). Hobbes folgert daraus, daß im Naturzustand des Kriegs aller gegen alle ein jeder ein Recht auf alles hat, selbst auf den Körper des anderen. Hobbes sieht aber nicht, daß beides im Widerspruch zueinander steht: das Recht eines jeden auf alles und das Notwehrrecht der Betroffenen. Er mißachtet, daß eine naturalistische Rechtfertigung der je eigenen Interessenverfolgung des Akteurs zwar für den intrapersonalen Bereich adäquat ist, nicht aber für den interpersonalen. Hier wird das «natürliche Recht» eines jeden von vornherein durch die Interessensphäre der anderen Betroffenen und deren Notwehrrecht beschränkt, weil sich kein Übergriff interpersonal rechtfertigen, sondern allenfalls (schwach) naturalistisch mit Verweis auf die je eigene intrapersonale Situation erklären läßt.

Angemerkt sei noch, daß die hier skizzierte Verpflichtung zur Anderinteressenbeachtung nur für die jeweilige Situation mit normativer Kraft gilt. Die Verpflichtung zur Anderinteressenbeachtung bezieht ihre Normativität aus der Konstituierung des Interessenraums durch den anderen. Man kann zwar im Wege der praktischen Induktion aus der jeweiligen Berechtigung der einzelnen Betroffenen in den jeweiligen Situationen die allgemeine Prima-facie-Regel zur Anderinteressenbeachtung generieren. Diese induktive Verallgemeinerung führt aber – wie diejenige einzelner Naturbeobachtungen kein apriorisches Naturgesetz generiert, das nicht im Einzelfall falsifizierbar wäre – nicht zu einem universellen praktischen Prinzip mit normativer Kraft für den Einzelfall. Sie generiert lediglich eine Prima-facie-Regel für den Fall, daß der andere Betroffene keinen Interessenraum um sich aufgebaut hat oder dieser nicht erkennbar ist.

Bevor auf mögliche Einwände gegen die hier vertretene Ethik der Anderinteressen eingegangen wird, sei noch die Teilfrage (2) erörtert.

3. Auf die Teilfrage (2), ob auch eine Verpflichtung zur aktiven Hilfeleistung unter Überschreitung des eigenen Betroffenheitsraums auf Anforderung des anderen besteht, gibt das soeben skizzierte Rechtfertigungsmodell keine positive Antwort. Da die Forderung nach Hilfeleistung intersubjektiv nicht durch Aufbau eines adäquaten logisch zwingenden Rechtfertigungsnetzes begründet werden kann, läßt sich im Rahmen des Anderinteressenmodells keine Hilfeleistungspflicht konstituieren. Eine solche bedarf anderer Rechtfertigungsgesichtspunkte, die das soeben skizzierte Modell in speziellen Fällen überlagern.

Einer dieser speziellen Fälle besteht, wenn durch ein vorheriges Verhalten Anderinteressen erst hervorgerufen wurden. Dies kann durch faktisches Vorverhalten geschehen. Zentrales Beispiel sind hier die Pflichten von Eltern gegenüber ihren Kindern. Wer einen anderen in die Welt setzt, ist auch für die aktive Befriedigung von dessen Interessen verantwortlich, solange diese sich in einem normalen und voraussehbaren Rahmen halten. Anders als Jonas meint (1984, S. 189), erzeugt also nicht die Faktizität der Eltern-Kind-Situation eine normative Verpflichtung zur Verantwortung, sondern das vorhergehende Verhalten der Eltern.

Ein zweiter das Grundmodell überlagernder Gesichtspunkt besteht in gegenseitigen Vereinbarungen, wobei diese auch faktisch bzw. konkludent erfolgen können. Das Sozialverhalten der Menschen in einer Gruppe oder einem Staat, ja auch in einer Beziehung und einer Freundschaft generiert eine Fülle solcher gegenseitiger Verpflichtungen zu positiver Hilfeleistung bzw. kooperativem Verhalten. Man kann Fälle der Begegnung zwischen Fremden konstruieren, in denen keine solche Verpflichtung besteht. Wenn sich zwei Angehörige verschiedener Staaten, Gesellschaften, Nationalitäten und Kulturkreise bei einer Arktisexpedition am Nordpol treffen und vorher nie miteinander direkt oder indirekt Kontakt gehabt haben, so besteht zwar eine negative Pflicht, die Interessen des je anderen nicht zu beeinträchtigen, also ihn nicht zu töten, zu verletzen, zu schädigen usw., aber keine positive Pflicht, ihm durch positives Tun zu helfen. Man mag im Fall der Verweigerung einer solchen Hilfe den Verweigerer als schlechten und kaltherzigen Menschen ansehen und ihn des Verrats an einem Humanitätsideal zeihen. Man mag ihm entgegenhalten, er habe einem generellen oder konkreten aufgeklärten Eigeninteresse zuwidergehandelt, weil er morgen selbst hilfsbedürftig sein könnte. Man kann ihm aber nicht vorwerfen, er habe eine positive moralische Pflicht zur Hilfeleistung mißachtet. Realiter ist die idealtypisch skizzierte Nordpolsituation der absoluten Beziehungslosigkeit natürlich heute selbst am Nordpol nicht mehr denkbar. Mittlerweile besteht aufgrund der weltumspannenden Medien das Bewußtsein globaler Interdependenz und Solidarität und die Erwartung der Hilfeleistung in Notsituationen. Wer sich heute zu einer Arktisexpedition aufmacht, der erwartet, daß ihm in Notsituationen geholfen wird oder er einem anderen helfen müßte, weil den Menschen generell weltweit in solchen Situationen geholfen wird. Dies genügt, um eine Hilfeleistungspflicht zu generieren, allerdings nur eine relativ schwache. Der Helfer muß nicht sein Leben aufs Spiel setzen. § 323 c StGB (Unterlassene Hilfeleistung) verlangt entsprechend auch nur eine «zumutbare» Hilfeleistung, die ohne erhebliche eigene Gefährdung und ohne Verletzung anderer wichtiger Pflichten möglich ist. Man müßte demnach ein noch extremeres Beispiel konstruieren, um eine positive Hilfsverpflichtung tatsächlich auszuschließen. Dies wäre etwa der Fall, wenn eine bemannte Raumfahrtmission der Erde auf einem fremden Planeten zum erstenmal auf Mitglieder einer extraterrestrischen Gesellschaft stößt, die erkennbar hilfsbedürftig wären.

Ein dritter Gesichtspunkt, der Verpflichtungen positiver Art generiert, besteht in der freiwilligen Begründung und Fortführung gemeinsamer Projekte, zu denen jeder einen Beitrag leistet und von denen alle profitieren. Wenn die Mitglieder einer Gesellschaft im Interesse aller auf ihre Existenzsicherung als subsistenzwirtschaftende Bauern oder Mitglieder in Großfamilien verzichten, impliziert dies die positive Verpflichtung der Gesellschaft und jedes einzelnen zur Sicherung und Hilfe in Notlagen wie Krankheit und Arbeitslosigkeit. Im obigen Fall desjenigen, der Hunger leidet und deshalb Brot stiehlt, gilt also: In einer Gesellschaft wie der deutschen, die im Interesse aller eine stark arbeitsteilige und hochindustrialisierte Wirtschaftsordnung etabliert hat, hat der einzelne Betroffene einen Anspruch auf die Versorgung mit Nahrungsmitteln und dem Nötigsten zum Leben gegenüber der Gemeinschaft und jedem einzelnen. Besteht eine gemeinschaftliche Institutionalisierung der Leistungen der Gesellschaft (wie bei der Sozialhilfe) und handelt es sich nicht um Nothilfe, die institutionell nicht rasch genug geleistet werden kann, so ist eine Subsidiarität der individuellen Hilfeleistung gerechtfertigt, um ungleiche Belastungen zu vermeiden. Der Brotdiebstahl wäre demnach ungerechtfertigt, wenn der Hungrige Hilfe vom Sozialamt oder karitativen Einrichtungen erhalten könnte. Wären dagegen die Alternativen nur Brotdiebstahl oder Verhungern, so hätte der Bestohlene in einer Gesellschaft wie der deutschen eine Hilfsverpflichtung gegenüber dem Verhungernden. Der Brotdiebstahl wäre ethisch gerechtfertigt und auch nicht strafbar, denn nach § 34 StGB läge ein rechtfertigender Notstand vor.

Die hier vorgenommene strikte Unterscheidung von Handeln und Unterlassen soll noch einmal im Hinblick auf die jeweiligen Grenzen der subjektiven Betroffenheitsräume im Rekurs auf die Wertungen des Strafrechts plausibel gemacht werden: Wenn zwei nicht miteinander verwandte Personen A und B am Rande eines Sees spazierengehen und A B aus Mordlust ins Wasser stößt, so daß B ertrinkt, droht A lebenslange Freiheitsstrafe wegen Mordes nach § 211 StGB. Fällt B dagegen ohne Zutun des A ins Wasser und A unterläßt es (aus Mordlust), einen Rettungsversuch zu unternehmen, obwohl die Rettung ohne weiteres möglich wäre, so muß A nach § 323 c StGB nur wegen unterlassener Hilfeleistung mit einer Geldstrafe oder einer Haftstrafe bis zu einem Jahr rechnen.[129] Wäre die Rettung für ihn selbst gefährlich gewesen, so bliebe er sogar straffrei. Im ersten Fall hat A durch das Hineinstoßen aktiv in den Betroffenheitsraum des B eingegriffen, im zweiten durch das Unterlassen der Rettung nicht. Es gibt natürlich Grenzfälle, bei denen die Unterscheidung von Tun und Unterlassen kaum mehr sinnvoll ist, etwa bei der Lebensverlängerung durch medizinische Apparate. Ob eine lebensrettende Maschine nicht an- oder ausgeschaltet wird, ist kaum relevant. Aber diese Grenzfälle fallen schon in den Bereich positiver Hilfeleistung und folgen deren Regeln. An der Notwendigkeit der grundsätzlichen Unterscheidung von Handeln und Unterlassen ändern sie nichts.

4. Zu beantworten bleibt nunmehr noch die Frage, welche Interessen den Interessenraum des je anderen konstituieren, ob es nicht gemeinschaftliche Interessen gibt und was bei echten Interessenkonflikten zu geschehen hat. Dabei muß man bei der Wahl der Beispiele Vorsicht walten lassen. Die gravierendsten individualethischen Interessenbeeinträchtigungen betreffen nicht das Problem des Selbstmords, der Rückzahlung eines Darlehens, der Vergeudung eigener Talente und der Nothilfe (Kant 1911a, S. 421 ff) oder der Versetzung eines fremden, abgestellten Fahrrads, um das eigene Auto zu parken (Hare 1981, p. 109 ff). Diese Fälle mögen zwar zahlenmäßig häufig sein, sind aber nicht die wirklich gravierenden. An den zentralen Konfliktfällen muß sich aber eine Position bewähren, sonst gerät sie in den Verdacht, ihre Beispiele geschickt zur Stützung der eigenen Theorie zu konstruieren.

Die gravierenden Fälle – wenn man im Bereich der Ethik zwischen Menschen verbleibt – sind Tötung, Körperverletzung, Gesundheitsbeschädigung, Beschädigung und Behinderung von Psyche und Geist sowie Verletzung der Menschenwürde. Beeinträchtigungen von Würde, Leben, Körper, Psyche und Geist zu verhindern, kann man – empirisch-statistisch feststellbar, also nicht notwendig a priori – als zentrale Interessen der Menschen ansehen. Sie konstituieren einen Betroffenheitsraum um den einzelnen, dessen normative Grenze quasi mit der äußeren Grenze des eigenen Körpers zusammenfällt. Außer bei Zustimmung des anderen und in Fällen der Notwehr gegen einen Angriff durch den anderen gibt es keine Begründung, in diesen Kernbereich der Anderinteressen eines Betroffenen einzugreifen. Eine Interessenabwägung ist insofern nicht gerechtfertigt. Selbst wenn ein Akteur mittels Tötung eines Unschuldigen viele andere Menschen retten könnte, ist die Verletzung des Interessenkernbereichs des Unschuldigen nicht zu rechtfertigen. Der Unschuldige hat nach dem Grundmodell keine und nach den obigen Zusatzannahmen (gegenseitige Verpflichtung in einer Gemeinschaft, gemeinsame Projekte etc.) nur eine schwache Pflicht zur Rettung der vielen Bedrohten. Letztere impliziert keine Verpflichtung, einen Eingriff in den je eigenen Kernbereich der Interessen, der durch die Körpergrenze markiert wird, zu dulden.

Der Einwand widerstreitender bzw. konfligierender Interessenräume ist zumindest für diesen durch die jeweilige Körpergrenze markierten Kernbereich je eigener Interessen nicht plausibel. Es sind schlechterdings keine Interessen eines präsumtiven Akteurs erkennbar, die so stark wären, daß sie die Körpergrenze des Interessenraums des Betroffenen zurückdrängen würden. Nur eine einzige Ausnahme kann ich erkennen: die Frage der ethischen Berücksichtigung des Fötus. Der hier (möglicherweise) bestehende Interessenkonflikt gewinnt seine Tragik, Schärfe und Unausweichlichkeit gerade aus der Tatsache, daß der durch die Körpergrenze beider Beteiligter gezogene Kernbereich des je eigenen Interessenraums unweigerlich (von Natur aus) tangiert ist. Die Parole «Mein Bauch gehört mir!» ist in ihrer possessiven Formulierung und ihrer Negation der Interessen des Fötus zweifelhaft, verdankt ihre Suggestivkraft aber gerade der Bezugnahme auf diese Markierung des Kernbereichs der Anderinteressen durch die Grenze des je eigenen Körpers.

Eine ähnliche Ausnahme besteht in den bekannten Rettungsboot- oder Seilschaftsbeispielen, bei denen nur dann einige überleben können, wenn einer getötet wird, weil das Boot andernfalls kentern oder das Seil reißen würde. Hier sind die normalerweise abgrenzbaren Interessenräume der Betroffenen durch die gemeinsame Gefahrensituation, in der sie stehen, durch äußere Umstände derart verschmolzen, daß sich Angriff und Abwehr nicht mehr trennen lassen. Die bloße Anwesenheit jeder Person stellt gegenüber den anderen quasi einen Angriff dar, weil sie das Boot zum Kentern oder das Seil zum Reißen bringt. Eine ethische Verpflichtung ist in dieser – tragischen – Situation ausgeschlossen, denn ein ethisch richtiges Handeln ist unmöglich.

Eine Kritik des hier entfalteten Anderinteressenmodells könnte darauf hinweisen, daß zwischen Akteur und Betroffenem ja bereits die Meinung über die Grenze der jeweiligen Kernbetroffenheitsräume stark divergieren könne. Was für den Betroffenen schon ein Eindringen in seinen jeweiligen zentralen Betroffenheitsraum darstelle, sehe der Akteur möglicherweise noch nicht als Überschreiten dieser Grenze an. Der Sklavenhalter in den amerikanischen Südstaaten sei eben nicht davon ausgegangen, daß seine Sklaven durch seine Behandlung negativ betroffen worden sind, da er sie gar nicht als vollwertige Menschen akzeptierte.

Will man diesen Einwand entkräften, muß man zwei Probleme unterscheiden, die zwar tatsächlich ineinander verschlungen sein können, gedanklich aber zu trennen sind.

Das eine Problem besteht darin, ob und wie Anderinteressen als Fakten erkannt werden können. Dieses Problem stellt sich in ähnlicher Weise für den bloßen Beobachter wie für den Akteur in einem Konflikt über die Betroffenheitsgrenzen. Auch im letzteren Fall ist es demnach möglich und geboten, daß der Akteur empirisch das Faktum zur Kenntnis nimmt, daß der andere seine Betroffenheitsgrenze bis zu einem gewissen Punkt zieht. Auch der Sklavenhalter konnte kaum leugnen, daß seine Sklaven ihr Leben und ihren Körper erhalten und Verletzungen vermeiden wollten. Er konnte ihre diesbezüglichen Interessen nur durch Zwang und Gewalt mißachten. Die ehedem diskutierte Frage, inwieweit Farbige Weißen gleichen oder ob sie ebenfalls Menschen im vollwertigen Sinn sind, ist demgegenüber für die Feststellung der Interessenzuschreibung ohne Bedeutung. Der individuelle Betroffenheitsraum wird durch die eigenen Interessen konstituiert, nicht dadurch, daß ein anderer diese Interessen als gleiche oder ähnliche Interessen gleicher oder ähnlicher Entitäten anerkennt. Hier liegt der zentrale Irrtum von Honneths neuhegelianischer Theorie eines «Kampfs um Anerkennung» (1992, S. 129). Die Anerkennung durch andere mag im Rahmen der kindlichen Entwicklung psychologisch konstitutiv sein. Sie verliert aber mit zunehmender Eigenständigkeit des Erwachsenen an *konstitutiver* Bedeutung – obwohl sie natürlich immer wichtig bleibt. Erwachsene, bei denen die Anerkennung durch andere schlechthin für ihre Persönlichkeit konstitutiv ist und die beinahe süchtig nach ihr suchen, gibt es (die sog. Profilneurotiker), aber dieser Aspekt ihrer Psyche wird vielfach von ihnen selbst und anderen als problematisch empfunden. In einer Sozialethik mag die Suche nach Anerkennung als einer unter anderen Faktoren eine (wenn auch untergeordnete) Rolle spielen. Für eine normative Individualethik ist der Kampf um Anerkennung mit seiner Bezugnahme auf positive Verpflichtungen dagegen allenfalls eine Marginalfrage.

Das zweite Problem ist eine mögliche Überlappung der Betroffenheitsräume. Der Sklavenhalter könnte etwa das Faktum zugestehen, daß seine Sklaven ihre Betroffenheitsräume derart definieren, daß sie Zwang und Gewalt seinerseits ablehnen und die Freilassung verlangen. Aber er könnte sich auf sein «besseres Recht» berufen, das diese Anderinteressen überspielt: etwa weil er für die Sklaven Geld bezahlt habe oder weil es das natürliche Recht des weißen Mannes sei, andere zu versklaven, oder weil er die Sklaven zur Aufrechterhaltung seiner landwirtschaftlichen Produktion benötige. In diesem Fall muß festgestellt werden, wie gravierend die jeweiligen Betroffenen die jeweiligen Eingriffe des anderen gewichten, ob es sich also um eine Kernbetroffenheit handelt oder nicht. Dabei ergibt sich für den Sklavenhalter, daß er mit seinem Verhalten auf den Kernbereich des Betroffenheitsbereichs seiner Sklaven einwirkt, während er selbst allenfalls peripher betroffen ist. Der Sklavenhalter hat noch gewichtigere Interessen als ökonomische, während es für die Sklaven keine wichtigeren als die Wahrung ihres Lebens und ihrer körperlichen Integrität gibt. Das bedeutet, daß die Interessen des Sklavenhalters die Kernbereichsinteressen der Sklaven nicht zurückdrängen können. Er darf ihre Körpergrenze nicht tangieren, was auch die Ausübung der körperlichen Bewegungsfreiheit beinhaltet. Der Sklavenhalter muß die Sklaven freigeben.

Innerhalb des Kernbereichs der jeweiligen Interessen einer Person kommt der Menschenwürde eine besondere Bedeutung zu. Bei ihr handelt es sich nicht nur um ein Kernbereichsinteresse unter anderen. Der Verweis auf die Menschenwürde bezieht sich vielmehr auf die oben erwähnte Grundcharakteristik der quasi implementierten selbstbezüglichen Zwei- bzw. Mehrstufigkeit des Interessenbegriffs. Der Begriff der Menschenwürde verweist auf die Freiheit zur eigenen Interessenbestimmung, auf die Freiheit zur Entscheidung für die eigene Entscheidung. Positiv wird damit nicht mehr ausgesagt, als schon im Interessenbegriff impliziert ist. Die Betonung der Menschenwürde hat aber eine berechtigte negative inhaltliche Stoßrichtung. Sie wendet sich gegen alle Versuche, die Möglichkeit und Wirklichkeit der je eigenen Interessenentfaltung zu behindern oder ganz aufzuheben.

Jenseits des Kernbereichs der Interessen, der durch die Körpergrenze markiert wird, beginnt ein Mittelbereich zentraler Lebensfunktionen, die klar einer bestimmten Person zugeordnet werden können und müssen, die aber schon bis zu einem gewissen Grad intersubjektiv und sozial geprägt sind, z. B. die persönliche Ehre, die Freiheit der Meinungsäußerung, die Freiheit der Glaubensausübung, die Verfügung über Nahrungsmittel und wichtige Gebrauchsgegenstände (z. B. Kleidung), die Privatsphäre der Wohnung, die Möglichkeit der Verbindung in Partnerschaft, Familie und Freundschaft, die Freiheit zu Sexualität und Fortpflanzung etc. Der partielle Sozialbezug dieser Interessen schließt ein völliges Verbot der Interessenabwägung aus. Der je eigene Interessenraum ist in diesem Mittelbereich nicht mehr völlig undurchlässig, sondern beginnt, sich (graduell zunehmend) mit den Interessenräumen anderer zu verflechten. Je weiter diese Verflechtung geht, je näher also das jeweilige Interesse an den Rand dieses Mittelbereichs rückt, desto geringer werden die Anforderungen, die an ein überwiegendes Interesse des Akteurs zu stellen sind, das ihm erlaubt, sein Eigeninteresse trotz einer Beeinträchtigung des Anderinteresses durchzusetzen. Ein Beispiel: Im Rahmen dieses Mittelbereichs des Interessenraums darf die private Wohnsphäre nicht verletzt werden. Aber Wohnraum ist in einer eng verflochtenen Gemeinschaft partiell immer auch durch die Gemeinschaft mitbedingt und mitkonstituiert. Jeder hat deshalb zwar ein grundsätzlich beachtenswertes Interesse an der Unverletzlichkeit seiner privaten Wohnung. Steht aber ein Obdachloser in einer einsamen Gegend kurz vor dem Erfrieren und bestünde die einzige Rettung darin, in eine Wohnung einzudringen, so würde dieses Kernbereichsinteresse des Akteurs das Mittelbereichsinteresse des betroffenen Wohnungsinhabers überwiegen. Der Wohnungsinhaber kann hier die Grenze seines Interessenraums nicht so weit ziehen, daß der Obdachlose umkommt; denn er verdankt seine Wohnung zum Teil auch der Gemeinschaft, die ihrerseits (Mit-)Ursachen für Obdachlosigkeit setzt. Wie in diesem Mittelbereich die Interessenabwägung stattfinden soll, wird in vielen Einzelfällen zweifelhaft und umstritten sein. Entscheidend ist das Prinzip der abnehmenden Nähe der Interessen zum Betroffenen und der umgekehrt proportional zunehmenden Sozialbestimmtheit, mit der proportional auch die Anforderung an eine Überspielung dieser Interessen durch die Akteursinteressen abnimmt. Am Rand dieses Mittelbereichs kann man das Interesse an der Arbeit, am allgemeinen Erwerb von Eigentum und seiner Verteidigung und an der Gewährleistung von Erbschaften ansiedeln. Je stärker die jeweilige Volkswirtschaft arbeitsteilig organisiert ist, desto größer wird hier die gemeinschaftliche Verfügungsgewalt. Der Betroffene muß sich allgemeinen Beschränkungen unterwerfen, etwa der Pflicht zur Steuerzahlung.

Jenseits des Mittelbereichs des jeweiligen Interessenraums besteht ein Peripheriebereich, in dem Interessen praktisch zur Gänze oder zumindest weit überwiegend sozial bedingt sind bzw. sich auf Güter richten, die keinem einzelnen zugeordnet werden können. Damit verliert jede Gewichtung und Abgrenzung individueller Interessenvorrechte ihren Sinn. In diesen Bereich fallen insbesondere die sog. «öffentlichen Güter», darunter auch viele Umweltmedien wie Luft, Wasser, Boden, natürliche Landschaft etc. Dazu kommt die Teilnahme an der allgemeinen Kommunikation und öffentlichen Entscheidungsprozessen. Hier zählt das Prinzip gleicher Verteilung bzw. bei Unmöglichkeit der Gleichverteilung das Prioritäts- und das Fairneßprinzip. Den freien öffentlichen Parkplatz bekommt z. B. derjenige, der ihn zuerst erreicht hat. In diesem Bereich ist auch die strikte Trennung zwischen Tun und Unterlassen kaum mehr relevant, da die Antinomie von Beeinträchtiger und Beeinträchtigtem aufgehoben ist.

Betont werden muß, daß diese Festlegung bestimmter Radien nicht als Ausfluß einer universellen strengen Regel oder einer kollektiven Beschlußfassung verstanden werden darf. Es handelt sich vielmehr um eine Darstellung des Normaltypus, dessen (hier erfolgte) Annahme empirisch-statistisch zu untermauern wäre. Im Einzelfall können spezielle Interessen zu einer anderen Interessenkonstitution führen. So kann jemand z. B. an Erbschaftsgegenständen ein derartiges Affektionsinteresse entwickeln, daß dieses innerhalb des Mittelbereichs sehr nahe an den Kernbereich heranrückt und einer Privation praktisch entzogen bleiben muß. Oder: Für einen Arzt in einem Notfalleinsatz gilt z. B. das Prioritätsprinzip bei der Parkplatzsuche nicht mehr. Die lebensrettende Nothilfe hat Vorrang. Die charakteristische Zwei- bzw. Mehrstöckigkeit des Interessenbegriffs führt allerdings auch hier zu einer graduellen Abstufung: Je weiter das Interesse an den Peripheriebereich rückt und damit sozial bedingt wird, desto geringer werden die Möglichkeiten des Betroffenen, durch individuelles Verhalten und individuelle Gewichtung die relative Wertigkeit des jeweiligen Interesses zu bestimmen. Beim Interesse an individuellen Erbstücken, die in der Hand einer Familie lagen, ist die Steigerung der Gewichtung im Eigeninteresse partiell möglich. Beim Interesse an einem öffentlichen Parkplatz können nur gewichtige Ausnahmefälle im Allgemeininteresse, wie der soeben geschilderte Notfall, zu einem Übergewicht des Interesses einer Person führen.

5. Mitleids- und Tugendethiker könnten gegen das hier skizzierte Modell einwenden, kein Mensch sei in der Lage, in einer solchen kalten Gesellschaft isolierter, prinzipiell für sich selbst verantwortlicher Individuen zu leben, die nur verlangen können, daß ihre jeweiligen Ander-

interessen im Rahmen ihrer Betroffenheitsräume nicht aktiv beeinträchtigt werden. Diese Kritik verkennt aber, daß die Beschränkung auf die Minimalanforderung der Abstandnahme von der Betroffenheitsinterferenz nur so lange gilt, bis sich nicht durch zunehmende Kontakte zwischen den Personen konkludente Verantwortlichkeiten, Verpflichtungen und gemeinsame Projekte aufgebaut haben, die eine Vielzahl von positiven Anforderungen generieren. Das Modell gilt also in seiner Reinform nur beim ersten Kontakt zweier fremder Personen (und selbst da nicht, wie wir oben sahen) und muß danach immer weiter eingeschränkt werden, je nachdem, wie stark sich die Interaktion entwickelt. Aber es bleibt als ultimative Limitation auch im Rahmen sehr enger Gemeinschaften bestehen. Selbst Eheleute dürfen sich nicht wechselseitig töten oder verletzen. Das Modell betrifft im übrigen nur das, was tatsächlich an Anderinteressenbeachtung *normativ* gefordert werden kann. Supererogatorisches Verhalten ist also nicht ausgeschlossen, sofern dabei nicht Anderinteressen mißachtet werden. Wer einen anderen mit Geschenken überhäuft, muß sich schon einmal fragen, ob der andere alle diese Dinge haben will und ob er mit einer entsprechenden Gegenseitigkeitspflicht oder Kompensationserwartungen belastet werden will. Natürlich braucht jeder Mensch zum Leben mehr als die kühle Beachtung seines Betroffenheitsraums: Geborgenheit, Zuneigung, Vertrauen etc. Aber er kann dies nicht von jedem Fremden fordern. Freundschaften und Partnerschaften lassen sich allein auf dieser Minimalbasis einer normativ-ethischen Theorie nicht errichten (deren Verpflichtungen gelten aber weiter). Aber diese können eben auch nicht vorgeschrieben werden.

Im übrigen eröffnet das Modell einer Gemeinschaft die Möglichkeit der pädagogischen und institutionellen Sicherung der Anderinteressenbeachtung. Damit ist die Habitualisierung durch Erziehung zu Mitleid und Tugenden gerechtfertigt. Gerechtfertigt ist auch die Förderung von Gemeinwohlorientierung und positivem Sozialverhalten. Aber die Begründungsreihenfolge ist klar: Nicht Mitleid, Tugenden und Gemeinwohlorientierung rechtfertigen die Pflicht zur Anderinteressenbeachtung, sondern umgekehrt. Für Mitleid und Tugend bedeutet dies, daß sie (partiell) durch die Pflicht zur Anderinteressenbeachtung bestimmt und begrenzt werden. Niemand darf mit Berufung auf seine eigenen Affektionen als Interessen bezüglich des anderen die Interessen vom anderen und damit die Anderinteressen mißachten. Tugenden, die nur der eigenen Gemeinschaft dienen, aber die Interessen von Nichtmitgliedern der Gemeinschaft unbeachtet lassen, wie militärische Tapferkeit, sind zu Recht in Verruf gekommen. Schließlich kann auch eine Erziehung zu übermäßiger Selbstaufopferung auf dieser Grundlage nicht gerechtfertigt werden.

6. Bezieht man das hier entwickelte Modell der ethischen Verpflichtung zur Anderinteressenbeachtung auf das metaethische Modell der fünf Strukturmerkmale (A II 2, D I), so gilt: Das zentrale Strukturmerkmal (1) einer tragfähigen ethischen Theorie besteht in den je situativen Anderinteressen möglicher Betroffener. Diese Anderinteressen ergeben sich aus Tatsachen, die von jedem Akteur empirisch erkannt werden können. Ihre normative Kraft entfalten diese Tatsachen, weil der je betroffene andere sie für sich selbst als selbsterhaltend konstituiert und sie gegenüber dem Akteur zu einem Konflikt der Interessenräume führen. Ersteres ist empirisch erkennbar, letzteres durch rationale praktische Überlegung einsehbar (Strukturmerkmal 2). Jeder Interessenträger knüpft mit dem Aufbau seines individuellen Interessennetzes quasi eine persönliche schwache Verbindung von Deskriptionen, Evaluationen und Volitionen/Präskriptionen. Die Unmöglichkeit, dieses Netz interpersonal auszudehnen, generiert ex negativo die Verpflichtung des Akteurs zur Anderinteressenbeachtung (Strukturmerkmal 4). Normatives Resultat der Ethik der Anderinteressen ist eine negative Verpflichtung präsumtiver Akteure, Eingriffe in die Betroffenheitsräume anderer zu unterlassen (Strukturmerkmal 5). Eine positive Pflicht zur Hilfeleistung etc. besteht nach dem Grundmodell nicht, wird aber durch bestimmte zusätzliche überwölbende Faktoren (faktische Verantwortlichkeit für die Entstehung von Anderinteressen, Vereinbarungen, Verpflichtungen aus gemeinsamen Projekten) generiert. Wie man feststellen kann, hängen alle bisher erörterten vier Strukturmerkmale eng zusammen und konstituieren sich gegenseitig.

In der soeben erfolgten Explikation der fünf Strukturmerkmale wurde bewußt eines ausgelassen: das Strukturmerkmal (3). Zu erörtern ist nun, welche nichtmenschlichen Naturentitäten normativ-ethische Berücksichtigung verdienen.

V. Anderinteressen nichtmenschlicher Naturentitäten

Die Frage, welche nichtmenschlichen Naturentitäten nach dem soeben entfalteten Modell ethisch zu berücksichtigen sind, also im Rahmen des Strukturmerkmals (3) als Betroffene in Frage kommen, muß mit Bezug auf die anderen Strukturmerkmale dieser Position beantwortet werden, insbesondere im Hinblick auf das Strukturmerkmal (1). Entscheidend ist damit, welchen Entitäten Interessen und damit auch Anderinteressen zugesprochen werden können. Als zentrales Merkmal des Interessenbegriffs ist – neben der Intersubjektivität – die selbstbezügliche Zwei- bzw. Mehrstufigkeit der Interessen festgestellt worden. Ohne eine Selbstbezüglichkeit einer Entität können keine Interessen bestehen und kann keine Beachtung dieser Interessen als Anderinteressen geboten sein. Jede betroffene Entität konstituiert also in hohem Maß selbst die Interessen, die durch andere Beachtung finden sollen. Das bedeutet für nichtmenschliche Entitäten: Der Mensch darf Eigenschaften des Menschen wie Sprachfähigkeit, Bewußtsein, Selbstbewußtsein oder Empfindungsfähigkeit nicht zur conditio sine qua non der Interessenberücksichtigung anderer Entitäten machen – wie dies z. B. immer wieder bei Utilitaristen oder Mitleidsethikern im Rahmen der tierethischen Diskussion geschieht (vgl. C III) –, weil dies ja gerade die selbstdefinitorische Grundstruktur der Interessen negieren würde. Nicht die betroffene nichtmenschliche Entität würde sich selbst Interessen zuschreiben, sondern der Mensch würde bestimmen, welche Interessen der betroffenen Entität Anerkennung verdienen. Zwischen Menschen darf ein Akteur nicht festlegen, unter welchen Bedingungen er die Interessen eines anderen als Interessen anerkennt. Warum im Verhältnis zu nichtmenschlichen Entitäten ein solches Prärogativ bestehen sollte, ist nicht ersichtlich.

Entscheidend ist damit die Frage, ob man bei nichtmenschlichen Entitäten Selbstbezüglichkeit feststellen kann. Dabei darf die spezifische Art oder Entfaltung dieser Selbstbezüglichkeit, etwa mittels Selbstbewußtseins oder Schmerzfähigkeit, keine konstitutive (sondern kann allenfalls eine gewichtende) Rolle spielen; denn das Kriterium der Selbstbezüglichkeit impliziert auch und gerade, daß die Art dieser Bezugnahme und damit die Struktur, die für Interessen relevant ist, selbst bestimmt werden kann. Als Grenze, jenseits der nicht einmal mehr in rudimentärster Form eine solche Selbstkonstitution von Interessen erkennbar ist, wird man insofern alle Gegebenheiten ansehen müssen, deren Bestand und Veränderung lediglich durch exogene Kräfte oder Einflüsse, seien sie physikalischer oder biologischer Natur, bestimmt werden. Meiner Ansicht nach muß man dann von einer Selbstbezüglichkeit und damit von ethisch relevanten Interessen ausgehen, wenn drei Bedingungen erfüllt sind: Selbstentstehung, Selbstentfaltung und Selbsterhaltung. Entsteht etwas vollständig oder praktisch vollständig durch anderes, fehlt die Basis für die Zuschreibung von Interessen gegenüber dem Herstellenden, denn er hätte auch auf die Herstellung verzichten können. Beispiel sind die Artefakte. Gleiches gilt, wenn die Entfaltung vollständig oder praktisch vollständig heteronom erfolgt. Läßt sich schließlich keine Selbsterhaltung feststellen, kann es keine Verpflichtung zur Fremderhaltung geben. Wenn einer dieser drei Teilaspekte der Selbstbezüglichkeit vollständig fehlt, wird auch die Anerkennung eigenständiger ethisch beachtenswerter Interessen zu verneinen sein. Umgekehrt setzt die Anerkennung von berücksichtigungswürdigen Anderinteressen voraus, daß jedes dieser Merkmale zumindest rudimentär vorhanden ist.

Diesen drei Merkmalen der Selbstentstehung, Selbstentfaltung und Selbsterhaltung liegt eine faktische Basis zugrunde, die empirisch erkannt und deskriptiv beschrieben werden kann. Empirische Erkenntnis und Beschreibung allein genügen aber nicht. Über die bloße Faktizität hinaus muß, ähnlich wie bei menschlichen Interessen, quasi eine zumindest rudimentäre normativ-analoge Erweiterung durch den Interessenträger selbst erfolgen, sonst können keine Interessen anerkannt werden. Auch diese normative Erweiterung durch die betroffene Entität ist für den Akteur empirisch erkennbar. Normative Kraft entfaltet sie allerdings erst im Antagonismus von Akteursinteressen und Anderinteressen. Was die empirische Basis anbelangt, ist hier der Übergang von der Ethik zu den Naturwissenschaften erreicht. Diese müssen klären, welche Strukturen der einzelnen Entitäten die Anerkennung von Selbstentstehung, Selbstentfaltung und Selbsterhaltung erlauben. Aufgefordert sind Ökologie, Botanik und Zoologie zu weiteren Untersuchungen. Für die einzelnen Faktoren gilt:

Im Rahmen des Kriteriums der Selbstentstehung ist natürlich keine vollständige *creatio ex nihilo* möglich oder notwendig. Der Bestand von Materie und die Einflüsse physikalischer Kräfte und physikalisch bestimmter Faktoren spielen immer eine Rolle. Entscheidend ist, daß die Konstitution der neuen Entität darüber hinaus im wesentlichen selbständig erfolgt. Ein Paradigma ist die Verbindung der beiden unterschiedlichen DNAs von Samen und Eizelle zu einer neuen DNA, die den Bauplan der zukünftigen Entität enthält. Die mittlerweile auch beim Menschen praktizierte künstliche Befruchtung durch In-vitro-Fertilisation im Reagenzglas betrifft dieses zentrale Kriterium der Selbstentstehung. Aber sie hebt die jeweilige Selbstentstehung (noch) nicht auf, weil bei der In-vitro-Fertilisation zwar Ei- und Samenzelle durch Injektion verbunden werden, der unmittelbare Vorgang der DNA-Verschmelzung jedoch nach wie vor spontan erfolgt. Erst wenn die Reproduktionsmedizin die DNA einer Entität vollständig aus anorganischen, chemischen Einzelmolekülen aufbauen kann, etwa wie ein Haus aus einzelnen Bauteilen, wäre die zumindest partielle Selbstentstehung aufgehoben. Die neue Entität wäre in toto Werk ihres Schöpfers. Eine eigenständige ethische Position gegenüber dem Hersteller (nicht gegenüber anderen) wäre ausgeschlossen; denn wer etwas (praktisch) vollständig herstellt, darf auch darüber verfügen, sofern der Herstellungsvorgang als solcher ethisch unbedenklich ist, Dritte durch die Verfügung nicht negativ betroffen werden und die neue Entität sich im Rahmen der Entwicklung nicht so erheblich umgestaltet, daß von einer Selbstentstehung auszugehen ist. Die neue Entität wäre – von der Überlagerung durch Gemeinschaftsinteressen und -faktoren einmal abgesehen – eine Sache ohne eigene Interessen, die über diejenigen des Herstellers hinausgingen. Aus diesem Umstand erklärt sich u. a. das Unbehagen an der Gentechnik. Sie hat – neben anderen zweifelhaften Aspekten – eine Tendenz, den betroffenen Lebewesen ihre moralische Autonomie zu rauben.

Für das Kriterium der Selbstentfaltung ist ein Paradigma die Umsetzung der Erbinformation der DNA in lebenden Organismen durch Zellteilung und Organentwicklung. Das Kriterium der Selbsterhaltung erfordert schließlich mehr als nur ein selbststabilisiertes kybernetisches System im Sinne eines Regelkreismodells. Entscheidend ist, daß diese Stabilisierung nicht vollständig auf exogene Faktoren oder das Selbsterhaltungsstreben von Einzelteilen im System reduzierbar ist. Für die einzelnen schon im Lauf dieser Untersuchung mehrfach angesprochenen Naturentitäten kommt man in der Frage der Anderinteressenzuschreibung zu folgenden Resultaten, die zunächst in einer Übersicht dargestellt und dann in den folgenden Kapiteln erläutert werden. «x» markiert das bloße Vorhandensein des Merkmals, mehrere «x» eine elaboriertere Form. Nicht impliziert ist damit eine interpersonale Austauschbarkeit in Form eines Nutzensummenkalküls. Variabilitäten, d. h. unterschiedliche Gestaltungsmöglichkeiten, sind durch Klammern gekennzeichnet:

	Selbstentstehung	Selbstentfaltung	Selbsterhaltung	Interesse
Mensch	xxxxx(x)	xxxxxx	xxxxxx	ja
höheres Wildtier	xxxxxx	xxxx	xxxx	ja
höheres Nutztier	xxxx(xx)	xx(xx)	xx(xx)	ja
Wildtier	xxxxxx	xx	xx	ja
Wildpflanze	xxxxxx	x	x	ja
Nutzpflanze	xxx(xxx)	x)	x)	ja
Stein/Fluß	–	–	–	nein
Art	–	–	–	nein
Ökosystem	?	?	–	nein
Biosphäre	?	?	–	nein
Welt	?	–	–	nein
Computer	–	x)	x)	nein

VI. Welt, Biosphäre, Ökosysteme, unbelebte Gegenstände

Die Art der Weltentstehung ist weiterhin umstritten. Ob man einen «Urknall» als Selbstentstehung ansehen kann, ist fraglich. Kaum zweifelhaft dürfte aber sein, daß Selbstentfaltung und Selbsterhaltung nicht angenommen werden können. Das Naturgesetz zunehmender Entropie deutet auf das Gegenteil. Die physikalischen Kräfte integrieren und bewahren nicht. Die Welt als ganze ist also keine ethisch zu berücksichtigende Entität.

Für die Biosphäre – also unseren Planeten Erde einschließlich der Atmosphäre – ist schon die Selbstentstehung fraglich. Hier vermuten Experten, daß die ersten Aminosäuren durch die ultraviolette Strahlung der Sonne entstanden sind (Odum 1983, S. 440). Bejahen kann man vielleicht die Selbstentfaltung. Zwar spielt der ständige Energiezufluß von der Sonne eine wesentliche Rolle, aber verschiedene andere Faktoren, etwa der Aufbau einer strahlungsschützenden Ozonschicht, die erst Leben außerhalb des Wassers ermöglichte, sind doch wohl überwiegend endogen. Verneint werden muß bezüglich der Biosphäre als ganzer (mit großer Wahrscheinlichkeit) aber das Kriterium der eigenständigen Selbsterhaltung. Es handelt sich zwar um ein kybernetisches System. Aber nicht jede Beeinträchtigung der Systemfunktionen führt zu einer Reaktion des Gesamtsystems mit dem Ziel der Erhaltung des bestehenden Zustandes. Einzelne Entitäten reagieren und stabilisieren das Gesamtsystem dann vielmehr in mehr oder minder veränderter Form. Steigt etwa der Sauerstoffanteil der Atmosphäre, reagieren die einzelnen Sauerstoffkonsumenten mit verstärkter Konsumtion und begrenzen den Anstieg. Es ist nicht ersichtlich, daß die entsprechenden Einzelorganismen eine ähnlich gesamtnützliche Funktion wahrnehmen wie etwa die Organe des menschlichen Körpers. Das Herz versorgt den Körper nicht zur Selbsterhaltung mit Blut, sondern dient einzig dem Gesamtorganismus. Die Einzelorganismen in der Biosphäre verbrauchen dagegen soviel Sauerstoff wie möglich bzw. wie ihnen zuträglich ist, selbst wenn das Gesamtsystem dadurch vollends aus dem Gleichgewicht gerät. Sie mögen dem Gesamtsystem mit ihrem Sauerstoffverbrauch vielleicht in bestimmten Situationen nützlich sein, aber dies ist lediglich zufälliges Nebenprodukt ihres eigenen Selbsterhaltungsstrebens. Insgesamt ist demnach die Anerkennung der Biosphäre als ethisch relevante Entität ausgeschlossen.

Für einzelne Ökosysteme gilt ähnliches. Hier kann man möglicherweise nicht nur von einer Selbstentfaltung, sondern auch von einer Selbstentstehung ausgehen. Eine auch nur minimale Selbsterhaltung ist aber nicht erkennbar. Der Gleichgewichtszustand des Systems wird nur durch exogene physikalisch bestimmte Faktoren (Sonnenlicht, Temperatur, Niederschläge etc.) und das Selbsterhaltungsstreben der Einzelorganismen im jeweiligen Ökosystem aufrechterhalten. Die Abfolge der einzelnen seralen Stadien läßt sich durch das jeweilige Vorverhalten der Einzelorganismen und die damit einhergehende Veränderung der Umweltbedingungen und durch externe physikalische bzw. chemische Faktoren erklären (vgl. oben C III 6).

Bei unbelebten Gegenständen wie Steinen, Wasser, Sand etc. läßt sich keiner der drei maßgeblichen Faktoren für die Interessenzuschreibung konstatieren. Ihr Bestand und ihre Veränderung folgen allein exogenen physikalischen Kräften bzw. physikalisch bestimmten Faktoren (Wind, Wasser, Lava, Temperatur etc.) oder dem Verhalten von Lebewesen. Anders als z. B. Elliot (1995, p. 14) meint, kann demnach einem Stalaktiten kein eigenes «Gut» und damit kein berücksichtigenswertes Interesse zugesprochen werden. Welche Größe, Temperatur, Farbe, Form etc. ihm angemessen ist, läßt sich nicht aus eigenen Selbstbezugnahmen erschließen, sondern ist vollständiges Ergebnis menschlicher Projektionen. Auch bei unbelebten Gegenständen ist also eine ethische Interessenzuschreibung ausgeschlossen.

Betont werden muß im Vorgriff, daß alle Entitäten, deren eigenständige Berücksichtigungswürdigkeit hier verneint wurde, wegen der in und von ihnen lebenden Organismen natürlich indirekt starken Schutz genießen, der naturzerstörerische Großprojekte zumindest dann ausschließt, wenn der Vorteil für den Menschen zweifelhaft oder geringwertig ist.

VII. Arten

Arten entstehen durch zufällige Genmutationen, die einen Selektionsvorteil im Kampf ums Überleben bewirken, und durch entsprechende Selektion. Im Hinblick auf die spontane Mutation kann man von einer partiellen Selbstentstehung sprechen. Die Selbstentfaltung folgt dagegen allein dem Fortpflanzungsvorgang der Einzelorganismen und dem exogenen Faktor des Selektionsdrucks. Eine Selbsterhaltung der gesamten Art, die über das Selbsterhaltungsstreben der Einzelorganismen hinausginge, ist nicht ersichtlich. Den Vorrang des Individuums vor der Gemeinschaft verdeutlicht auch folgendes Phänomen: Bei beinahe allen Arten kommt Tierkannibalismus gegenüber Artgenossen vor. Die Mitglieder einer Art fressen sich untereinander (Küsters 1993, S. 68 f). Dies kann prinzipiell so weit gehen, daß nicht mehr genügend Individuen zur Reproduktion übrigbleiben. Dann ist aber von einer Selbsterhaltung der Art kaum auszugehen. Insgesamt kann man demnach Spezies kein ethisch zu berücksichtigendes Anderinteresse zuschreiben. Betont werden muß allerdings, daß ein eventuell bestehendes Einzelinteresse der Individuen an der je eigenen Fortpflanzung und der Erhaltung des Nachwuchses ein beachtenswertes Anderinteresse zur Erhaltung der Spezies als indirektes Resultat dieser Einzelinteressen impliziert.

VIII. Tiere

Für Tiere kann die Zuschreibung eines eigenständigen ethisch relevanten Anderinteresses dagegen nicht zweifelhaft sein. Ihre Selbstentstehung gleicht der des Menschen (wenn man einmal von genmanipulierten Tieren absieht). Die Selbstentfaltung geschieht, was die rein körperliche Sphäre anbelangt, wie beim Menschen. Auch die organische Selbsterhaltung ist ähnlich: Nahrungsaufnahme, autogene Temperaturregulierung, Immunsystem, Bewegungs- und Fluchtreaktionen, organismuserhaltende Einzelorgane sowie Schmerzempfindungen sind Faktoren, die der Selbsterhaltung dienen. Was fehlt, ist die durch bestimmte höhere kognitive und kommunikative Fähigkeiten beim Menschen ermöglichte spezifische Selbstentfaltung und Selbsterhaltung als rationales Kulturwesen. Dieser Unterschied kann aber keine vollständige Negation der Interessenbeachtung bei Tieren rechtfertigen. Auch unter Menschen ist für die Beachtung der Anderinteressen nicht ausschlaggebend, daß die jeweiligen Interessen des anderen vom Standpunkt des Akteurs vernünftig sind. Selbst wenn der Akteur die Interessenverfolgung eines anderen für vollständig irrational hält, muß er sie beachten, denn er darf seine eigene schwache Rechtfertigung innerhalb seines eigenen Rechtfertigungsnetzes prinzipiell nicht (ohne Zustimmung des anderen) intersubjektiv erweitern und damit an die Stelle der Interessen des anderen setzen. Nur wenn – wie etwa bei kleinen Kindern – sensorische und kognitive Fähigkeiten noch nicht voll ausgeprägt sind und eine überwölbende individuelle Verantwortlichkeit besteht, ist ein entsprechender intersubjektiv wirksamer Paternalismus gerechtfertigt. Bei Tieren gibt es dagegen keine Gründe für die Annahme, daß ihnen die Fähigkeiten mangeln, zu ihrem eigenen Wohl zu agieren. Damit entfällt jede Rechtfertigung, die eigenen rationalen Entscheidungsstandards des Akteurs auf Tiere zu übertragen. Das Fehlen bestimmter kognitiver und kommunikativer

Kompetenzen bei Tieren führt deshalb lediglich dazu, daß einige spezifische Interessen des Menschen bei Tieren nicht bestehen. Es ist offensichtlich, daß Tiere keine Meinungsfreiheit und keine Religionsfreiheit beanspruchen. Fraglich ist allerdings die relative Gewichtung der Tierinteressen gegenüber menschlichen Interessen: Muß man auch bei Tieren, ebenso wie bei Menschen, einen Kernbereich von Interessen konstatieren, in den (außer bei Notwehr, Konsens scheidet bei Tieren praktisch aus) unter keinen Umständen eingegriffen werden darf?

Für Wildtiere ist dies zu bejahen. Es ist kein Grund ersichtlich, warum die eigene Interessenverfolgung von Wildtieren der von Menschen in einem Kernbereich nachstehen soll. Hier gilt wie beim Menschen die Körpergrenze als Markierung des Interessenraums. Das Töten, Verletzen oder länger andauernde Gefangennehmen von Wildtieren ist demnach grundsätzlich nicht gerechtfertigt.[130] Auf das Problem der Jagd wird noch zurückzukommen sein. Auch das Einfangen von Wildtieren für Zoos oder Freizeitparks kann nicht als zulässig angesehen werden. Anders sieht es allerdings mit den schon in Gefangenschaft geborenen Nachkommen dieser Tiere aus. Sie stehen Zuchttieren gleich, deren Berücksichtigung sogleich erörtert wird.

Eine Ausnahme vom strikten Gebot der Beachtung des Kernbereichs der Interessen von Wildtieren besteht nur, wenn der Mensch sich ohne deren Tötung nicht ernähren und überleben kann. Bleibt nur die Alternative zwischen eigenem Tod oder der Tötung von Wildtieren, gilt das Naturgesetz des Kampfes aller gegen alle. Jede überwölbende Ethik ist aufgehoben. Das Notwehrrecht konstituiert dann keine klar abgrenzbaren Interessensphären, sondern mündet in das Recht des Stärkeren. In der Gegenwart ist diese Ausnahme aber wohl allenfalls für einige Eingeborenenstämme relevant. Und auch diesen dürfte die Umstellung auf pflanzliche Nahrung zumindest dann zumutbar sein, wenn sie eine andere wirtschaftliche Lebensgrundlage aufbauen können und schon in größerer Anzahl hochtechnisierte Geräte wie Fernseher und Waschmaschinen etc. importieren. Entsprechende Zivilisationsprodukte dürften wohl in vielen Fällen weit stärker in ursprüngliche Kulturen eingreifen als eine Änderung der Ernährung, für deren Umstellung es allerdings Anpassungsfristen geben muß.

Die Tötung oder Verletzung von Tieren für kultische oder religiöse Zwecke ist dagegen ethisch nicht zu rechtfertigen. Wie die Religionsfreiheit nicht den Ritualmord an Menschen erlaubt, steht sie auch nicht höher als das Leben oder die zentralen Interessen von Tieren. Dies bedeutet allerdings nicht, daß Völkern oder Stämmen, die entsprechende Praktiken durchführen, von außen ohne weiteres Verbote oder Restriktionen auferlegt werden dürften. Derartige kulturhegemoniale Zerstörungen sind ihrerseits nur in bestimmten, sehr gravierenden Fällen zu rechtfertigen. Wenn aber andere westliche «Kulturerrungenschaften» übernommen werden, darf auch Kritik an derartigen Praktiken geäußert werden.

Eine weitere Ausnahme vom Tötungs- und Verletzungsverbot gegenüber Wildtieren gilt, wenn der Mensch quasi als Schiedsrichter im natürlichen Kampf ums Überleben auftritt, um vorherige eigene Eingriffe ins Ökosystem, die bestimmte Tiere bzw. Lebewesen bevorzugt haben, zu neutralisieren.

Bei Zuchttieren ist die Existenz zwar überwiegend natürlich bedingt, so daß auch bei ihnen Anderinteressen anzuerkennen sind. Sie ist aber auch durch menschliches zwecksetzendes Handeln bestimmt. Schon Selbstentstehung und Selbstentfaltung sind damit in den Kontext menschlicher Interessen integriert. Dies schließt das Bestehen von Anderinteressen bei Zuchttieren nicht aus, weil die drei Kriterien Selbstentstehung, Selbstentfaltung, Selbsterhaltung erfüllt sind. Aber diese Anderinteressen sind von vornherein durch menschliche Interessen relativiert. Dies kann bei der Frage einer Abwägungsfähigkeit der Interessen nicht unberücksichtigt bleiben. Gerechtfertigt ist bei diesen Tieren der Ausschluß eines vollständig abwägungsfreien Kernbereichs der Interessen. Allerdings rücken die den Kernbereichsinteressen des Menschen vergleichbaren tierischen Interessen (Leben, körperliche Unversehrtheit) nicht in einen Peripheriebereich, in dem nur die relative Stärke des Interesses zählt, die zu einer Gleichverteilung führt. Die Interessen von Zuchttieren liegen vielmehr in einem Mittelbereich relativer Höhergewichtigkeit, der dem oben skizzierten menschlichen Mittelbereich vergleichbar ist. Damit müssen die Interessen des Menschen die eines Tiers mehr oder minder stark überwiegen, damit eine Verletzung von dessen Anderinteressen gerechtfertigt ist. Hierbei spielt nun tatsächlich die menschliche Vernunftfähigkeit eine Rolle. Sie erlaubt es dem Menschen, bei der Abwägung ein zusätzliches Gewicht in die Waagschale zu werfen, weil die Selbstbestimmtheit der menschlichen Interessen ausgeprägter und differenzierter ist. Die entscheidende vertikale Mehrstufigkeit der Interessen ist beim Menschen stärker entfaltet. Entsprechend bestehen auch innerhalb des Tierreichs Abstufungen, je nachdem, wie entwickelt das System der Selbstentfaltung und Selbsterhaltung des Tiers ist. Zwischen Säugetieren und Einzellern nimmt das Gewicht berücksichtigungsfähiger Interessen deshalb kontinuierlich ab.

Gegen diese Relativierung tierischer Interessen bei Zuchttieren wäre einzuwenden, auch der Mensch könne zu bestimmten Zwecken gezüchtet werden, und trotzdem gehe er seines Interessenkernbereichs nicht verlustig. Dagegen muß man zum einen darauf verweisen, daß bisher keine Züchtung von Menschen bekanntgeworden ist. Würde sie stattfinden (etwa als Organlager für Organtransplantationen), wären die abwägungsfreien Kernbereichsinteressen gefährdet. Allerdings müßte man annehmen, daß bei derart gezüchteten Menschen das eigene rationale Selbstentfaltungs- und Selbsterhaltungsinteresse so gewichtig ist, daß es den ursprünglichen Züchtungszweck neutralisieren kann. Ein gezüchteter Mensch würde sich (wenn er nicht anderweitig manipuliert ist) zu einem Interessenträger entwickeln, dessen Interessen genauso differenziert sind wie die des Züchtenden. Er würde auf diese Weise auch gegen alle ursprünglichen Zwecke einen eigenen Interessenkernbereich konstituieren.

Die relative Höherwertung menschlicher Interessen rechtfertigt es allerdings nicht, die Rangordnung der tierischen Interessen umzukehren und die Schmerzfreiheit an die oberste Stelle zu setzen, wie es vielfach – vor allem in den Tierschutzgesetzen – geschieht. Für Tiere gilt wie für Menschen: Schmerz ist im Rahmen ihrer Physiologie nur ein Mittel, Leben und körperliche Unversehrtheit aufrechtzuerhalten. Dies sind demnach die Höchstinteressen. Und auch Fortpflanzung und Brutpflege rangieren höher als die Vermeidung von einfachen Schmerzen (vgl. oben C III 1).

Dort, wo der Mensch pflanzliche Nahrung zu sich nehmen und Produkte aus anderen Materialien herstellen kann, ist die Tötung von Tieren deshalb nicht als rechtfertigbar anzusehen. Tierisches Eiweiß ist zur Ernährung des Menschen physiologisch nicht unabdingbar notwendig, tierisches Fleisch schon gar nicht. Gaumenfreuden sind keine basalen Interessen. Gleiches gilt für ökonomische Zwecke. Ihnen steht das Interesse der Tiere am Überleben als höchstes tierisches Anderinteresse gegenüber. Auch wenn man selbst Höchstinteressen von Zuchttieren als relativierbar ansieht und menschlichen Gaumenfreuden wegen der Rationalität des Menschen ein höheres Gewicht als tierischen Speisevorlieben einräumt, müssen die Überlebensinteressen der Tiere als weit höherrangig eingestuft werden. Das Tier ist hauptsächlich von seinem Selbsterhaltungsstreben erfüllt. Beim Menschen liegen allenfalls Geschmacks- und Wirtschaftsinteressen vor. Man kann somit dem Vegetarismus als ethischem Gebot kaum ausweichen. Die industrielle Massentierhaltung muß gestoppt werden – allerdings auf rechtsstaatlichem Weg und nicht mit Gewalt. Zulässig erscheint allenfalls eine Milchwirtschaft mit Freilauf ohne Kastration bzw. Tötung der männlichen Tiere. Das Melken stellt keine gravierende Beeinträchtigung der Tiere dar und entzieht ihnen nur einen Stoff, der nicht zur eigenen Lebenserhaltung nötig ist.

Die Arbeit von Tieren als Beitrag zum Lebensunterhalt des Menschen wird man bei Vermeidung von Leid, Schmerzen und Überanstrengung sowie bei angemessener Versorgung mit Futter und Pflege als Kompensation für zulässig ansehen können. Rechtfertigbar ist aber nur eine Symbiose, keine Ausbeutung. Auch der Mensch muß für seinen Lebensunterhalt arbeiten. Den Tieren wird überdies die Anstrengung und Gefahr der Jagd oder Futtersuche in der freien Wildbahn erspart. Ihr Freiheitsinteresse ist zwar beachtlich, mangels rationaler Einsichtsfähigkeit in die Alternative Freiheit/Unfreiheit aber nicht so ausgeprägt wie beim Menschen (ähnlich Rachels 1989, p. 129). Im übrigen könnten die meisten Nutztiere in der freien Natur gar nicht mehr überleben. Eine Freilassung würde ihren sicheren Tod bedeuten. Vergnügungsinteressen des Menschen haben dagegen nur ein geringes Gewicht. Zoos sind fragwürdig, zumindest bezüglich eingefangener Wildtiere, Stierkämpfe und durch Zwang erreichte Höchstleistung abzulehnen.

Problematisch ist die Frage, ob Tierversuche (an gezüchteten Tieren) zulässig sind. Hier muß man bei der Abwägung Leben gegen Leben dem menschlichen Lebensinteresse ein höheres Gewicht zubilligen, weil dieses durch das rationale Selbsterhaltungsstreben stärker entfaltet ist als beim Tier. Tierversuche können also als zulässig angesehen werden, wenn sie zur Entwicklung von lebensrettenden und lebensverlängernden Medikamenten und Operationsverfahren eingesetzt werden. Sämtliche Versuche, die Kosmetika, Chemikalien oder Medikamente testen, bei denen eine letale oder schwer gesundheitsschädigende Wirkung für den Menschen mit hoher Wahrscheinlichkeit nicht besteht, müssen als unzulässig angesehen werden. Im Rahmen der wenigen zulässigen Versuche sind verschiedene Restriktionen im Interesse der Tiere zu beachten: Wenn alternative Testverfahren bestehen, dürfen keine Tierversuche durchgeführt werden. Mehrfachversuche zur Erzielung gleicher Erkenntnisse sind unzulässig. Tiere müssen vor den Versuchen betäubt werden. Belastende Mehrfachversuche an einem Tier sind zu vermeiden. Die Haltung der Tiere muß einwandfrei sein, und sie dürfen nach den Versuchen nicht getötet werden, sondern sollten eine «Gnadenpension» erhalten. Eine staatliche Kontrolle hat die Einhaltung dieser Bedingungen sicherzustellen.

Das häufig vorgebrachte Argument, der wissenschaftliche bzw. medizinische Fortschritt sei nur über Tierversuche möglich gewesen (Küsters 1993, S. 11), kann zukünftige Tierversuche nicht rechtfertigen. Selbst wenn die entsprechende wissenschaftshistorische Annahme für die Vergangenheit richtig wäre, würde sie als nicht tragfähiges historistisches Argument (vgl. C V) für die Zukunft keine Rechtfertigung generieren. Vergangene Fehler rechtfertigen keine zukünftigen. Im übrigen muß die

Annahme umgekehrt werden: Weil Biologie, Physiologie und Medizin im Rahmen der allgemeinen Grundlagenforschung schon eine Vielzahl von Fragen aufgeklärt haben, sind dort nur noch geringe Fortschritte zu erwarten. Der Grenznutzen weiterer Forschungen nimmt stetig ab. Für die allgemeine Grundlagenforschung sind deshalb letale oder großes Leiden erzeugende Versuche kaum noch zu rechtfertigen. Beeinträchtigen die Versuche die Tiere dagegen nur unwesentlich, wird man sie bei ernsthaftem wissenschaftlichem Interesse als gerechtfertigt ansehen können, so Konrad Lorenz' berühmte Prägungsversuche mit Graugänsen.

Zu vermeiden ist bei der Frage der Tierversuche allerdings Heuchelei. Man kann nicht tagtäglich tote Tiere verzehren, die Monate oder Jahre unter bestialischen Haltungsbedingungen gelitten haben, und sich dann über Tierversuche erregen. Betont werden muß, daß das Hauptaugenmerk des politischen Tierschutzes (zumindest in Deutschland) sich weniger auf Tierversuche, sondern auf die Massentierhaltung konzentrieren sollte. 2 451 024 Versuchstieren (v. a. Ratten und Mäuse), die in der Bundesrepublik im Jahre 1990 Verwendung fanden, standen 332 572 600 geschlachtete Nutztiere und 4 633 239 erjagte Wildtiere gegenüber (vgl. Tierschutzbericht 1995, Bundestagsdrucksache 13/350, S. 66; Küsters 1993, S. 34). Die Zahl der Versuchstiere geht seit Jahren kontinuierlich zurück. 1993 betrug sie 1 924 221. Im übrigen müssen die Haltungs- und vor allem Transportbedingungen (Schlachtviehtransporte durch halb Europa) der Nutztiere als erheblich problematischer angesehen werden als die Haltungsbedingungen in den Versuchslabors, deren Betreiber auf gesunde Tiere angewiesen sind und die einer stärkeren Kontrolle unterliegen. Schließlich ist das menschliche Gesundheitsinteresse weit höher zu bewerten und damit auch in der Abwägung gewichtiger als Gaumenfreuden und andere wirtschaftliche oder konsumistische (z. T. periphere, etwa bei Krokodillederartikeln) Nutzungsinteressen.

Der Tierschutzbericht 1995 der Bundesregierung (BT-Drs. 13/350, S. 66) nennt nur die in Tierversuchen verwendeten Tiere, gibt die Gesamtzahl der geschlachteten Tiere aber nicht an. Die Darstellungen zu den Tierversuchen sind weit ausführlicher und detaillierter als die zur Nutztierhaltung. Überhaupt hat man den Eindruck, daß im politischen Prozeß das Augenmerk auf die Tierversuche gelenkt werden soll, während die ethisch, aber auch ökologisch (Methanproduktion, Überweidung, Brandrodung zur Schaffung von Weideflächen etc.), ökonomisch und entwicklungspolitisch erheblich problematischere Nutztierverwendung verharmlost wird. Die Form der politischen Institutionalisierung dieser Problematik in Deutschland ist Programm und kann nur als Skandal bezeichnet werden: Das Bundesministerium für Ernährung, Landwirtschaft und Forsten und der entsprechende Ausschuß des Bundestages sind gleichzeitig für die Interessenförderung der landwirtschaftlichen und industriellen Nutztierhalter wie auch den Tierschutz zuständig. Angesichts dieser Tatsache ist es nicht verwunderlich, daß im Tierschutzgesetz insbesondere die Tierversuche Restriktionen unterworfen sind, während eine einschneidende Beschränkung der sonstigen Nutztierhaltung nicht erkennbar ist.

Eine positive Hilfspflicht gegenüber Tieren hat der Mensch grundsätzlich nicht. Hier gilt die oben gezogene strikte Grenze zwischen einer Verpflichtung zum Tun und zum Unterlassen. Die für das Verhältnis zwischen Menschen angeführten zusätzlichen Gesichtspunkte, die eine positive Hilfspflicht in Einzelfällen generieren können, sind aber partiell analog anwendbar: Gegenüber Wildtieren besteht eine Hilfspflicht, wenn der Mensch sie in irgendeiner Weise gefährdet oder beeinträchtigt hat. Wer also ein Reh anfährt, hat wegen dieses Vorverhaltens eine Hilfspflicht. Gleiches gilt gegenüber Fröschen und Igeln, die auf den von Menschenhand gebauten Straßen zu Tode zu kommen drohen. Es besteht aber keine Verpflichtung zur Wildfütterung, wenn der Mensch die Nahrungsknappheit nicht verursacht hat. Bei Nutz- und Haustieren sind dagegen die Lebensumstände so stark durch den Menschen geprägt, daß man wie gegenüber Menschen eine generelle schwache Hilfspflicht annehmen muß.

IX. Pflanzen und Mikroorganismen

Für Pflanzen und Mikroorganismen gilt: Selbstentstehung und Selbstentfaltung sind mit Bildung der DNA und der Entwicklung nach deren Bauplan (oder Strukturen mit ähnlicher Funktion bei Mikroorganismen, die keine DNA aufweisen) zu bejahen. Die Selbsterhaltungsmechanismen sind allerdings im Vergleich zu Tieren und Menschen sehr viel weniger stark ausgeprägt. Empfindungsfähigkeit, Eigentemperaturregulierung, Fortbewegung und Sinneswahrnehmungen fehlen. Tiere und Menschen haben eine erheblich komplexere Immunabwehr usw. Gewisse Selbsterhaltungsfunktionen sind aber immerhin vorhanden, so daß man auch Pflanzen und Mikroorganismen ein sehr schwaches ethisch zu berücksichtigendes Anderinteresse nicht absprechen kann. Dies wird zwar von manchen Theoretikern abgelehnt[131], widerspricht aber nicht unseren Alltagsintuitionen. In einem sehr schwachen Sinn halten es wohl die meisten für falsch, einer Topfpflanze kein Wasser zu geben oder eine alte Eiche ohne vernünftigen Grund zu fällen.

Die sehr schwachen pflanzlichen Interessen entsprechen in etwa den menschlichen Peripherieinteressen und unterliegen vollständig und ohne spezielle Gewichtung der Abwägung mit menschlichen Interessen. Die Nutzung einer Pflanze ist gerechtfertigt, wenn die entsprechenden Interessen eines Menschen nicht bedeutungslos sind. In Frage kommen auch ästhetische Interessen. Eine wichtige Rolle spielt dabei, ob es sich um eine Wildpflanze oder eine gezüchtete Pflanze handelt. Menschliche Zwecksetzungen wirken hier noch stärker als bei Tieren auf die Gewichtigkeit der Anderinteressen, weil die eigenständige Interessenentfaltung bei Pflanzen schwächer ist. Treibhausblumen und Gärtnereipflanzen dürfen angepflanzt und verkauft werden, sofern Vorkehrungen getroffen werden, daß nicht ein hoher und unnötiger Teil sinnlos verwelkt und abstirbt. Wildpflanzen sollten nicht gepflückt, ein Baum nur aus vernünftigen, einigermaßen gewichtigen Gründen gefällt werden, z. B. nicht im Rahmen einer Kraftprobe oder aus Fitneßgründen. Wenn er aber einem Haus in erheblichem Maß das Sonnenlicht raubt oder ein Sicherheitsrisiko darstellt, überwiegen die Interessen der Hausbewohner. Die Nahrungsversorgung von Menschen ist natürlich ein guter Grund, die Interessen von Pflanzen hintanzustellen. Anders ist die Lage bei der Verfütterung von Pflanzen an Tiere zu deren Mästung und Schlachtung; denn dieser Zweck ist nach den vorigen Überlegungen nicht gerechtfertigt, also kann es das Mittel auch nicht sein.

Eine positive Hilfspflicht gegenüber Pflanzen besteht wegen der Marginalität der Interessen dagegen nicht. Der Mensch ist demnach nicht aufgerufen, Pflanzen vor Wildtieren zu schützen. Hat er aber in Ökosysteme eingegriffen und die natürlichen Feinde von Wildtieren ausgerottet oder dezimiert, wie etwa in unseren Breiten Bär und Wolf, mit der Folge, daß der Wildverbiß Pflanzen aus eigener Kraft gar nicht mehr hochkommen läßt, rechtfertigt die Verbindung von pflanzlichen und menschlichen Interessen eine gewisse Zurückdrängung der Interessen der Tiere. Dies sollte zunächst durch Pflanzungen, Schonungen, Einzäunungen etc. geschehen. Bleiben diese Maßnahmen erfolglos, ist auch die Jagd und damit der Abschuß von Tieren erlaubt, weil sie ihre übermäßig guten Lebens- und Vermehrungschancen und damit ihre überproportionalen Möglichkeiten zur Interessenentfaltung dem menschlichen Eingriff verdanken. Insofern ist der Kernbereich der Interessen von Wildtieren relativiert. Der Mensch korrigiert nur seine eigenen Eingriffe.

Die Anderinteressenzuschreibung an Pflanzen ermöglicht es überdies, in einem heiklen Bereich der Bioethik eine konsistentere Position einzunehmen. Im angelsächsischen Sprachraum werden irreversibel komatöse Patienten mit dem zweifelhaften Ausdruck «human vegetables» bezeichnet. Nachvollziehbar daran ist, daß sich deren Lebensäußerungen und damit Interessenmanifestationen nicht wesentlich von pflanzlichen unterscheiden. Auch potentielle Interessen spielen keine Rolle mehr. Die hier vertretene Position erlaubt es, bei diesen Patienten Interessen anzuerkennen, die sich nicht nur auf das Affektionsinteresse und Pietätsempfindungen der Verwandten oder ihre ehemaligen futurischen Interessen beziehen. Damit kann eine gewisse Kohärenz zwischen Bioethik und Ökologischer Ethik hergestellt werden.

Für Mikroorganismen gilt ähnliches wie für Pflanzen, wobei die Einstufung als Tier oder Pflanze keine wesentliche Rolle spielt, da die Berücksichtigungswürdigkeit der Interessen auch bei Tieren ja kontinuierlich mit der Abnahme der Komplexität der Selbstbezüglichkeit abnimmt. Bei Mikroorganismen ist dann in etwa das Niveau von Pflanzen erreicht. Alle Krankheitserreger dürfen freilich aus Notwehrgründen ohne Einschränkung getötet werden, wenn es sonst keine Wege zur Krankheitsvermeidung gibt. Wer also auch Mikroorganismen Interessen zugesteht, ist keineswegs zum Schutz des Pockenvirus verpflichtet, wie manchmal behauptet wird.

X. Weitere Folgerungen

Nimmt man tierische und pflanzliche Anderinteressen zusammen, so kommt man auch für Ökosysteme, Arten und die Biosphäre zu einer indirekten, abgeleiteten nichtanthroporelationalen Interessenberücksichtigung von einigem Gewicht. Großprojekte mit zweifelhaftem wirtschaftlichem Erfolg (wie der Rhein-Main-Donau-Kanal) oder unsicheren Auswirkungen sind angesichts der Milliarden von Einzelorganismen, die dafür zugrunde gehen müssen, kaum zu rechtfertigen. Nur wichtige Projekte mit voraussehbaren Folgen dürfen in schonender Art und Weise verwirklicht werden, sofern gravierende menschliche Interessen bestehen. Grundsätzlich gilt ein Prima-facie-Prinzip, sowenig wie möglich in die Natur einzugreifen, weil damit immer die Gefährdung und Zerstörung von Tieren und Pflanzen verbunden ist. Insofern ist die Anreicherung der CO_2-Konzentration in der Atmosphäre durch den Menschen als «globaler Großversuch» auf jeden Fall ethisch verwerflich und muß sobald als möglich gestoppt werden – nicht nur mit Rücksicht auf die betroffenen Menschen, sondern auch auf die Tiere und Pflanzen unseres Planeten.

Für Arten kommen zu den tierischen und pflanzlichen Interessen noch sehr starke menschliche Interessen an der Erhaltung einer vielfältigen

Natur und eines großen Genreservoirs hinzu. Deshalb wird die Ausrottung einer Spezies praktisch nie gerechtfertigt sein. Es gibt jedoch keine direkte nichtanthroporelationale ethische Verpflichtung gegenüber den Arten, für möglichst große Artendiversität zu sorgen. Eine solche Verpflichtung besteht aber als anthroporelationale gegenüber anderen Menschen bzw. zukünftigen Generationen. Darüber hinaus ist zu berücksichtigen, wie eine Verminderung der Diversität und Komplexität eines Ökosystems – z. B. die Errichtung von agrarischen Monokulturen – auf die dort lebenden Tiere und Pflanzen wirkt. Man ging bisher davon aus, daß eine Verminderung der Stabilität des Ökosystems die Folge ist. Damit würden die Interessen der Tiere und Pflanzen als von den Nebeneffekten menschlichen Handelns Betroffene einer Verringerung der Diversität und Komplexität eines Ökosystems in einem schwachen Sinn entgegenstehen. In neuerer Zeit sind allerdings Zweifel aufgetreten, ob eine Verminderung der Diversität und Komplexität eines Ökosystems zwangsläufig auch die Stabilität herabsetzt (Goudie 1994, S. 423 ff). Man wird hier jeden fraglichen Fall gesondert bewerten müssen.

Aus der hier skizzierten Ethik der Anderinteressen folgt kein Gebot, (nichtmenschliche) Interessenträger zu erzeugen oder ihnen optimale Bedingungen zur Entstehung zu verschaffen. Es gibt z. B. keine nichtanthroporelationale ethische Verpflichtung, Betonwüsten wieder zu rekultivieren und die Ansiedlung von Pflanzen und Tieren zu ermöglichen. Solange ein Interessenträger nicht existiert, kann er nicht seine Erzeugung fordern. Eine Verpflichtung zur Rekultivierung inhumaner Lebensräume besteht nur gegenüber anderen Menschen und als Gebot der Klugheit bzw. Mitmenschlichkeit.

Ist allerdings sicher oder mit hoher Wahrscheinlichkeit mit der zukünftigen Existenz von Interessenträgern in einem Gebiet zu rechnen, muß der Mensch die Fernwirkungen seiner Handlungen berücksichtigen. Hier gelten gegenüber zukünftigen Tieren und Pflanzen dieselben Regeln wie gegenüber zukünftigen Generationen von Menschen.

Ein Großteil der immer weiter zunehmenden Beeinträchtigungen von Tieren und Pflanzen ist sicherlich auf die Bevölkerungsexplosion der Menschen zurückzuführen. Der Mensch nimmt die Erde in Besitz und verdrängt andere Lebewesen. Damit stellt sich die Frage, ob der einzelne Mensch oder menschliche Kollektive eine ethische Verpflichtung – jenseits des sicherlich zu bejahenden Klugheitsgebots – zum Verzicht auf (zahlreiche) Nachkommenschaft haben. Zunächst ist festzuhalten, daß in diesem Fall Tiere und Pflanzen nur im Rahmen einer Fernwirkung und Nebenfolge menschlichen Handelns beeinträchtigt werden. Die unmittelbaren Handlungen der Zeugung und des Aufziehens von Kindern verletzen keine Interessen anderer. Es handelt sich vielmehr um zentrale Interessen des Menschen. Fernwirkungen und Nebenfolgen sind zwar ethisch nicht irrelevant, aber die jeweils betroffenen Interessen können doch nicht in dem Maß limitierende Kraft entfalten. Für einzelne Menschen wird man das Interesse an Kindern als so zentral und die individuellen Folgen als so unsicher ansehen müssen, daß die Limitation der Zeugung durch mögliche Fernwirkungen und Nebenfolgen auf Tier und Pflanzen zu verneinen sein wird, vorausgesetzt, die Eltern tun ihr möglichstes, um die neuen Erdenbürger zu einem ökologisch-ethischen individuellen und politischen Verhalten zu erziehen. Für Staaten und Nationen ist die Situation genau umgekehrt. Es gibt kein zentrales kollektives Interesse an einer Zunahme der Bevölkerung des Kollektivs (es sei denn, das Kollektiv ist vom Verschwinden bedroht), und die ökologischen Auswirkungen sind im Rahmen einer größeren Anzahl von Menschen statistisch relativ sicher. Damit ergibt sich für das Kollektiv eine schwache ethische Verpflichtung, gegenüber den Tieren und Pflanzen ein gravierendes Bevölkerungswachstum zu stoppen – eine Verpflichtung, die im übrigen in noch stärkerem Maß gegenüber den anderen Menschen auf der Erde besteht, denn jedes Bevölkerungswachstum erhöht die globalen Probleme aller.[132] Da der kollektiven Verpflichtung aber die zentralen individuellen Interessen an sexueller Betätigung und Zeugung entgegenstehen, darf sie nicht mit brutalem Zwang durchgesetzt werden, wie etwa gegenwärtig in China. In Gesellschaften mit starkem Bevölkerungswachstum generiert die schwache kollektive Verpflichtung zu dessen Limitation eine sehr schwache individuelle Pflicht, die kollektiven Verpflichtungen zu unterstützen, da jeder einzelne auch Teil der jeweiligen Gemeinschaft ist und sich keine Sondervorteile verschaffen darf.

Die Erhaltung von Kulturlandschaften, die nur durch menschliche Eingriffe bestehenbleiben – z. B. Wiesen, die sich allmählich wieder bewalden würden –, setzt eine permanente Beeinträchtigung bzw. sogar Zerstörung von Tieren und Pflanzen durch den Menschen voraus. Sofern aber hauptsächlich nur einzelne Pflanzen davon betroffen sind – wie bei der Erhaltung der Wiesen –, wird man begründeten menschlichen Interessen in vielen Fällen den Vorzug geben können. Ein Verzicht auf schonende und traditionelle Kultivierungsmaßnahmen ist also in der Regel nicht geboten.

Man mag sich fragen, ob nach den hier vorgeschlagenen Kriterien nicht auch Maschinen Anderinteressen zugebilligt werden müssen. Den avanciertesten Computern kann man möglicherweise Selbsterhaltungsfunktionen zuerkennen, die durchaus denen von Pflanzen ähneln.

Aber die beiden anderen Elemente der Selbstentstehung und der Selbstentfaltung fehlen völlig. Bislang werden Computer vollständig von Menschen aus Werkstoffen gebaut. Wenn es eines Tages dazu kommt, daß Maschinen bzw. Computer selbst andere Computer entwerfen und bauen, wären auch diese noch Produkt der entwerfenden Computer und damit zumindest indirekt des Menschen. Es müßte sich also erst eine Form der Entstehung etablieren, die ähnlich wie die lebendiger Organismen in hohem Maß spontan ist. Dies ist nicht ausgeschlossen, aber in naher Zukunft nicht erkennbar. Und selbst dann könnte (zumindest zunächst) allenfalls von einer schwachen Interessenzuschreibung wie bei Pflanzen die Rede sein.

Zum Abschluß soll noch kurz die Frage nach moralischen Werten und Rechten erörtert werden. Die Manifestation menschlicher Interessen enthält notwendig auch eine Wertung. Diese kann verbalisiert werden. Eine solche Verbalisierung muß aber nicht stattfinden. Die Wertung ist innerhalb des je eigenen Rechtfertigungsnetzes aber nur ein Funktionselement neben anderen Wertungen, Deskriptionen und Volitionen bzw. Präskriptionen. Interessen können also nicht mit Wertungen gleichgesetzt werden. Wertungen sind regelmäßiger Bestandteil von Interessen. Daneben gibt es aber auch Wertungen, die nicht Bestandteil von Interessen sind. Wer Julius Cäsar als großen Feldherrn bewertet, gibt damit keinerlei Interesse kund oder fordert jemand anderen zur Beachtung seiner Interessen auf. Es ist insofern nicht ersichtlich, wie Wertungen außerhalb ihrer Einbindung in Interessen ethisch relevant sein sollen. Man sollte den Begriff «Werte» deshalb allenfalls für gefestigte und habitualisierte Wertungen von Menschen gebrauchen. Ob diese Werte dann als Interessen ethische Berücksichtigung verdienen, muß als weiterer Schritt nach den obigen Vorgaben entschieden werden. Insgesamt ist der «Werte»-Begriff damit für die Ethik – nach der hier vertretenen Position – nur von marginaler Bedeutung.

Auch wann moralische Rechte zugestanden werden können, ist zweifelhaft. Offensichtlich ist die ethische bzw. moralische Berücksichtigungswürdigkeit notwendige, aber nicht hinreichende Bedingung für die Zuschreibung von Rechten. Das verschiedentlich vorgeschlagene zusätzliche Kriterium eines «Anspruchs» (Feinberg 1980, p. 159, S. 141) erscheint daneben zweifelhaft. Wenn nur die Verhältnisse zwischen zwei Entitäten in Frage stehen, dann korrespondiert der Verpflichtung der einen Entität zur Berücksichtigung der anderen notwendig ein Anspruch dieser Entität auf Berücksichtigung. Die Verwendung des Terminus «Anspruch» hat deshalb nur zwischen drei Entitäten Sinn, wenn man annimmt, daß die dritte Entität über das zweipolige Moralverhältnis hinaus einen Anspruch auf Hilfe zur Durchsetzung legitimer moralischer Forderungen gewährt. Dies ist typisch für Ansprüche im Recht, für Ethik bzw. Moral aber mangels Institutionalisierung einer solchen dritten Instanz irrelevant.

Somit kommen für die Bestimmung eines moralischen Begriffs von «Rechten» nur zwei andere Möglichkeiten in Betracht. Zum einen könnte man so ethische bzw. moralische Pflichten bezeichnen, die auch eine Forderung zur rechtlichen Umsetzung enthalten. Zum anderen wäre denkbar, besonders wichtige Interessen – z. B. die oben skizzierten Kernbereichsinteressen – als «Rechte» zu bezeichnen. Beides kann sinnvoll sein. Da die zweite Alternative schon bezeichnet ist und der Rechtsbegriff eine Bezugnahme auf das Recht konnotiert, erscheint die erste Alternative plausibler. Der moralische bzw. ethische Rechtsbegriff würde dann die Brücke zur Rechtsethik schlagen (vgl. Teil F).

E. Eine transanthroporelationale Begründung

Nach den nichtanthroporelationalen Rechtfertigungen der Ökologischen Ethik soll nunmehr die (in A II 1, A III 6 schon angeführte) Alternative zur Überschreitung der Anthropozentrikgrenze aufgegriffen werden: die transanthroporelationalen, also doppel- oder mehrstufige Begründungen, bei denen eine höherstufige auf den Menschen bezogene (1. Stufe) mit einer niederstufigen nicht auf den Menschen bezogenen Begründung (2. Stufe) verbunden ist. Anders als bei genuin nichtanthroporelationalen Positionen wird dabei die anthroporelationale Rechtfertigungsbasis nicht vollständig verlassen. Innerhalb der Theorie vollzieht sich der Übergang zu einer nichtanthroporelationalen Begründung. Die Rechtfertigung dieses Übergangs lautet in abstrakter Form: Gerade wenn und weil man dem Menschen dienen will bzw. soll, muß die Grenze der bloßen Bezugnahme auf den Menschen überwunden und eine nichtanthroporelationale Rechtfertigung zugelassen werden. Das Argument ähnelt damit in seiner formalen doppelstufigen Struktur dem des «indirekten» oder «eingeschränkten» Utilitarismus.[133]

Transanthroporelationale Argumente werden in der Literatur zur Ökologischen Ethik immer wieder erwähnt, so bei Ott, Meyer-Tasch, Hartshorne, Leopold, Pister, Rolston, Cheney, Andreas-Grisebach, Birnbacher und Katz/Oechsli[134], ohne daß sie bisher – soweit ersichtlich – eine gründlichere Ausarbeitung erfahren hätten. Letzteres und die weite Streuung bei Vertretern unterschiedlicher Theorien mag folgende Ursache haben: Transanthroporelationale Argumente sind weder auf der anthroporelationalen 1. Stufe noch auf der nichtanthroporelationalen 2. Stufe notwendig oder auch nur plausibel mit einer bestimmten normativ-ethischen Theorie verknüpft. Man kann verschiedene anthroporelationale normativ-ethische Theorien mit verschiedenen transanthroporelationalen Überschreitungen kombinieren. Um die spezifischen Überschreitungen jeder anthroporelationalen ethischen Theorie darzustellen, müßte jede dieser Theorien analysiert werden. Dies kann hier nicht geleistet werden und muß weiteren Untersuchungen vorbehalten bleiben.

Hier soll nur ein unspezifischer Überschreitungstyp vorgestellt werden, der bei allen anthroporelationalen normativ-ethischen Theorien Anwendung finden kann, die bestimmte Annahmen des Menschen über die Welt integrieren. Ob dies für alle denkbaren normativ-ethischen Theorien eine notwendige Bedingung ist, mag dahinstehen. Zumindest für alle nichtmetaphysischen Theorien erscheint es kaum vermeidbar. Man könnte die hier vorgestellte Variante des transanthroporelationalen Arguments als «kognitionsskeptische Variante» bezeichnen. Sie wird nachfolgend in Verbindung mit einer Interessentheorie[135] dargestellt. Diese Verbindung ist aber nicht notwendig.

1. Ausgangspunkt des Gedankengangs ist das anthroporelationale Grundprinzip:

> PE: Wenn eine Handlung eines Menschen die Interessen eines Menschen nicht verletzt, ist sie erlaubt.

Dabei bleiben die nichtanthroporelationalen Rechtfertigungsthesen des vorherigen Kapitels natürlich gültig. PE ist enger gefaßt und bezieht sich nur auf die Interessen von Menschen und nur auf Handlungen, nicht auf Unterlassungen. Dafür gilt PE nicht nur für Anderinteressen, sondern auch für die Selbstreflexion eines Akteurs auf die eigenen Interessen und für Kollektivinteressen. Zur Verdeutlichung sei PE auch formalisiert wiedergegeben, wobei «$\exists$» für «Es existiert ein» steht, «x, y» für Individuenvariablen, «$\neg$» für die Negation, «H» für Handlungen, «H_x» für Handlungen von x, «I» für «Verletzung von Interessen», «E» für «erlaubt», «V» für «verboten». «x» und «y» können auch die gleiche Person bezeichnen. Das unter D I angesprochene Problem der Wertungsimplikation von Interessen wird vernachlässigt:

PE: $\neg \exists y: IH_x y \rightarrow EH_x$

Unter der Annahme, daß alle nicht erlaubten Handlungen verboten sind, erhält man:

> PV: Wenn eine Handlung eines Menschen die Interessen eines Menschen verletzt, so ist sie verboten:
> PV: $\exists y: IH_x y \rightarrow VH_x$

Um diese Prinzipien für eine anthroporelationale Ökologische Ethik anwendbar zu machen, muß man erstens annehmen, daß menschliche Handlungen in die nichtmenschliche Natur eingreifen und sie verändern können. Diese Annahme dürfte angesichts der globalen Naturbeeinträchtigungen und Naturzerstörungen nicht zu bestreiten sein. Zweitens muß man voraussetzen, daß solche Veränderungen der nichtmenschlichen Natur ihrerseits menschlichen Interessen zuwiderlaufen können. Als Beispiel seien Verunreinigungen des Trinkwassers oder der Luft genannt, die die menschliche Gesundheit zerstören. Dabei wird in der Prämisse nicht davon ausgegangen, daß jede Veränderung der nichtmenschlichen Umwelt grundsätzlich Interessen der Menschen beeinträchtigt. Wäre dies der Fall, dürften die Menschen überhaupt nicht mehr handeln und die Natur verändern. Es wird vielmehr nur angenommen, daß es menschliche Handlungen gibt, die negative Auswirkungen auf die Natur und menschliche Interessen haben, etwa ein Atomkrieg. Man erhält so:

> PNE: Wenn eine Handlung eines Menschen durch Veränderung der nichtmenschlichen Natur die Interessen eines Menschen nicht verletzt, ist sie erlaubt.

Wenn man mit «I_N» diejenigen der Interessenverletzungen bezeichnet, die durch Beeinträchtigung der nichtmenschlichen Natur erfolgen, erhält man:

PNE: $\neg\exists y: I_N H_x y \rightarrow EH_x$

Unter der Annahme, daß alle nicht erlaubten Handlungen verboten sind, erhält man:

> PNV: Wenn eine Handlung eines Menschen durch Veränderung der nichtmenschlichen Natur die Interessen eines Menschen verletzt, so ist sie verboten:
> PNV: $\exists y: I_N H_x y \rightarrow VH_x$

Die Prinzipien PV und PNV bedürfen noch einer praktischen Einschränkung, zumindest für Individual- und Kollektivinteressen: Sie gelten nicht, wenn durch H andere, höherrangige Interessen verwirklicht werden. Bis hierher ist der Gedankengang im Rahmen der Berücksichtigung menschlicher Interessen noch rein anthroporelational. Aber es wird sogleich deutlich werden, wie die Anthroporelationalität überschritten werden kann.

2. Mit Blick auf die Tatsache, daß die Handlung H nicht direkt auf einen Menschen und seine Interessen einwirkt (wie z. B. bei einem Kinnhaken oder einer Beleidigung), sondern nur indirekt über den Umweg der nichtmenschlichen Natur, ergibt sich folgende These T, die als *doppelte*

Unbeherrschbarkeitsthese gekennzeichnet werden soll und den Kern des kognitionsskeptischen Arguments ausmacht:

Der Mensch ist weder fähig, sämtliche kausal herbeigeführten oder auch nur statistisch relevanten Folgen einer Handlung für die nichtmenschliche Natur vorherzusehen und zu beherrschen, noch ist er fähig, sämtliche Auswirkungen der Veränderungen der Natur auf menschliche Interessen vorherzusehen und zu beherrschen. Diese grundsätzliche Unbeherrschbarkeit ist in der Ökologischen Ethik auch schon verschiedentlich konstatiert worden.[136] Wird FCKW versprüht, sind die Folgen und damit die möglichen Interessenbeeinträchtigungen praktisch nicht beherrschbar. Die Konsequenzen für die Ozonschicht sind einigermaßen einschätzbar. Aber welche Auswirkungen eine zerstörte Ozonschicht hat, kann allenfalls vermutet werden. Ähnliches gilt für den im Moment ablaufenden «globalen Großversuch» der kontinuierlichen Anreicherung der Erdatmosphäre mit CO_2, für den Lemons konstatiert: «Perhaps with respect to the carbon dioxide problem the degree of uncertainty is such that incompatible hypotheses are equally plausible and there is no rational basis for choosing between them. Ultimately, it may not be possible to find objective resolution by resorting to factual considerations» (1983, p. 31). Thompson hat darüber hinaus mit Bezug auf die amerikanische Reaktorsicherheitsstudie «WASH-1400» darauf hingewiesen, daß der «Fehlerbaum» technischer Anlagen notwendig offen und damit unvollständig ist (1986, p. 65). Die Umsetzung der obigen Prinzipien PNE und PNV ist also erheblichen Zweifeln ausgesetzt. Die Beziehungen $H \rightarrow N$ und $N \rightarrow I$ sind prinzipiell unsicher oder risikobehaftet. PNV ist damit als praktisches Prinzip zu schwach, wenn man davon ausgeht, daß eine sichere Beeinträchtigung der Natur bzw. der Interessen prinzipiell nie und pragmatisch nur selten festgestellt werden kann.

Fraglich ist, wie man diese Unsicherheit bzw. dieses Risiko berücksichtigt. Denkbar wäre, PNV so zu PMNV zu verstärken, daß schon allein die Möglichkeit «M» der Interessenverletzung ein Verbot auslöst:

> PMNV: Wenn eine Handlung eines Menschen durch Veränderung der nichtmenschlichen Natur die Interessen eines Menschen verletzen könnte, ist sie verboten:
> PMNV: $M(\exists y: I_N H_x y) \rightarrow VH_x$

Aber dieses Prinzip ist viel zu stark. Damit wäre jede effiziente Handlung ausgeschlossen. Zur Lösung kann man zwischen Handlungen unter Risiko und unter Unsicherheit differenzieren. Bei Handlungen unter Risiko kann den Folgen jeder Handlungsalternative ein Wahrscheinlichkeitswert zugeordnet werden, bei Handlungen unter Unsicherheit nicht (Birnbacher 1988, S. 142).

Für Handlungen unter Risiko ermöglicht die jeweilige Zuschreibung eines Wahrscheinlichkeitswerts eine Abwägung bei Multiplikation der Wahrscheinlichkeitsverteilung mit den befriedigten Interessen (vgl. Jeffrey 1967, S. 9 ff). Problematisch ist allerdings, daß auch eine sichere Wahrscheinlichkeitszuschreibung in den meisten Fällen genauso fragwürdig sein wird wie die Annahme von Sicherheit über die Handlungsfolgen selbst. Ein gewisses Quantum an Unsicherheit wird in der Realität immer verbleiben.

Für Handlungen unter Unsicherheit werden verschiedene formale Bewertungskriterien vorgeschlagen. Man kann von einer gleich großen Wahrscheinlichkeit aller Folgen ausgehen (Laplace-Kriterium), risikofreudig die beste Folge anstreben (Maximax-Kriterium) oder risikoscheu die schlechteste Folge zu vermeiden suchen (Wald- oder Maximin-Kriterium; Kern / Nida-Rümelin 1994, S. 22).

Keines dieser formalen Kriterien befriedigt vollständig. Deshalb muß man zur Entscheidung materielle Gesichtspunkte heranziehen. Dazu ist nach einer generellen Annahme zu suchen, die insbesondere die beiden unsicheren Relationen Handlung / Natur und Natur / Interessen soweit wie möglich einschätzbar werden läßt. Dabei ist zu berücksichtigen, daß der Mensch ein Naturwesen ist. Seine vitalen Funktionen sind an die natürlichen Verhältnisse des Planeten Erde angepaßt. Wenn der Mensch jeden Eingriff in die Natur unterläßt und nur die natürlichen Verhältnisse auf ihn wirken, ist die Unsicherheit minimiert. Natürlich muß der Mensch atmen, sich Nahrung und Kleidung verschaffen etc. Je näher dieses Verhalten aber seinem Verhalten als Naturwesen steht, desto näher ist der Mensch den natürlichen Bedingungen seiner Evolution und desto geringer ist die Gefahr einer Zerstörung der eigenen Lebensgrundlagen – die bedrohliche Bevölkerungsexplosion einmal außer acht gelassen. Deshalb erscheint folgende generelle Regel der Naturerhaltung – als ökologisch-ethische Umsetzung des Maximin-Kriteriums – plausibel:

RNE: Die Nichtintervention in alle gegenwärtig bestehenden natürlichen Verhältnisse dient dem Menschen im Fall von Unsicherheit und Risiko alles in allem mehr als jede Intervention.

Diese Annahme mag angesichts der schon bestehenden Umweltzerstörungen auf Widerstand stoßen. Zu bedenken ist aber, daß hier nur zwischen den beiden kontradiktorischen Prinzipien der grundsätzlichen Erhaltung und der grundsätzlichen Veränderung zu entscheiden ist. Der Mensch lebt in den bestehenden Verhältnissen von Wasser, Luft, Sonneneinstrahlung im Rahmen seiner elementaren biologischen Lebensfunktionen (Atmung, Nahrungsaufnahme etc.) besser als bei einer Veränderung, wie sie etwa im Rahmen der globalen CO_2-Vermehrung abläuft. Wichtig ist also, daß die Regel RNE die «natürlichen Verhältnisse» – dies können auch seit Hunderten von Jahren bewirtschaftete Kulturlandschaften wie Almwiesen sein – positiv auszeichnet, *nicht* aber den Status quo der technischen und industriellen Veränderungen dieser Verhältnisse (z. B. die CO_2-Zunahme). Die Regel RNE ist also im Hinblick auf die heutige industrielle – aber auch die extensive großindustrielle landwirtschaftliche – Produktionsweise nicht konservativ, sondern reformistisch bzw. revolutionär.

Die Regel RNE entspricht Beobachtungen vieler Ökologen, Botaniker und Landschaftsschützer. Schon im Jahr 1847 konstatierte der Agrarwissenschaftler Karl Fraas: «Die großartige Verletzung der natürlichen Vegetation eines Landes hat eine tiefgreifende Änderung ihres Charakters zur Folge, und dieser geänderte Naturzustand ist nie dem Lande und seinen Bewohnern so günstig wie der frühere.»[137] In der gegenwärtigen umweltpolitischen Diskussion folgt aus der Regel RNE das immer wieder propagierte Gebot der Nachhaltigkeit («sustainability»; Meadows/Randers 1994, S. 250 f): Wenn der Mensch schon in die Natur eingreifen muß, um sein Leben zu ermöglichen, dann hat dies so zu geschehen, daß die bestehenden Ökosysteme regeneriert werden bzw. sich vollständig regenerieren können. Es darf nicht mehr verbraucht werden, als wieder entstehen kann. Im Wald ist also z. B. kein – möglicherweise irreversibler – Kahlschlag erlaubt. Es dürfen nur so viele einzelne Bäume gefällt werden wie nachwachsen können (sog. Plenterwirtschaft). Die Regel RNE erscheint demnach auch als Grundprinzip einer – in diesem Buch nicht ausführlicher erörterten – anthroporelationalen Ökologischen Ethik plausibel.

Zu betonen ist, daß die Regel RNE angesichts ihres partiell empirischen Charakters nicht unabhängig von Veränderungen der tatsächlichen Situation ist. Wären Luft, Boden und Wasser des Planeten Erde z. B. nach einem Atomkrieg radioaktiv verseucht, würde die Regel RNE nicht mehr gelten. Dann wäre (möglicherweise) eine Veränderung grundsätzlich besser als die Aufrechterhaltung des Bestehenden.

Man könnte gegen die Regel RNE vorbringen, sie unterfalle dem obigen (C III 1) Einwand des naturalistischen Fehlschlusses. Dies wäre aber nur der Fall, wenn eine *logische* Ableitung behauptet würde. Mit RNE wird aber nur eine schwache praktische Plausibilität des Übergangs postuliert, wie sie in D IV beschrieben wurde. Diese schwache Rechtfertigung würde nicht genügen, um intersubjektiv Anderinteressen zu relativieren. Aber als intrapersonale Rechtfertigung im Rahmen einer Klugheitsregel ist sie ausreichend. Diese Klugheitsregel gilt auch kollektiv.

Die Unsicherheitsregel RNE hat in Verbindung mit PNV eine wichtige Folge: Sie begründet eine prinzipielle Beweislastumkehr. Das bedeutet, daß grundsätzlich in jedem einzelnen Fall, in dem eine Handlung in die nichtmenschliche Natur eingreift, eine realistische Folgenabschätzung und Rechtfertigung durch die Annahme positiver Auswirkungen auf die menschlichen Interessen erforderlich ist.

3. Vergleicht man die Regel der Nichtintervention RNE mit der Einschränkung menschlicher Handlungen, die sich ergäbe, falls – entgegen den Resultaten des letzten Kapitels – alle Naturentitäten eigenständig zu berücksichtigende Interessen aufwiesen, so stellt man fest: Die Ergebnisse sind gleich. Denn die Zuschreibung von Interessen an alle Naturentitäten hätte ein Gebot der Nichtintervention zur Folge, das RNE ähneln würde. Damit ist es aber zur möglichst umfassenden Interessensicherung des Menschen nützlich, unterhalb einer primären ethischen Ebene, die von PNV und RNE bestimmt wird, auf einer sekundären Ebene eine nichtanthroporelationale Ethik zu konstruieren und sich dementsprechend so zu verhalten, als ob alle nichtmenschlichen Naturentitäten eigenständig zu berücksichtigen wären. Das führt aber zu einer Überschreitung des anthroporelationalen Standpunkts: Die bestmögliche Interessenberücksichtigung des Menschen rechtfertigt die Transzendierung der Anthroporelationalität als praktisches Postulat. Wenn jeder Versuch, die gegenwärtigen Naturverhältnisse zu ändern, menschlichen Interessen (möglicherweise) zuwiderläuft, dann muß man auch in einer anthroporelationalen Theoriebildung einen solchen Versuch sehen. Eine Konsequenz ist die Entwicklung einer nichtanthroporelationalen Rechtfertigung. Diese kann aber nie ganz selbständig werden, denn sie verdankt ihre Entstehung notwendig und unauflöslich der Suche nach weitestgehender menschlicher Interessenverfolgung. Damit ist das transanthroporelationale Postulat erreicht.

Das transanthroporelationale Postulat hat ebenso wie die Regel RNE keine feste Grenze, sondern bezieht sich auf alles, was als Naturbedingung menschliches Leben ermöglichen könnte. Prinzipiell sind dies alle Entitäten in der Biosphäre – und selbst darüber hinaus, wie etwa die Sonnenstrahlung.[138] Damit wären alle Entitäten, denen oben (E VI, VII) keine direkte nichtanthroporelationale ethische Berücksichtigung zugesprochen werden konnte, erfaßt: die Welt, die Biosphäre, Ökosysteme, unbelebte Gegenstände (wie Wasser, Felsen, Luft) und Arten.

Auf Artefakte, deren Auswirkungen auf die Natur nicht mit letzter Sicherheit voraussehbar sind, wie Kernkraftwerke mit Spaltmaterial, das lange Halbwertszeiten hat, ist zwar die Unbeherrschbarkeitsthese T anwendbar, nicht aber die Nichtinterventionsregel RNE. Solche Artefakte fallen nicht unter die natürlichen Bedingungen, für die die Nichtintervention grundsätzlich vorzuziehen ist.

Für einzelne Naturentitäten wie Tiere und Pflanzen ist das transanthroporelationale Postulat praktisch kaum relevant, denn die Folgen ihrer Tötung oder Schädigung im Einzelfall sind regelmäßig sehr gut vorhersehbar. Das transanthroporelationale Postulat hat also einen beinahe gegenläufigen Schutzbereich wie das im letzten Kapitel entfaltete nichtanthroporelationale Anderinteressenmodell. Das folgende Schaubild verdeutlicht den Schutzbereich des transanthroporelationalen Postulats:

Zunehmende Berücksichtigungswürdigkeit

Für das Anderinteressenmodell im letzten Kapitel ergibt sich dagegen folgende Matrix:

Zunehmende Berücksichtigungswürdigkeit

Beide Rechtfertigungsmodelle – das nicht- und das transanthroporelationale – ergänzen sich also hervorragend. Ersteres schützt nichtmenschliche Naturindividuen, letzteres vor allem nichtmenschliche Naturkollektive.

F. Ökologische Ethik in Politik und Recht

Abschließend werden einige der bisherigen Thesen für Politik und Recht konkretisiert. Dazu erfolgt zunächst eine Bestandsaufnahme. Analysiert wird, inwieweit die Programme der politischen Parteien eine nichtanthropozentrische Position vertreten (I). Die gleiche Frage wird an das bestehende Recht herangetragen (II). Schließlich werden Folgerungen der in den Kapiteln D und E vorgeschlagenen Positionen für das Recht erörtert. Aus Platzgründen kann dies allerdings nur selektiv geschehen. Diskutiert wird, ob es juridische Rechte der Natur geben soll (III) und ob eine nichtanthroporelationale Erweiterung des Grundgesetzes möglich und geboten ist (IV).

Zu beachten ist, daß weder Parteiprogramme noch Rechtsnormen auf der (rechts)ethischen Begründungsebene operieren, sondern unmittelbare Verpflichtungen bzw. Forderungen der Moral bzw. des Rechts enthalten. Eine moralische oder rechtliche Verpflichtung kann nichtanthroporelational sein, etwa ein Tier vor quälerischer Behandlung zu schützen, ohne daß mit dieser Norm etwas über die (Nicht-)Anthropozentrik der Begründung ausgesagt wäre. Dort, wo die ethischen Rechtfertigungen von Normen oder Forderungen nicht explizit gemacht wurden, bedarf es einer besonderen Sensibilität gegenüber der verwendeten Sprache, um die hinter einer Forderung stehenden Überlegungen und Bewußtseinslagen ausfindig zu machen.

Zu diesem Zweck werden die impliziten Bedeutungen einiger Schlüsselbegriffe erläutert. Der Terminus «Umwelt» konnotiert, daß die Welt von einem bestimmten Standpunkt aus betrachtet wird. Die Welt wird als ein «Um-» angesehen. Dies gilt zunächst einmal kognitiv. Dabei kann der kognitive Standpunkt primär nur der menschliche sein. Der Mensch könnte sich zwar in die Kognitionen des Tiers hineinversetzen und fragen, was es bei einer bestimmten Gelegenheit bzw. einem bestimmten Verhalten wahrnimmt etc. Die Perspektive des «Um-» bezüglich der «-welt» legt eine solche Selbsttranszendenz der Perspektive aber nicht nahe, sondern das Beharren auf dem Akteursstandpunkt des menschlichen Normgebers. Insofern ist eine anthropozentrische Perspektive impliziert. Neben der kognitiven Komponente enthält der Terminus «Umwelt» aber auch

auch eine normativ-ethische Bezugnahme auf das handelnde Subjekt. Wenn keine anderen Anhaltspunkte erkennbar sind, muß man annehmen, daß damit ebenfalls der Standpunkt des Normgebers und allenfalls noch der des Normadressaten impliziert ist, also der eines Menschen oder einer Gruppe von Menschen. Auch mit Bezug auf die normativ-ethische Perspektive ist der Terminus «Umwelt» also anthropozentrisch zu verstehen.

«Mitwelt», «Landschaft» oder «Natur» sind dagegen kognitiv und normativ-ethisch neutral. Mit diesen Begriffen wird die Zentrierung des Standpunkts auf ein «Um-» vermieden. Damit erlauben sie auch die normativ-ethische Berücksichtigung nichtmenschlicher Entitäten (vgl. Kampits 1978, S. 71, 78).

«Schöpfung» setzt einen Schöpfer(gott) voraus und ist insofern theozentrisch oder zumindest theorelational. Ob diese Bezugnahme dann auf einer zweiten Ebene unterhalb dieser religiösen Einfassung eine anthroporelationale oder eine nichtanthroporelationale Konkretisierung erfährt, bleibt offen. Dies muß jeweils noch bestimmt werden (vgl. C I).

«Leben» wird im Alltagssprachgebrauch nicht nur auf menschliches Leben bezogen, sondern auch auf tierisches und pflanzliches. Der Terminus ist also grundsätzlich in der Nichtanthropozentrikfrage neutral. Etwas anderes gilt allerdings, wenn der sprachliche Kontext sich nur auf menschliches Leben bezieht, wie dies im Grundgesetz wegen Art. 1 I GG («Die Würde des Menschen ist unantastbar. Sie zu achten und zu schützen ist Verpflichtung aller staatlichen Gewalt.») der Fall ist. Bei Art. 2 II 1 GG («Jeder hat das Recht auf Leben und körperliche Unversehrtheit.») führt dies dazu, daß nur das menschliche Leben als geschützt angesehen werden kann (v. d. Pfordten 1990, S. 69 f). Der 1994 neu eingefügte Art. 20 a GG gebietet einen Schutz der «natürlichen Lebensgrundlagen» (BGBl. I, S. 3146). Mangels ausdrücklicher Erweiterung wird man auch hier nur von einer Bezugnahme auf die Grundlagen «menschlichen Lebens» ausgehen müssen. Hätte der verfassungsändernde Gesetzgeber in dieser zentralen Frage etwas anderes gewollt, so hätte er es explizit machen müssen (vgl. v. d. Pfordten 1995 a, 1996 b). Gleiches gilt für parteiprogrammatische Aussagen, wenn sie ähnlich wie das Grundgesetz in ihrem Gesamtgepräge anthropozentrisch orientiert sind, z. B. wie dieses die Menschenwürde als obersten Fixpunkt statuieren.

Der Terminus «zukünftige Generationen» verweist im Regelfall auf zukünftig lebende Menschen und konnotiert Anthropozentrik. Für «Allgemeinheit» bzw. «Nachbarschaft» gilt das gleiche. Im juristischen Sprachgebrauch ist es nicht üblich, damit auf nichtmenschliche Entitäten zu verweisen.

266

I. Die Parteiprogramme

Obwohl sich die praktische Politik wohl kaum je strikt an vorformulierte Parteiprogrammatik gehalten hat, kann man die Grundsatzprogramme der Parteien als Richtungsentscheidungen für das politische Handeln und die Bewußtseinsbildung von Mitgliedern, Funktionären und Mandatsträgern ansehen. Die Grundsatzprogramme sind aufgrund ihres Anspruchs und ihres Abstraktionsniveaus der Ort, wo unabhängig von umweltpolitischen Einzelentscheidungen die Nichtanthropozentrikfrage für den politischen Bereich als Grundsatzfrage gestellt und beantwortet wird. Bei einem Überblick ergeben sich diesbezüglich interessante Differenzen:

1. Im Grundsatzprogramm der CDU von 1978 deuteten die Formulierung «Wer in der Gegenwart die natürlichen Grundlagen des Lebens verantwortungslos ausbeutet und die ökologischen Zusammenhänge stört, verletzt die Solidarität zwischen den Generationen», die durchgängige Verwendung des Terminus «Umweltschutz» und das Fehlen jeder Bezugnahme auf einen Tierschutz aus nichtanthropozentrischen Gründen auf eine anthropozentrische Position in der Umweltpolitik hin (S. 32 f). Das neue Grundsatzprogramm der CDU von 1994 enthält demgegenüber mit der mehrfachen Verwendung – z. B. auch als Hauptüberschrift – des Terminus «Bewahrung der Schöpfung» eine deutlich andere Akzentuierung. Folgende Passage spiegelt die Veränderung: «Wir christliche Demokraten verstehen den Menschen als Teil der Schöpfung. Die Natur ist nicht nur Voraussetzung und Instrument unseres Lebens, sondern Schöpfung Gottes, der eine Eigenbedeutung zukommt. Es steht uns nicht zu, nach Belieben über die Schöpfung zu verfügen. Sie ist dem Menschen zur Gestaltung und Bewahrung anvertraut» (S. 6). Statt «Umwelt» taucht der Terminus «Mitwelt» auf (S. 99). Unter dem Dach einer Theozentrik bzw. zumindest Theorelationalität – die auch schon 1978 bestand, sich aber in ihrer Konkretisierung auf das menschliche Zusammenleben beschränkte (S. 6) – wird nunmehr geradezu emphatisch eine Eigenbedeutung der natürlichen Mitwelt als Teil der Schöpfung propagiert. Zur positiven Beantwortung der Nichtanthropozentrikfrage hat die CDU auf ihr christliches Weltanschauungsfundament zurückgegriffen. Die Eigenbedeutung der Natur bleibt an die Theorelationalität gebunden (vgl. C I). Die ethische Rechtfertigung hat eine ähnliche Doppelungsstruktur wie die transanthroporelationale Rechtfertigung (vgl. A III 6, E), nur daß auf der primären, übergeordneten Ebene nicht auf den Menschen, sondern auf Gott verwiesen wird. Man kann sie als theorelational kennzeichnen.

2. Die CSU forderte in ihrem Grundsatzprogramm von 1976 die «Erhaltung der elementaren Lebensgüter» (S. 16) und stellte fest: «Umweltpolitik ist Politik für den einzelnen Menschen und die Gesellschaft. Nur eine vorausschauende Umweltpolitik, die sich nicht auf die spätere Beseitigung von Schäden und Störungen der Umwelt beschränkt, kann die natürlichen Lebensgrundlagen schützen, unsere Landschaft erhalten und die Umwelt des Menschen vor Zerstörung bewahren» (S. 63). Ähnlich wie beim Grundsatzprogramm der CDU von 1978 stand auch hier eine – jedenfalls in dieser Hinsicht – abstrakte christliche Grundhaltung relativ unverbunden neben einer impliziten, aber klaren Anthropozentrik im Verhältnis zur Natur. Außer durch den Inhalt der soeben zitierten Passage wird dies vor allem in der Verwendung der Begriffe «Umwelt» und «natürliche(n) Lebensgrundlagen» deutlich.

Im neuen Grundsatzprogramm der CSU vom November 1993 läßt sich eine der CDU ähnliche, wenn auch weniger extensive und emphatische Wendung zur Verbindung von Theorelationalität und Nichtanthroporelationalität feststellen: «Die Verantwortung für die Schöpfung erfordert konsequentes politisches Handeln: Die CSU sieht den Menschen als Teil der Schöpfung berufen, diese zu nutzen und zu gestalten, aber auch zu bewahren und zu erhalten. Der Wert eines Geschöpfes mißt sich nicht an seinem Nutzen für den Menschen. Alles Lebendige hat im Rahmen der Schöpfungsordnung einen eigenen Wert» (S. 83).

Die Befugnis des Menschen zur Nutzung der Natur bleibt also erhalten. Ihr wird aber ein mit Verweis auf die Schöpfungsordnung gerechtfertigter Eigenwert der Natur gegenübergestellt. Wie die CDU, nur etwas weniger weitgehend und emphatisch, hat sich also auch die CSU für eine Verbindung von Theo- und Anthroporelationalität zu einer theorelationalen Position entschieden. Mit der Aussage «Aus der Fähigkeit des Menschen, die Natur zu zerstören, erwächst seine Pflicht zum Maßhalten, zur Selbstdisziplin und zur Selbstbeschränkung» (S. 84) hat die CSU im übrigen die zentrale Begründungssequenz von Jonas' Verantwortungsethik übernommen.

3. Die «Freiburger Thesen» (S. 454) der FDP von 1971 formulierten – für die damaligen Verhältnisse – sehr fortschrittliche Umweltschutzforderungen, wobei man die «Würde des Menschen» als anthropozentrischen Leitgesichtspunkt ansah. 1971 wurde auch zum ersten Mal eine Berücksichtigung des Umweltschutzes im Grundgesetz gefordert. Dies sollte in Form eines «Grundrechts auf eine menschenwürdige Umwelt» geschehen, also als Grundrecht der Menschen naturgemäß anthropozentrisch.

Das «Liberale Manifest» von 1985 sieht – anthropozentrisch – einen der Lebenskreise des Menschen «in seiner Beziehung zur Natur» (S. 8), konstatiert aber auch: «Der Mensch begreift sich immer mehr als Teil der Natur und erkennt immer stärker die komplexen Vernetzungen in unserer Umwelt» (S. 7). Man kann hierin eine gewisse Abschwächung der ursprünglich anthropozentrischen Position sehen. Allerdings erfolgt keine klare Aussage oder Begründung für eine Nichtanthropozentrik. Ohne Rückgriffsmöglichkeiten auf eine christliche Weltanschauung und mit einem strikten Humanismus als Fundament fällt es der FDP offensichtlich weniger leicht als den C-Parteien, die Anthropozentrik zu überwinden. Allerdings muß man fairerweise berücksichtigen, daß das «Liberale Manifest» mittlerweile neun Jahre alt ist. Das Programm der FDP zur Bundestagswahl von 1994 stellt den Umweltschutz dagegen in starkem Maß unter den Aspekt der Marktwirtschaft (S. 33 ff) und ist anthropozentrisch orientiert: «Umweltschutz muß trotz aller Umstellungsprobleme zuerst als ein immer wichtiger werdender Schlüsselfaktor begriffen werden, als Chance zur Stärkung des Wirtschaftsstandorts: Wir müssen ehrlich unsere Prioritäten neu beurteilen und entschlossen anpacken, was wir für unsere Lebensgrundlagen und die Sicherung der Lebenschancen für zukünftige Generationen tun müssen» (S. 34). Es wird zwar zur Verantwortung für das Tier als Mitgeschöpf aufgerufen, aber der Tierschutz ist «auch im Interesse der Erzeuger entscheidend zu verbessern» (S. 42).

4. Die GRÜNEN forderten in ihrem 1980 verabschiedeten «Bundesprogramm» (S. 158), «uns selbst und unsere Umwelt als Teil der Natur zu begreifen». Sie trafen damit keine klare Aussage, ob der Anthropozentrismus überwunden werden solle oder nicht, sondern allenfalls eine implizite. In den «Politischen Grundsätzen», die BÜNDNIS 90 / DIE GRÜNEN nach ihrer Vereinigung 1993 beschlossen haben, wird ausgeführt: «Die Menschen sind eingebunden in den übergreifenden Zusammenhang der Natur. Die Natur ist die einmalige und unwiederbringliche Lebensvoraussetzung für die Menschen. Mit Vernunft begabt, sind sie jedoch imstande, die Naturelemente in ihrer Vielfalt zu beeinflussen und neu zueinander in Beziehung zu setzen. Sie haben allerdings nicht das Recht, mit der Natur nach Belieben zu verfahren. Das Bewußtsein und der Wille, daß der dauernde Erhalt des ökologischen Gleichgewichts und die Vielfalt der Gattungen und Arten einen untauschbaren Selbstwert besitzen, der den menschlichen Aktivitäten des Wirtschaftens und Konsumierens Grenzen setzt, müssen gestärkt werden. Unser gesamtes Handeln steht in der ökologischen Verantwortung für die nachfolgenden Generationen» (S. 24).

Hier wird eine nichtanthropozentrische Politik bzw. Rechtsgestaltung gefordert. Aber anders als die C-Parteien führen BÜNDNIS 90/DIE GRÜNEN keine spezifische ethische Begründung an. Sie verweisen nur allgemein auf das «ökologische Gleichgewicht». Ob damit auch die entscheidende ethische Rechtfertigung gegeben ist, bleibt unklar. Ähnlich wie die FDP können auch BÜNDNIS 90/DIE GRÜNEN nicht wie die C-Parteien ohne weiteres auf ein einheitliches weltanschaulich-religiöses Fundament zurückgreifen. Die Einzelentitäten werden wohl implizit durch die Nennung des «ökologischen Gleichgewichts» und der «Gattungen und Arten» von der Selbstwertzuschreibung ausgenommen. Die Nichtanthropozentrik ist also holistisch orientiert, ohne auch den Tieren und Pflanzen als einzelnen Entitäten einen Selbstwert zuzuerkennen. Hier spiegelt sich der Konflikt in der Ökologischen Ethik zwischen radikalen, holistischen Ökoethikern und individualistischen Tierethikern, wie ihn Callicott dargestellt hat.[139]

5. Die SPD ging 1958 im «Godesberger Programm» (S. 362) noch von einer «täglich wachsenden Macht über die Naturkräfte aus», bekennt sich aber im «Berliner Programm» von 1989 zu einer deutlich zurückgenommenen Position: «Als Teil der Natur kann er [der Mensch] nur in und mit der Natur leben» (S. 7); «Für uns gilt die ethische Verpflichtung zum pfleglichen Umgang mit der Natur auch dort, wo kein unmittelbarer Nutzen für die Menschen daraus folgt. Umweltschutz, Naturschutz, Tierschutz sind Teil unserer solidarischen Gesellschaftskonzeption. Ehrfurcht vor dem Leben ist Grundsatz unserer Politik» (S. 37).

Der vollständigen, nutzenorientierten Anthropozentrik wird mit der Formulierung «auch dort, wo kein unmittelbarer Nutzen für den Menschen daraus folgt» zwar eine klare Absage erteilt. Ob aber ein mittelbares menschliches Interesse im Sinne einer schwachen Anthropozentrik und/oder eine nichtanthropozentrische Rechtfertigung ausschlaggebend sein sollen, wird mit dieser kryptischen Formulierung nicht deutlich ausgesprochen. Man kann letzteres nur wegen der Verwendung des Terminus «Naturschutz» neben «Umweltschutz» und der an Albert Schweitzer erinnernden Formulierung «Ehrfurcht vor dem Leben» vermuten. Eine nichtanthropozentrische Begründung wird aber weder explizit erwogen noch formuliert. Wie FDP und BÜNDNIS 90/DIE GRÜNEN kann auch die SPD nicht ohne weiteres auf ein ethisch-weltanschauliches Fundament zurückgreifen, das eine klare Rechtfertigung für den Wandel zur ökologisch-ethischen Nichtanthropozentrik bereithält.

Zusammenfassend läßt sich konstatieren: Alle Parteien haben das Problem der Nichtanthropozentrik in ihren Programmen bis in die 80er Jahre hinein nicht explizit thematisiert. Aus einzelnen Formulierungen kann man aber – mit Ausnahme der GRÜNEN 1980 – auf eine durchgängige implizite Anthropozentrik schließen, der bei den C-Parteien allenfalls in abstracto ein theorelationales Bekenntnis gegenüberstand. Seit dieser Zeit setzte bei allen Parteien – mit Ausnahme vielleicht der FDP – offenbar eine stetig zunehmende Bewußtwerdung und Problematisierung der Nichtanthropozentrikfrage ein, die in den Grundsatzprogrammen ihren Niederschlag findet. Abgesehen von der FDP, deren Programm von 1985 datiert, scheint mittlerweile auf der abstrakten Ebene der Parteiprogrammatik – wie das reale politische Handeln aussieht, wird sich noch bei der Darstellung der Änderungsvorschläge zum Grundgesetz (unter F IV) zeigen – ein genereller, parteiübergreifender Konsens über eine nichtanthropozentrische ethische Position erreicht. Im Detail ergeben sich jedoch gravierende Unterschiede:

CDU und CSU begründen die Nichtanthropozentrik mit Hilfe einer Rückbesinnung auf ihre christlichen Grundlagen und deren Neuinterpretation für bzw. Anwendung auf die Naturschutzproblematik, insbesondere unter Betonung des Schöpfungscharakters der Welt. Dabei formulieren diese Parteien über das bloße Postulat der Nichtanthropozentrik hinaus eine spezifische ethische Rechtfertigung. Sie erreichen aber die Nichtanthropozentrik nur im Rahmen einer Theozentrik bzw. Theorelationalität und damit unter Annahme starker religiös-metaphysischer Prämissen.

Gerade die Emphase des CDU-Entwurfs legt zudem die Vermutung nahe, daß sich mangels anderer Realisationsfelder und angesichts einer immer weiter zunehmenden immanenten Rationalisierung und Säkularisierung unserer Lebenswelt – ähnlich wie im Rahmen der oben konstatierten nichtchristlichen «Neuen Religiosität» (A I 2) – nunmehr eine neue christliche Religiosität bzw. ein neuer christlicher Fundamentalismus auf dem Anwendungsfeld des Naturschutzes und speziell der Nichtanthropozentrikfrage Bahn bricht.

BÜNDNIS 90/DIE GRÜNEN und SPD fordern zwar ebenso deutlich eine nichtanthropozentrische Berücksichtigung der Natur, stützen diese aber lediglich durch eher implizite und vage holistische (BÜNDNIS 90/DIE GRÜNEN: «Mensch als Teil der Natur») bzw. biozentrische (SPD: «Ehrfurcht vor dem Leben») Rechtfertigungen. Ursache für diese Zurückhaltung bei der Explikation der ethischen Fundierung dürfte die weltanschaulich neutrale bzw. agnostische und pluralistische Grundhaltung dieser Parteien sein, die einen Rückgriff auf stark weltanschaulich geprägte Rechtfertigungen nicht zuläßt. Man wendet hier einen «Kunstgriff» an, den die SPD schon seit dem Godesberger Programm praktiziert, indem sie ihre Wurzeln auf «christliche Ethik», «Humanismus» und «klassische Philosophie» zurückführt und sich als «eine Gemeinschaft von Menschen versteht, die aus verschiedenen Glaubens- und Denkrichtungen kommen» (S. 364). Angesichts zunehmender weltanschaulicher Pluralität wird nach dem Motto «Alle Wege führen nach Rom» eine weltanschauliche Festlegung vermieden und nur Einigkeit in den praktischen Forderungen angestrebt. Für eine menschenwürdeorientierte, humanistische Politik mag dies ausreichen, da hier tatsächlich eine Parallelität geistiger Traditionen erkennbar ist. Für den Paradigmenwechsel zu einer nichtanthropozentrischen Position in der Ökologischen (Rechts-)Ethik erscheint dieses Verfahren aber problematisch, denn jede Perspektivenänderung bedarf einer starken und spezifischen Sachbegründung. Diese können die angesprochenen humanistischen Traditionen für die Nichtanthropozentrik nicht in genügendem Maß liefern.

Die C-Parteien vertreten demgegenüber eine klare (rechts)ethische Position. Diese enthält jedoch zum einen starke metaphysisch-religiöse Prämissen, die in einem säkularen und pluralen Gemeinwesen wie der Bundesrepublik zwar für den einzelnen Motivation sein können, aber als politische Rechtfertigung mit dem Anspruch auf Intersubjektivierung problematisch erscheinen. Zum anderen dürfte die religiöse Rechtfertigung kaum stärkere Konkretisierungshilfen bieten, da die biblische Überlieferung sich bei objektiver Betrachtung – wie auch Theologen zugestehen – als zu widersprüchlich und unkonkret zur praktisch-politischen Umsetzung in einer hochkomplexen Industriegesellschaft erweist.[140] Damit besteht die Gefahr des kaschierten Dezisionismus.

II. Das Recht

Nachfolgend werden die einzelnen Rechtsbereiche analysiert: Zivilrecht, Verwaltungsrecht, Strafrecht, Tierschutzgesetz, Verfassungsrecht, internationales Recht.

1. Obwohl sich gerade die streng formalen Zivilrechtsnormen regelmäßig auf den Ausspruch normativer Verpflichtungen beschränken und keine (rechtsethische) Begründung enthalten, ist die Frage nach dem anthropozentrischen bzw. nichtanthropozentrischen Status ihrer Rechtfertigung nicht müßig, weil Terminologie und Regelungsstruktur implizite und Gesetzesberatungen explizite Hinweise geben. Nach § 90 des Bürgerlichen Gesetzbuchs (BGB) wurden Tiere und Pflanzen bis 1990 als «Sachen» angesehen, die gepfändet, verkauft und vom Eigentümer nach Belieben behandelt werden konnten (§ 903 BGB), wobei allerdings das

Tierschutzgesetz, das Lebensmittelrecht etc. Einschränkungen vorsahen. Mit dem «Gesetz zur Verbesserung der Rechtsstellung des Tieres im bürgerlichen Recht» vom 20. 8. 1990 (BGBl. Teil I, 1990, S. 1762) wurden u. a. folgende Änderungen vorgenommen: Ins BGB wurde ein § 90 a eingefügt: «Tiere sind keine Sachen. Sie werden durch besondere Gesetze geschützt. Auf sie sind die für Sachen geltenden Vorschriften entsprechend anzuwenden, soweit nicht etwas anderes bestimmt ist.» § 903 BGB erhielt folgenden Zusatz: «Der Eigentümer eines Tieres hat bei der Ausübung seiner Befugnisse die besonderen Vorschriften zum Schutz der Tiere zu beachten.»

§ 765 a I ZPO wurde folgender Satz angefügt: «Betrifft die Maßnahme ein Tier, so hat das Vollstreckungsgericht bei der von ihm vorzunehmenden Abwägung die Verantwortung des Menschen für das Tier zu berücksichtigen.» Die Zivilprozeßordnung wurde schließlich um § 811 c ergänzt:

«(1) Tiere, die im häuslichen Bereich und nicht zu Erwerbszwecken gehalten werden, sind der Pfändung nicht unterworfen. (2) Auf Antrag des Gläubigers läßt das Vollstreckungsgericht eine Pfändung wegen des hohen Wertes des Tieres zu, wenn die Unpfändbarkeit für den Gläubiger eine Härte bedeuten würde, die auch unter Würdigung der Belange des Tierschutzes und der berechtigten Interessen des Schuldners nicht zu rechtfertigen ist.»

Mit der Aufhebung der Klassifizierung als Sache ist für die Tiere die explizit anthropozentrische Ausgestaltung des Zivilrechts zwar verbal beseitigt worden. Von den leichten Verbesserungen beim Pfändungsschutz abgesehen, bleibt es aber inhaltlich bei der massiven Nutzungsunterworfenheit der Tiere gegenüber den Interessen des Menschen. Sie wird nur über den Verweis auf das Tierschutzgesetz und andere Regelungen partiell begrenzt. Pflanzen sind weiterhin als Sachen auch explizit der vollen Nutzungsbefugnis des Menschen unterworfen.

2. Die einzelnen Gesetze des deutschen Umwelt- bzw. Naturschutzverwaltungsrechts enthalten regelmäßig vorangestellte Zweckbestimmungen, die als Auslegungshilfen dienen sollen (vgl. allgemein Kloepfer/Meßerschmidt 1987, S. 57 ff). In diesen Zweckbestimmungen haben sich im Verlauf der letzten 20 Jahre zumindest Tendenzen zu einer Veränderung ursprünglich strikt anthropozentrischer Positionen niedergeschlagen:

§ 1 des Bundeswaldgesetzes vom 2. 5. 1975[141] und § 1 I des Bundesnaturschutzgesetzes vom 20. 12. 1976, diesbezüglich unverändert neu bekanntgemacht am 12. 3. 1987[142], tragen noch einen relativ klaren anthropozentrischen Charakter.[143] Bei § 1 und § 3 I des Bundesimmissions-

schutzgesetzes vom 15. 3. 1974, diesbezüglich unverändert neu bekanntgemacht am 14. 5. 1990, ist die Anthropozentrik durch die Zusam-
menschau mehrerer Normen implizit klar erkennbar.[144]

Neuere Gesetze sind demgegenüber zumeist neutral formuliert und
treffen keine explizite oder implizite Entscheidung bezüglich einer anthropozentrischen Begründung. Zu nennen wären hier: § 1 Chemikaliengesetz vom 16. 9. 1980, diesbezüglich unverändert neu bekanntgemacht am 14. 3. 1990[145], § 1 Pflanzenschutzgesetz vom 15. 9. 1986[146], § 1
des Gesetzes über die Umweltverträglichkeitsprüfung (UVPG) vom
12. 2. 1990[147], § 1 Gentechnikgesetz vom 20. 6. 1990[148].

Kloepfer und Messerschmidt haben 1986 vorgeschlagen, als mögliches
Vorbild für eine allgemeine Zielformulierung den in der Nichtanthropozentrikfrage neutral formulierten Art. 1 des schweizerischen Bundesge-
setzes über den Umweltschutz vom 7. 10. 1983 heranzuziehen.[149] 1990
hat eine Kommission einen Entwurf für den Allgemeinen Teil eines Um-
weltgesetzbuches vorgelegt, der ebenfalls zumindest für eine nichtanthropozentrische Weiterung offen ist.[150]

Zum Schwur in der Nichtanthropozentrikfrage kam es im Deutschen
Bundestag anläßlich der Novellierung des Bundesnaturschutzgesetzes
1986. Der Gesetzentwurf der Bundesregierung schlug eine explizit nichtanthropozentrische Änderung des soeben erwähnten explizit anthropozentrischen § 1 I Bundesnaturschutzgesetz vor[151] und begründete dies
mit der Notwendigkeit eines Schutzes der Natur um ihrer selbst willen,
vor allem im Hinblick auf den Artenschutz.[152]

Der federführende Rechtsausschuß hat sich demgegenüber mehrheitlich für die Beibehaltung der bisherigen anthropozentrischen Formulierung ausgesprochen, u. a. mit dem eindeutig naturalistischen Argument,
«daß es in Deutschland nur eine menschlich gestaltete Natur gebe, so daß
durch die von der Bundesregierung vorgeschlagene Fassung ein Konflikt
zwischen den Lebensgrundlagen des Menschen und der Natur konstruiert werde»[153].

Trotz eines Änderungsantrags der SPD, die explizit nichtanthropozentrische Fassung als Gesetz zu beschließen (BT-Drucksache 10/6343), und
entsprechender Plädoyers in der Plenardebatte (Verh. des Dt. Bundestages, 10. WP., S. 18897 f, 18904 f) schloß sich die Mehrheit der Koalitions-
parteien CDU/CSU/FDP im Bundestag der Mehrheit im Rechtsausschuß an und beließ es bei der alten, anthropozentrischen Fassung des
Bundesnaturschutzgesetzes.

Auch wenn damit der Schwenk bei den Umweltverwaltungsgesetzen
zur expliziten Nichtanthropozentrik bzw. Öko- oder Biozentrik vorerst
gescheitert ist, läßt sich doch auch im Verwaltungsrecht insgesamt eine

Bewegung von einer strikten zu einer schwachen Anthropozentrik bzw. einer Offenheit für nichtanthropozentrische Formulierungen erkennen. Man kann hier einen Einfluß der öffentlichen und wissenschaftlichen Diskussionen in den letzten 20 Jahren vermuten.

In der Literatur zum deutschen Umwelt(verwaltungs)recht läßt sich lediglich eine offene Situation zwischen Anthropozentrikern[154], Nichtanthropozentrikern[155] und solchen Autoren, die – mit unterschiedlichen Gewichtungen – beide Positionen zu einem hierarchisierenden Kompromiß verbinden (Hoppe/Beckmann 1989, S. 21, 52) oder keine Stellungnahme für die eine oder die andere Position abgeben (Schmidt 1995, S. 2; Bender/Sparwasser 1990, S. 1), konstatieren. Auffallend ist, daß die Problematik meistenteils nur kurz erwähnt und ihre Bedeutung – vor allem bei Anthropozentrikern – mit pragmatischen Argumenten (allgemeine Unterstützung in der Bevölkerung nur, falls Nutzen für Menschen gegeben, anthropozentrische Sicht genügt für die meisten Problemfälle) diminuiert wird (Kloepfer 1989, S. 14 f). Die Notwendigkeit einer eingehenderen rechtsphilosophischen bzw. rechtsethischen Argumentation wird offensichtlich entweder nicht wahrgenommen, nach dem Motto «hic sunt leones» gemieden oder für überflüssig gehalten. Die einschlägige Literatur zur Ökologischen Ethik wird überhaupt nicht oder nur am Rand berücksichtigt. Mit der oft beschworenen Interdisziplinarität steht es insofern nicht zum besten.

3. Die ersten Reaktionen der deutschen Strafrechtswissenschaft und des deutschen Strafrechtsgesetzgebers auf die zunehmenden Naturgefährdungen waren strikt anthropozentrisch. Der Alternativ-Entwurf einiger Strafrechtslehrer zum Strafgesetzbuch von 1971 sah vor, innerhalb des Abschnitts der Delikte gegen die Person unter der Überschrift «Personengefährdungen» einen 9. Titel einzuführen, der dem Schutz von Leib und Leben des Menschen vor Umweltgefährdungen dienen sollte (Baumann 1971, S. 48 ff). Die Autoren kommentierten ihren Vorschlag folgendermaßen: «Allerdings ist die Bezeichnung ‹Umweltschutz› geeignet, die hier anstehenden Probleme zu verniedlichen oder gar zu verschleiern: Es geht nicht um den Schutz der Umwelt, sondern allein um den Schutz menschlichen Lebens und menschlicher Gesundheit vor den Gefahren der Umwelt.» § 16 I Nr. 1 und 3 des Abfallbeseitigungsgesetzes von 1972 setzte für die Strafbarkeit der unerlaubten Abfallbeseitigung voraus, daß «das Leben oder die Gesundheit anderer gefährdet würden» (BGBl., Teil I, 1972, S. 877), wobei «andere» sich selbstverständlich nur auf Menschen bezog.

Das Gesetz zur Bekämpfung der Umweltkriminalität vom 28. 3. 1980 läßt demgegenüber eine gewisse Abschwächung der Anthropozentrik bzw. transanthroporelationale Überlegungen erkennen.[156] Die zentralen Normen des Umweltstrafrechts wurden damit als §§ 324–330d StGB im 28. Abschnitt unter dem Titel «Straftaten gegen die Umwelt» in das Strafgesetzbuch inkorporiert (BGBl. I. 1980, S. 373). Sanktioniert werden die Beeinträchtigungen verschiedener Umweltmedien, so die Verunreinigung eines Gewässers, die Luftverunreinigung, die Lärmbelästigung, die umweltgefährdende Abfallbeseitigung usw. Die einzelnen Normen geben weder durch eine explizite Zweckangabe noch durch andere Formulierungen einen Hinweis auf ihren anthropozentrischen Charakter. Die Gesetzesbegründung stellt allerdings (schwach) anthropozentrisch auf den «Lebensraum und die natürlichen Lebensgrundlagen des Menschen» ab.[157]

In der Strafrechtswissenschaft ist zur Konkretisierung des Schutzzwecks einer Norm der – umstrittene (Jakobs 1991, 2. Ab., RdNr. 1 ff, S. 35 ff) – Begriff des «Rechtsguts» entwickelt worden.[158] Klassische Rechtsgüter sind z. B. Leben, Gesundheit und Eigentum. Versucht man eine – notwendigerweise nur en passant mögliche – Charakterisierung des Rechtsgutsbegriffs im Rahmen der im ersten Kapitel entfalteten Terminologie (A III 1), könnte man ihn als gegebenheitsbezogene Kennzeichnung ansehen. Der Rechtsgutsbegriff nimmt zwischen normierendem Recht und begründender Rechtsethik eine Zwitterstellung ein. Er dient einerseits zur Systematisierung der Delikte, andererseits wird er bei der Normauslegung herangezogen und übernimmt damit zumindest partiell begründende Funktion.

Die Rechtsgüter des Umweltstrafrechts[159] werden heute überwiegend nichtanthropozentrisch interpretiert (vgl. aber Hohmann 1991). Diskutiert werden eine sog. «ökologisch-anthropozentrische», eine «ökologische»[160] und eine «administrative»[161] Sichtweise, wobei erstere die weit überwiegende Anzahl von Anhängern hat.[162] In ihr wird angenommen, daß der Gesetzgeber in den §§ 324–330d StGB Gewässer, Luft, Boden, Tiere und Pflanzen als eigenständige Rechtsgüter neben denen des Menschen (Eigentum etc.) geschützt hat. Betont wird aber, daß dieser Schutz ökologischer Rechtsgüter ausschließlich um des Menschen willen, nicht um der Natur selbst willen erfolgt[163], wobei Rengier – entgegen den Überlegungen in A IV – annimmt, daß hier der Unterschied letztlich «eher im verbalen Bereich liege» (1990, S. 2508). Die Klassifizierung «ökologisch-anthropozentrisch» bezieht sich demnach ausschließlich auf die Zwischenebene des Rechtsguts. Über der Rechtsgutsebene wird eine weitere Begründungsebene eingezogen, die rein anthropozentrisch ist. Immerhin handelt es sich aber in der hier verwendeten Terminologie um eine abgeschwächte bzw. transanthroporelationale Begründung, weil auch weitere und fernerliegende menschliche Interessen berücksichtigt werden und ein Schutz der Natur als eigenständiges Rechtsgut – allerdings letztendlich um des Menschen willen – erfolgt.

Versucht man, diese weit überwiegende Ansicht in der Strafrechtslehre am Gesetz durch Analyse impliziter Konnotationen zu verifizieren, so ergibt sich tatsächlich eine (schwache und trans-) anthropozentrische Ausrichtung:

Als Abschnittsüberschrift und in § 326 V und § 330 I S. 1 Nr. 2 StGB taucht der Ausdruck «Umwelt» auf. In § 325 I S. 1 Nr. 1 StGB wird von der «Gesundheit eines anderen, Tiere[n], Pflanzen oder andere[n] Sachen von bedeutendem Wert» gesprochen. Tiere und Pflanzen werden also gemäß dem ursprünglichen § 90 BGB im Zivilrecht als Sachen angesehen. In § 326 V StGB wird die umweltgefährdende Abfallbeseitigung für straffrei erklärt, «wenn schädliche Einwirkungen auf die Umwelt, insbesondere auf Menschen, Gewässer, die Luft, den Boden, Nutztiere oder Nutzpflanzen, wegen der geringen Menge der Abfälle offensichtlich ausgeschlossen sind». Die Tatsache, daß nicht genutzte Tiere und Pflanzen hier nicht erwähnt sind, bedeutet sicher nicht, daß im Fall ihrer Beeinträchtigung keine Strafbefreiung eintritt, sondern daß damit der Regelungszweck ins Auge gefaßt ist. Die Strafrechtslehre hat die sprachlich offensichtliche Bezugnahme auf humane Nützlichkeit in eine «allgemeine Umweltnützlichkeit» uminterpretiert (Kareklas 1990, S. 136), was für die Anwendung immerhin eine Verschiebung bedeutet, aber an der Aufdeckung der anthropozentrischen Bewußtseinslage der gesetzgebenden Personen nichts ändert. Die schwere Umweltgefährdung ist nach § 330 I S. 1 a. E. StGB nur strafbar, wenn «dadurch Leib oder Leben eines anderen, fremde Sachen von bedeutendem Wert, die öffentliche Wasserversorgung oder eine staatlich anerkannte Heilquelle gefährdet» werden. Tiere und Pflanzen fallen hier also unter die «Sachen», wobei «fremd» «im Eigentum eines anderen stehend» bedeutet, so daß Wildtiere überhaupt nicht geschützt sind.

4. Die Einordnung des Tierschutzgesetzes in die soeben zugrundegelegte klassische Trias der Rechtsgebiete Zivilrecht / Strafrecht / Öffentliches Recht ist umstritten. Wegen der in ihm enthaltenen Straf- und Ordnungswidrigkeitenbestimmungen wird es häufig als strafrechtliches Nebengesetz angesehen (Lorz 1992, S. 73, RdNr. 178). Als Querschnittsregelung entfaltet es aber für alle Rechtsbereiche Wirkung, so daß eine entsprechende Kategorisierung zweifelhaft bleiben muß. Da das Tierschutzgesetz weder das Verhältnis Bürger – Bürger (Zivilrecht) noch das Verhältnis Bürger – Staat (Öffentliches Recht, Strafrecht) regelt, sondern mit dem Tier eine andersartige zu berücksichtigende Entität einführt und

damit ein divergierendes Grundverhältnis behandelt (Tier – Bürger – Staat), fällt es offensichtlich in keines der klassischen Rechtsgebiete.

Zur Erhellung der dem Tierschutzgesetz zugrundeliegenden rechts-ethischen Wertungen sollen nachfolgend zunächst die Materialien der Gesetzgebungsverfahren und dann die einzelnen Regelungen analysiert werden.[164]

Die Analyse der Materialien zum Tierschutzgesetz (TierSchG) liefert kaum Stoff für eine ethische bzw. rechtsethische Begründungs- bzw. Kohärenzprüfung: Die Begründung des Gesetzentwurfs der Bundesregierung, der zur letzten größeren Novellierung des TierSchG zum 1. 1. 1987 führte, erwähnt – anthropozentrisch orientiert – die «Einsicht, daß der Schutz des Lebens auch im Sinne des Artenschutzes und des Tierschutzes letztlich untrennbar mit der Existenz der Menschheit verbunden ist» und immer «mehr an Bedeutung» gewinnt (BT-Drucksache 10/3158, S. 16). Auch die Rechtfertigung für die Implementierung des Terminus «Mitgeschöpf» in § 1 TierSchG[165] durch den Ausschuß für Ernährung, Landwirtschaft und Forsten verweist lediglich auf eine Meinungsänderung in der Bevölkerung und auf die menschliche Mitverantwortung für das Tier, ohne eine spezifische ethische Rechtfertigung zu geben.[166] Ähnliches gilt für frühere Novellierungen: Schon bei der völligen Neufassung des TierSchG im Jahre 1933 wurde zwar ein Bekenntnis zur Nichtanthropozentrik abgelegt, dafür aber keine spezifische ethische Begründung angeführt.[167]

Ein Abgeordneter der SPD hat – unter Beifall der CDU/CSU-Abgeordneten – bei einer der letzten Novellierungen erklärt, «daß es einen absoluten Tierschutz im Sinne der Unantastbarkeit tierischen Lebens nicht geben kann... Wer dem Tier menschliche Würde verleiht, muß sich zwangsläufig für die Unantastbarkeit seines Lebens einsetzen. Die Verantwortung gegenüber dem Tier findet aber ihre Grenze in der Verantwortung gegenüber dem Menschen. Diese hat Vorrang» (Verh. des Dt. Bundestages, 10. WP., S. 16108 f). Diese Passage zeigt, in welch hohem Maß die Debatte um nichtanthropozentrische Begründungen mit anthropomorphen ethischen Kategorien wie der «menschlichen Würde» geführt wird – und durch sie belastet ist.

Als ergiebiger erweist sich ein Blick auf die normativen Regelungen des TierSchG selbst. Dabei muß zunächst als bemerkenswert registriert werden, daß in der Literatur die Beurteilung des ethischen Fundaments des TierSchG grundlegend divergiert. Während etwa Lorz in seinem Kommentar einen «ethischen Tierschutz» (dieser Terminus ist unglücklich, weil er keine spezifische ethische Rechtfertigung kennzeichnet), d. h. einen altruistischen Schutz des Tiers um seiner selbst willen, verwirklicht oder zumindest intendiert sieht (1992, Einführung RdNr. 21, S. 39), kritisiert Bosselmann, daß der Tierschutz im Kern anthropozentrisch geblieben sei (1987, S. 3).

Eine möglichst vorurteilslose und um Objektivität bemühte Analyse der Bestimmungen des TierSchG gelangt dagegen zu einem differenzierteren Ergebnis: Unmittelbare menschliche Interessen ökonomischer, aber auch wissenschaftlicher und hedonistischer Art sind im TierSchG bis zu einem gewissen Grad begrenzt und zurückgedrängt. Dies ist in verschiedenen Bereichen unterschiedlich stark geschehen. Für diese Begrenzungen menschlicher Interessen lassen sich folgende vier Rechtfertigungsstränge ausmachen, die nachfolgend aufgewiesen und problematisiert werden sollen: (1) ein religiös-schöpfungstheologischer, (2) ein auf Leiden, Schmerzen und Schädigungen der Tiere Rücksicht nehmender folgenorientierter (utilitaristischer), (3) einer, der im Anschluß an Kant (A III 4.1 (a)) die Verrohung des Menschen durch eine rohe Behandlung der Tiere vermeiden will, und (4) schließlich ein weitsichtigegoistischer, der mit dem Wohlergehen der Tiere langfristige menschliche Interessen sichern will.

Die letzteren beiden Begründungsstränge bleiben (schwach) anthropozentrisch, der erste bietet unter einer theorelationalen primären Ebene auf einer sekundären Ebene zumindest die Möglichkeit zur Überwindung der Anthropozentrik, der zweite ist genuin nichtanthropozentrisch.

(1) Der religiös-schöpfungstheologische Begründungsstrang hat mit der Novellierung zum 1. 1. 1987 durch die Implementierung der Bezeichnung «Mitgeschöpf» in § 1 Eingang in das TierSchG gefunden. Dabei ist die ethische Rechtfertigung zwar nicht explizit gemacht, aber als implizite Konnotation in § 1, der den Zweck des Gesetzes bestimmt, relativ eindeutig: Wer von «Geschöpfen» spricht, impliziert die Existenz eines Schöpfers, eines Schöpfungsaktes und einer Schöpfung als Ergebnis. Da angenommen werden muß, daß hiermit kaum der Mensch als Schöpfer der Tiere gemeint ist, kann sich diese Aussage nur auf einen Schöpfergott beziehen. Mit der Rückführung der Existenz von Mensch und Tier auf einen Schöpfergott sollen dem Menschen Grenzen in der Behandlung der Tiere gezogen werden. Hier ergibt sich eine interessante Parallele zur im letzten Abschnitt aufgewiesenen starken Akzentuierung schöpfungstheologischer Rechtfertigungen in der neueren Programmatik der C-Parteien.

Die Tatsache, daß diese Formulierung erst nachträglich eingefügt wurde, daß sie an keiner sonstigen Stelle im Gesetz auftaucht und auch keine eindeutige inhaltliche Umsetzung erkennbar ist, die nicht auch auf andere Rechtfertigungsmodelle gestützt werden könnte, läßt aber die

Vermutung zu, daß der religiös-theologische Begründungsstrang die normativen Regelungen des Gesetzes allenfalls partiell und mittelbar – quasi als Letztbegründung – überwölbt bzw. lediglich abstrakt vorangestellt ist. Aber selbst diese eingeschränkte Kraft bzw. Funktion der religiös-schöpfungstheologischen Rechtfertigung ist – auch für einen Christen – im Rahmen einer Gesetzesregelung in mehrfacher Hinsicht problematisch:

Die Annahme eines Schöpfergottes und einer Schöpfung ist eine starke metaphysische Voraussetzung, die jeder Gläubige für sein individual-ethisch bestimmtes Handeln präsupponieren kann, die aber intersubjektiv und rational kaum begründbar ist (vgl. Patzig 1986, S. 19).

Insbesondere problematisch erscheint eine derartige starke religiös-metaphysische Annahme aber in einem Gesetz eines Staatswesens, dessen Mitglieder zwar mehrheitlich christlich geprägt sind, das aber doch weltanschauliche Neutralität in letzten Religions- und Weltanschauungsfragen für sich in Anspruch nimmt (Seifert/Hömig 1991, Art. 4, RdNr. 4; Art. 140, RdNr. 5). Dies gilt um so mehr, als eine entsprechende Bezugnahme auf die Schöpfungstheologie, soweit ersichtlich, sonst in keinem Gesetz auftaucht, auch nicht in den anderen Umwelt- bzw. Naturschutzgesetzen. Die einzige Parallelstelle – wenn man von einigen Landesverfassungsbestimmungen absieht – ist insofern die Präambel des Grundgesetzes mit ihrer Bezugnahme auf Gott, die aber lediglich die Motive bzw. Beweggründe der Verfassungsgebung beschreibt und sich in ihrer sprachlichen Formulierung auch auf einen Teil der Bürger beziehen kann.

Angesichts der Tatsache, daß sich in der Bundestagsdebatte über den vorletzten Tierschutzbericht der Bundesregierung auch Angehörige weltanschaulich neutraler Parteien (FDP, SPD) auf das Postulat der Mitgeschöpflichkeit berufen haben (Verh. des Dt. Bundestages, 12. WP., S. 7549, 7551), erscheint die Annahme nicht ganz fernliegend, daß der religiös-schöpfungstheologische Hintergrund des Terminus «Geschöpf» nicht mehr wahrgenommen wird. Dann verlöre der Terminus aber auch seine Bezugnahme auf einen denkbaren ethischen Begründungsansatz und wäre, was die ethische Rechtfertigung anbelangt, ebenso bedeutungsneutral wie der Terminus «Tier» oder auch «Kreatur» (hier hat sich der etymologische Ursprung von lat. *creatio* = Schöpfung bereits fast vollständig verflüchtigt).

Aber selbst wenn man die soeben erörterten Probleme der intersubjektiven rationalen Vermittelbarkeit und der staatlichen Neutralitätspflicht mit Bezug auf den Terminus «Mitgeschöpf» außer acht läßt, muß man doch zugeben, daß die Annahme eines gemeinsamen Schöpfergottes die

Frage, wie sich die Geschöpfe untereinander verhalten sollen, ohne weitere normative Gebote nicht beantwortet. Das Alte Testament enthält hierzu stark divergierende Aussagen. Die Tatsache, daß die christlichen Kirchen bis vor kurzem mit Berufung auf Autoritäten wie Augustinus und Thomas von Aquin (B II 2) die Tiere mangels Gottesebenbildlichkeit und unsterblicher Seele nahezu einhellig (Franz von Assisi und Albert Schweitzer waren insofern nur Randvertreter) menschlichen Interessen unterordneten, zeigt diese normative Variabilität innerhalb des schöpfungstheologischen Rahmens ziemlich plastisch (vgl. C I 1).

(2) Ein zweiter, die Rücksichtnahme auf Leiden, Schmerzen und Schäden der Tiere fordernder, folgenorientierter Begründungsstrang steht zum einen in der Traditionslinie der englischen Utilitaristen (Bentham; vgl. B II 4), zum zweiten in der der Leidens- bzw. Mitleidsethik (Schopenhauer; vgl. B II 5) und schließlich auch in der alten rechtsethischen Tradition des «neminem laedere» des römischen Rechts. Er manifestiert sich zunächst in § 1 S. 2 TierSchG («Niemand darf einem Tier ohne vernünftigen Grund Schmerzen, Leiden oder Schäden zufügen»), dann aber auch in vielen einzelnen Regelungen. Auffallend – und insgesamt in hohem Maß kennzeichnend für das Tierschutzgesetz – ist dabei, daß die Leidens- bzw. Schmerzvermeidung (bei Wirbeltieren) gegenüber der Verhinderung von Schädigung und Tötung ganz in den Vordergrund tritt. Deutlich wird dies etwa in den Abschnitten 3 (§ 4) und 4 (§ 5) TierSchG, in denen jeweils die Betäubung des Wirbeltiers angeordnet wird, das getötet werden soll. Die Tötung selbst ist gemäß § 17 Nr. 1 StGB nur dann untersagt, wenn kein irgend gearteter vernünftiger Grund des Menschen vorliegt. Auch marginale Gründe des Menschen haben also Vorrang vor dem Lebensinteresse des Tiers.

Diese Dominanz der Verpflichtung zur Schmerzvermeidung gegenüber der Verhinderung von Schädigung und Tötung zeigt sich auch bei der Regelung von Tierversuchen. Nach § 9 II Nr. 8 TierSchG muß ein Versuchstier unverzüglich «schmerzlos getötet werden», wenn es nur unter Schmerzen oder Leiden weiterleben kann. Dies gilt auch für leichte Schmerzen. Ethisch stellt sich die Frage, ob die starke Dominanz der Schmerzvermeidung gegenüber der Verhinderung von Schädigung und Tötung gerechtfertigt ist. Würden wir den eigenen Hund einschläfern lassen, wenn er leichtere arthritische Altersbeschwerden hat? Wäre nicht vielmehr die Erwägung angebracht, daß leichtere Schmerzen in jedem Fall durch andere Freuden, etwa am Fressen, am Auslauf, am Erkennen bekannter Personen, ausgeglichen werden können und so insgesamt zu einer noch positiven Glücksbilanz führen, die eine Tötung ausschließen müßte – wenn man nicht richtigerweise das durch das oben skizzierte

Anderinteressenmodell (D) nahegelegte grundsätzliche Tötungsverbot gegenüber Tieren anerkennen und allenfalls eine euthanasieähnliche Tötungserlaubnis zugestehen will? Die Tötung erschiene demnach allenfalls bei starken und irreversiblen Schmerzen akzeptabel. Bemerkenswert ist, daß die hier festgestellte Dominanz der Gewichtung von Schmerz im Verhältnis zu Schaden und Tod gegenüber den Tieren der Wertung, die bei Menschen getroffen wird, gerade entgegengesetzt ist. Während bei Menschen heutzutage niemand auf die Idee käme, eine so schwere Verstümmelung wie eine Kastration oder gar die Tötung dann als gerechtfertigt anzusehen, wenn der Patient betäubt ist, ist dies bei Tieren tägliche Praxis.

Gerechtfertigt wird diese stark divergierende Bewertung des Verhaltens gegenüber Mensch und Tier bei manchen Autoren in der tierethischen Literatur durch die Annahme, Tiere seien Gegenwartsgeschöpfe ohne Selbst- und Zukunftsbewußtsein (Höffe 1984, S. 135; Spaemann 1989, S. 231). Anders als die Menschen seien sie vollständig im Triebhang der Gegenwart gefangen und lebten nur von Augenblick zu Augenblick. Es muß aber darauf hingewiesen werden, daß schon diese empirische Annahme in der tierethischen und biologischen Literatur stark umstritten ist und gewichtige Stimmen dagegen sprechen (Regan 1983, p. 34 ff; J. C. Wolf 1992, S. 100 ff; U. Wolf 1990, S. 118 ff; Griffin 1991). Nach den Ergebnissen des Teils E können die mentalen Kapazitäten der Tiere bei der Frage der Zuschreibung und Normativität von Anderinteressen keine Rolle spielen, sondern allenfalls bei deren Gewichtung. Da Tiere die Erhaltung von Leben und körperlicher Integrität offensichtlich zumindest mit gleicher Intensität anstreben wie die Leidvermeidung, ist kein Grund ersichtlich, warum der Mensch den Tieren – aus durchsichtigen Nutzungserwägungen – seine völlig divergierende eigene Wertungshierarchie aufoktroyieren dürfte.

Hingewiesen sei in diesem Zusammenhang auch darauf, daß der bestehende Gesetzestext, insbesondere was die Tötung und Schädigung von Tieren anbelangt, Wertungswidersprüche enthält. Während beim Schlachten nach der Betäubung quasi alles nur irgendwie vernünftig Rechtfertigbare (§ 1 und 17 Nr. 1) erlaubt ist (§ 4 I) und auch schwerwiegende Eingriffe wie die Kastration in der Nutztierhaltung – mit marginalen Einschränkungen – möglich sind (§ 6 I Nr. 3, § 5 III Nr. 1), muß bei Tierversuchen – etwa einer Kastration – eine spezifische ethische Abwägung stattfinden, die «unerläßliche Zwecke» ins Feld führt (§ 7 II, III). Besonders deutlich wird dies in § 6 I Nr. 2, der das Beschädigungsverbot für Tiere aufhebt «für einen Eingriff, der im Einzelfall für die vorgesehene Nutzung des Tieres, ausgenommen eine Nutzung für Tierversuche, unerläßlich ist». Man muß sich fragen, warum etwa bei der Kastration und der Tötung von Nutztieren keinerlei besondere weitere ethische Abwägung stattfinden soll, während dies bei Tierversuchen, die dasselbe Ergebnis zeitigen, geboten ist. Zu erklären ist dies nur mit Rekurs auf die schon erwähnte absurde politische Institutionalisierung des Tierschutzrechts im Ministerium für Ernährung, Landwirtschaft und Forsten bzw. im entsprechenden Bundestagsausschuß (D VIII), das schon immer Übliche in der landwirtschaftlichen Nutztierhaltung und die erheblichen ökonomischen Auswirkungen, die entsprechende Einschränkungen der Nutztierhaltung hätten, während Tierversuche in größerer Anzahl ein verhältnismäßig neues Phänomen sind und ihre Restriktion ökonomisch nicht so gravierend erscheint. Aber es dürfte offensichtlich sein, daß dies keine guten ethischen Argumente sind. Man darf wohl das menschliche Erkenntnis- und Gesundheitsinteresse nicht gegenüber den Gaumenfreuden, der Vereinfachung der Nutztierhaltung und der Verbilligung der Fleischproduktion pauschal niedriger qualifizieren. Diese Wertungswidersprüche sollten aber nicht zum Anlaß einer Lockerung der Tierversuchsregelungen, sondern einer Verschärfung der Nutztierhaltungsbeschränkungen genommen werden.

(3) Das auf Kant zurückgehende anthropozentrische Argument der Gefahr menschlicher Verrohung durch die Schmerz- und Leidensverursachung bei Tieren (A III 4.1 (a)) führt nur zu einer indirekten Berücksichtigung der Tiere. Es findet einen mehr oder minder expliziten Niederschlag im TierSchG lediglich in § 17 Nr. 2 a. Danach genügt für eine Strafbarkeit des Täters nicht nur der äußere Erfolg der Zufügung von Schmerzen oder Leiden gegenüber dem Tier, hinzukommen muß die «Roheit» als «gefühllose Gesinnung» (Lorz 1992, § 17, RdNr. 38). Dies verträgt sich wenig mit der allgemeinen Tendenz des modernen Strafrechts, eine Gesinnungsstrafe zu vermeiden. Die bloße Gesinnung als strafbegründendes Merkmal ist aus dem Kernstrafrecht praktisch ganz verschwunden.[168] Kant hätte sich im Rahmen seiner Rechtstheorie gegen eine solche strafbegründende Voraussetzung einer bestimmten Gesinnung ausgesprochen, weil für ihn das Recht nur das äußere Verhalten erfassen sollte, nicht aber die innere Gesinnung (1907, S. 232). Im übrigen paßt es nicht zu einem nichtanthropozentrischen Tierschutz, wenn die äußeren Folgen einer Handlung für die Tiere nicht zur Begründung der Strafbarkeit genügen. Bedenken bestehen im übrigen auch, ob diese Voraussetzung dem strafrechtlichen Bestimmtheitsgebot des Art. 103 II GG genügt. Alle Argumente sprechen also für eine Streichung der Voraussetzung der «Roheit» in § 17 Nr. 2 a.

(4) Der weitsichtig-egoistische, schwach anthropozentrische Recht-

fertigungsstrang kommt besonders schön in dem bekannten Werbeslogan «Wenn es der Katze gutgeht, dann freut sich der Mensch» zum Ausdruck. Er tritt im Tierschutzgesetz etwa in § 2 zutage, der eine angemessene Ernährung, Pflege und verhaltensgerechte Unterbringung des Tiers fordert. Dies wird der vernünftige Nutztierhalter auch im Eigeninteresse beachten. Triebhafte Regungen, die darüber hinausgehen, etwa das Bedürfnis nach Gemeinschaftsbildung, Paarung und schmerzfreier Bewegung, müssen dem Tier nach der bisherigen Fassung des Gesetzes aber nicht ermöglicht werden.

(5) Vom Standpunkt der Anderinteressenposition (Kapitel D VIII) kann keiner dieser Begründungsstränge überzeugen. Gleiches gilt für deren Ergebnisse. Das Tierschutzgesetz müßte demnach radikal novelliert werden. Die Tötung oder Schädigung von Tieren dürfte nur zur Verhinderung des Todes oder der Schädigung von Menschen zulässig sein, soweit keine anderen Wege offenstehen – z. B. der Verzicht auf neue Chemikalien etc. Dies ließe praktisch nur die Gewinnung von tierischen Stoffen zur Herstellung von Medikamenten und nicht ersetzbare, anwendungsorientierte Tierversuche für (lebenswichtige) Medikamente zu, keinesfalls aber etwa den LD50-Test. Darüber hinaus wäre eine tiergerechte und schonende Nutzung im Rahmen einer Milchwirtschaft, als Reittier, als Haustier etc. möglich.

5. Über mehr als 20 Jahre gab es Versuche und Vorschläge, das Schweigen des Grundgesetzes der Bundesrepublik zum Natur- und Umweltschutz – von Kompetenznormen abgesehen – zu durchbrechen, sei es durch eine Staatszielbestimmung, einen Staatsgrundsatz, ein Grundrecht (Steiger 1975, S. 65 f), eine Grundpflicht oder eine Grundsatznorm (Murswiek 1988, S. 14 ff). Die Geschichte dieser mittlerweile sicher dreistelligen Kodifikationsbemühungen von Parteien, Institutionen, Kommissionen und Interessenverbänden ist bis 1990 minutiös aufgearbeitet (Bock 1990, S. 53 ff; Müller-Bromley 1990, S. 18 ff; Mayer-Tasch 1992, S. 36 ff) und bedarf keiner weiteren Darstellung. Nach 1990 ist insbesondere die im Zuge der Wiedervereinigung eingesetzte «Gemeinsame Verfassungskommission von Bundestag und Bundesrat» zu erwähnen, die am 1. 7. 1993 einen weiteren Kompromißvorschlag beschlossen hat (BT-Drucksache 12 / 6000, S. 65 ff), der am 27. 10. 1994 als neuer Art. 20 a Teil des Grundgesetzes wurde.

Die jeweiligen Kodifikationsvorschläge in der Debatte lassen sich in anthropozentrische, neutrale und nichtanthropozentrische unterteilen. Dabei ergeben sich Hinweise auf die Ausgestaltung nicht nur aus der expliziten Verbalisierung, sondern auch aus der jeweiligen rechtstechnischen Einfassung. Grundrechte binden nicht nur wie Staatszielbestimmungen als objektives Recht die staatlichen Institutionen, sondern gewähren dem Rechtsträger eine subjektiv-verfassungsrechtliche Position. Wird in Anlehnung an die bestehenden Grundrechte der Menschen bzw. Staatsbürger ein «Grundrecht auf menschenwürdige Umwelt» statuiert, so impliziert schon die rechtstechnische Ausgestaltung eine rechtsethische Anthropozentrik. Denn dort, wo materielle[169] subjektive Rechte eingeräumt werden, geschieht dies – von einigen Spezialfällen abgesehen – im Interesse des Rechtsträgers.

Staatszielbestimmungen, Staatsgrundsätze (Staatsfundamentalnormen), Grundpflichten und Grundsatznormen enthalten dagegen allenfalls eine objektive Verpflichtung des Staates, ohne eine subjektive Berechtigung auszusprechen. Bei ihnen kommt es auf den Wortlaut an: Die verschiedentlich kodifizierte Verpflichtung zum Schutz der «natürliche Lebensgrundlagen des Menschen» ist klar anthropozentrisch und allenfalls offen für eine abgeschwächte Anthropozentrik. Verwendet man nur «natürliche Lebensgrundlagen», muß angesichts der Ambiguität des Ausdrucks eine systematische Interpretation der Norm mit Bezug auf ihren Kontext erfolgen, die angesichts der bisherigen Anthropozentrik des Grundgesetzes in Art. 1 I und der ähnlichen Formulierung von Art. 2 I GG eine nichtanthropozentrische Auslegung kaum erlauben dürfte (v. d. Pfordten 1995a, 1996b). Die Verwendung des Terminus «Umwelt» legt – wie oben ausgeführt – eine anthropozentrische Konnotation zumindest nahe, während dies für «Natur», «Mitwelt» und «Landschaft» nicht gilt. «Schöpfung» impliziert eine theorelationale Konnotation.

Denkbar wäre schließlich, die Nichtanthropozentrik rechtstechnisch zu kodifizieren. Statt eines Umweltgrundrechts des Menschen wäre ein Grundrecht der Natur gegenüber dem Staat rechtslogisch möglich. Dann wäre allerdings selbstredend eine treuhänderische Geltendmachung dieses Rechts nötig. Da dies aber auch für Kinder, Geisteskranke, juristische Personen und sogar Verstorbene geschieht, spräche gegen ein solches Grundrecht der Tiere und eventuell auch der Pflanzen zumindest kein rechtstechnisches oder rechtslogisches Argument (dazu sogleich F III). Diesbezügliche Forderungen tauchen allerdings in der juristischen Literatur nur vereinzelt auf. Sie werden häufiger von Ethikern erhoben (Wolf 1992, S. 164).

Ob das Grundgesetz eine solche Option – und sogar eine nichtanthropozentrische Staatszielbestimmung – normativ – über Art. 79 III, Art. 1 I GG – ausschließt, wie verschiedentlich angenommen wird (Bock 1990, S. 360), wird im Abschnitt F IV noch zu erörtern sein.

Zusammenfassend ergibt sich folgendes Tableau der Kodifikations-

Grundrecht des Menschen auf «menschenwürdige Umwelt»	Staatszielbestimmung / Grundpflicht «Schutz der natürlichen Lebensgrundlagen des Menschen»	Staatszielbestimmung / Grundpflicht «Schutz der natürlichen Lebensgrundlagen»

möglichkeiten bzw. -vorschläge von links nach rechts mit abnehmender normativ-begründender Anthropozentrik (siehe oben).

Die für die Parteiprogramme und die bisher untersuchten Rechtsbereiche konstatierte diachrone Abschwächung einer strikt anthropozentrischen Position läßt sich auch für die einzelnen verfassungspolitischen Kodifikationsvorschläge konstatieren. Am Anfang der 70er Jahre stand – z. B. in den «Freiburger Thesen» der FDP von 1971, im Umweltprogramm der Bundesregierung (BT-Drucksache 6/2710, S. 9) von 1971 und im Umweltgutachten des Rates von Sachverständigen für Umweltfragen von 1974 (BT-Drucksache 7/2802, S. 172 f) – mit dem «Recht auf menschenwürdige Umwelt» ein anthropozentrischer Vorschlag. Nachdem die Operationalisierbarkeit eines solchen Umweltgrundrechts allgemein bezweifelt worden war, wurde im Bericht der Sachverständigenkommission «Staatszielbestimmungen/Gesetzgebungsaufträge» vom August 1983 der Mehrheitsvorschlag gemacht, Art. 20 GG folgendermaßen anthropozentrisch neu zu fassen: «Die Bundesrepublik Deutschland ist ein demokratischer und sozialer Bundesstaat. Sie schützt und pflegt die Kultur und die natürlichen Lebensgrundlagen des Menschen.»

In der anschließenden Phase der Gesetzgebungsanträge formulierte die GRÜNEN-Fraktion im Bundestag am 9. 2. 1984 noch einen anthropozentrischen Antrag für einen neuen Art. 37 a GG: «(1) Umwelt, Natur und Landschaft sind als Lebensgrundlagen des Menschen der Obhut und Pflege von jedermann anvertraut. Sie stehen unter dem besonderen Schutz des Staates» (BT-Drucksache 10/990, S. 2), während der Antrag der SPD-Fraktion für einen neuen Art. 20 a GG schon schwächer anthropozentrisch ausgestaltet war: «Die natürlichen Lebensgrundlagen stehen unter dem besonderen Schutz des Staates» (BT-Drucksache 10/1502, S. 57). Nachdem verschiedene andere Gesetzentwürfe, u. a. einer des Bundesrats vom 10. 7. 1987 («Art. 20 a: Die natürlichen Lebens-

Staatszielbe-stimmung / Grundpflicht «Schutz der Umwelt»	Staatszielbe-stimmung / Grundpflicht «Schutz der Natur, Land-schaft, Mit-welt, Schöp-fung»	Staatszielbe-stimmung / Grundpflicht «Schutz der Natur, Land-schaft, Mit-welt, Schöp-fung um ihrer selbst willen»	Grundrecht der Natur bzw. einzelner Naturentitäten

grundlagen des Menschen stehen unter dem Schutz des Staates»; BR-Drucksache 275/87, S. 3), nach wie vor anthropozentrisch gefaßt waren, brachte ein neuer Vorschlag der GRÜNEN für eine Erweiterung des Art. 20 I GG zum erstenmal eine explizit nichtanthropozentrische For-mulierung: «Die natürliche Umwelt steht als Lebensgrundlage des Men-schen und um ihrer selbst willen unter dem besonderen Schutz des Staates.»[170] Weitere explizit nichtanthropozentrische Vorschläge bzw. Änderungen folgten: Das links-alternativ ausgerichtete «Kuratorium für einen demokratisch verfaßten Bund deutscher Länder» hat am 29. 6. 1991 einen nichtanthropozentrischen Art. 20 a I vorgeschlagen: «Die natürlichen Lebensgrundlagen gegenwärtiger und künftiger Gene-rationen stehen ebenso wie die Natur um ihrer selbst willen unter dem besonderen Schutz des Staates» (Guggenberger / Preuß / Ullmann 1991, S. 133).

Insgesamt verlief die Auseinandersetzung um eine nichtanthropozen-trische Formulierung einer Verfassungsänderung seit Ende der 80er Jahre in etwa entlang der Grenzen der Parteien von Koalition (CDU / CSU / FDP) und Opposition (SPD / BÜNDNIS 90 / DIE GRÜNEN). Vertreter und Gremien der CDU / CSU und FDP unterstützten – sofern sie überhaupt eine Verfassungsänderung befürworteten – verschient-lich die explizit anthropozentrische Formulierung «natürliche Lebens-grundlagen des Menschen»[171] und waren allenfalls bereit, den Kompro-miß der impliziten Anthropozentrik «natürliche Lebensgrundlagen» in Verbindung mit einem expliziten Gesetzgebungsvorbehalt zu akzeptie-ren. In der Gemeinsamen Verfassungskommission ist dieser Konflikt um eine anthropozentrische Formulierung in etwa (mit Ausnahme der FDP) entlang der soeben skizzierten Frontlinien aufgebrochen. Der Abschluß-bericht notiert:

«Verfassungspolitisch war und blieb vor allem umstritten, ob der Schutz der natür-
lichen Lebensgrundlagen anthropozentrisch formuliert und mit einem Gesetzge-
bungsvorbehalt versehen werden soll oder nicht... Die CDU/CSU warb auf der
Grundlage des Koalitionsantrags aus der 11. Wahlperiode für die anthropozentrische
Ausrichtung eines Staatsziels Umweltschutz. Nach der Verfassungsordnung (Artikel 1
GG: Garantie der Menschenwürde) sei der Mensch Maß und Mittelpunkt aller staatlichen Regelungen und Maßnahmen. Damit sei unvereinbar, die Umwelt aus eigenem
Recht unter Schutz zu stellen. Der Umwelt als solcher könne kein der Stellung des
Menschen gleichgeordneter verfassungsrechtlicher Eigenwert zuerkannt werden. Die
SPD hielt dem auf der Grundlage ihrer Anträge aus der 10. und 11. Wahlperiode entgegen, daß für sie wie bisher eine anthropozentrische ‹Verengung› des Umweltschutzes nicht in Betracht komme. Die Umwelt bedürfe verfassungsrechtlichen Schutzes
auch um ihrer selbst willen. Die anthropozentrische Sichtweise bedeute im Ergebnis
eine massive Einschränkung des Umweltschutzes; aktuelle Interessen, etwa in den
Bereichen Wirtschaft und Verkehr, würden so für alle Abwägungen das Übergewicht
bekommen. Die FDP erklärte, daß für sie der anthropozentrische Ansatz inzwischen
verzichtbar sei» (BT-Drucksache 12/6000, S. 65 f.).

BÜNDNIS 90/DIE GRÜNEN haben dagegen mit einem Antrag in
der Gemeinsamen Verfassungskommission auf einer explizit nichtanthropozentrischen Formulierung ohne Gesetzesvorbehalt beharrt: «Die
natürlichen Lebensgrundlagen gegenwärtiger und künftiger Generationen stehen ebenso wie die Natur um ihrer selbst willen unter dem besonderen Schutz des Staates» (BT-Drucksache 12/6000, S. 67). Bemerkenswert ist, daß die C-Parteien sich in der Verfassungskommission mit
ihrer anthropozentrischen Position konträr zu den oben dargestellten
(F I 1, 2) programmatischen Aussagen verhalten haben. Die neuen
Grundsatzprogramme sind allerdings erst nach der Abstimmung in
der Gemeinsamen Verfassungskommission, aber vor der endgültigen
Beschlußfassung in Bundestag und Bundesrat verabschiedet worden.
Entwürfe lagen allerdings schon vor. Der innerparteiliche Diskussions-
prozeß war schon im Gang.

Auf Anregung von Hans-Jochen Vogel (SPD) wurde in der Gemeinsamen Verfassungskommission folgende Kompromißformulierung für
den neuen Art. 20a GG angenommen, die dann auch Gesetz wurde (BT-
Drucksache 12/6000, S. 65, 67; BGBl. I 1994, S. 3145):

«Der Staat schützt auch in Verantwortung für die künftigen Generationen die natürlichen Lebensgrundlagen im Rahmen der verfassungsmäßigen Ordnung durch die Gesetzgebung und nach Maßgabe von Gesetz und Recht durch die vollziehende Gewalt
und die Rechtsprechung.»

Dabei handelt es sich um einen doppelten dilatorischen Formelkompro-
miß, der auf eine explizite Klarstellung verzichtet und damit dem Bundesverfassungsgericht die Aufgabe einer Verdeutlichung zuschiebt. Zum

einen wird die Nichtanthropozentrikfrage nicht explizit beantwortet. Ähnlich wie bei Schaffung des Grundgesetzes bezüglich des Schutzes der Ungeborenen mit Art. 2 II 1 GG («Jeder hat das Recht auf Leben und körperliche Unversehrtheit.») wurde eine Entscheidung vermieden und damit auf das Bundesverfassungsgericht abgewälzt. Deutlich wird dies vor allem daran, daß bei der Begründung des nunmehr angenommenen Vorschlags die Nichtanthropozentrikfrage – obwohl vorher als zentraler Streitpunkt dargestellt – gar nicht mehr auftaucht (BT-Drucksache 12/6000, S. 67 f). Der Kompromiß besteht darin, daß die Nichtanthropozentriker (SPD/BÜNDNIS 90/DIE GRÜNEN) eine explizit anthropozentrische Formulierung verhindern konnten. Was jedoch die Sache anbelangt, muß man das jetzige Ergebnis als Sieg der Anthropozentriker (CDU/CSU) werten, denn angesichts der gegenwärtigen Verfassungslage mit Art. 1 I GG als anthropozentrischer Spitzennorm kann das Bundesverfassungsgericht die neue Regelung gar nicht anders als anthropozentrisch auslegen. Eine solch entscheidende Grenzüberschreitung wie der rechtliche Schutz nichtmenschlicher Entitäten um ihrer selbst willen bedürfte wohl der expliziten Formulierung durch den Verfassungsgesetzgeber. Zum zweiten wird mit der Formulierung «im Rahmen der verfassungsmäßigen Ordnung durch die Gesetzgebung» zwar ein expliziter Gesetzesvorbehalt vermieden; da aber das Bundesverfassungsgericht bisher die gleiche Formulierung für verschiedene Regelungen im Grundgesetz unterschiedlich interpretiert hat, ist eine Interpretation völlig offen (vgl. v. d. Pfordten 1995 a, 1996 b).

Auch die Aufnahme des Tierschutzes in die Verfassung stand mit Anträgen von SPD und FDP, die in der Anthropozentrikfrage neutral formuliert waren, zur Diskussion.[172] Beide Anträge erhielten eine einfache Mehrheit, scheiterten aber mangels genügender Stimmen von der CDU/CSU am Erfordernis der Zweidrittelmehrheit.

6. Anders als das Grundgesetz knüpften einige der Landesverfassungen der alten Bundesrepublik stärker an die Weimarer Reichsverfassung an und nahmen Staatszielbestimmungen oder Programmsätze in ihren Regelungskanon auf (vgl. Bock 1990, S. 73 ff), die verschiedentlich bezüglich der Nichtanthropozentrikfrage neutral formuliert waren, wie der ursprüngliche Art. 141 I 1 der Bayerischen Verfassung: «Die Denkmäler der Kunst, der Geschichte und der Natur sowie die Landschaft genießen öffentlichen Schutz und die Pflege des Staates, der Gemeinden und der Körperschaften des öffentlichen Rechts» (BayRS., Bd. I, S. 3, 13).

Parallel zu der Diskussion um eine Kodifikation des Naturschutzes im Grundgesetz setzte in den Ländern eine ähnliche Debatte ein, die zu einer Neukodifikation des Schutzes der «natürlichen Lebensgrundlagen» (Baden-Württemberg, Bayern, Bremen, Hamburg, Niedersachsen, Nordrhein-Westfalen, Saarland) bzw. der «natürlichen Lebensgrundlagen des Menschen» (Rheinland-Pfalz) führte. Die Tatsache, daß damit verschiedentlich – etwa in Bayern – die vorherigen offenen Formulierungen zumindest durch eine implizit eher anthropozentrische ersetzt bzw. ergänzt wurden (so in Bayern, wo der bisherige Absatz I des Art. 141 Absatz II wurde), ist offensichtlich niemandem aufgefallen und war vermutlich sogar den jeweiligen Mehrheiten in den Landesparlamenten nicht bewußt.

Von den neuen Bundesländern haben Sachsen (Art. 1 S. 2, GVBl. 1992, S. 243) und Sachsen-Anhalt (Präambel, Art. 2 I, 35 I, GVBl. 1992, S. 600) in ihren Verfassungen die Formel des Schutzes der «natürlichen Lebensgrundlagen» übernommen bzw. zusätzlich leicht variiert («Schutz der Umwelt als Lebensgrundlage», Sachsen, Art. 10 I). In Brandenburg ist mit dem Ausdruck «Schutz der natürlichen Umwelt» (Art. 2 I, GVBl. 1992, S. 298) bzw. «Schutz der Natur, der Umwelt» (Art. 39 I) eine leicht bzw. implizit anthropozentrische bzw. offene Formulierung gewählt worden. Thüringen hat dagegen anthropozentrisch den Schutz der «natürlichen Lebensgrundlagen des Menschen» (Art. 31 I, GVBl. 1993, S. 629) zum Verfassungsgebot erhoben, dafür aber die Achtung vor den Tieren als Mitgeschöpfen statuiert (Art. 32). Mecklenburg-Vorpommern ist schließlich am weitesten gegangen und gebietet den Schutz der «natürlichen Grundlagen des Lebens» (Art. 12 I, GVBl. 1993, S. 377).

Zusammenfassend läßt sich konstatieren, daß sich die explizit neutrale, aber – bei entsprechend zu erwartender Interpretation durch die Verfassungsgerichte – implizit anthropozentrische Formel der «natürlichen Lebensgrundlagen» in den alten Bundesländern fast überall durchgesetzt hat. Sie scheint politisch am ehesten kompromißfähig und vermittelbar zu sein, weil eine explizit anthropozentrische Formulierung zwar vermieden, aber in der Sache – bei entsprechender systematischer Interpretation – aufrechterhalten wird. Ob sie den bestmöglichen Schutz der Natur bietet, muß allerdings bezweifelt werden. Die neuen Bundesländer haben zum Teil auf die Formel der «natürlichen Lebensgrundlagen» zurückgegriffen, zum Teil nach anderen Formulierungen gesucht – zumindest ein Indiz für gestiegenes Problembewußtsein.

7. Auf der Ebene des internationalen Rechts soll nur eines der wichtigsten Dokumente der letzten Jahre kurz analysiert werden: die Deklaration des Umweltgipfels in Rio de Janeiro von 1992. Die Deklaration umfaßt 27 Grundsätze (Süddeutsche Zeitung vom 15. 6. 1992, S. 9). Sie stellt das menschliche Recht auf «nachhaltige Entwicklung» in den Mit-

telpunkt und ist insgesamt strikt anthropozentrisch ausgerichtet. Grundsatz 1 lautet: «Die Menschen stehen im Mittelpunkt der Bemühungen um eine nachhaltige Entwicklung. Ihnen steht ein gesundes und produktives Leben im Einklang mit der Natur zu.» Grundsatz 2 gewährt den einzelnen Staaten das «souveräne Recht, ihre Ressourcen gemäß der eigenen Umwelt- und Entwicklungspolitik auszunutzen». Grundsatz 3 statuiert, daß das Recht auf Entwicklung so eingelöst werden muß, «daß es gleichermaßen den Umwelt- und Entwicklungsbedürfnissen der gegenwärtigen und zukünftigen Generationen gerecht wird». Grundsatz 8 bestimmt: «Um nachhaltige Entwicklung und einen höheren Lebensstandard für jedermann zu erreichen, sollten alle Staaten umweltunverträgliche Produktionsmethoden und Konsumformen reduzieren und abschaffen sowie eine angemessene Bevölkerungspolitik betreiben.» Keine der Formulierungen enthält – soweit ersichtlich – einen expliziten oder impliziten Hinweis auf eine nichtanthropozentrische Rechtfertigung. Die starke Ausrichtung auf ein menschliches Recht auf «nachhaltige Entwicklung» führt zum vollständig anthropozentrischen Charakter des Dokuments. Der gestiegene Einfluß der Entwicklungsländer hat offensichtlich keine Weiterentwicklung des ökologisch-ethischen Bewußtseins mit sich gebracht.

III. Juridische Rechte der Natur?

Recht und Moral sind als divergierende Normenordnungen faktisch und normativ getrennt. Zwischen ihnen bestehen allenfalls kausale Interdependenzen. Wie sich unter A II 2 ergab, wird die Rechtfertigungsfrage bezüglich der Moral im Rahmen einer normativen Ethik (Individual-/ Sozialethik) gestellt. Der Rechtfertigung des Rechts dient die Rechtsethik.[173]

Rechtsethik und Individual-/Sozialethik sind zwar grundsätzlich getrennt, denn sie dienen der Begründung unterschiedlicher Normenordnungen. Aber sie stehen sich näher als Recht und Moral, da sie beide Teil der allgemeinen Ethik sind. Dies führt zu strukturellen Ähnlichkeiten. Die Unterschiede zwischen Rechtsethik und Individual-/Sozialethik ergeben sich aus ihren unterschiedlichen Begründungsfunktionen. Die ausschließlich soziale Funktion und der (zumindest partielle) Zwangscharakter des Rechts erfordern (teilweise) zusätzliche und divergente Rechtfertigungen. Insgesamt ergibt sich folgendes Tableau:

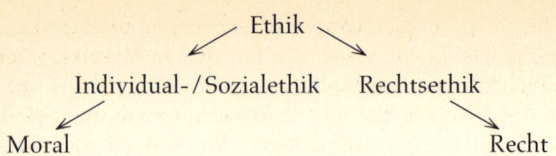

Die bisher ausgearbeiteten Überlegungen zur Ökologischen Ethik kann man nun als Teil der allgemeinen Ethik ansehen, der auch für eine Rechtsethik rechtfertigenden Charakter hat, aber zusätzlicher Qualifikationen, Modifikationen und eventuell auch Restriktionen bedarf, um als Ökologische Rechtsethik bzw. Ökologische Rechtstheorie (Nida-Rümelin/v. d. Pfordten 1995) für das Recht eine normative Funktion übernehmen zu können.

Während in früheren Epochen (insbesondere im römischen Recht) juridische Rechte[174] nicht ausschließlich auf den einzelnen Menschen als singuläre Entität bezogen waren, sondern sich auf verschiedene Statusverhältnisse in Personenverbänden (Familie, Staatswesen etc.) bezogen und auch kein ausgeprägter Begriff des subjektiven Rechts existierte[175], wurde seit der Entfaltung des Vernunftrechts im 18. Jahrhundert der einzelne Mensch in seiner Eigenschaft als natürliche und vernünftige Person als Träger von Rechten und Rechtssubjekt par excellence angesehen. § 1 des BGB weist dem Menschen mit Vollendung der Geburt die zivilrechtliche Rechtsfähigkeit zu. Daneben werden Kollektive wie Gemeinden, Staaten, Kirchen, eingetragene Vereine, Aktiengesellschaften, GmbHs, Stiftungen usw. als «juristische Personen» und damit als Rechtsträger anerkannt (vgl. z. B. § 21 BGB). Gerechtfertigt wurde bzw. wird diese Rechtezuschreibung entweder in Analogie zum Status des einzelnen Menschen als Person (romanistische Fiktionstheorie) oder mit Verweis auf die Verbindung einzelner Menschen (germanistische Theorie der realen Verbandsperson). Tiere, Pflanzen und natürliche Gemeinschaften wie Ökosysteme sind dagegen keine Rechtsträger.

Der Begriff des «subjektiven Rechts» ist selbst im Zivilrecht – also dem juristischen Teilbereich, der ihn geprägt hat – stark umstritten (vgl. Larenz 1989, S. 210ff): Die einen sehen darin eine «Willensmacht» oder eine «Rechtsmacht», andere ein «rechtlich geschütztes Interesse», dritte eine Verbindung dieser Ansätze zu einer «dem einzelnen zur Befriedigung seiner Interessen von der Rechtsordnung verliehene Willensmacht». Larenz schließt jede Definition aus und meint, in der Tatsache, daß jemand «etwas rechtens zukommt oder gebührt», einen «Rahmenbegriff» zu erkennen, der mit Bezug auf einzelne Typen von Rechten angereichert werden müsse (S. 213).

Gegen die Weigerung, nichtmenschlichen (Natur-)Entitäten Rechte zuzusprechen, haben zwar immer wieder einzelne Autoren Widerspruch erhoben und insbesondere Rechte für Tiere gefordert, unter ihnen Krause und Nelson (1976, S. 288, C III 5). Eine ernsthafte Diskussion, die auch die ökologische Dimension einbezog, entfaltete sich aber erst seit 1972 im Anschluß an den berühmten Artikel «Should Trees have Standing?» des kalifornischen Rechtswissenschaftlers Christopher D. Stone (1988). Darin plädiert Stone für eine umfassende Anerkennung von Rechten der Natur: Nicht nur einzelne Naturentitäten, sondern auch Wälder, Ozeane, Flüsse, ja die Natur als solche seien als Rechtsträger anzusehen (p. 9, S. 29). Ihnen sollten nicht nur Verfahrensrechte wie die Klagebefugnis zukommen (vertreten durch Treuhänder bzw. Vormünder, z. B. Umweltverbände)[176], sondern auch die materielle Rechtsposition der Berücksichtigung ihrer Schädigung (p. 26, S. 47) und schließlich eine Stellung als Nutznießer eines eventuellen Schadensersatzes (p. 33, S. 58). Stones Artikel hatte einen konkreten Anlaß: Die Walt Disney Corporation plante in einem einsamen Tal in den Bergen Kaliforniens, dem Mineral King Valley, ein Skigebiet mit der dazugehörenden Infrastruktur zu errichten. Dagegen wandte sich der Sierra Club, ein großer Naturschutzverband, der dem Alpenverein vergleichbar ist. Der Fall kam schließlich zum Supreme Court. Die Richter lehnten zwar mehrheitlich die Anerkennung eigener Rechte des Tals ab, ein Richter (Richter Douglas) schloß sich aber immerhin in einer abweichenden Stellungnahme Stones Vorschlag an.

Seitdem haben sich verschiedene Autoren Stones Vorschlag zu eigen gemacht und ähnlich weitreichende oder partielle Rechte nichtmenschlicher Naturentitäten bzw. der Natur als Ganzes gefordert.[177] Die Vorschläge reichen von einem Existenzgrundrecht der Natur (Leimbacher 1988, S. 117 ff; Bosselmann 1992, S. 209, 374) über eine Einschränkung des allgemeinen «Muttergrundrechts» der individuellen Freiheitsentfaltung (Art. 2 I GG) durch «Rechte der natürlichen Umwelt»[178], eine Anerkennung der Natur als juristische Person des öffentlichen Rechts[179], eine vollständige Änderung des individualistisch-atomistischen Charakters des Grundgesetzes (Bosselmann 1992, S. 202 ff) bis hin zu einer pragmatischen Ausweitung der Begünstigungen einzelner Naturentitäten, die dann als Rechte deklariert werden können (v. Lersner 1988, S. 991).

Eine 1988 im Namen der «Seehunde der Nordsee» von einigen Naturschutzverbänden gegen die Bundesrepublik Deutschland erhobene Klage gegen mehrere Genehmigungen zur Einbringung von Abfallstoffen in die Nordsee (u. a. Dünnsäureverklappung) wurde vom Verwaltungsgericht Hamburg als unzulässig abgelehnt (NVwZ 1988, S. 1058 ff). Dabei verneinte das Gericht jedoch lediglich seine eigene Befugnis zur Rechtsfortbildung ohne gesetzliche Grundlage, schloß die Möglichkeit einer entsprechenden Regelung durch den Gesetzgeber aber nicht aus.

Die für eine Implementation von Rechten der Natur vorgebrachten Argumente lassen sich in drei Typen unterscheiden: (1) Argumente, die eine entsprechende Implementation als rechtslogisch und rechtstechnisch möglich erweisen sollen; (2) Argumente, die die Implementation aus rechtsinternen Gründen als normativ geboten oder wünschenswert auszeichnen; (3) Argumente, die über das Recht hinausgehen und eine rechtsethische oder ethische Rechtfertigung bieten:

1. Um die rechtstechnische Möglichkeit einer Implementation von Rechten der Natur plausibel zu machen, wird immer wieder darauf verwiesen, daß auch juristischen Personen, Kindern, Geisteskranken, Föten und sogar Verstorbenen Rechte zugestanden werden (Stone 1988, p. 3 f, S. 25 f; Stutzin 1980, S. 345, 348; Bosselmann 1986, S. 10). Dies ist faktisch kaum zu bestreiten. Einwenden kann man allenfalls, daß die Rechte dieser Entitäten immer auch zumindest indirekt durch menschliche Interessen gerechtfertigt werden, seien es zukünftige Interessen (Föten), vergangene Interessen (Verstorbene) oder mittelbare gemeinschaftliche Interessen (Vereine, Körperschaften etc.). Dieser Einwand ist zwar zutreffend, hebt die Frage aber auf eine ethische bzw. rechtsethische Ebene, es sei denn, man definiert «Interessen» als «rechtlich anerkannte Interessen». Dann aber wird der Einwand trivialisiert, denn es geht ja gerade um die Frage, ob die Rechte von Naturentitäten rechtlich anzuerkennen sind. Abgesehen von der rechtsethischen Frage der Rückführung auf Interessen kann festgehalten werden, daß das Recht *beliebigen* Entitäten Rechte zuerkennt. Entscheidend ist der Akt der Zuerkennung, nicht eine bestimmte Qualität der fraglichen Entität. Dann kommen aber prinzipiell – rechtslogisch bzw. rechtstechnisch betrachtet – auch sämtliche Naturentitäten als Rechtsträger in Frage.

Kloepfer hat dagegen vorgebracht, es sei zweifelhaft, ob die Menschen überhaupt in ihrem Erkenntnisvermögen von einem anthropozentrischen Standpunkt abstrahieren könnten (1989, S. 14). Dieser Einwand ähnelt dem oben schon erwähnten (A III 4) erkenntnistheoretischen Gegenargument. Er verwechselt erkenntnistheoretische mit normativen Fragen. Natürlich ist nur der Mensch zu den im Rahmen der Entwicklung und Anwendung von Rechtsnormen nötigen Erkenntnisleistungen fähig. Dies schließt aber nicht die normative Rechtezuschreibung gegenüber nichtmenschlichen Naturentitäten aus. Wie bei der ethischen Unterscheidung zwischen verantwortlichem Akteur und ethisch bzw. moralisch zu berücksichtigender Entität muß auch im Recht zwischen solchen Entitäten unterschieden werden, die das Recht gestalten, und solchen, die als Rechtsträger zu berücksichtigen sind. Beide Klassen sind nicht identisch.

Vischer hat geltend gemacht, ein Recht stelle keine Eigenschaft oder Qualität dar, die außerhalb oder jenseits der Rechtsnormen einer Rechtsordnung besteht (1993, S. 89; 1993a, S. 287). Es sei deshalb nicht sinnvoll, nach einer privilegierten Klasse von Dingen zu suchen, denen eine entsprechende vermeintliche Eigenschaft zukommt. Nach dieser von Vischer vertretenen «funktionalistischen Rechtsauffassung» ist die Zuschreibung von Rechten nichts anderes als die Umschreibung für bestimmte Funktionen oder Rollen innerhalb des Rechtsgeschehens (1993, S. 90; 1993a, S. 289).

Selbst wenn man diese Annahme zugesteht[180], verwundern doch Vischers Schlußfolgerungen. Er konstatiert, daß bisher Tiere zur Sicherung menschlicher Interessen geschützt wurden, sieht aber auch eine auf die eigenen Interessen der Tiere gestützte Rechtezuschreibung als möglich an. Für andere Naturentitäten lehnt er diese aber mangels eigener Schädigungsmöglichkeit und eigener Interessen ab (1993, S. 94f; 1993a, S. 292f). Gerade damit erhebt Vischer aber den Interessenbegriff als (primär) außerrechtlichen Begriff zum entscheidenden Kriterium der Rechtezuschreibung. Darin liegt ein Widerspruch zur «funktionalistischen Rechtsauffassung». Wenn die systeminterne Funktion für die Interpretation als Rechtezuschreibung entscheidend sein soll, dürfen keine rechtsethischen Kriterien für die Rechtezuschreibung herangezogen werden. Denn dann wird doch eine bestimmte Klasse von Dingen mit Bezug auf rechtsexterne Kriterien ausgezeichnet. Ein konsequent immanenter Funktionalismus hätte zu konstatieren, daß jeder möglichen Entität juridische Rechte zugesprochen werden können, wie die Beispiele der juristischen Personen zeigen. Dann müßten aber auch Naturentitäten Rechtsträger sein können, zumindest dann, wenn diese Anerkennung menschlichen Interessen dient. Der Grundirrtum Vischers liegt in der Annahme, mit der – zumindest partiell zutreffenden – Negierung eines außerrechtlichen *deskriptiven* Charakters des Rechtsbegriffs sei schon jede Bezugnahme auf außerrechtliche *normative* Rechtfertigungsgesichtspunkte der Rechtsethik ausgeschlossen.

Auch die Tatsache, daß nichtmenschliche Naturentitäten im Rahmen der Durchsetzung ihrer Rechte immer von Menschen vertreten werden müßten, spricht nicht gegen eine Rechtezuschreibung (Stutzin 1980, S. 346; Stone 1988, p. 17, S. 39). Die Notwendigkeit der Vertretung besteht bei Behinderten, kleinen Kindern oder juristischen Personen in ähnlicher Weise. Voraussetzung für die Vertretung ist nur, daß die Interessen eines Interessenträgers überhaupt auf irgendeine Weise vertreten werden können.

Auch der erkenntnistheoretische Einwand, bei nichtmenschlichen Naturentitäten seien die Interessen nicht feststellbar, kann kaum überzeugen. Stones Verteidigung, er könne erkennen, wann sein Rasen Wasser braucht, und auch öffentlichen Körperschaften und Industrieunternehmen würden Interessen zuerkannt (1988, p. 24, S. 45), ist allerdings etwas sophistisch; denn er will zwar allen Naturentitäten Rechte zuerkennen, führt aber nur selektive Gegenbeispiele an. Beim ersten Beispiel handelt es sich aber um natürliche Lebewesen mit – wie sich in D VIII, IX ergab – eigenen Interessen, beim zweiten um Kollektive, bei denen die Interessen der Gemeinschaft sich aus den Interessen der Mitglieder ergeben.

Der erkenntnistheoretische Einwand wäre also durchaus berechtigt, wenn man ihn gegen nichtlebende Naturentitäten (Steine, Flüsse etc.) und Kollektive wie Ökosysteme, Spezies und die Biosphäre erhebt und annimmt, der Rechtsträger müsse mit dem Interessenträger *identisch* sein. Genau dies ist aber nicht zu rechtfertigen, wie die Anerkennung von Rechten der Kollektive zeigt. Es genügt vielmehr, daß *irgendeine* interessentragende Entität ein Interesse an der Rechtezuschreibung hat. Bei Kollektiven ohne eigene Interessen ist dann aber in letzter Instanz nur eine indirekte Interessenrechtfertigung mit Rücksicht auf interessentragende Individuen möglich (Menschen, Tiere, Pflanzen etc.). Dies gilt jedoch in gleicher Weise für Aktiengesellschaften und Ökosysteme.

Wenig überzeugend erscheint schließlich die von Watson mit Bezug auf Kant und die Goldene Regel aufgestellte Behauptung, Rechte setzten notwendig reziproke Pflichten voraus (1979, p. 100). Rechte kann es tatsächlich nur geben, wenn es auch rechtlich verpflichtete Akteure gibt, die in ihren kognitiven und moralischen Fähigkeiten mindestens den Anforderungen an moralische Akteure entsprechen. Aber dies bedeutet nicht, daß jede Entität, der selbst ein Recht zugesprochen werden soll, notwendig auch ein rechtlich verpflichteter Akteur sein müßte.[181] Die gesamte Entwicklung subjektiver Rechte kann als Ablösung von einem solchen unmittelbaren Gegenseitigkeitsverhältnis von Rechtsträger und Verpflichtetem begriffen werden. Es ist beispielsweise nicht ersichtlich, wieso Kleinkinder, die weder schuld- noch deliktsfähig sind, keinen straf- bzw. deliktsrechtlichen Schutz genießen sollten.

Zusammenfassend läßt sich konstatieren, daß Naturentitäten aus rechtslogischer und rechtstechnischer Perspektive prinzipiell Rechte zuerkannt werden können. Das Recht kann sich positivistisch dafür entscheiden, nichtmenschlichen Naturentitäten Rechte zu verleihen. Zu fordern ist allerdings aus rechtsethischen Gründen ein irgend geartetes legitimierendes Interesse. Dieses Interesse muß aber kein eigenes Interesse der geschützten Entität sein. Wie bei den juristischen Personen genügt auch ein indirektes Interesse einer anderen interessentragenden Entität. Rechtsträger und Interessenträger müssen nicht identisch sein.

Zu fordern dürfte für die Rechtezuschreibung schon aus pragmatischen Gründen die Möglichkeit einer Abgrenzung von anderen Rechtsträgern sein. Nur wenn eine solche Abgrenzung vornehmbar ist, können Interessenkonflikte sinnvoll mittels rechtlicher Abwägungen gelöst werden. Der Vorschlag, die Natur als solche als Rechtsträger anzuerkennen, erscheint demnach ausgeschlossen. Die Natur als Ganzes würde auch die menschliche Natur beinhalten und damit zu einem unpraktikablen intrapersonalen Konflikt führen. Wer sollte den menschlichen Körper einer Einzelperson gegen die allgemeinen Freiheitsrechte der Person vertreten, wenn die Person z. B. raucht, trinkt und keinen Sport treibt? Die intrapersonalen Konflikte zwischen Körper und Wille sind den äußerlichen rechtlichen Regelungen entzogen.

2. Als innerjuridisches Argument für die Einführung von Rechten der Natur hat Bosselmann geltend gemacht, die Verbandsklage (die mittlerweile mehrere Bundesländer eingeführt haben: Hamburg, Bremen, Hessen, Berlin, Schleswig-Holstein)[182] habe ohne die Anerkennung von Eigenrechten der Natur keine eigentlich rechtsdogmatische Fundierung (1986, S. 7). Weil eine eigenorientierte Vertretung der Interessen der Mitglieder der klagebefugten Verbände (Naturschutzverbände etc.) durch den Landesgesetzgeber ausgeschlossen sei, könne die Verbandsklage nur als Popularklage oder Treuhandklage angesehen werden (S. 4). Da erstere einen Einbruch in das Individualrechtsschutzsystem darstellt, bleibe nur letztere möglich. Sieht man aber allein die Menschen als «Betreute» an, so nähme der Mensch als Treuhänder seine eigenen Interessen wahr. Dies könne er auch ohne das Modell der Treuhandschaft (S. 5). Im übrigen werde damit die Eigenart des Rechts als Instrument des Interessenausgleichs übersehen.

Bosselmann ist zuzustimmen, daß die Einführung der Verbandsklage einer Bestimmung der materiell zugundeliegenden Interessen bedarf. Dies erfordert aber keine Anerkennung der Rechte der Natur. Es genügt die Bezugnahme auf nicht durch Rechte verfestigte Interessen. Damit wird sichergestellt, daß z. B. im Konflikt um die Erhaltung eines Naturschutzgebiets die Interessen verschiedener Entitäten Berücksichtigung finden. Im übrigen kann man die Verbandsklage durchaus als Instrument zur angemessenen Vertretung und Ausbalancierung menschlicher Interessen ansehen. Typischerweise werden damit lokale, sektorale oder individuelle Nutzungsinteressen (Bau von Häusern, Straßen etc.) durch allgemeine und diffuse Naturschutzinteressen konterkariert. Die rechtsdogmatische Fundierung der Verbandsklage setzt also keine Rechte der Natur voraus. Im übrigen könnte dieses rechtssystematische Argument auch nur dort tragfähig sein, wo die Verbandsklage bereits eingeführt ist. In den meisten deutschen Ländern ist dies aber bisher nicht geschehen. Die Verbandsklage wird im übrigen von einigen Umweltrechtlern abgelehnt (Kloepfer 1989, S. 270 f). Sie bedarf demnach selbst noch in starkem Maß der rechtsethischen und rechtspolitischen Legitimation und kann deshalb kaum innersystematische Argumente für einen so gravierenden Umbau des Rechtssystems, wie ihn die Einführung von Rechten der Natur darstellt, liefern.

Als weiteres Argument führt Bosselmann an, die Reduktion der Natur auf eine reine Objektstellung habe zur Entfremdung des Menschen von der Natur geführt. Der Mensch sei aber Teil der Natur und nicht allein auf der Welt. Die natürliche Umwelt nicht um ihrer selbst willen zu schützen stelle demnach eine Verletzung des Gebots der Menschenwürde dar (1986, S. 19; 1992, S. 204 f). Denkt man diesen Gedanken als innerjuridisches Argument zu Ende, so fordere Art. 1 I GG die Einführung von Rechten der Natur bzw. natürlicher Entitäten. Diese These verkörpert die Umkehrung der unter F IV noch zu diskutierenden Position, daß das Gebot zur Achtung der Menschenwürde in Art. 1 I GG die Rechtsordnung anthropozentrisch festlege und damit die Zuerkennung von Eigenrechten der Natur ausschließe.

Eine Entscheidung über die Stichhaltigkeit von Bosselmanns Argument hängt naturgemäß von der Auslegung des Begriffs «Menschenwürde» ab. Nach der vom Bundesverfassungsgericht verwendeten und von der herrschenden Meinung in der Literatur getragenen sog. «Objektformel» widerspricht es «der menschlichen Würde, den Menschen zum bloßen Objekt im Staate zu machen» (BVerfGE 5, S. 85, 204; 74, S. 102, 122). Diese Interpretation lehnt sich an Kants zweite Formel des kategorischen Imperativs an, wonach jeder Mensch immer auch als Zweck und nie bloß als Mittel anzusehen ist (A III 4.1 (a), Kant 1911a, S. 429; vgl. Geddert-Steinacher 1990, S. 31 ff). Damit ist aber die Anerkennung von Eigeninteressen oder Rechten der Natur nicht präjudiziert. Die Menschenwürdeformel bezieht sich auf die würdige Behandlung des Menschen und nicht auf die Frage, wie er sich (würdig) gegenüber nichtmenschlichen Entitäten verhalten soll. Zum gleichen Ergebnis kommt man bei Übernahme der oben (D IV) vorgeschlagenen Interpretation der Menschenwürde.

Gelegentlich taucht in diesem Zusammenhang schließlich das nicht überzeugende historistische Argument (vgl. C V) auf, die Zuerkennung von Rechten der Natur müsse erfolgen, weil diese die Ausweitung des Kreises der Rechtssubjekte konsequent fortsetze (Leimbacher 1988, S. 42, 64).

Zusammenfassend kann man festhalten, daß keine plausiblen innerjuridischen Argumente für die Einführung von Rechten der Natur ersichtlich sind. Dies ist im übrigen auch bei abstrakter Überlegung nicht verwunderlich. Die Einführung von Rechten der Natur würde eine grundlegende Änderung des bisher praktisch ausschließlich anthropozentrisch ausgerichteten Rechtssystems (wenn man die theorelationale Bezugnahme in der Präambel des Grundgesetzes und einigen Landesverfassungen vernachlässigt) implizieren. Eine solche Änderung müßte aber in der juridischen Normenordnung (zunächst) eher zu einer Erhöhung von innersystemischen Spannungen als zu einer Verminderung führen. Die Legitimation für einen solchen grundlegenden Umbau des Rechtssystems kann deshalb nur von außerhalb, von der Rechtsethik kommen, nicht aber aus den schon bestehenden Normen und Wertungen der rechtlichen Normenordnung. Das Recht kann interne Inkonsistenzen autark abbauen. Den Schutz bisher nicht geschützter Entitäten aus sich selbst heraus kann es jedoch nicht rechtfertigen.

3. Auf einer rechtsethischen Ebene lassen sich zwei Argumentgruppen unterscheiden: pragmatische und genuin ethische.

(a) Als pragmatisches Argument wird vorgebracht, durch die Zuerkennung von Eigenrechten der Natur ließen sich deren Belange besser schützen (Bosselmann 1986, S. 8). Wenn man die obigen Überlegungen (A IV 4), daß die Zuweisung eines eigenen ethisch relevanten Status die Position einer Entität in der Interessenabwägung stärkt, auf die Abwägung von Rechten überträgt, so ist dem sicherlich beizupflichten. Eigene Rechte der Tiere würden ohne Zweifel dazu beitragen, die schlimmsten Auswüchse der Massentierhaltung zu verhindern. Allerdings muß auch die Grenze dieses Arguments klar gekennzeichnet werden. Es kann als pragmatisches Argument keine eigene rechtsethische Begründung liefern, sondern allenfalls im Anschluß an eine genuine rechtsethische Rechtfertigung der Beachtung von Interessen der Natur die Forderung nach rechtstechnischer Umsetzung durch die Zuweisung von Rechten unterstützen.

Kloepfer hat gegen Rechte der Natur auf einer pragmatischen Ebene geltend gemacht, (1) die Abkehr von anthropozentrischen Begründungen «bezeichne» die Durchsetzungsschwäche eines so verstandenen Umweltschutzes: Im Zweifel werde sich für eine Umweltschutzmaßnahme eher Unterstützung finden lassen, wenn ihr Nutzen für den Menschen plausibel gemacht werden kann. (2) Zudem lasse sich vieles, wofür eine altruistische Begründung bemüht werde (z. B. die Erhaltung der Artenvielfalt einer unberührten Natur), aus einer richtig verstandenen anthropozentrischen Sicht ebenfalls legitimieren (z. B. Artenvielfalt als Genreserve). (3) Das Wohl des Menschen sei nun einmal das «Urmeter» unserer Rechtsordnung (1989, S. 14 f).

Das Argument (1) ist nicht stichhaltig, denn die umweltpolitische Mobilisierung der Menschen mit Hilfe eines Appells an menschliche Interessen schließt die Berücksichtigung von Interessen nichtmenschlicher Naturentitäten durch eine Rechtezuschreibung nicht aus. Letztere ist vielmehr unabdingbar nötig, wenn tatsächlich ein Interessenkonflikt zwischen Mensch und nichtmenschlicher Natur besteht. Nur auf diese Weise kann eine einseitige Benachteiligung der Interessen der Naturentitäten ausgeschlossen werden. Argument (2) mag für ausgewählte Bereiche zutreffen, wenn anthroporelationale und nichtanthroporelationale Rechtfertigungen zu einem vergleichbaren Schutz führen. Aber schon das angeführte Beispiel der Genreserve zeigt die enge Begrenzung dieses parallellaufenden Schutzes. Gene können auch tiefgekühlt erhalten, Geninformationen im Computer gespeichert werden. Die Bewahrung von lebenden Exemplaren einer Gattung ist dazu nicht erforderlich. Interessenkonflikte zwischen Mensch und nichtmenschlicher Natur lassen sich im übrigen auf der Grundlage dieses Arguments nicht lösen. Argument (3) bezieht sich schließlich auf das geltende Recht und will damit jede Veränderung ausschließen. Aus dem Bestand des positiven Rechts wird auf das Gebot seiner Konservierung geschlossen. Das positive Recht würde sich nach dieser Maxime selbst verewigen und allen verändernden rechtsethischen Einflüssen von außen verschließen. Hier gilt aber: Grundlegenden Veränderungen, die von einer tragfähigen Rechtsethik gefordert werden, kann und darf sich die juridische Normenordnung nicht entziehen, soll nicht das Gesamtsystem seine rechtsethische Legitimation verlieren. Das Recht ist kein Selbstzweck, sondern dient der Gerechtigkeit.

(b) Zur ethischen Rechtfertigung von Rechten der Natur verweist Leimbacher in einem «persönlichen Ansatz» auf das holistische Konzept Meyer-Abichs, ohne von den verschiedenen Rechtfertigungsstrategien Meyer-Abichs eine auszuzeichnen (1988, S. 78 ff). Das Verhalten des Menschen zur Mitwelt hänge immer von einer allen Argumenten vorausliegenden existentiellen bzw. religiösen Orientierung ab. Ein eigenes rechtsethisches Argument ist bei Leimbacher nicht erkennbar. Bosselmann referiert einige Positionen der Ökologischen Ethik, ohne sich eindeutig für eine bestimmte zu entscheiden (1986, S. 8). Er betont nur immer wieder, daß eine ökozentrische Ethik nötig sei (1992, S. 283, 293). Diese führe zu einer nichtdualistischen Wirklichkeitserfassung, münde aber nicht in einen platten Holismus, sondern schließe eine Subjekt-Objekt-Dialektik ein. Bei Stutzin findet sich lediglich die argumentfreie – an die Gaia-Hypothese erinnernde (vgl. oben C III 8) – Behauptung, die Natur sei ein «universeller, strukturierter und in allen seinen Teilen ineinander verflochtener Organismus» (1980, S. 348).

Dieses magere Ergebnis der Suche nach der rechtsethischen Rechtfertigung von Rechten der Natur verwundert allerdings wenig. Schon in Stones ursprünglichem Artikel fehlte eine klare rechtsethische Rechtfertigung für die Forderung nach Rechten der Natur. Verwiesen wurde nur auf die Entwicklung der Fähigkeit zu einer erweiterten Wahrnehmung, auf das Fehlen eines Mythos, der unseren Wissensstand auf den Gebieten der Geophysik, Biologie und des Kosmos insgesamt erfasse, auf die Erde als Organismus, auf ein allumfassendes, «äonisches» Bewußtsein (1988, p. 47 ff, S. 76 ff).

Anstelle dieser wenig überzeugenden Versuche einer rechtsethischen Fundierung von Rechten der Natur sollen hier die beiden oben entwickelten Modelle einer Ethik der Anderinteressen und eines kognitionsskeptischen transanthroporelationalen Arguments fruchtbar gemacht werden. Wie sich aus den bisherigen Überlegungen ergab, ist für die Rechtfertigung von Rechten nichtmenschlicher Naturentitäten entscheidend, daß (rechts)ethische Interessen am Erhalt und Wohlergehen dieser Entität bestehen. Nicht notwendig ist dagegen, daß die Entität, der ein Recht zugesprochen werden soll, *selbst* Träger dieser Interessen ist. Nötig ist für die Forderung nach einer Rechtezuschreibung weiterhin, daß die rechtfertigenden Interessen ein gewisses Gewicht haben und nicht von vornherein klar ist, daß sie im Konfliktfall gegenüber geringen Interessen anderer Interessenträger zurückzustehen haben.

Diesen Anforderungen genügen die eigenen schwachen Interessen (vgl. oben D IX) von einzelnen Pflanzen wohl nicht. Dazu kommt, daß bei vielen Pflanzen eine klare Abgrenzung der rechtstragenden Individuen gar nicht möglich ist. Man kann praktisch kaum den einzelnen Gräsern einer Wiese Rechte zuweisen. Allenfalls bei größeren Pflanzen wie Bäumen erschiene dies sinnvoll. An einzelnen Pflanzen wird man aber auch keine indirekten starken Interessen von Menschen oder Tieren annehmen können, die eine Rechtezuschreibung rechtfertigen würden. Insgesamt scheiden damit Rechte von Pflanzen aus.

Bei Tieren ergeben sich dagegen erheblich stärkere eigene Interessen, die sich gegenüber den meisten menschlichen Interessen durchsetzen

(D VIII). Dies rechtfertigt eine Rechtezuschreibung. Dabei ist gegenüber der gegenwärtigen Rechtslage des Tierschutzgesetzes die Anerkennung eines Rechts auf Existenz und körperliche Unversehrtheit entscheidend. Das Existenzrecht muß als Basis der Rechte einer Entität angesehen werden. Es impliziert ein Tötungsverbot. Solange die Vernichtung einer Entität ohne weiteres möglich ist und dabei lediglich bestimmte Verfahrensbedingungen eingehalten werden müssen, wie dies gegenwärtig im Tierschutzgesetz mit dem Gebot der Betäubung von Wirbeltieren der Fall ist, erscheint es wenig sinnvoll, der Entität Rechte zuzugestehen. Insofern bestehen bisher nur marginale Restriktionen menschlicher Verfügungsbefugnisse, deren Bezeichnung als «Recht» die Mißachtung zentraler Interessen der Tiere eher verschleiern würde. Deshalb ist auch v. Lersners Vorschlag, die Festlegung der Mindestgröße der Käfige in der Legehennenhaltungsverordnung auf 450 cm² (ca. die Größe eines DIN-A4-Blatts; jetzt gelten 550 cm²) als Rechtezuschreibung anzusehen (1988, S. 991), kaum überzeugend. Rechte setzen Interessen von einem gewissen Gewicht voraus, die sich in der Abwägung durchsetzen und nicht ohne weiteres durch die Beseitigung des Interessenträgers aus der Welt geschafft werden können. Nur wenn man also die massive Interessenberücksichtigung nach dem oben vorgeschlagenen Anderinteressenmodell (oder Modellen mit vergleichbar strikten Ergebnissen) als rechtsethische Basis akzeptiert, ist die Anerkennung der Rechte von Tieren sinnvoll – aber auch geboten. Dies hindert nicht eine pragmatische Vorgehensweise, bei der man eine zunehmende Interessenberücksichtigung von Tieren und die damit korrespondierende Rechtezuschreibung in einem wechselseitig katalysierenden Prozeß allmählich aufbauen könnte.

Die Beschränkung auf Wirbeltiere, wie sie im gegenwärtigen Tierschutzgesetz angelegt ist, erscheint dabei wenig sinnvoll. Es ist kaum ersichtlich, warum einem kleinen Fisch Rechte zugesprochen werden sollten, einem Oktopus oder einer Heuschrecke aber nicht. Bei Insekten und Mikroben wird man schon wegen der abnehmenden Stärke ihrer Interessen das Notwehrrecht der Menschen pragmatisch weit auslegen müssen. Sobald Mücken in die eigenen Wohnräume eindringen, ist die Tötung erlaubt, wenn man der Plage sonst nicht mit vernünftigen Mitteln Herr würde. Gravierende menschliche Interessen, die indirekt die Anerkennung der Rechte einzelner Tiere rechtfertigen würden, sind dagegen ähnlich wie bei Pflanzen nicht erkennbar. Die Interessen der Allgemeinheit sind regelmäßig zu gering, und die des Eigentümers an seinem Nutz- oder Haustier werden schon jetzt im Rahmen seiner Eigentums- und Besitzrechte geschützt.

Bei unbelebten Naturgegenständen, Spezies, Ökosystemen und der

Biosphäre kommen dagegen eigene Interessen, die eine Rechtezuschreibung rechtfertigen würden, nach dem oben Gesagten nicht in Betracht (D VI). Allerdings besteht bei Ökosystemen, Arten und der Biosphäre ein starkes indirektes Interesse des Menschen im Rahmen des transanthroporelationalen Arguments (E). Je weniger vorhersehbar die Folgen möglicher Eingriffe des Menschen in die Natur sind, desto stärker erscheint nach dem transanthroporelationalen Argument das menschliche Sicherungsinteresse am unveränderten Bestand der Entität und rechtfertigt eine instrumentelle Rechtezuschreibung. Insbesondere großen weltumspannenden Ökosystemen wie der Erdatmosphäre, den Weltmeeren und der Antarktis sollte deshalb – mit Rekurs auf das transanthroporelationale Argument und anthropozentrische Interessen des Menschen – eine Rechtsfähigkeit zuerkannt werden. Entsprechende Treuhandinstitutionen wären einzusetzen. Dabei muß man sich natürlich der Tatsache bewußt sein, daß dies angesichts einer fehlenden Weltrechtsordnung und der Staatenrivalität auf internationaler Ebene besonders schwierig ist. Auch international bedrohte Arten wären auf diese Weise zu schützen. In Deutschland sollten Ökosysteme wie die in § 12 BNatSchG genannten Gebiete und Entitäten eine eigene Rechtsfähigkeit erhalten und Treuhandinstitutionen etabliert werden. Gleiches gilt für gefährdete Arten. Zu erwägen wäre dies auch für die Gewässer 1. Ordnung nach den Wasserhaushaltsgesetzen. Betont werden muß noch einmal, daß die letzte rechtsethische Rechtfertigung dieser Rechtezuschreibung menschliche Interessen sind. Die Rechtezuschreibung hat also – was Ökosysteme etc. anbelangt – einen instrumentellen Charakter. Zur weitestmöglichen Sicherung der menschlichen Interessen wird die totale Instrumentalisierung der Natur restringiert.

Neben menschlichen Interessen stützen die rechtsethische Forderung nach einer Rechtezuschreibung für Ökosysteme auch die Interessen aller interessefähiger nichtmenschlicher Entitäten. Tiere und Pflanzen haben Interessen an einem möglichst wirksamen Schutz ihrer Lebensräume. Diese sind strukturell den Eigentümerinteressen an einer Aktiengesellschaft oder einer GmbH vergleichbar.

Man kann es vielleicht als Indiz der intuitiven Plausibilität des hier vorgeschlagenen Standpunkts ansehen, daß mit dem Tierschutzgesetz und den Naturschutzgesetzen (inklusive Verbandsklage) für die Entitäten, für die hier eine Rechtezuschreibung befürwortet wurde, zumindest Ansätze zu einer solchen Rechtezuschreibung bereits vorhanden sind. Die entsprechenden gesetzlichen Regelungen müssen weiter ausgebaut und durch internationale Regelungen ein Schutz der großen Ökosysteme, der Biosphäre und gefährdeter Arten geschaffen werden.

IV. Nichtanthroporelationale Erweiterung des Grundgesetzes?

Von manchen Autoren wird die Ansicht vertreten, eine verfassungsrechtliche Berücksichtigung der Natur um ihrer selbst willen sei im Grundgesetz nicht möglich, weil sie den durch Art. 1 I 1 GG («Die Würde des Menschen ist unantastbar») geschützten Primat des Menschen bzw. der Menschenwürde aufhebt, der nach Art. 79 III GG als Ewigkeitsgebot selbst durch den verfassungsändernden Gesetzgeber mit Zweidrittelmehrheit nicht abgeändert werden kann (Bock 1990, S. 361; Leisner 1988, S. 110, 114, 173, 195). Andere Autoren erwähnen die Frage gar nicht (Hoppe/Beckmann 1989, S. 21; Ketteler/Kippels 1988, S. 3f; Bosselmann 1986, S. 19).

Zur Klärung dieses Problems muß zunächst der deskriptive vom normativen Aspekt unterschieden werden. Deskriptiv besteht kein Zweifel daran, daß das Grundgesetz (abgesehen von dem Gottesbezug in der Präambel) bisher anthropozentrisch ausgestaltet ist. Daran hat auch der neue Art. 20a GG nichts geändert (vgl. oben F II 5). Normativ stellt sich dagegen die Frage, ob das Grundgesetz sich selbst gegenüber einer Öffnung mit verfassungsändernder Zweidrittelmehrheit in Bundestag und Bundesrat für nichtanthroporelationale Normen abschottet. Folgende Argumente sprechen gegen die Ansicht, eine nichtanthroporelationale Erweiterung des Grundgesetzes sei ausgeschlossen:

Zunächst ist schon die Prämisse zweifelhaft, Art. 1 I GG lege den Charakter des Grundgesetzes nicht nur im wesentlichen, sondern umfassend und abschließend anthropozentrisch fest. Die auf Art. 1 I 1 GG folgende Vorschrift Art. 1 I 2 GG («Sie [die Menschenwürde] zu achten und zu schützen, ist Verpflichtung aller staatlichen Gewalt.») muß so verstanden werden, daß alle staatliche Gewalt die Menschenwürde stets zu beachten hat. Nicht daraus schließen läßt sich, daß die Verfassungsordnung sich gegenüber anderen Gesichtspunkten als dem der Menschenwürde vollständig abschottet.

Im übrigen gibt es im Grundgesetz einige Normen, deren Regelungsgehalt kaum als Ausfluß der Menschenwürde angesehen werden kann. Was hat etwa die Festlegung der Bundesflagge in Art. 22 oder die Errichtung der Bundesbank nach Art. 88 GG mit der Menschenwürde zu tun? Man wird die Erhaltung der Geldwertstabilität kaum als Frage der Menschenwürde ansehen können. Dann erscheint es aber auch nicht ausgeschlossen, nichtmenschliche Entitäten eigens zu berücksichtigen.

Des weiteren ist zu beachten, daß Art. 79 III GG als Ausnahmevorschrift zu Art. 79 I und II GG nach überwiegender Meinung tendenziell restriktiv auszulegen ist (Stern 1984, S. 168, 173). Dazu kommt, daß Art. 79 III GG nur die «Grundsätze» der Art. 1 und 20 GG mit Ewigkeitsgarantie ausstattet. Es geht also um den Kern, den «Wesensgehalt» der Regelung. Nur die Essentialia sind unantastbar. Modifizierungen der in Art. 1 und 20 GG niedergelegten Rechtsgehalte sind möglich, soweit nicht deren grundsätzlicher Gehalt angetastet wird.

Im Fall einer Berücksichtigung von Naturentitäten um ihrer selbst willen im Grundgesetz ist aber nicht ersichtlich, inwiefern der Kern oder auch nur der Bereich der Menschenwürde angetastet würde. Impliziert wären damit allenfalls gewisse mindere Einschränkungen der allgemeinen Handlungsfreiheit, des Eigentums und der Wissenschaftsfreiheit. Tiere dürften nicht mehr geschlachtet und verzehrt und Ökosysteme nicht mehr geschädigt werden. Inwieweit hierdurch ein menschenwürdiges Leben eingeschränkt würde, ist nicht erkennbar. Es handelt sich im wesentlichen (mit partieller Ausnahme der Wissenschaftsfreiheit) um materielle Interessen. Deren Beschränkung kann man insbesondere dann nicht als Tangierung oder gar Eingriff in die Menschenwürde ansehen, wenn man diese im Anschluß an Kant geistig-sittlich definiert, wie dies verschiedentlich in der Staatsrechtslehre geschieht.[183]

Nimmt man die oben (F III 2) zitierte Objektformel des Bundesverfassungsgerichts zum Ausgangspunkt, so wird die Menschenwürde gebotsorientiert definiert. Gegenüber dem Staat als Akteur hat der Betroffene ein Recht, immer auch als Zweck beachtet zu werden. Nicht impliziert ist damit aber das Recht, selbst keinerlei limitierende Interessen anderer anerkennen zu müssen. Entsprechende Einschränkungen sind normative Realität. Sie ergeben sich aus der Pflicht zur Beachtung der Interessen anderer Menschen, die der Staat dem einzelnen gerade auch im Hinblick auf Art. 1 I GG auferlegt hat. Wenn aber andere Menschen als Interessenträger verfassungsrechtlich anerkannt sind und die Aktionsfreiheit des Akteurs einschränken, dann ist nicht ersichtlich, warum der Staat nicht weitere Entitäten mit schwächeren Interessen als aktionsrestringierend anerkennen dürfte. Art. 1 I GG statuiert, daß der Mensch als Subjekt nicht zum Objekt gemacht werden darf. Die Norm hindert die Rechtsordnung aber nicht, auch andere Subjekte anzuerkennen, die der Akteur seinerseits nicht zum Objekt machen darf. Durch die Pflicht zur Beachtung anderer Subjekte wird der Akteur nicht seinerseits vom Subjekt zum Objekt degradiert, wenn man Extremforderungen (z. B. keinen Schritt mehr tun zu dürfen, weil dadurch Mikroben getötet würden) vermeidet.

Die allgemeine Handlungsfreiheit des Menschen und Subjekts A nach

Art. 2 I GG findet z. B. nach Art. 2 II 1 ihre Grenze an der körperlichen Integrität des Menschen und Subjekts B. Man hat nicht die Freiheit, andere Menschen zu verletzen. In gleicher Weise kann die allgemeine Handlungsfreiheit von A auch an der körperlichen Unversehrtheit des Tiers und Subjekts C ihre Grenze finden, ohne daß deshalb A zum bloßen Objekt degradiert würde. Wie es nicht zur Menschenwürde und zum Subjektstatus des Menschen gehört, andere Menschen als bloße Objekte zu behandeln und auffressen zu dürfen, so gehört dies auch gegenüber nichtmenschlichen Entitäten nicht zur Menschenwürde, wenn auf andere Weise ohne große Anstrengung Nahrung beschafft werden kann.

Nach Art. 19 III GG sind selbst juristische Personen, also z. B. Vereine und Aktiengesellschaften, grundrechtsfähig und können eigene Grundrechte wie natürliche Personen geltend machen, soweit diese ihrem Wesen nach auf juristische Personen anwendbar sind. Dabei wird der Begriff «juristische Person» allgemein weit ausgelegt, so daß auch nichtrechtsfähige Vereinigungen, soweit sie aufgrund ihrer Organisationsstruktur zu eigener Willensbildung fähig sind, als Grundrechtsträger in Frage kommen (BVerfGE 10, S. 99). Wenn aber die Grundrechte von Menschen sogar gegenüber entsprechenden Grundrechten von Personenvereinigungen abgewogen werden müssen, dann ist nicht einzusehen, warum dies bei Naturentitäten die Menschenwürde antasten sollte.

Die Art. 1 I, 79 III GG stehen also der nichtanthroporelationalen Erweiterung des Grundgesetzes nicht im Weg. Gleiches gilt im übrigen für die Volkssouveränität und das Demokratiegebot nach Art. 20 II i. V. m. Art. 79 III GG. Der demokratische Souverän ist nicht gehindert, (durch seine Repräsentanten) Entitäten Rechte zuzusprechen, die nicht Teil des Souveräns sind. Für ausländische Mitbürger ist dies im Grundgesetz schon in einzelnen Artikeln geschehen (Art. 2, 3, 4, 5 GG usw.)

Mit der Bejahung der Möglichkeit einer nichtanthroporelationalen Erweiterung des Grundgesetzes ist noch nicht über die Gebotenheit einer solchen Verfassungsänderung entschieden. Wie bei den Rechten der Natur allgemein (vgl. oben F III) ist diese Frage nicht rechtssystematisch, sondern nur rechtsethisch zu beantworten. Dabei muß jede Rechtsethik, die für eine möglichst wirksame Interessenbeachtung eintritt, auch eine Implementation in der Verfassung als höchster Stufe der Rechtsordnung unterstützen. Der Schutz der (in den Teilen D und E herausgearbeiteten) nicht- und transanthroporelationalen Interessen erfordert demnach eine rechtliche Sicherung durch eine Verfassungsimplementation.

Dabei muß allerdings die rechtssystematische Kohärenz zu den Einzelgesetzen gewahrt bleiben. Es wäre wenig sinnvoll, Verfassungsrechte der Tiere anzuerkennen, solange das Tierschutzgesetz keine entsprechenden einfachgesetzlichen Rechte statuiert. Um innersystematische Spannungen zu vermeiden, sollte deshalb auf einfachgesetzlicher und verfassungsgesetzlicher Ebene der Rechtsschutz allmählich wechselseitig gesteigert werden. Im Moment ist der einfachgesetzliche Rechtsschutz des Tierschutzgesetzes mit Ansätzen von Nichtanthroporelationalität weiter entwickelt als die Verfassung. Zur Intensivierung des Tierschutzes bedürfte es deshalb zunächst einer Verfassungsänderung, die eine nichtanthroporelationale Berücksichtigung der Tiere als objektiv-rechtliches Verfassungsgebot bzw. Verfassungswert statuiert. Auf dieser Grundlage könnten dann einfachgesetzlich weitere Berücksichtigungspflichten und schließlich entsprechende Rechte zugewiesen werden. Den Abschluß würde die verfassungsmäßige Absicherung dieser Rechte bilden. Zu beginnen wäre bei den großen Menschenaffen (vgl. Cavalieri/Singer 1994).

Für den Schutz von Ökosystemen und anderen (v. a. kollektiven) Naturentitäten auf anthropozentrischer und transanthroporelationaler rechtsethischer Basis hat der neue Art. 20 a GG auf Verfassungsebene schon den Spielraum für striktere einfachgesetzliche Regelungen eröffnet. Ein weiter gehender einfachgesetzlicher Naturschutz und sogar die Anerkennung der Rechte von Naturentitäten – etwa von Nationalparks – im Interesse des Menschen wäre schon bei der gegenwärtigen Verfassungslage möglich. Wir müssen es nur wollen und politisch fordern.

Anmerkungen

1 Vgl. zu einer ähnlichen Definition dieses Terminus Birnbacher (1991), S. 279: «...alle Bemühungen um eine Klärung und Begründung von Wertvorstellungen und Verhaltensnormen..., die sich auf den menschlichen Umgang mit der außermenschlichen Natur beziehen.»; Taylor (1989), p. 9: «...is an attempt to establish the rational grounds for a system of moral principles by which human treatment of natural ecosystems and their wild communities of life ought to be guided.» Die Ökologische Ethik schließt also die Tierethik grundsätzlich mit ein. Dabei kann es natürlich zu praktischen Konflikten zwischen Tier- und Naturschutz kommen – etwa beim Schutz des Waldes vor Wildverbiß. Trotzdem erscheint es sinnvoll, die Tierethik als Teil der Ökologischen Ethik anzusehen, weil die Abgrenzung zwischen tierischem und nichttierischem Leben schwierig und umstritten ist und sich zudem verschiedene Grundlagenprobleme ähneln. – Zitiert wird hier wie nachfolgend der Name des Autors und die Jahreszahl, die auch im Literaturverzeichnis das Werk kennzeichnet. Die Seitenzahlen deutschsprachiger Ausgaben bzw. Übersetzungen werden mit «S.» gekennzeichnet, die fremdsprachiger Ausgaben mit «p.» (wie «page» [engl.], «page» [frz.], «pagina» [ital.] etc.).

2 «Verhalten» soll hier in einem sehr weiten Sinn alle moralisch relevanten Phänomene, also auch Normen, Institutionen, Äußerungen, Verhaltensweisen und Haltungen umfassen.

3 «Ökologische Ethik» wird hier im Gegensatz zu vielen anderen Publikationen groß geschrieben, weil es sich nicht um eine Ethik handelt, die ökologisch ist, sondern um einen Teilbereich der Ethik, der sich auf ökologisches Verhalten bezieht. Wie niemand auf die Idee kommen würde, die Medizinethik oder die Rechtsethik «medizinische» oder «rechtliche» Ethik zu nennen, weil sie weder medizinisch noch rechtlich ist, sondern ein Teilgebiet der Ethik, das auf Medizin bzw. Recht bezogen ist, erscheint dies auch nicht für die Ökologische Ethik angebracht.

4 Der Ausdruck wird hier wie auch sonst zumeist mit «Anthropozentrismus» synonym verwandt. Die Differenzierung, die Irrgang (1992), S. 251 f, zwischen einer (positiv bewerteten) «christlichen Anthropozentrik» und einem (negativ bewerteten) säkular-instrumentellen «Anthropozentrismus» vorgeschlagen hat, hat sich bisher nicht durchgesetzt. Sie trägt in problematischer Weise eine Sachposition bzw. Bewertung in die Begriffsklärung.

5 Kritisch insofern auch Kettner (1992), p. 32.

6 Nietzsche (1980), S. 23 f: «Der Charakter des unbedingten Willens zur Macht ist im ganzen Reiche des Lebens vorhanden. Haben wir ein Recht, das Bewußtsein zu leugnen, so doch schwerlich das Recht, die treibenden Affekte zu leugnen z. B. in einem Urwalde.»

7 Schönherr (1989), S. 31: «Weil es keine objektiv begründbare Erkenntnis über Natur gibt, kann auch keine lebensweltlich problematische Frage wissenschaftlich oder technisch geklärt bzw. vor allem entschieden werden.»

8 Capra (1986), S. 39: «Es ist jetzt deutlich geworden, daß die Überbetonung der wissenschaftlichen Methode und des rationalen, analytischen Denkens zu Verhaltensweisen geführt hat, die zutiefst antiökologisch sind. Tatsächlich wird un-

ser Verständnis des Ökosystems durch die innerste Natur des rationalen Geistes behindert.»

9 Mayer-Tasch (1985), S. 22 (Verweis auf Capra); S. 28 (Annahme eines baldigen Bündnisses von Ökologie und Theologie); S. 29 (Verweis auf «kosmische Rhythmen»).

10 Taylor (1989), p. 135 ff, führt entsprechende ontologische Positionen an.

11 Irrgang (1992), S. 17, 174 f, unterscheidet zwischen einer materialen Anthropozentrik («inhaltliche Vorstellungen, etwa der Art, daß der Mensch im Zentrum des Universums steht, die Krone der Schöpfung ist»), einer methodischen Anthropozentrik («daß der erkennende und handelnde Mensch unhintergehbar im Zentrum seiner Weltkonstruktion und seines Handelns steht») und einer Anthropozentrik als Ethosform («impliziert, daß der Mensch im sittlichen Handeln als Mensch und Person auf sich selbst in einer bestimmten Grundhaltung, Lebensform oder Tugendausprägung verwiesen und bezogen ist»). Ersteres entspricht der ontologischen Dimension, die zweite Definition konfundiert unbegründeterweise die erkenntnistheoretische und die praktische Bedeutung des Anthropozentrikbegriffs, zu der auch die dritte Bestimmung als Ethosform gehört.

12 Vgl. zu einer ähnlichen Terminologie etwa Keekok (1993), p. 333–344, vor allem p. 335, mit der Unterscheidung von starkem und schwachem Instrumentalismus, wobei letzterer als psychologische, ästhetische bzw. gemeinwohlorientierte Benutzung konkretisiert wird.

13 Selbst ein Systemtheoretiker wie Luhmann, der eine normative Ethik ablehnt, trifft diese Unterscheidung: (1990), S. 259.

14 Vgl. die ähnliche Formulierung bei Patzig (1983), S. 4.

15 Anders Irrgang (1992), S. 10 f, für den «Moral» stark am menschlichen Verhalten und seinen Regelstrukturen orientiert ist, während «Ethos» eine spezifische sittliche Lebensform meint, die von Grundhaltungen und einer gewissen praktischen Rationalität geprägt ist. – Mir ist der springende Punkt dieser Unterscheidung, sofern sie etwas anderes als die hier getroffene (mit vertauschten Begriffen) meint, nicht klar.

16 Vgl. für die Unterscheidung der Elemente (1) und (5) auch v. d. Pfordten (1992), S. 220.

17 Vgl. hierzu Habermas (1993), S. 219 ff. Er kommt gegenüber Tieren somit nur zu einer «moralanalogen» Berücksichtigung. Hierauf wird unter C IV 4 noch näher eingegangen.

18 Interessant ist die Frage, wie die Affen zu behandeln sind, die im Dienst der Wissenschaft eine entsprechende rudimentäre Sprachfähigkeit (falls man sie annehmen kann) erworben haben. Kann der Erwerb einer anormalen Fähigkeit eine (höhere) moralische Berücksichtigung bewirken? Ich bezweifle dies.

19 Die Rechtschreibung ist hier und nachfolgend modernisiert. Vgl. auch Kant (1990), S. 256: «Allein weil Tiere nur als Mittel da sind, indem sie sich ihrer selbst nicht bewußt sind, der Mensch aber der Zweck ist, wo ich nicht mehr fragen kann: ‹Warum ist der Mensch da?›, welches bei den Tieren geschehen kann, so haben wir gegen die Tiere unmittelbar keine Pflichten, sondern die Pflichten gegen die Tiere sind indirekte Pflichten gegen die Menschheit. Weil die Tiere ein Analogon der Menschheit sind, so beobachten wir Pflichten gegen die Menschheit, wenn wir sie gegen Analoga derselben beobachten, und dadurch befördern wir unsere Pflichten gegen die Menschheit.»

20 Kant (1907), S. 226: «Von dem Willen gehen die Gesetze aus; von der Willkür die

Maximen. Die letztere ist im Menschen eine freie Willkür; der Wille, der auf nichts Anderes, als bloß auf Gesetz geht, kann weder frei noch unfrei genannt werden, weil er nicht auf Handlungen, sondern unmittelbar auf die Gesetzgebung für die Maxime der Handlungen (also die praktische Vernunft selbst) geht, daher auch schlechterdings notwendig und selbst keiner Nötigung fähig ist.» (Eine leichte Verschiebung zur anderen soeben zitierten Bestimmung des Willens zeigt sich allerdings, denn hier ist der Wille nicht «die praktische Vernunft selbst», sondern «geht» nur auf sie.) Kant (1911a), S. 412: «Ein jedes Ding der Natur wirkt nach Gesetzen. Nur ein vernünftiges Wesen hat das Vermögen, *nach der Vorstellung* der Gesetze, d. i. nach Prinzipien, zu handeln, oder einen Willen. Da zur Ableitung der Handlungen von Gesetzen *Vernunft* erfordert wird, so ist der Wille nichts anderes, als praktische Vernunft.»; S. 427: «Der Wille wird als ein Vermögen gedacht, *der Vorstellung gewisser Gesetze* gemäß sich selbst zum Handeln zu bestimmen.»

21 Ebenso Christina Hoff (1983), p. 66: Die Annahme, daß nur rationalen Wesen Zweck an sich selbst zukomme, sei von Kant eingeführt und weder von ihm noch von seinen Anhängern bewiesen worden. Vgl. zu einer Kritik der Position Kants auch Neumaier (1993), S. 19.

22 Kant (1911a), S. 395: «In den Naturanlagen eines organisierten, d. i. zweckmäßig zum Leben eingerichteten, Wesens nehmen wir es als Grundsatz an, daß kein Werkzeug zu irgend einem Zweck, in demselben angetroffen werde, als was auch demselben das schicklichste und ihm am meisten angemessen ist. Wäre nun an einem Wesen, das Vernunft und einen Willen hat, seine *Erhaltung*, sein *Wohlergehen*, mit einem Worte seine *Glückseligkeit*, der eigentliche Zweck der Natur, so hätte sie ihre Veranstaltung dazu sehr schlecht getroffen, sich die Vernunft des Geschöpfs zur Ausrichterin dieser ihrer Absicht zu ersehen. Denn alle Handlungen, die es in dieser Absicht auszuüben hat, und die ganze Regel seines Verhaltens würden ihm weit genauer durch Instinkt vorgezeichnet, und jener Zweck weit sicherer dadurch haben erhalten werden können, als es jemals durch Vernunft geschehen kann...» Vgl. zum Zweckbegriff in anderen Schriften Kants: Löw (1980), S. 196 ff.

23 Allerdings äußert Frey im Nachwort seines Buches, daß die bewußte Verletzung von Tieren ebenso wie die von Menschen eine Rechtfertigung verlange. Die bewußte Zufügung unangenehmer Empfindungen sei ein Übel (p. 170). Angesichts der Skizzenhaftigkeit der Darstellung läßt sich nicht entscheiden, ob das Schwergewicht dieses Arguments auf der menschlichen Handlung oder dem zugefügten Übel liegt. Damit kann auch nicht geklärt werden, ob Frey die These der notwendigen Anthroporelationalität ethischer Berücksichtigung tatsächlich vertreten würde. Klar ist dies nur für die davon zu unterscheidende Zuschreibung von Interessen bzw. Rechten. Fügt man aber die Annahme hinzu, daß auch die bloße ethische Berücksichtigung und nicht nur die Zuschreibung von moralischen bzw. ethischen Rechten das Bestehen von Interessen bei der betroffenen Entität voraussetzt, so kann seine Position zumindest als Ausschluß nichtanthroporelationaler Rechtfertigungen gelesen werden. – Vgl. zu einer detaillierten Kritik an Freys Position Regan (1983), p. 38–55.

24 Auch Regan (1983), p. 39, der Tierrechte verteidigt, gesteht zu, daß die meisten Tiere und sogar die meisten Säugetiere keine Sprache in einem qualifizierten Sinne besitzen, und sieht die Notwendigkeit, Frey auf andere Art zu widerlegen.

25 Diese spezielle Ausdrucksweise wird deshalb gewählt, weil Frey an anderer Stelle (p. 108) zugesteht, daß Tiere Bewußtsein haben.

26 Vgl. z. B. Watson (1979), p. 99–129, der für die Zuschreibung von Rechten ein Reziprozitätsverhältnis von Akteur und betroffener Entität bezüglich Rechten und Pflichten postuliert. Vgl. auch Fox (1977), p. 106–125, vor allem p. 107, der klar zwischen der Zuschreibung von Rechten und der ethischen Berücksichtigung unterscheidet.

27 Bei Frankena (1979), p. 5, ist dies weniger eindeutig.

28 Eine Ausnahme gilt also nur, wenn Strukturmerkmale (1) und (3) aufgrund der spezifischen Theoriekonstruktion zusammenfallen, wie dies etwa bei dem Verweis auf «Leben» im Rahmen einer Ökologischen Ethik der Fall ist, vgl. neben Schweitzer (1982), S. 21 f und passim, Goodpaster (1978), p. 320.

29 So aber Papageorgiou (1992), S. 108 ff.

30 Birnbacher (1991), S. 281, mit Einschränkung auf das Abendland: «Die anthropozentrische Orientierung ist für die gesamte ethische Tradition des Abendlands charakteristisch.»

31 Teutsch (1978), S. 33: «Auch die Philosophie ist der Versuchung des anthropozentrischen Denkens erlegen.» In (1985), S. 9, ist Teutsch aber der Ansicht, noch Platon und Aristoteles sahen den Menschen als Teil der Natur.

32 Rolston (1988), p. 3: «Earlier ethics never paid much attention to ecosystems because humans had little knowledge and even less power to affect these processes»

33 Wolf (1992), S. 18: «Die traditionelle Ethik ist, selbst dann, wenn sie nicht theologisch argumentiert, speziesistisch.»

34 Höffe (1993), S. 205–207. Er konstatiert in der philosophischen Theorie – anders als in der Praxis – jedenfalls keine despotische Anthropozentrik, sondern allenfalls eine humane.

35 Nash (1989), p. 16 f, für das Altertum.

36 Attfield (1991), p. 37: «Thus in the patristic and medieval periods there was a widespread responsibility for the care of the earth and for the completion of God's work of creation together with an underlying sense that animals should be treated with kindliness and were of more than merely instrumental value.»

37 Mayer-Tasch (1991), Bd. 1, S. 13: «. . . daß (natur-)philosophisches Denken von allen Anfängen an im Kern auch ökologisches Denken war.»

38 Auch Sieferle (1988), S. 345, betont: «Daß es nicht schon früher zu großräumigen Umweltschäden gekommen ist, sondern daß diese gewöhnlich regional beschränkt blieben und häufig reversibel waren, liegt nicht etwa daran, daß man Umweltauswirkungen antizipierend berücksichtigt hätte.»

39 Plinius d. Ä. (1980), Band VI, Buch XXXIII, Kap. 1, p. 53: «Wir spüren allen Adern der Erde nach, und doch . . . wundern wir uns, daß sie gelegentlich auseinanderbirst oder bebt: als könnten fürwahr diese Zeichen etwas anderes sein als der Ausdruck der Empörung, den unsere heilige Ahne empfindet. Wir bohren uns in ihre Eingeweide und suchen nach Schätzen . . . als ob jeder Flecken Erde, auf den wir treten, uns nicht genügend reich und fruchtbar wäre.» Ovid (1966), Buch I, Zeile 154–162, p. 30 f; Seneca (1961), V. Buch, Kap. 15, p. 229. Die Übersetzung folgt Merchant (1987), S. 42 ff, S. 282.

40 Vgl. Hahn (1980), S. 154 ff: Österreich 1846, Schweiz 1846, Frankreich 1850, Dänemark 1866, Norwegen 1874, Finnland 1889, Schweden 1900.

41 Attfield (1991 a), p. 135. Er zählt Theophrast, in einigen Aspekten Aristoteles, die Stoiker, Epikureer und die frühen Christen, die sich nicht vom Platonismus beeinflussen ließen, dazu.

42 Van der Waerden (1979), S. 170, vgl. folgendes Zitat von Iamblichos: «Nur in

diejenigen Lebewesen, die man opfern darf, geht keine Menschenseele ein. Darum soll der, dem Fleischnahrung erlaubt ist, nur von opferbaren Tieren essen, sonst aber von keinem Lebewesen.» Van der Waerden kommentiert: «Aus diesem Zeugnis sieht man deutlich, daß das Gebot der Fleischenthaltung eng mit der Lehre von der Seelenwanderung zusammenhängt»; Rodmann (1976), p. 111.

43 Irrgang (1992), S. 186, meint, der *Homo-mensura*-Satz sei keine Spielart des Anthropozentrismus, sondern vielmehr eine Relativierung des individuellen Menschen, der sich und seine Fähigkeit der Erkenntnis der Natur in eine Bescheidenheit zurücknehme, die der nichtdogmatischen Skepsis eigen sei. Diese Interpretation leidet darunter, daß sie nicht klar zwischen ontologischer und erkenntnistheoretischer Anthropozentrik unterscheidet. Eine erkenntnistheoretische Bezugnahme auf den Menschen ist kaum zu leugnen.

44 Wer Kallikles wirklich war oder ob es sich hier nur um einen Namen für eine andere reale Person handelte, ist umstritten. Vgl. Dodds, E. R., Plato. Gorgias, Oxford 1959, p. 12.

45 Rolfes (1988), Einleitung S. 6, interpretiert Kallikles ebenfalls ausdrücklich als «egoistisch».

46 Platon (1990b), 512 de, S. 462 f: «Also Bester, sieh zu, ob nicht das Edle und Gute etwas ganz anderes ist als das Erhalten und Erhaltenwerden...»

47 Thomas v. Aquin (1953) ST II–II, Qu. 64, Art. 1, S. 153. Vgl. zur Anthropozentrik bei Thomas Metz (1962); Auer (1985), S. 203 ff.

48 Vgl. zu dieser Diskussion Cottingham (1978), p. 551–559. Die Gegenposition vertritt Regan (1983), p. 3 ff.

49 Descartes (1905), III, 3, p. 81, S. 65: «Denn wenn es auch im Sittlichen fromm ist, zu sagen, daß alles von Gott unseretwegen geschehen ist, um dadurch zu größerem Dank und Liebe zu ihm veranlaßt zu werden, und wenn dies in gewissem Sinne auch richtig ist, daß wir von allen Dingen für uns irgend einen Gebrauch machen können, wäre es auch nur, um unseren Verstand in ihrer Betrachtung zu üben und Gott aus seinen wundervollen Werken zu ahnen: so ist es doch unwahrscheinlich, daß alles nur für uns und zu keinem anderen Zweck gemacht worden ist, und in der Naturwissenschaft würde diese Voraussetzung lächerlich und verkehrt sein, weil unzweifelhaft vieles existiert oder früher existiert hat und schon vergangen ist, was kein Mensch je gesehen oder erkannt, und was ihm niemals einen Nutzen gewährt hat.» – Es besteht hier eine gewisse Ähnlichkeit zur obigen Aristoteles- und Theophrast-Interpretation.

50 Vgl. oben B II 2 die Zitate von Augustinus (1985), I, 20, S. 38 f, und Thomas von Aquin (1953), Buch II–II, Qu. 64, Art. 1, S. 154; Auer (1985), S. 203 ff.

51 Auer (1985), S. 211, konstatiert einerseits: «Die biblischen Schöpfungsgeschichten stellen bei aller Verschiedenheit unter sich doch gemeinsam fest, daß die ganze übrige Welt allein auf den Menschen als höchstes Schöpfungswerk hingeordnet ist.» – Nach anderen Interpretationen, die sich vor allem auf 1. Mose 2, 15, 1. Mose 9, 1–3, und 1. Kor. 3, 21–23, stützen, sei die übrige Schöpfung dagegen nicht allein zum Gebrauch des Menschen geschaffen. Auch die nichtmenschliche Natur habe Eigenwert. Das «dominium terrae» impliziere «eine Hinordnung der außermenschlichen Schöpfung auf den Menschen nur in dem Sinne, daß die Erschaffung der Pflanzen und Tiere der Erschaffung des Menschen den Boden bereiten, daß sich die Schöpfung im Menschen vollendet, nicht aber in dem Sinne, daß der zuletzt geschaffene Mensch bedingungslos und ohne Einschränkung über alles verfügen darf» (Birnbacher 1986, S. 110).

52 Bejahend: White (1967), p. 1203–1207; Amery, Carl, Das Ende der Vorsehung.

Die gnadenlosen Folgen des Christentums, 2. Aufl., Reinbek bei Hamburg 1974; eher verneinend: Attfield (1991), p. 43; Auer (1985), S. 207 f; Sieferle (1988), S. 356 ff; Altner (1991), S. 76 f. Vgl. zur Wiedergabe der diesbezüglichen anglo-amerikanischen Diskussion auch Nash (1989), p. 88 ff. – Man könnte nach dem obigen Ergebnis von B II vermuten, daß die westkirchliche Tradition eine Art Katalysatorfunktion gehabt hat, indem sie aus dem weiten Spektrum antiker Positionen unter einer primären theorelationalen Überwölbung auf einer sekundären Ebene die aristotelische und stoische Theorie verfestigt und kanonisiert hat. Mit der allmählichen Auflösung der primären theorelationalen Ebene seit der Renaissance kam diese Anthroporelationalität dann immer unbegrenzter zum Tragen.

53 Auer (1985), S. 6, 54 ff, 203 ff; S. 57: «Letztlich aber dient alles dem Menschen und seiner Existenz und kommt darin zu seinem Daseinssinn.»; Irrgang (1992), S. 17, 29, 63, 192, 189: «Die These meiner Arbeit besteht nun darin, daß Anthropozentrik als Paradigma und Denkform sowohl für eine theologische als auch für eine philosophische Ethik unhintergehbar sind, man aber über einzelne inhaltliche anthropozentrische Vorstellungen diskutieren kann und angesichts der ökologischen Krise auch sollte.»; Hertz / Korff / Rendtorff / Ringelig (1982), S. 409: «Der Rechtsbegriff ist unweigerlich und unabweislich ein Vernunftbegriff. Es hat keinen Sinn, einer ohne den Menschen gedachten Natur in eigentlichem Sinne ein Recht oder eine Rechtsordnung – mit entsprechenden Pflichten – zuzusprechen. Begrifflich vollzieht das neue ökologische ‹Naturrecht› eben jenen Anthropozentrismus, gegen den es sich inhaltlich wenden will. Auch die Berufung auf eine gottgesetzte Schöpfungsordnung ändert daran nichts; es ist sinnlos, sie als menschlich verbindliche Rechtsordnung auszugeben, wenn nicht schon der Rechtsbegriff der menschlichen Vernunft und die menschliche Erkenntnisleistung vorausgesetzt sind. Gerade die Schöpfungsordnung ist anthropozentrisch zu verstehen. Die Rede von einem vor-menschlichen Eigenrecht der Natur ist reine Metaphorik.»; Hartshorne (1979), p. 55, 57.

54 Mit Bezug auf A. Schweitzer: Altner (1991), S. 70, 84, 85, 231, 232, 233, 241, 256, 257. Aber eine leichte implizite Hierarchisierung wird auf den S. 71 und 223 doch deutlich.

55 Altner (1991), S. 79, 84 ff, 203; Rock (1986), S. 72 ff; Linzey (1989), p. 137; Teutsch (1978), S. 30, S. 43 ff; Power Bratton (1984), p. 195–209. – Kritisch: Auer (1985), S. 30, 196.

56 Attfield (1991), p. 31, 45 und passim; Gunn (1983), p. 149 ff. Vgl. auch Passmore (1974), p. 9, der diese Tradition im Alten Testament vertreten sieht.

57 Vgl. zu einer Darstellung und Kritik Ebenreck (1983), p. 34 ff.

58 Spaemann (1986), S. 198; Löw (1988/1989), S. 163, 166; Rock (1986), S. 101 f: «Nur eine ‹theologische Betrachtung› der Natur wird den Menschen verbieten, die Natur lediglich funktional auf ihre, der Menschen Bedürfnisse hin zu interpretieren.»

59 Nach Fraser-Darling (1986), S. 13, kann Gott begriffen werden «als seiend in allem und aus allem».

60 Nach Tribe (1986), S. 50, stellt sich beim Menschen ein Gefühl ein, «im Natürlichen sei tatsächlich etwas Heiliges».

61 Lloyd (1980), p. 293 ff, 307. Vgl. auch die Erwiderung von Naess (1980), p. 312–325.

62 Vgl. allgemein zur Ökologischen Ethik in den verschiedenen Weltreligionen Gosler (1992), Teutsch (1983), S. 13 ff.

63 Parker (1990), p. 357 ff; Weston (1985), p. 321–339; Chaloupka (1987), S. 263–260; Taylor (1990), p. 175–184.

64 Zimmermann (1983), p. 99–131; Foltz (1984), p. 323–338; Westra (1985), p. 341–350; Grange (1985), p. 351–361; Schönherr (1989). – Zimmermann hat jetzt aber seine Position in (1993), p. 195–224, teilweise revidiert.

65 Vgl. zum theoriehistorischen Umfeld und zu anderen Typen der Verantwortungsethik Müller (1992), S. 103–131.

66 Diese Reichweitenbestimmung von Jonas' Theorie steht im Widerspruch zu seinem auf S. 36 anthroporelational formulierten Imperativ: «Handle so, daß die Wirkungen deiner Handlung verträglich sind mit der Permanenz echten menschlichen Lebens auf Erden.» – Man könnte im Rahmen einer wohlwollenden Interpretation vielleicht vermuten, daß es sich hierbei nur um eine erste tentative Fassung handelt, die dann erst mit der Entfaltung der Theorie in eine adäquate Form gebracht wird.

67 Jonas (1984), S. 175: «Das ‹wofür› liegt außer mir, aber im Wirkungsbereich meiner Macht, auf sie angewiesen oder von ihr bedroht. Ihr setzt es entgegen sein Recht auf Dasein aus dem, was es ist oder sein kann, und nimmt durch den sittlichen Willen die Macht in ihre Pflicht. Die Sache wird meine, weil die Macht meine ist und einen ursächlichen Bezug zu eben dieser Sache hat. Das Abhängige in seinem Eigenrecht wird zum Gebietenden, das Mächtige in seiner Ursächlichkeit zum Verpflichteten. Für das so ihr Anvertraute wird die Macht objektiv verantwortlich und durch die Parteinahme des Verantwortungsgefühls affektiv engagiert: in dem Gefühl findet das Verbindliche seine Verbindung zum subjektiven Willen.»

68 Kettner (1990), S. 432, kommt zu einer etwas kürzeren Ableitungskette Zweck → Wert → Verpflichtung.

69 Vgl. hierzu und zur Geschichte des teleologischen Denkens: Spaemann / Löw (1981), S. 51 ff, 79 ff.

70 Ebenso Birnbacher (1983), S. 146.

71 Jonas (1984), S. 161. Das Argument erfährt folgende Fortsetzung: «Das unabhängig Gute verlangt, Zweck zu werden. Es kann den freien Willen nicht zwingen, es zu seinem Zweck zu machen, aber es kann ihm die Anerkennung abnötigen, daß dies seine Pflicht wäre.»

72 Auf einer Konferenz in Bukarest; Zusammenfassung bei Naess (1973).

73 Devall / Sessions (1985); Devall (1988). Devall ist Sozialwissenschaftler, Sessions Philosoph. Beide waren im kalifornischen Sierra Club tätig, der etwa dem Alpenverein vergleichbar ist.

74 Ein Direktor des Sierra Club (1952–1969) und Gründer der Umweltschutzbewegung Earth First!

75 «T» steht für Naess' Hütte in den norwegischen Bergen und soll die Individualität der Ausgestaltung der spezifischen Weltanschauung ausdrücken.

76 Die umfassendste Darstellung von Ecosophy T findet sich in Naess (1989), p. 163 ff; kurze Zusammenfassungen in Naess (1993), p. 209 ff, und Devall / Sessions (1985), p. 225 ff. Eine Kritik erfolgt bei Cheney (1989), p. 293–325.

77 Ferry (1992), p. 180. Das Buch enthält neben einer ausführlichen Kritik an der Deep-ecology-Bewegung (p. 131 ff) eine interessante Darstellung der Ökologischen Ethik aus französischer Sicht.

78 In (1990) hat Meyer-Abich dieses Argument für eine holistische Position – soweit ersichtlich – nicht wiederholt.

79 Ähnliches konstatiert Nida-Rümelin (1991), S. 89.

80 Birnbacher (1986), S. 118; Singer (1990), p. 58; Höffe (1993), S. 221 ff; Ryder (1991), p. 38 f; Wright (1991), p. 47; Krebs (1993), S. 995 ff.

81 Callicott (1989b), p. 165 f. Zimmermann (1988), p. 3–30, vor allem p. 9 f, hat eingewendet, daß der Rekurs auf die Quantentheorie allein eine nichtdualistische Erfahrung nicht bereitstellen könne, die die Subjekt-Objekt-Spaltung überwindet.

82 Rollin (1992), p. 55; Regan (1992), p. 165: «The error of hedonism (or at least one error) lies not in judging that some experiences have positive noninstrumental value but in supposing that only pleasant experiences, or only the pleasure we find in certain experiences, have value of this kind.»

83 Ich lehne mich hier an den Alltagssprachgebrauch an, der bei der Zuschreibung von «Wollen» an höhere Tiere keine Probleme hat. Nicht impliziert sind hier spezifische psychologische Wollensphänomene.

84 So wie Wolf (1990), S. 76; Fisher (1987), p. 197–215, vor allem p. 200.

85 Bentham (1963), p. 1: «Nature has placed mankind under the gouvernance of two sovereign masters, pain and pleasure.»

86 Bentham (1963), p. 3: «A thing is said to promote the interest, or to be for the interest, of an individual, when it tends to add to the sum total of his pleasures: or, what comes to the same thing, to diminish the sum total of his pains.»

87 Kritisch hierzu Williams (1980), p. 149–161.

88 Singer (1993), p. 57: «The capacity for suffering… and / or enjoyment or happiness is not just another characteristic like the capacity for language, or for higher mathematics. … The capacity for suffering and enjoying things is a prerequisite for having interests at all, a condition that must be satisfied before we can speak of interests in any meaningful way.»

89 Frankena (1973), p. 52: principle of beneficence, principle of justice.

90 Sartre (1970), p. 47: «Il n' y a pas de morale générale.»

91 Wenn man hier einmal den skeptisch-behavioristischen Einwand gegen die Erkennbarkeit des Fremdpsychischen außer Betracht läßt.

92 Regan (1983) spricht an einigen Stellen (z. B. p. 79, 81) nur Säugetieren, die mehr als ein Jahr alt sind, entsprechend komplexe mentale Prozesse zu, die er im späteren Fortgang seiner Untersuchung als Voraussetzung für eine Rechtszuschreibung ansieht. Dort wiederholt er aber diese Einschränkung nicht (z. B. p. 349). Aus praktischen Gründen will er allen Säugetieren Rechte zusprechen, weil eine Linie nur schwer zu ziehen sei und erwachsene Säugetiere als Reproduktionsmaschinen mißbraucht würden (p. 391). Schließlich beruft er sich auch auf kantianische Gründe der Einübung bestimmter Gewohnheiten beim Menschen. Im Randbereich wird seine Position demnach anthroporelational.

93 Darauf hat insbesondere Callicott (1989c), p. 40, hingewiesen.

94 Griffin (1991) bietet einen Überblick über die stark divergierenden Ansichten, inwieweit Tieren mentale Fähigkeiten zukommen. Er selbst plädiert für ein vorsichtiges «Ja».

95 Griffin (1991), S. 256, der der Annahme mentaler Fähigkeiten bei Tieren positiv gegenübersteht, hält ein Selbstbewußtsein offenbar zumindest für möglich und schlägt entsprechende Versuche vor.

96 Birch (1993), p. 319, wendet z. B. ein, daß der Begriff «inherent value» keinen größeren Inhalt als derjenige «subject of a life» habe.

97 Vgl. zu Einwänden gegen letztere Mackie (1990), p. 15 ff.

98 Vgl. zu Feinberg und Hare die Darstellung unter b und c; Rollin (1992), p. 75 f; Rodd (1990), p. 5: «I shall generally take the view that, where animals are con-

scious at all, they experience emotions rather than merely pleasant or unpleasant mental states and that they are capable of simple desires.»

99 Nelson (1972), S. 469: «Es *gibt* ohne Zweifel einen unmittelbar zu beobachtenden Tatbestand, den wir als *sittliches Gefühl* bezeichnen. Dieses Gefühl liegt in den Äußerungen des Gewissens vor, sowie in den Erscheinungen der Achtung, Verachtung und Entrüstung.»

100 Tomkins (1973). Vgl. zu weiterer Literatur Frey (1980), p. 45, Anmerkung.

101 Attfield (1991), p. 159; Taylor (1989), p. 119; Lombardi (1983), p. 263; Cahen (1988), p. 197, 201 f.

102 Goodpaster (1978), p. 323. Eine Kritik dieser Definition erfolgt im nächsten Abschnitt C III 6.2.3 bei der Besprechung der Theorie von Johnson, der dieselbe Definition zugrunde legt.

103 Schweitzer (1982), S. 32. Allerdings ist Schweitzers Theoriehintergrund anders als bei den hier dargestellten Theoretikern ein religiös-metaphysischer. Wie oben bei Leonard Nelson ergibt sich auch hier eine interessante Konvergenz von Positionen aus verschiedenen Denktraditionen.

104 Die Bezugnahme auf das Heideggersche «Dasein» bildet eine weitere Verbindung zur Deep-ecology-Bewegung (vgl. oben C II 2).

105 Rolston (1988), p. 197. Das Argument ist nicht explizit ausgeführt, ergibt sich aber implizit aus dem Zusammenhang und der Verwendung der Teil-Ganzes-Metapher.

106 Anders ist dies (möglicherweise) nur, wenn – wie oft – diese Bezugnahme eigentlich auf etwas ganz anderes abzielt als das bloße Alter: etwa auf die Lebens- und Berufserfahrung, die schon erworbenen Verdienste etc.

107 Vgl. Callicott (1989); in (1989 d), p. 49–59, vor allem p. 54, macht Callicott aber selbst einen Versuch, mit Bezug auf Hume beide Gesichtspunkte wieder zusammenzuführen: Sowohl gegenüber den Tieren als auch gegenüber der übrigen Natur stehe der Mensch in einer Gemeinschaft, die ihn zu altruistischer Rücksichtnahme verpflichtet.

108 Vgl. oben C III 6 b und Odum (1983), S. 376 ff.

109 Cahen (1988), p. 207. Vgl. zu einer biologisch-ökologischen Gegenkritik an Cahens Holismuskritik Salthe (1989), p. 355–361, mit dem Vorwurf, Cahen habe nur die Schule der Gemeinschaftsökologen beachtet, nicht aber die der Systemökologen. Das weitere Argument auf p. 359, es könne gezeigt werden, daß Ökosysteme und Organismen sich thermodynamisch in gleicher Weise als Systeme verhalten, überzeugt nicht. Dann müßte erst gezeigt werden, daß das thermodynamische Verhalten das ethisch ausschlaggebende Kriterium ist.

110 Vgl. zu Interpretationen Leopolds Callicott (1987).

111 Callicott (1989 e), p. 84. Marietta (1988), p. 255 f, konstatiert dies für alle gegenwärtigen Hauptvertreter einer holistischen Ethik. Er argumentiert, daß die extrem holistische Position als zu reduktionistisch und abstrakt nicht gerechtfertigt ist.

112 Colwell (1987), p. 99–113. Er plädiert gegen einen Dualismus Natur – Kultur und für eine strikt naturalistische Ethik, p. 110: «No moral judgment takes place in isolation from socially organized natural processes.»

113 Gunn (1980), p. 17–37, p. 34: «I should like to appeal to a notion of *fitness*, such that an area of wilderness has value in itself. There is something perfect about a self-renewing ecosystem, with its changing seasons, its interlocking mechanisms, the adaptation of each of its inhabitants to its environment.»

114 VanDeVeer (1979), p. 368–377; B. A. Singer (1988), p. 217–231. Man findet

hier weitere Literatur in den Fußnoten 9 und 13. Vgl. zu einer Verteidigung von Rawls: Leahy (1994), p. 178 f.

115 Man kann im übrigen auch alle Naturzwecke ästhetisieren, wie Austin (1985), p. 197–208, p. 207: «Beauty is a characteristic of healthy relationships between beings. Within the ecological system, when beings from the broadest perspective of analysis, support the lives of other beings, then beauty is present.» Damit verliert die ästhetische Rechtfertigung aber in jedem Fall ihr Spezifikum und wird zur ökofunktionalen.

116 Vgl. zu einem anderen Versuch, der Naturästhetik einen positiven Wert zuzuschreiben, Carlson (1984), p. 5–34.

117 Ähnlich sehen dies Cahen (1988), p. 196, und Rollin (1992), p. 103.

118 Auf S. 345 kommt er aber immerhin zu einer Leidens- bzw. Mitleidsethik (beides wird identifiziert) gegenüber Tieren.

119 Nida-Rümelin (1994), S. 6 f, hat demgegenüber zu Recht betont, daß die Rationalitätsanforderungen der Entscheidungstheorie von einer instrumentell-egoistischen Interpretation unabhängig sind. Dann kann die Entscheidungstheorie aber die ethische Frage nach der Anderinteressenbeachtung auch nicht klären.

120 Die beste Darstellung der Geschichte des Interessenbegriffs findet sich in dem Artikel «Interesse» bei Brunner / Conze / Koselleck (Hg.) (1982). Vgl. auch Patzig (1978).

121 Bentham (1963), p. 3: «A thing is said to promote the interest, or to be *for* the interest, of an individual, when it tends to add to the sum total of his pleasures: or, what comes to the same thing, to diminish the sum total of his pains.»

122 Vgl. zu einer solchen Bestimmung Perry (1954), p. 27, 115.

123 Zu Beginn des 20. Jahrhunderts gab es z. B. in Deutschland eine sehr einflußreiche Schule der Rechtsmethodologie bzw. Rechtstheorie, die sog. Interessenjurisprudenz; vgl. Heck (1932).

124 Patzig spricht ausdrücklich von einem «Vernunftinteresse».

125 Die Übersetzung der Formulierung in der Bibel, Mt 7, 12 (Einheitsübersetzung, Freiburg 1980, S. 1095), lautet: «Alles, was ihr also von anderen erwartet, das tut auch ihnen.» Vgl. auch AT, Tobit 4,15, und zur Geschichte Dihle (1962).

126 «Betroffenheit» wird hier nicht als psychische Haltung, sondern als Kennzeichnung eines solchen Eingriffs in die Interessensphäre des anderen verstanden.

127 Im Sicherheits- und Polizeirecht gibt es den Grundsatz des «mildesten Mittels». Die Sicherheitsbehörden und die Polizei sind zur Anwendung des mildesten Mittels bei der Gefahrenabwehr nicht nur berechtigt, sondern im Interesse des Betroffenen sogar verpflichtet. Vgl. Gallwas, Hans-Ullrich / Mößle, Wilhelm, Bayerisches Polizei- und Sicherheitsrecht, München 1990, S. 146 f. – Es gilt nicht ausnahmslos, daß verbale Abwehrmaßnahmen gegenüber physischen das mildere Mittel sind. Eine Schlag mag manchmal weniger verletzend sein als eine Verbalinjurie.

128 §§ 32–35 StGB, 227–231 BGB, 904 BGB. Neben dem Notwehrrecht im eigentlichen Sinn (also der Abwehr eines menschlichen Angriffs) sind hier auch der sog. «Notstand» und die «Selbsthilfe» geregelt. Sie setzen keinen menschlichen Angriff, sondern nur eine Gefahr für Rechtsgüter des Betroffenen voraus. Insofern haben diese Normen aber eine notwehrähnliche Struktur, denn es handelt sich quasi um die Abwehr eines Angriffs ohne direkten Angreifer, also etwa durch eine Naturkatastrophe, ein Unglück etc. Unschuldige Dritte dürfen aber bei dieser Abwehr nur unter bestimmten eingeschränkten Bedingungen tangiert werden. – Es gibt noch zwei weitere Ausnahmen vom Gewaltmonopol des Staates im

deutschen Recht. § 127 StPO gibt jedem Bürger ein Festnahmerecht, wenn jemand auf frischer Tat bei einer Straftat ertappt wird. Der Bürger wird hier aber quasi nur als Hilfspolizist des Staates tätig. Art. 20 IV GG eröffnet ein Widerstandsrecht gegen den, der es unternimmt, die verfassungsmäßige Ordnung zu beseitigen. Hier leistet der einzelne Nothilfe für den Staat, der dazu nicht in der Lage ist.

129 § 13 StGB könnte nur zu einer Verurteilung wegen Mordes führen (unechtes Unterlassungsdelikt), wenn B gegenüber A eine besondere Garantenstellung und Garantenpflicht hätte, etwa wegen Bildung einer Gefahrengemeinschaft (z. B. bei Bergsteigern, Soldaten), oder für die Herbeiführung der Gefahrenlage verantwortlich wäre (Ingerenz). Vgl. Dreher/Tröndle (1993), § 13, RdNr. 11, S. 88 f.

130 Das kurzzeitige Einfangen eines Vogels, um ihn für Forschungszwecke zu beringen, wird man dagegen als zulässig ansehen müssen.

131 Vor allem Theoretikern in der utilitaristischen Tradition: vgl. oben C III 4 Feinberg und z. B. Wolf (1993), S. 74 f.

132 Ich klammere hier die strittige Frage aus, inwieweit auch Kollektive ethisch verantwortlich sein können bzw. sind. Für das zeitlich und räumlich koinzidierende Verhalten von Individuen in einer Gesellschaft wird man dies wohl kaum verneinen können. Ob man dann die Individuen als Gemeinschaft oder das Kollektiv als solches für ethisch verantwortlich hält, kann für die hier interessierende grundsätzliche Frage dahinstehen.

133 Sidgwick (1981), p. 423 ff; Smart (1992), S. 171–173. Smart zählt folgende Gründe dafür auf, Common-sense-Regeln auf einer 2. Stufe zu befolgen, die erst auf einer übergeordneten 1. Stufe utilitaristisch gerechtfertigt werden: die Notwendigkeit, schnelle Entscheidungen zu treffen; die Unterscheidung von theoretischer Verhaltensbeurteilung und tatsächlichem Lob eines Verhaltens; die Einsicht, daß bei jeder individuellen Entscheidung eine Voreingenommenheit besteht; die Gefahr einer Verbreitung des Utilitarismus in der Öffentlichkeit.

134 Ott (1993), S. 174 f; Mayer-Tasch (1985), S. 48; Hartshorne (1979), p. 59; Leopold (1989), p. 204: «In human history, we have learned (I hope) that the conquerer role is eventually self-defeating. Why? Because it is implicit in such a role that the conqueror knows, ex cathedra, just what makes the community clock tick, and just what and who is valuable, and what and who is worthless, in community life.»; Pister (1979), p. 350; Rolston (1974/75), p. 104: «Indeed somewhat paradoxically, it is only as man grants an integrity to nature that he discovers his truest interests.»; Andreas-Grisebach (1991), S. 39; Birnbacher (1988), S. 201; Cheney (1991), p. 322; Katz/Oechsli (1993), p. 50: «We thus provide an indirect argument for the moral consideration of nature in the formation of environmental policy.»

135 Die Erörterungen werden nicht auf das Anderinteressenmodell beschränkt, sondern auf die intrapersonale und kollektive Interessenbeachtung ausgedehnt, denn hier ist das Argument primär anwendbar, als Überlegung des – individuellen oder kollektiven – Akteurs. Anderinteressen spielen dabei keine zentrale Rolle.

136 Jonas (1984), S. 66, 68, 70, 76; Höffe (1993), S. 83; Dryzek (1990), p. 201: «Often ecological systems are so complex that they defy the efforts of instrumental rationalists to model them.»

137 Zitiert nach Zirnstein (1994), S. 136.

138 Ob man die Photonen physikalisch als «Entitäten» bezeichnen kann, sei dahingestellt.

139 Callicott (1989), p. 15–38, vgl. etwa 34 f: Tierethiker fordern einen Vegetaris-

mus, während dies Ökoethiker zum Teil ablehnen, weil damit die potentielle Nahrungsbasis der Menschen verbreitert würde, denn die pflanzlich umgesetzte Solarenergie würde besser ausgenutzt werden. Dies hätte eine weiter steigende menschliche Population und einen notwendigen Rückgang anderer Arten sowie eine steigende Belastung der Ökosysteme zur Folge.

140 Irrgang (1992), S. 170: «Das neue Testament gibt uns zwar keine materialen Normen für den Umgang mit der Schöpfung an die Hand.»; Humphreys (1971), p. 115: «Man of this century will not find a ready-made theology of nature in the Bible; he must create and recreate his own.»

141 § 1 Bundeswaldgesetz: «Zweck dieses Gesetzes ist insbesondere, 1. den Wald wegen seines wirtschaftlichen Nutzens *(Nutzfunktion)* und wegen seiner *Bedeutung für die Umwelt*, insbesondere für die dauernde *Leistungsfähigkeit des Naturhaushalts*, das Klima, den Wasserhaushalt, die Reinhaltung der Luft, die Bodenfruchtbarkeit, das Landschaftsbild, die Agrar- und Infrastruktur und die *Erholung der Bevölkerung* (Schutz- und Erholungsfunktion) zu erhalten, erforderlichenfalls zu mehren und seine ordnungsgemäße Bewirtschaftung nachhaltig zu sichern, 2. die Forstwirtschaft zu fördern und 3. einen Ausgleich zwischen dem Interesse der Allgemeinheit und den Belangen der Waldbesitzer herbeizuführen» (Hervorhebungen D. v. d. Pf.).

142 § 1 I Bundesnaturschutzgesetz: «Ziele des Naturschutzes und der Landschaftspflege. (1) Natur und Landschaft sind im besiedelten und unbesiedelten Bereich so zu schützen, zu pflegen und zu entwickeln, daß 1. die Leistungsfähigkeit des Naturhaushalts, 2. die Nutzungsfähigkeit der Naturgüter, 3. die Pflanzen- und Tierwelt sowie 4. die Vielfalt, Eigenart und Schönheit von Natur und Landschaft *als Lebensgrundlagen des Menschen und als Voraussetzung für seine Erholung* in Natur und Landschaft nachhaltig gesichert sind» (Hervorhebung D. v. d. Pf.).

143 Dies betonen auch Mayer-Abich (1984), S. 54 ff; Kimminich (1987), S. 108; Kloepfer (1989), S. 14.

144 § 1 Bundesimmissionsschutzgesetz: «Zweck dieses Gesetzes ist es, Menschen, Tiere und Pflanzen, den Boden, das Wasser, die Atmosphäre sowie Kultur- und sonstige Sachgüter vor schädlichen Umwelteinwirkungen und ... auch vor Gefahren ... zu schützen und dem Entstehen schädlicher Umwelteinwirkungen vorzubeugen.»; § 3 I: «Begriffsbestimmungen. (1) Schädliche Umwelteinwirkungen im Sinne dieses Gesetzes sind Immissionen, die nach Art, Ausmaß oder Dauer geeignet sind, Gefahren, erhebliche Nachteile oder erhebliche Belästigungen für *die Allgemeinheit oder die Nachbarschaft* herbeizuführen» (Hervorhebung D. v. d. Pf.).

145 § 1 Chemikaliengesetz: «Zweck des Gesetzes ist es, den *Menschen und die Umwelt* vor schädlichen Einwirkungen gefährlicher Stoffe und Zubereitungen zu schützen, insbesondere sie erkennbar zu machen, sie abzuwehren und ihrem Entstehen vorzubeugen» (Hervorhebung D. v. d. Pf.). Allenfalls die Verwendung des Terminus «Umwelt» könnte hier auf eine schwache Anthropozentrik schließen lassen. Aber der «Mensch» ist hier zusätzlich genannt, und es ist nicht von «seiner» Umwelt die Rede, so daß man diese Formulierung als neutral ansehen muß.

146 § 1 Pflanzenschutzgesetz: «Zweck dieses Gesetzes ist, 1. Pflanzen, insbesondere Kulturpflanzen, vor Schadorganismen und nichtparasitären Beeinträchtigungen zu schützen ...»

147 § 1 Gesetz über die Umweltverträglichkeitsprüfung (UVPG): «Zweck dieses Gesetzes ist es sicherzustellen, daß bei den in der Anlage zu § 3 aufgeführten Vorha-

ben zur wirksamen Umweltvorsorge nach einheitlichen Grundsätzen 1. die Auswirkungen auf die Umwelt frühzeitig und umfassend ermittelt, beschrieben und bewertet werden...»

148 § 1 Gentechnikgesetz: «Zweck dieses Gesetzes ist, 1. Leben und Gesundheit von Menschen, Tiere, Pflanzen sowie die sonstige Umwelt in ihrem Wirkungsgefüge und Sachgüter vor möglichen Gefahren gentechnischer Verfahren und Produkte zu schützen und dem Entstehen solcher Gefahren vorzubeugen...»

149 Kloepfer/Meßerschmidt (1987), S. 63: «(1) Dieses Gesetz soll Menschen, Tiere und Pflanzen, ihre Lebensgemeinschaften und Lebensräume gegen schädliche oder lästige Einwirkungen schützen und die Fruchtbarkeit des Bodens erhalten. (2) Im Sinne der Vorsorge sind Einwirkungen, die schädlich oder lästig werden könnten, frühzeitig zu begrenzen.»

150 Kloepfer/Rehbinder/Schmidt-Assmann: «§ 1 Zweck des Gesetzes. (1) Zweck des Gesetzes ist der Schutz der Umwelt zur dauerhaften Sicherung 1. der Funktions- und Leistungsfähigkeit des Naturhaushalts und 2. der Nutzungsfähigkeit der sonstigen Naturgüter. Maßnahmen zum Schutz der Umwelt dienen auch der Gesundheit und dem Wohlbefinden des Menschen.»

151 BT-Drucksache, 10/5064, S. 1f: Die Neufassung sollte folgenden Wortlaut haben: § 1 I Bundesnaturschutzgesetz: «Ziele des Naturschutzes und der Landschaftspflege. (1) Natur und Landschaft sind im besiedelten und unbesiedelten Bereich so zu schützen, zu pflegen und zu entwickeln, daß 1. die Leistungsfähigkeit des Naturhaushalts, 2. die Nutzungsfähigkeit der Naturgüter, 3. die Pflanzen- und Tierwelt sowie 4. die Vielfalt, Eigenart und Schönheit von Natur und Landschaft *an sich und* als Lebensgrundlagen des Menschen und als Voraussetzung für seine Erholung in Natur und Landschaft nachhaltig gesichert sind» (Hervorhebung D. v. d. Pf.).

152 BT-Drucksache, 10/5064, S. 16: «In § 1 Abs. 1 wird die Zielbestimmung des Naturschutzes und der Landschaftspflege neu formuliert. Während bisher die Sicherung der in den Nummern 1 bis 4 genannten Güter und Werte in ihrer Funktion als Lebensgrundlagen des Menschen und als Voraussetzung für seine Erholung im Vordergrund steht, löst sich die Neufassung von dieser einseitig anthropozentrischen Begründung. Als Ziel des Naturschutzes und der Landschaftspflege wird nunmehr neben der Erhaltung der Funktionsfähigkeit der Naturgüter für den Menschen die nachhaltige Sicherung von Natur und Landschaft als solche in allen ihren Erscheinungsformen hervorgehoben. Mit der Erweiterung der Zielbestimmung wird deutlich gemacht, daß Natur und Landschaft nicht nur im Hinblick auf wie immer geartete menschliche Bedürfnisse und Nutzungen von Bedeutung sind, sondern Werte an sich darstellen, die es auch um ihrer selbst willen zu schützen gilt. Dies ist von besonderer Wichtigkeit für den Artenschutz.»

153 BT-Drucksache 10/6341, S. 40: «Der federführende Ausschuß hat sich dafür ausgesprochen, die von der Bundesregierung vorgeschlagene Änderung des § 1, wonach Natur und Landschaft ‹an sich› und nicht nur als Lebensgrundlagen des Menschen usw. zu sichern sind, zu streichen. Die Bundesregierung hatte sich auf den Standpunkt gestellt, daß man sich von der bisherigen einseitig anthropozentrischen Begründung für den Naturschutz lösen und deutlich machen müsse, daß Natur und Landschaft nicht nur im Hinblick auf wie immer geartete menschliche Bedürfnisse und Nutzungen von Bedeutung seien, sondern Werte an sich darstellten, die es auch um ihrer selbst willen [zu] schützen gelte. Dem entsprach im Ergebnis die vom Ernährungsausschuß vorgelegte Fassung, in der jeglicher Hin-

weis auf eine Begründung des Naturschutzes, auch diejenige auf die Natur als Lebensgrundlage des Menschen, gestrichen war. Demgegenüber hat man sich im federführenden Ausschuß mehrheitlich auf den Standpunkt gestellt, daß es in Deutschland nur eine menschlich gestaltete Natur gebe, so daß durch die von der Bundesregierung vorgeschlagene Fassung ein Konflikt zwischen den Lebensgrundlagen des Menschen und der Natur konstruiert werde. Gegen diesen Vorschlag gebe es auch verfassungsrechtliche Bedenken, denn das Grundgesetz stelle den Schutz des Menschen in den Mittelpunkt. Es sei der Streit vorprogrammiert, wenn etwa in gemeindlichen Planungsverfahren Dinge durchgesetzt werden sollten, die für die Menschen notwendig seien. Das gleiche gelte für Nutzungsbeschränkungen in der Forstwirtschaft. Nicht die Natur, sondern der Mensch müsse bestimmen, was rechtens sei. Es sei daher zweckmäßig, es bei der bisher geltenden Fassung zu belassen, wonach der Schutz der Natur, der Pflanzen- und Tierwelt usw., ‹als Lebensgrundlagen des Menschen und als Voraussetzung für seine Erholung in Natur und Landschaft› nachhaltig zu sichern seien. Andere Formulierungen würden zu Auslegungsproblemen führen. Von anderen Ausschußmitgliedern war allerdings auch die Auffassung vertreten worden, die Worte ‹an sich› müßten im Entwurf bestehen bleiben. Den Menschen oberhalb aller anderen Dinge der Welt zu sehen, sei die Vorstellung der vorherigen Jahrhunderts. Heute betrachte man den Menschen als Teil der Natur. Unsinnig sei allerdings die gebotene Abwägung der Werte des § 1 Abs. 1 untereinander. Die Fraktion der SPD hielt deshalb eine völlige Umformulierung des § 1 für erforderlich. Der Vertreter der Fraktion DIE GRÜNEN im Ernährungsausschuß hielt die Neufassung des § 1 im Gesetzentwurf seiner Fraktion (Drucksache 10/3628) für besser als die Fassung des Regierungsentwurfs. Der Antrag der Fraktion der CDU/CSU im Ausschuß für Umwelt, Naturschutz und Reaktorsicherheit, Artikel 1 Nr. 1 des Gesetzentwurfs zu streichen – mit der Folge, daß § 1 Abs. 1 des Gesetzes in der bisherigen Fassung bestehen bleibt –, wurde schließlich mit Mehrheit angenommen.»

154 Kloepfer (1989), S. 14 f, S. 15 mit folgender bemerkenswert ontologistischen Begründung: «Das Wohl des Menschen ist nun einmal das ‹Urmeter› unserer Rechtsordnung.»

155 Kimminich (1986), S. 108, 112; Steiger (1982), S. 8f.

156 Ähnlich, aber mit dem Hinweis auf einen ökologisch orientierten Rechtsgüterschutz weiter gehend Rengier (1991), S. 42.

157 BT-Drucksache 8/2382, S. 1, 9f: «Der Lebensraum und die natürlichen Lebensgrundlagen des Menschen – und zwar sowohl des einzelnen Menschen, als auch der gesamten Bevölkerung – verdienen den strafrechtlichen Schutz und die Beachtung, die im Kernbereich des Strafrechts zum Schutze der klassischen, insbesondere individualrechtlichen Rechtsgüter seit langem selbstverständlich sind. Der strafrechtliche Umweltschutz darf sich nicht allein auf den Schutz menschlichen Lebens und menschlicher Gesundheit vor den Gefahren der Umwelt beschränken; er muß auch den Schutz elementarer Lebensgrundlagen wie Wasser, Luft und Boden als Bestandteile des menschlichen Lebensraumes einbeziehen und solche ökologischen Schutzgüter auch als Rechtsgüter anerkennen.»

158 Eine neuere Definition gibt Roxin (1992), § 2 IV, RdNr. 9, S. 11f: «Rechtsgüter sind Gegebenheiten oder Zwecksetzungen, die dem einzelnen und seiner freien Entfaltung im Rahmen eines auf dieser Zielvorstellung aufbauenden sozialen Gesamtsystems oder dem Funktionieren dieses Systems selbst nützlich sind.» Vgl. auch Kareklas (1990), S. 24 ff.

159 Vgl. zu einer Darstellung Kareklas (1990), S. 88 ff; Rengier (1991), S. 33 f; Rengier (1990), S. 2506 ff.

160 Krey (1989), RdNr. 813, S. 320, vertritt einen Schutz der Natur um ihrer selbst willen.

161 Der Schutz der behördlichen Tätigkeit, der behördlich verwalteten Umwelt wird wegen der Verwaltungsakzessorietät in den Vordergrund gestellt; vgl. hierzu m. w. N. Rengier (1990), S. 2507 ff.

162 Leipziger Kommentar-Steindorf (1988), Vor § 324, RdNr. 12, S. 7; Schönke-Schröder-Cramer (1991), Vorbem. §§ 324 ff, RdNr. 8, S. 2221 f m. w. N.; Dreher/Tröndle (1993), Vor § 324, RdNr. 3, S. 1816; Wessels (1992), § 24 I 3, S. 228; Rengier (1990), S. 2515; Kareklas (1990), S. 110 ff.

163 Rengier (1990), S. 2506, 2515; Kareklas (1990), S. 110 ff; Leipziger Kommentar-Steindorf (1988), Vor § 324, RdNr. 12, S. 8; Schönke-Schröder-Cramer (1991), Vorbem. §§ 324 ff, RdNr. 8, S. 2221 f m. w. N.; Dreher/Tröndle (1993), Vor § 324, RdNr. 3, S. 1816. Nicht ganz eindeutig erscheinen in dieser Hinsicht die Ausführungen von Eser (1983), S. 362 ff. Eser hält aber offensichtlich auch eine nichtanthropozentrische rechtsethische Fundierung für möglich und wünschenswert.

164 Vgl. zu den folgenden Überlegungen Nida-Rümelin/v. d. Pfordten (1993); v. d. Pfordten (1995 b).

165 § 1 Tierschutzgesetz: «Zweck dieses Gesetzes ist es, aus der Verantwortung des Menschen für das Tier als Mitgeschöpf dessen Leben und Wohlbefinden zu schützen. Niemand darf einem Tier ohne vernünftigen Grund Schmerzen, Leiden oder Schäden zufügen.»

166 BT-Drucksache 10/5259: «Die Neufassung des Satzes 1 unterstreicht die Zielsetzung des ethischen Tierschutzes, wie er heute in der Gesellschaft einen breiten Konsens findet. Sie stellt keine materielle Änderung gegenüber dem geltenden Recht dar, betont aber mehr als bisher die ethische Mitverantwortung des Menschen für das Tier als Mit-Lebewesen.»

167 Begründung zum Reichstierschutzgesetz: Hierin fand «der Gedanke Raum, daß das Tier des Tieres wegen geschützt werden muß»; zitiert nach Lorz (1992), Einführung RdNr. 21, S. 39.

168 Beim Mord (§ 211 II StGB) ist die Gesinnung nach der herrschenden Lehre bloß strafverschärfendes Merkmal – eine andere Meinung vertritt die Rechtsprechung.

169 Anders ist dies bei Verfahrensrechten. Dem Anwalt steht im Strafprozeß im Interesse seines Mandanten ein eigenes Akteneinsichtsrecht zu.

170 BT-Drucksache 11/663. Gerade beim entscheidenden Wort unterläuft Bock (1990), S. 68, mit dem Weglassen des «und» ein sinnentstellender, freudscher (?) Wiedergabefehler.

171 So der ehemalige Bundesjustizminister H. Engelhardt am 18. 3. 1988, in: Recht, Heft 2, März/April 1988, S. 35.

172 Bericht der Gemeinsamen Verfassungskommission, BT-Drucksache 12/6000, S. 68 ff: SPD-Antrag: «Tiere werden als Lebewesen geachtet. Sie werden vor nicht artgemäßer Haltung, vermeidbaren Leiden und Zerstörung ihrer Lebensräume geschützt.»; FDP-Antrag: «Tiere werden im Rahmen der geltenden Gesetze vor vermeidbaren Leiden und Schäden geschützt.»

173 Vgl. v. d. Pfordten (1996). Die Rechtsethik kann dabei als normativ-rechtfertigender Teil einer allgemeinen Rechtstheorie bzw. Rechtsphilosophie verstanden werden, die des weiteren noch enthält: juristische Methodenlehre, Ideenge-

schichte der Rechtsphilosophie, Rechtslogik, Rechtslinguistik, Rechtsinformatik, Rechtsanthropologie usw.

174 Wenn im folgenden von «Rechten» gesprochen wird, dann sind nur juridische gemeint.

175 Vgl. zu einem Überblick und weiterer Literatur Coing (1981), S. 241–262; Coing (1950), S. 191–205; Leimbacher (1988), S. 65 ff.

176 Stone (1988), p. 17, S. 38. Stone hat in (1987), p. 7 ff, für das amerikanische Umweltverfahrensrecht festgestellt, daß die Problematik der Klagebefugnis nicht mehr derart brisant sei wie 1972. Kritisch dazu Varner (1987), p. 57–71.

177 Leimbacher (1988), passim; Bosselmann (1986), 1 ff; ders. (1992), S. 355 ff; v. Lersner (1988), S. 988–992; Meyer-Abich (1984), S. 163; Stutzin (1980), S. 344–355; Wolf (1992), S. 162 ff; Andreas-Grisebach (1991), S. 164, 170, 175. Vgl. zu einer Kritik an Bosselmann Keller (1986), S. 339–342; Uebersohn (1986), S. 342–347.

178 Bosselmann (1986), S. 20. Der Vorschlag lautet: «Jeder hat das Recht auf freie Entfaltung seiner Persönlichkeit, soweit er nicht die Rechte anderer oder die Rechte der natürlichen Umwelt verletzt und nicht gegen die verfassungsmäßige Ordnung oder das Sittengesetz verstößt.»; vgl. auch Bosselmann (1992), S. 205.

179 Stutzin (1980), S. 352. Dagegen v. Lersner (1988), S. 991, mit dem Argument, dies würde subjektive Rechte mit objektivem Recht, Einzelinteresse mit Gemeinwohl verwischen.

180 Insgesamt halte ich die strikte Unterscheidung zwischen Begriffen mit einer direkten Referenz auf die Außenwelt und rein funktional bzw. strukturell bestimmten Begriffen für zweifelhaft. Offensichtlich verweist auch ein partiell funktional bestimmter Begriff wie das Recht des Eigentums über die entsprechende Definition des Eigentums bzw. subjektiver Rechte indirekt zumindest partiell auf Entitäten und Eigenschaften der realen Welt. Vgl. v. d. Pfordten (1993), S. 127 ff.

181 Ablehnend auch Polivitis (1980), p. 67 ff.

182 § 41 HmbNatSchG, § 36 HeNatG, § 39 a NatSchGBln, § 44 BremNatSchG. Vgl. dazu Gassner (1984); Embacher (1979); Kloepfer (1989), § 5 B II, RdNr. 28, S. 268–271.

183 Dürig in Maunz-Dürig (1994), Art. 1 I, RdNr. 18: «Jeder Mensch ist Mensch kraft seines Geistes, der ihn abhebt von der unpersönlichen Natur und ihn aus eigener Entscheidung dazu befähigt, seiner selbst bewußt zu werden, sich selbst zu bestimmen und sich und die Umwelt zu gestalten.»

Literatur

Das Literaturverzeichnis enthält sämtliche im Text aufgeführten Titel. Sind mehrere Werke eines Autors in einem Jahr erschienen, so ist der Jahresangabe ein Kleinbuchstabe als Sigle für die Auffindung der Literaturverweise im Text beigefügt.

Abram, David, Merleau-Ponty and the Voice of the Earth, in: Environmental Ethics 10 (1988), S. 101–120.

Altner, Günter (Hg.), Ökologische Theologie. Perspektiven zur Orientierung, Stuttgart 1989.

Altner, Günter, Naturvergessenheit, Darmstadt 1991.

Amery, Carl, Das Ende der Vorsehung. Die gnadenlosen Folgen des Christentums, 2. Aufl., Reinbek bei Hamburg 1974.

Ames, Roger T., Taoism and the Nature of Nature, in: Environmental Ethics 8 (1986), S. 317–350.

Anders, Günther, Die Antiquiertheit des Menschen, Bd. I., Über die Seele im Zeitalter der zweiten industriellen Revolution, 7. Aufl., München 1988.

Andreas-Grisebach, Manon, Eine Ethik für die Natur, Zürich 1991.

Apel, Karl-Otto, Verantwortung heute – nur noch Prinzip der Bewahrung und Selbstbeschränkung oder immer noch der Befreiung und Verwirklichung von Humanität?, in: ders., Diskurs und Verantwortung, Frankfurt a. M. 1990, S. 179–216.

Apel, Karl-Otto, The Ecological Crisis as a Problem for Discourse Ethics, in: Ofsti, Audun (Hg.), Ecology and Ethics, Trondheim 1992, S. 219–260.

Aristoteles, Politica, hg. von W. D. Ross, Oxford 1957; dt.: Politik, hg. von Olof Gigon, 5. Aufl., München 1984.

Aristoteles, Metaphysica, hg. von W. Jaeger, Oxford 1957a; dt.: Metaphysik hg. von Franz F. Schwarz, Stuttgart 1984a.

Aristoteles, De Anima, hg. von R. D. Hicks, Amsterdam 1965.

Aristoteles, Nikomachische Ethik, übers. von Franz Dirlmeier, Stuttgart 1969.

Armstrong-Buck, Susan, Whitehead's Metaphysical System as a Foundation for Environmental Ethics, in: Environmental Ethics 8 (1986), S. 241–270.

Attfield, Robin, The Ethics of Environmental Concern, 2. Aufl., Athens, Georgia 1991.

Attfield, Robin, Has the History of Philosophy Ruined the Environment?, in: Environmental Ethics 13 (1991a), S. 127–137.

Attfield, Robin/Belsey, Andrew (Hg.), Philosophy and the Natural Environment, Cambridge 1994.

Auer, Alfons, Umweltethik, 2. Aufl., Düsseldorf 1985.

Augustinus, Aurelius, Vom Gottesstaat, hg. von Carl Andresen, Bd. 1, 2. Aufl., München 1985.

Augustinus, Aurelius, Bekenntnisse, hg. von Joseph Bernhart, Frankfurt a. M. 1987.

Austin, Richard Cartwright, Beauty: A Foundation for Environmental Ethics, in: Environmental Ethics 7 (1985), S. 197–208.

Ayer, Alfred J., Language, Truth and Logic, Harmondsworth 1971; dt.: Sprache, Wahrheit und Logik, Stuttgart 1970.

Baumann, Jürgen u. a. (Hg.), Alternativ-Entwurf eines Strafgesetzbuches. Besonderer Teil. Straftaten gegen die Person. Zweiter Halbband, Tübingen 1971.

Bayerische Landeszentrale für politische Bildungsarbeit (Hg.), Programme der politischen Parteien in der Bundesrepublik Deutschland, Bd. 2, 3. Aufl., München 1979.

Bayerische Landeszentrale für politische Bildungsarbeit (Hg.), Programme der politischen Parteien in der Bundesrepublik Deutschland, Ergänzungsband zur 3. Aufl., München 1983.

Bayertz, Kurt, Naturphilosophie als Ethik, in: Philosophia Naturalis 24 (1987), S. 157–185.

Begon, Michael/Harper, John L. /Townsend, Colin R., Ecology. Individuals, Populations and Communities, 2. Aufl., Boston 1990.

Bender, Bernd/Sparwasser, Reinhard, Umweltrecht, 2. Aufl.. Heidelberg 1990.

Bentham, Jeremy, An Introduction to the Principles of Morals and Legislation, 3. Aufl., New York 1963.

Bericht der Sachverständigenkommission «Staatszielbestimmungen/Gesetzgebungsaufträge», in: Der Bundesminister des Inneren/Der Bundesminister der Justiz (Hg.), Staatszielbestimmungen/Gesetzgebungsaufträge, Bonn 1983.

Bibel, Einheitsübersetzung, Freiburg 1980.

Bien, Günther, Die Grundlegung der politischen Philosophie bei Aristoteles, Freiburg/München 1973.

Birch, Thomas H., Moral Considerability and Universal Consideration, in: Environmental Ethics 15 (1993), S. 313–332.

Birnbacher, Dieter, Rezension zu Hans Jonas, Das Prinzip Verantwortung, in: Zeitschrift für philosophische Forschung 37 (1983), S. 144–147.

Birnbacher, Dieter, Sind wir für die Natur verantwortlich?, in: ders. (Hg.), Ökologie und Ethik, Stuttgart 1986, S. 103–139.

Birnbacher, Dieter, Vorbemerkung, in: ders. (Hg.), Ökologie und Ethik, Stuttgart 1986a, S. 5–8.

Birnbacher, Dieter, Verantwortung für zukünftige Generationen, Stuttgart 1988.

Birnbacher, Dieter, Mensch und Natur, in: Bayertz, Kurt (Hg.), Praktische Philosophie, Reinbek bei Hamburg 1991, S. 278–321.

Bock, Bettina, Umweltschutz im Spiegel von Verfassungsrecht und Verfassungspolitik, Berlin 1990.

Böhme, Gernot, Für eine ökologische Naturästhetik, Frankfurt a. M. 1989.

Böhme, Gernot, Natürlich Natur. Über Natur im Zeitalter ihrer technischen Reproduzierbarkeit, Frankfurt a. M. 1992.

Booth, Annie L. /Jacobs, Harvey M., Ties that Bird: Native American Beliefs as a Foundation for Environmental Consciousness, in: Environmental Ethics 12 (1990), S. 27–43.

Bosselmann, Klaus, Wendezeit im Umweltrecht, in: Kritische Justiz 18 (1985), S. 345–361.

Bosselmann, Klaus, Eigene Rechte für die Natur?, in: Kritische Justiz 19 (1986), S. 1–22.

Bosselmann, Klaus, Die Natur im Umweltrecht, in: Natur und Recht 9 (1987), S. 1–6.

Bosselmann, Klaus, Im Namen der Natur. Der Weg zum ökologischen Rechtsstaat, Bern 1992.

Bowlus, Charles R., Die Umweltkrise im Europa des 14. Jahrhunderts, in: Sieferle, Rolf Peter, Fortschritte der Naturzerstörung, Frankfurt a. M. 1988, S. 13–30.

Brown, Lester R. u. a. (Hg.), Zur Lage der Welt, Frankfurt a. M. 1995.

Brüggemeier, Franz-Josef/Rommelspacher, Thomas, Besiegte Natur. Geschichte der Umwelt im 19. und 20. Jahrhundert, München 1987.

Brunner, Otto/Conze, Werner/Koselleck, Reinhart (Hg.), Artikel «Interesse» in: Geschichtliche Grundbegriffe. Historisches Lexikon zur politisch-sozialen Sprache in Deutschland, Bd. III, Stuttgart 1982, S. 305–365.

Buchheim, Thomas, Die Sophistik als Avantgarde normalen Lebens, Hamburg 1986.

BÜNDNIS 90/DIE GRÜNEN, Politische Grundsätze, o. O. u. J.

Cahen, Harley, Against the Moral Considerability of Ecosystems, in: Environmental Ethics 10 (1988), S. 195–216.

Callicott, J. Baird, The Metaphysical Implications of Ecology, in: Environmental Ethics 8 (1986), S. 301–316.

Callicott, J. Baird (Hg.), Companion to A Sand County Almanac: Interpretive and Critical Essays, Madison, Wisconsin 1987.

Callicott, J. Baird, Conceptual Resources for Environmental Ethics in Asian Traditions of Thought: A Propaedeutic, in: Philosophy East and West 37 (1987), S. 115–130.

Callicott, J. Baird, Animal Liberation: A Triangular Affair, in: ders., In Defense of the Land Ethic, Albany 1989, S. 15–38.

Callicott, J. Baird, American Indian Land Wisdom?: Sorting out the Issues, in: ders., In Defense of the Land Ethic, Albany, 1989a, S. 203–219.

Callicott, J. Baird, Intrinsic Value, Quantum Theory, and Environmental Ethics, in: ders., In Defense of the Land Ethic, Albany 1989b, S. 157–174.

Callicott, J. Baird, Review of Tom Regan, The Case for Animal Rights, in: ders., In Defense of the Land Ethic, Albany 1989c, S. 39–47.

Callicott, J. Baird, Animal Liberation and Environmental Ethics: Back Together Again, in: ders., In Defense of the Land Ethic. Essays in Environmental Philosophy, Albany 1989d, S. 49–59.

Callicott, J. Baird, The Conceptual Foundations of the Land Ethic, in: ders., In Defense of the Land Ethic, Albany 1989e, S. 74–97.

Callicott, J. Baird, Elements of an Environmental Ethic: Moral Considerability and the Biotic Community, in: ders., In Defense of the Land Ethic, Albany 1989f, S. 63–73.

Callicott, J. Baird, The Case against Moral Pluralism, in: Environmental Ethics 12 (1990), S. 99–124.

Capra, Fritjof, Das Tao der Physik, Bern 1984.

Capra, Fritjof, Wendezeit. Bausteine für ein neues Weltbild, 13. Aufl., Bern u. a. 1986.

Carlson, Allen, Nature and Positive Aesthetics, in: Environmental Ethics 6 (1984), S. 5–34.

Carnap, Rudolf, Intellectual Autobiography, in: Schilpp, Paul A. (Hg.), The Philosophy of Rudolf Carnap, La Salle, Illinois 1963, S. 1–84.

Cavalieri, Paola/Singer, Peter (Hg.), Menschenrechte für die Großen Menschenaffen, München 1994.

CDU-Bundesgeschäftsstelle, Freiheit, Solidarität, Gerechtigkeit. Grundsatzprogramm der CDU, Bonn 1978.

CDU-Bundesgeschäftsstelle, Grundsatzprogramm der CDU, Bonn 1994.

Chaloupka, William, John Dewey's Social Aesthetics as a Precedent for Environmental Thought, in: Environmental Ethics 9 (1987), S. 243–260.

Cheney, Jim, The Neo-Stoicism of Radical Environmentalism, in: Environmental Ethics 11 (1989), S. 293–325.

Cheney, Jim, Callicott's «Metaphysics of Morals», in: Environmental Ethics 13 (1991), S. 311–325.

Cheng, Chung-ying, On the Environmental Ethics of the Tao and the Ch'i, in: Environmental Ethics 8 (1986), S. 351–370.

Cicero, Marcus Tullius, De natura deorum, hg. von Wolfgang Gerlach und Karl Bayer, München 1978.

Clark, Stephen R. L., The Nature of the Beast, Oxford u. a. 1982.

Clement, Roland C., Watson's Reciprocity of Rights and Duties, in: Environmental Ethics 1 (1979), S. 353–355.

Coing, Helmut, Der Rechtsbegriff der menschlichen Person und die Theorien der Menschenrechte, in: Wolf, Emil (Hg.), Deutsche Landesreferate zum III. Internationalen Kongreß für Rechtsvergleichung in London 1950, Tübingen 1950, S. 191–205.

Coing, Helmut, Zur Geschichte des Begriffs «Subjektives Recht», in: ders., Gesammelte Aufsätze zur Rechtsgeschichte, Band 1, Frankfurt a. M. 1981, S. 241–262.

Colwell, Tom, The Ethics of Being Part of Nature, in: Environmental Ethics 9 (1987), S. 99–113.

Cottingham, John, «A Brute to the Brutes?»: Descartes' Treatment of Animals, in: Philosophy 53 (1978), S. 551–559.

Crosby, Alfred W., Ecological Imperialism. The Biological Expansion of Europe, 900–1900, Cambridge 1986.

CSU-Landesleitung, Grundsatzprogramm der Christlich-Sozialen Union, München o. J.

CSU-Landesleitung, In Freiheit dem Gemeinwohl verpflichtet. Grundsatzprogramm der Christlich-Sozialen Union, München 1993.

Dawkins, Marian Stamp, Die wissenschaftliche Grundlage für die Einschätzung des Leidens bei Tieren, in: Singer, Peter (Hg.), Verteidigt die Tiere, Wien 1986, S. 48–67.

Dawkins, Marian Stamp, Die Entdeckung des tierischen Bewußtseins, Heidelberg 1994.

Descartes, René, Discours de la Méthode, Œuvres de Descartes, hg. von Charles Adam und Paul Tannery, Bd. VI, Paris 1902; dt.: Hamburg 1960.

Descartes, René, Principia Philosophiae, Œuvres de Descartes, hg. von Charles Adam und Paul Tannery, Bd. VIII, Paris 1905; dt.: Hamburg 1955.

Descartes, René, Meditationes de prima philosophia, Hamburg 1959.

Deutscher Bundestag, Referat Öffentlichkeitsarbeit (Hg.): Zur Sache 2/88. Themen parlamentarischer Beratung. Verankerung des Umweltschutzes im Grundgesetz. Öffentliche Anhörung des Rechtsausschusses des Deutschen Bundestages am 14. 10. 1987, Bonn 1988.

Devall, Bill/Sessions, George, Deep Ecology, Salt Lake City 1985.

Devall, Bill, Simple in Means, Rich in Ends. Practicing Deep Ecology, Salt Lake City 1988.

Diels, Hermann/Kranz, Walther (Hg.) Die Fragmente der Vorsokratiker, Bd. 1, 5. Aufl., Berlin 1934, Bd. 2, 5. Aufl., Berlin 1935.

Dihle, Albrecht, Die Goldene Regel – Eine Einführung in die Geschichte der antiken und frühchristlichen Vulgärethik, Göttingen 1962.

Dodds, E. R., Plato. Gorgias, Oxford 1959.

Dowe, Dieter/Klotzbach, Kurt (Hg.) Programmatische Dokumente der deutschen Sozialdemokratie, Grundsatzprogramm der SPD, beschlossen in Bad Godesberg 1959, Berlin/Bonn 1984, S. 361–383.

Dreher, Eduard/Tröndle, Herbert, StGB, Kommentar, 46. Aufl., München 1993.

Dryzek, John, Green Reason: Communicative Ethics for the Biosphere, in: Environmental Ethics 12 (1990), S. 195–210.

Ebenreck, Sara, A Partnership Farmland Ethic, in: Environmental Ethics 5 (1983), S. 33–45.

Eckholm, Erik, Language Acquisition in Nonhuman Primates, in: Regan, Tom/Singer, Peter (Hg.), Animal Rights and Human Obligations, 2. Aufl., Englewood Cliffs 1989, S. 66–72.

Elliot, Robert, Moral Autonomy, Self-Determination and Animal Rights, in: The Monist 70 (1987), S. 83–97.

Elliot, Robert (Hg.), Environmental Ethics, Oxford 1995.

Embacher, Hermann, Die Verbandsklage im Verwaltungsprozeß. Materiell-rechtliche und verfahrensrechtliche Fragen, Diss. Saarbrücken 1979.

Eser, Albin, Ökologisches Recht, in: Markl, Hubert (Hg.), Natur und Geschichte, München/Wien 1983, S. 349–396.

F.D.P.-Bundesgeschäftsstelle, Das Liberale Manifest, Bonn 1991.

F.D.P.-Bundesgeschäftsstelle, Liberal denken. Leistung wählen. Das Programm der F.D.P. zur Bundestagswahl 1994.

Feinberg, Joel, The Rights of Animals and Unborn Generations, in: ders., Rights, Justice and the Bounds of Liberty, Princeton, New Jersey 1980, S. 159–184; dt.: Die Rechte der Tiere und künftiger Generationen, in: Birnbacher, Dieter (Hg.), Ökologie und Ethik, Stuttgart 1986, S. 140–179.

Ferry, Luc, Le nouvel ordre écologique. L'arbre, l'animal et l'homme, Paris 1992.

Fetscher, Iring, Ethik und Naturbeherrschung, in: Kuhlmann, Wolfgang/Böhler, Dietrich (Hg.), Kommunikation und Reflexion, Frankfurt a. M. 1982, S. 764–776.

Fieser, James, Callicott and the Metaphysical Basis of Ecocentric Morality, in: Environmental Ethics 15 (1993), S. 171–180.

Fietkau, Hans-J., Umwelt im Spiegel der öffentlichen Meinung, Frankfurt a. M. 1982.

Fisher, John A., Taking Sympathy Seriously: A Defense of Our Moral Psychology Toward Animals, in: Environmental Ethics 9 (1987), S. 197–215.

Foltz, Bruce V., On Heidegger and the Interpretation of Environmental Crisis, in: Environmental Ethics 6 (1984), S. 323–338.

Fortenbaugh, William K., Quellen zur Ethik Theophrasts, Amsterdam 1984.

Foucault, Michel, Les mots et les choses, Paris 1966.

Fox, Michael, Animal Liberation: A Critique, in: Ethics 88 (1977), S. 106–125.

Fox, Warwick, Toward a Transpersonal Ecology, Boston 1990.

Frank, Manfred, Die Unhintergehbarkeit von Individualität, Frankfurt a. M. 1986.

Frankena, William K., The Naturalistic Fallacy, in: Foot, Philippa (Hg.), Theory of Ethics, Oxford 1967, S. 50–63; dt. in: Grewendorf, Günther/Meggle, Georg (Hg.), Seminar: Sprache und Ethik, Frankfurt a. M. 1974, S. 83–99.

Frankena, William K., Ethics, 2. Aufl., Englewood Cliffs 1973; dt.: Analytische Ethik, 4. Aufl., München 1986.

Frankena, William K., Ethics and the Environment, in: Goodpaster, Kenneth E./ Sayre, Kenneth M. (Hg.), Ethics and Problems of the 21st Century, Notre Dame/ London 1979, S. 3–20.

Fraser-Darling, Frank, Die Verantwortung des Menschen für seine Umwelt, in: Birnbacher, Dieter (Hg.), Ökologie und Ethik, Stuttgart 1986, S. 9–19.

Freud, Sigmund, Das Ich und das Es, Studienausgabe Bd. III, Frankfurt a. M. 1992.

Frey, R. G., Interests and Rights. The Case Against Animals, Oxford 1980.

Fumagalli, Vito, Mensch und Umwelt im Mittelalter, Berlin 1992.

Gallup, Gordon G. Jr., Self-Awareness in Primates, in: American Scientist 67 (1979), S. 417–421.

Gallwas, Hans-Ullrich/Mößle, Wilhelm, Bayerisches Polizei- und Sicherheitsrecht, München 1990.

Gardner, R. A./Gardner, B. T., Teaching Sign Language to a Chimpanzee, in: Science 165 (1969), S. 664–672.

Gassner, Erich, Treuhandklage zugunsten von Natur und Landschaft, Berlin 1984.

Geddert-Steinacher, Tatjana, Menschenwürde als Verfassungsbegriff, Berlin 1990.

Glacken, Clarence J., Traces on the Rhodian Shore. Nature and Culture in Western Thought from Ancient Times to the End of the Eighteenth Century, Berkeley 1967.

Glacken, Clarence J., Zum Wandel der Vorstellungen über den menschlichen Lebensraum, in: Sieferle, Rolf Peter (Hg.), Fortschritte der Naturzerstörung, Frankfurt a. M. 1988, S. 158–190.

Godfrey-Smith, William, The Value of Wilderness, in: Environmental Ethics 1 (1979), S. 309–319.

Goodman, Russell, Taoism and Ecology, in: Environmental Ethics 2 (1980), S. 73–80.

Goodpaster, Kenneth E., On Being Morally Considerable, in: The Journal of Philosophy 75 (1978), S. 308–325.

Gosler, Karl (Hg.), Verantwortung für die Schöpfung in den Weltreligionen, Innsbruck / Wien 1992.

Goudie, Andrew, The Human Impact on the Natural Environment, 4. Aufl., Oxford 1993; dt.: Mensch und Umwelt. Eine Einführung, Darmstadt 1994.

Grange, Joseph, Being, Feeling, and Environment, in: Environmental Ethics 7 (1985), S. 351–361.

Grewendorf, Günther / Meggle, Georg, Zur Struktur des metaethischen Diskurses, in: dies., Seminar: Sprache und Ethik. Zur Entwicklung der Metaethik, Frankfurt a. M. 1974, S. 7–31.

Griffin, Donald R., Wie Tiere denken. Ein Vorstoß ins Bewußtsein der Tiere, 2. Aufl., München 1991.

Gruen, Lori / Jamieson, Dale (Hg.), Reflecting on Nature. Readings in Environmental Philosophy, New York 1994.

Guggenberger, Bernd / Preuß, Ulrich / Ullmann, Wolfgang (Hg.), Eine Verfassung für Deutschland, München / Wien 1991.

Gunn, Alastair S., Why Should We Care about Rare Species?, in: Environmental Ethics 2 (1980), S. 17–37.

Gunn, Alastair S., Traditional Ethics and the Moral Status of Animals, in: Environmental Ethics 5 (1983), S. 132–153.

Gurjewitsch, Aron J., Das Weltbild des mittelalterlichen Menschen, 3. Aufl., München 1986.

Habermas, Jürgen, Moralbewußtsein und kommunikatives Handeln, 3. Aufl., Frankfurt a. M. 1988.

Habermas, Jürgen, Diskursethik – Notizen zu einem Begründungsprogramm, in: ders., Moralbewußtsein und kommunikatives Handeln, 3. Aufl., Frankfurt a. M. 1988 a, S. 53–125.

Habermas, Jürgen, Erläuterungen zur Diskursethik, 2. Aufl., Frankfurt a. M. 1992.

Habermas, Jürgen, Faktizität und Geltung, Frankfurt a. M. 1992 a.

Hahn, Ute, Die Entwicklung des Tierschutzgedankens in Religion und Geistesgeschichte, Hannover 1980.

Hare, Richard M., Pain and Evil, in: Feinberg, Joel (Hg.), Moral Concepts, Oxford 1969, S. 29–42.

Hare, Richard M., Moral Thinking. Its Levels, Method and Point, Oxford 1981.

Hare, Richard M., The Language of Morals, Oxford 1986.

Hare, Richard M., Moral Reasoning about the Environment, in: ders., Essays in Ethical Theory, Oxford 1989, S. 236–253.

Hare, Richard M., Grundpositionen der Ethik, in: Information Philosophie 1995, S. 5–22.

Hargrove, Eugene C., Foundations of Environmental Ethics, Prentice Hall 1989.

Hart, Herbert L. A., Der Positivismus und die Trennung von Recht und Moral, in: ders., Recht und Moral, Göttingen 1971, S. 14–57.

Hartshorne, Charles, The Rights of the Subhuman World, in: Environmental Ethics 1 (1979), S. 49–60.

Haught, John F., The Emergent Environment and the Problem of Cosmic Purpose, in: Environmental Ethics 8 (1986), S. 139–162.

Heck, Philipp, Begriffsbildung und Interessenjurisprudenz, Tübingen 1932.

Hegel, Georg W. F., Grundlinien der Philosophie des Rechts oder Naturrecht und Staatswissenschaft im Grundrisse, Werke, Bd. 7, Frankfurt a. M. 1986.

Heidegger, Martin, Die Technik und die Kehre, Pfullingen 1963.

Heidegger, Martin, Sein und Zeit, 15. Aufl., Tübingen 1984.

Heine, Günter, Ökologie und Recht in historischer Sicht, in: Lübbe, Hermann / Ströker, Elisabeth (Hg.), Ökologische Probleme im kulturellen Wandel, o. O. 1986, S. 116–134.

Hertz, Anselm / Korff, Wilhelm / Rendtorff, Trutz / Ringelig, Hermann (Hg.), Handbuch der christlichen Ethik, Bd. 3, Freiburg 1982.

Hillebrecht, Marie-Luise, Eine mittelalterliche Energiekrise, in: Herrmann, Bernd (Hg.), Mensch und Umwelt im Mittelalter, 2. Aufl., Stuttgart 1986, S. 275–283.

Hobbes, Thomas, Leviathan, hg. von Richard Tuck, Cambridge 1991; dt.: hg. von Iring Fetscher, Frankfurt a. M. 1984.

Hoerster, Norbert, Utilitaristische Ethik und Verallgemeinerung, 2. Aufl., Freiburg / München 1977.

Hoerster, Norbert, Moralbegründung ohne Metaphysik, in: Erkenntnis 19 (1983), S. 225–238.

Hoerster, Norbert, Einleitung zur dt. Übersetzung von Frankena, William K., Analytische Ethik, 4. Aufl., München 1986, S. 7–15.

Hoff, Christina, Kant's Invidious Humanism, in: Environmental Ethics 5 (1983), S. 63–70.

Höffe, Otfried, Der wissenschaftliche Tierversuch. Eine bioethische Fallstudie, in: Ströker, Elisabeth (Hg.), Ethik der Wissenschaften? o. O. 1984, S. 117–150.

Höffe, Otfried (Hg.), Einführung in die utilitaristische Ethik, 2. Aufl., Tübingen 1992.

Höffe, Otfried, Moral als Preis der Moderne, Frankfurt a. M. 1993.

Hohmann, Harald, Präventive Rechtspflichten und -prinzipien des modernen Umweltvölkerrechts. Zum Stand des Umweltvölkerrechts zwischen Umweltnutzung und Umweltschutz, Berlin 1992.

Hohmann, Olaf, Das Rechtsgut der Umweltdelikte. Grenzen des strafrechtlichen Umweltschutzes, Frankfurt a. M. 1991.

Honneth, Axel, Kampf um Anerkennung. Zur moralischen Grammatik sozialer Konflikte, Frankfurt a. M. 1992.

Honneth, Axel (Hg.), Kommunitarismus, Frankfurt / New York 1993.

Hoppe, Werner / Beckmann, Martin, Umweltrecht, München 1989.

Horkheimer, Max / Adorno, Theodor W., Dialektik der Aufklärung, Frankfurt a. M. 1971.

Hösle, Vittorio, Philosophie der ökologischen Krise, München 1991.

Hudson, W. D. (Hg.), The Is / Ought Question, London 1969.

Hughes, J. Donald, Ecology in Ancient Greece, in: Inquiry 18 (1975), S. 115–125.

Hughes, J. Donald, The Environmental Ethics of the Pythagoreans, in: Environmental Ethics 2 (1980), S. 195–213.

Hume, David, An Enquiry Concerning the Principles of Morals, 5. Aufl., La Salle 1991; dt.: Eine Untersuchung über die Prinzipien der Moral, Hamburg 1972.

von Humboldt, Alexander, Reise in die Aequinoctial-Gegenden des neuen Continents, Bd. 3, Wien 1830.

Humphreys, W. Lee, Pitfalls and Promises of Biblical Texts as a Basis for a Theology of Nature, in: Stone, Glenn C. (Hg.), A New Ethic for a New Earth, Andover, Connecticut 1971, S. 99–118.

Irrgang, Bernhard, Christliche Umweltethik, München 1992.

Jakobs, Günther, Strafrecht. Allgemeiner Teil. Die Grundlagen und die Zurechnungslehre, 2. Aufl., Berlin/New York 1991.

Jaeger, Werner, Paideia, Berlin/Leipzig 1934.

Jäger, Helmut, Einführung in die Umweltgeschichte, Darmstadt 1994.

Jeffrey, Richard C., Logik der Entscheidungen, Wien/München 1967.

Johnson, Lawrence E., A Morally Deep World, Cambridge 1991.

Jonas, Hans, Das Prinzip Verantwortung. Versuch einer Ethik für die technologische Zivilisation, Frankfurt a. M. 1984.

Jonas, Hans, Dem bösen Ende näher. Gespräche über das Verhältnis des Menschen zur Natur, Frankfurt a. M. 1993.

Kaiser, Reinhard (Hg.), Global 2000. Der Bericht an den Präsidenten, Frankfurt a. M. 1981.

Kampits, Peter, Natur als Mitwelt, in: Schatz, Oskar (Hg.), Was bleibt den Enkeln?, Graz u. a. 1978, S. 55–88.

Kant, Immanuel, Die Metaphysik der Sitten, Kant's gesammelte Schriften hg. von der Königlich Preußischen Akademie der Wissenschaften Band VI, Berlin 1907.

Kant, Immanuel, Kritik der praktischen Vernunft, Kant's gesammelte Schriften hg. von der Königlich Preußischen Akademie der Wissenschaften Band V, Berlin 1908.

Kant, Immanuel, Kritik der reinen Vernunft, 1. Aufl., Kant's gesammelte Schriften hg. von der Königlich Preußischen Akademie der Wissenschaften Band IV, Berlin 1911.

Kant, Immanuel, Grundlegung zur Metaphysik der Sitten, Kant's gesammelte Schriften hg. von der Königlich Preußischen Akademie der Wissenschaften Band IV, Berlin 1911a.

Kant, Immanuel, Eine Vorlesung über Ethik, hg. von Gerd Gerhardt, Frankfurt a. M. 1990.

Kareklas, Stefanos, Die Lehre vom Rechtsgut und das Umweltstrafrecht, Univ.-Diss. Tübingen 1990.

Katz, Eric, Organism, Community and the «Substitution Problem», in: Environmental Ethics 7 (1985), S. 241–255.

Katz, Eric/Oechsli, Lauren, Moving beyond Anthropocentrism: Environmental Ethics, Development and the Amazon, in: Environmental Ethics 15 (1993), S. 49–59.

Keekok, Lee, Instrumentalism and the Last Person Argument, in: Environmental Ethics 15 (1993), S. 333–344.

Keller, Karin, Vom Regen in die Traufe: Natur als Rechtssubjekt. Anmerkungen zum Aufsatz von Klaus Bosselmann, in: Kritische Justiz 19 (1986), S. 339–342.

Kelsen, Hans, Reine Rechtslehre, 2. Auflage, Nachdruck, Wien 1983.

Kern, Lucian/Nida-Rümelin, Julian, Logik kollektiver Entscheidungen, München 1994.

Kessel, Hans/Tischler, Wolfgang, Umweltbewußtsein. Ökologische Wertvorstellungen in westlichen Industrienationen, Berlin 1984.

Ketteler, Gerd/Kippels, Kurt, Umweltrecht, Köln 1988.

Kettner, Matthias, Verantwortung als Moralprinzip? Eine kritische Betrachtung der Verantwortungsethik von Hans Jonas, in: Bijdragen, tijdschrift voor filosofie en theologie 51 (1990), S. 418–439.

Kettner, Matthias, Moral Responsibility for Nature and its Rational Foundations, in: Ofsti, Audun (Hg.), Ecology and Ethics, Trondheim 1992, S. 29–53.

Kimminich, Otto, Umweltschutz. Prüfstein der Rechtsstaatlichkeit, Linz 1987.

Kloepfer, Michael, Umweltrecht, München 1989.

Kloepfer, Michael/Meßerschmidt, Klaus, Innere Harmonisierung des Umweltrechts. Bericht 6/86 des Umweltbundesamtes, Berlin 1987.

Kloepfer, Michael/Rehbinder, Eckard/Schmidt-Assmann, Eberhard, Umweltgesetzbuch. Allgemeiner Teil. Bericht 7/90 des Umweltbundesamtes, Berlin 1990.

Knuth, Hans-Christian/Lohff, Wenzel: Schöpfungsglaube und Umweltverantwortung, 2. Aufl., Hannover 1987.

Krause, Karl Christian Friedrich, Das System der Rechtsphilosophie, hg. v. Karl D. A. Röder, Leipzig 1874.

Krebs, Angelika, Haben wir moralische Pflichten gegenüber Tieren?, in: Deutsche Zeitschrift für Philosophie 41 (1993), S. 995–1008.

Krey, Volker, Strafrecht. Besonderer Teil. Band 1, 7. Aufl., Stuttgart u. a. 1989.

Küsters, Gabriele, Gesundheit für Mensch und Tier. Warum Tierversuche noch nötig sind, München 1993.

v. Kutschera, Franz, Grundlagen der Ethik, Berlin/New York 1982.

Larenz, Karl, Allgemeiner Teil des dt. bürgerlichen Rechts, 7. Aufl., München 1989.

Leahy, Michael P. T., Against Liberation. Putting Animals in Perspective, London 1994.

Leimbacher, Jörg, Die Rechte der Natur, Zürich 1988.

Leipziger Kommentar, StGB, 10. Aufl., Bd. 7, Berlin/New York 1988.

Leisner, Walter, Schriftliche Stellungnahme zur Vorbereitung für die öffentliche Anhörung im Rechtsausschuß des Deutschen Bundestages am 14. Oktober 1987 zum Thema Verankerung des Umweltschutzes im Grundgesetz, in: Deutscher Bundestag (Hg.), Zur Sache 2/88, Bonn 1988.

Leist, Anton, Eine Frage des Lebens. Ethik der Abtreibung und künstlichen Befruchtung, Frankfurt/New York 1990.

Lemons, John, Atmospheric Carbon Dioxide: Environmental Ethics and Environmental Facts, in: Environmental Ethics 5 (1983), S. 21–32.

Leopold, Aldo, The Land Ethic, in: ders., A Sand County Almanac, Oxford 1989, S. 201–226.

v. Lersner, Heinrich, Gibt es Eigenrechte der Natur?, in: NVwZ 1 (1988), S. 988–992.

Linzey, Andrew, The Theos-Rights of Animals, in: Regan, Tom/Singer, Peter (Hg.), Animal Rights and Human Obligations, 2. Aufl., Englewood Cliffs 1989, S. 134–138.

Lloyd, Genevieve, Spinoza's Environmental Ethics, in: Inquiry 23 (1980), S. 293–311.

Locke, John, Two Treatises of Government, Cambridge 1988; dt.: Zwei Abhandlungen über die Regierung, Frankfurt a. M. 1977.

Lombardi, Louis G., Inherent Worth, Respect, and Rights, in: Environmental Ethics 5 (1983), S. 257–270.

van der Loo, Hans/van Reijen, Willem, Modernisierung, München 1992.

Lorz, Albert, Tierschutzgesetz. Kommentar, 4. Aufl., München 1992.

Lovelock, James E., Gaia. A New Look at Life on Earth, Oxford 1979.

Löw, Reinhard, Philosophie des Lebendigen. Der Begriff des Organischen bei Kant, sein Grund und seine Aktualität, Frankfurt a. M. 1980.

Löw, Reinhard, Philosophische Begründung des Naturschutzes, in: Scheidewege 18 (1988/1989), S. 149–167.

Luhmann, Niklas, Soziale Systeme, Frankfurt a. M. 1984.

Luhmann, Niklas, Ökologische Kommunikation. Kann die moderne Gesellschaft sich auf ökologische Gefährdungen einstellen?, 3. Aufl., Opladen 1990.

MacIntyre, Alasdair, After Virtue, 2. Aufl., Notre Dame, Indiana, 1984.

Mackie, John L., Ethics, London 1990 dt.: Ethik, Stuttgart 1983.

Marietta, Don E., Environmental Holism and Individuals, in: Environmental Ethics 10 (1988), S. 251–258.

Martin, John N., Order Theoretic Properties of Holistic Ethical Theories, in: Environmental Ethics 13 (1991), S. 215–234.

Mathews, Freya, The Ecological Self, London 1991.

Maunz-Dürig, Grundgesetzkommentar, 31. Ergl., München 1994.

Mayer-Tasch, Peter Cornelius, Aus dem Wörterbuch der Politischen Ökologie, München 1985.

Mayer-Tasch, Peter Cornelius (Hg.), Natur denken. Eine Genealogie der ökologischen Idee, Frankfurt a. M. 1991.

Mayer-Tasch, Peter-Cornelius, Altlast Recht, Frankfurt a. M. 1992.

Meadows, Denis u. a. (Hg.), Die Grenzen des Wachstums. Bericht des Club of Rome zur Lage der Menschheit, Stuttgart 1972.

Meadows, Donella und Dennis/Randers, Joergen, Die neuen Grenzen des Wachstums, Reinbek 1993.

Merchant, Carolyn, Der Tod der Natur. Ökologie, Frauen und neuzeitliche Naturwissenschaft, München 1987.

Merkel, Reinhard, Ein Tribunal der Tiere?, in: Die Zeit vom 11. 11. 1988.

Metz, Johannes Baptist, Christliche Anthropozentrik. Über die Denkform des Thomas v. Aquin, München 1962.

Meyer-Abich, Klaus-Michael, Wege zum Frieden mit der Natur, München 1984.

Meyer-Abich, Klaus-Michael, Aufstand für die Natur, München 1990.

Michael, Mike/Grove-White, Robin, Talking about Nature: Nurturing Ecological Consciousness, in: Environmental Ethics 15 (1993), S. 33–47.

Mill, John Stuart, Utilitarianism, hg. von H. B. Acton, London 1972; dt.: Der Utilitarismus, Stuttgart 1976.

Miller, Peter, Do Animals Have Interests Worthy of Our Moral Interest?, in: Environmental Ethics 5 (1983), S. 319–333.

Montague, Phillip, The Two Concepts of Rights, in: Philosophy and Public Affairs 9 (1980), S. 372–384.

de Montaigne, Michel, Les Essais, Bd. 1, Nachdruck Hildesheim 1981; dt.: Gesammelte Schriften, Bd. 3, München u. Berlin 1915.

Moore, George Edward, Principia Ethica, Cambridge 1948, dt.: Stuttgart 1970.

Müller, Christian, Verantwortungsethik, in: Pieper, Annemarie (Hg.), Geschichte der neueren Ethik, Bd. 2: Gegenwart, Tübingen und Basel 1992, S. 103–131.

Müller-Bromley, Nicolai, Staatszielbestimmung Umweltschutz im Grundgesetz?, Berlin 1990.

Murswiek, Dietrich, Umweltschutz – Staatszielbestimmung oder Grundsatznorm?, in: Zeitschrift für Rechtspolitik 21 (1988), S. 14–20.

Mynarek, Hubertus, Religiös ohne Gott? Neue Religiosität der Gegenwart in Selbstzeugnissen, Düsseldorf 1983.

Mynarek, Hubertus, Ökologische Religion. Ein neues Verständnis der Natur, München 1986.

Naess, Arne, The Shallow and the Deep, Long-Range Ecology Movement. A Summary, in: Inquiry 16 (1973), S. 95–100.

Naess, Arne, Environmental Ethics and Spinoza's Ethics: Comments on Genevieve Lloyd's Article, in: Inquiry 23 (1980), S. 313–325.

Naess, Arne, Ecology, Community and Lifestyle. Outline of an Ecosophy, Cambridge 1989.

Naess, Arne, The Deep Ecological Movement: Some Philosophical Aspects, in: Zimmerman, Michael E. u. a. (Hg.), Environmental Philosophy. From Animal Rights to Radical Ecology, Englewood Cliffs, New Jersey 1993, S. 193–212.

Nagel, Thomas, The Possibility of Altruism, Princeton 1978.

Nash, Roderick Frazier, The Rights of Nature. A History of Environmental Ethics, Madison 1989.

Nelson, Leonard, System der philosophischen Ethik und Pädagogik, Gesammelte Schriften, Fünfter Band, 3. Aufl., Hamburg 1970.

Nelson, Leonard, Kritik der praktischen Vernunft, Gesammelte Schriften, Vierter Band, 2. Aufl., Hamburg 1972.

Nelson, Leonard, System der philosophischen Rechtslehre und Politik, 2. Aufl., Hamburg 1976.

Neumaier, Otto, Ethische Fragen der Verwendung von Tieren, in: Der Tierschutzbeauftragte 2 (1993), S. 17–23.

v. Neumann, John / Morgenstern, Oskar, Theory of Games and Decision, 3. Aufl., Princeton 1953.

Nida-Rümelin, Julian, Entscheidungstheorie und Ethik, München 1987.

Nida-Rümelin, Julian, Bibliografia. Etica ecologica: una introduzione con indicazioni bibliografiche, in: Politeia 4 (1988), S. 22–30.

Nida-Rümelin, Julian, Ethik und Umwelt, in: Walletschek, Hartwig / Graw, Jochen (Hg.), Öko-Lexikon, 3. Aufl., München 1991, S. 84–90.

Nida-Rümelin, Julian, Kritik des Konsequentialismus, München 1993.

Nida-Rümelin, Julian, Das *rational choice*-Paradigma: Extensionen und Revisionen, in: ders. (Hg.), Praktische Rationalität. Grundlagenprobleme und ethische Anwendungen des rational choice-Paradigmas, Berlin 1994, S. 3–29.

Nida-Rümelin, Julian (Hg.), Angewandte Ethik, Stuttgart, im Erscheinen, voraussichtlich 1996.

Nida-Rümelin, Julian / v. d. Pfordten, Dietmar, Schriftliche Stellungnahme zur Anhörung des Ausschusses für Ernährung, Landwirtschaft und Forsten des Deutschen Bundestages am 20. 9. 1993 zur Novellierung des Tierschutzgesetzes, unveröffentlichte Drucksache des Ausschusses.

Nida-Rümelin, Julian / v. d. Pfordten, Dietmar (Hg.), Ökologische Ethik und Rechtstheorie, Baden-Baden 1995.

Niedermann, Josef, Kultur. Werden und Wandlungen des Begriffs und seiner Ersatzbegriffe von Cicero bis Herder, Florenz 1941.

Nietzsche, Friedrich, Nachgelassene Fragmente, Sämtliche Werke Bd. 12, München u. a. 1980.

Norton, Bryan G., Environmental Ethics and Weak Anthropocentrism, in: Environmental Ethics 6 (1984), S. 131–148.

O'Briant, Walter, Leibniz's Contribution to Environmental Philosophy, in: Environmental Ethics 2 (1980), S. 215–220.

O'Brien, James F., Teilhard's View of Nature and Some Implications for Environmental Ethics, in: Environmental Ethics 10 (1988), S. 329–346.

Odum, Eugene S., Grundlagen der Ökologie, 2. Aufl., Stuttgart 1983.

O'Neill, John, The Varieties of Intrinsic Value, in: The Monist 75 (1992), S. 119–137.

Ott, Konrad, Ökologie und Ethik, Tübingen 1993.

Ovid, Metamorphosen, Dublin/Zürich 1966.

Papageorgiou, Konstantinos A., Interessen, moralische Berücksichtigung und das «Lebensrecht des Nasciturus», in: ARSP 78 (1992), S. 108–117.

Parker, Kelly, The Values of a Habitat, in: Environmental Ethics 12 (1990), S. 353–368.

Partridge, Ernest, Nature as a Moral Resource, in: Environmental Ethics 6 (1984), S. 101–130.

Passmore, John, Man's Responsibility for Nature, London 1974.

Patzig, Günther, Der Unterschied zwischen subjektiven und objektiven Interessen und seine Bedeutung für die Ethik, Göttingen 1978.

Patzig, Günther, Ethik ohne Metaphysik, 2. Aufl., Göttingen 1983.

Patzig, Günther, Ökologische Ethik, in: Markl, Hubert (Hg.), Natur und Geschichte, München/Wien 1983a, S. 329–347.

Patzig, Günther, Der wissenschaftliche Tierversuch unter ethischen Aspekten, in: Ethik und Tierversuche, hg. von der Gesellschaft Gesundheit und Forschung e. V., Frankfurt a. M. 1986, S. 17–30.

Peerenboom, R. P., Beyond Naturalism: A Reconstruction of Daoist Environmental Ethics, in: Environmental Ethics 13 (1991), S. 3–22.

Perry, Ralph Barton, General Theory of Value. Its Meaning and Basic Principles Construed in Terms of Interest, Cambridge, Massachusetts 1954.

v. d. Pfordten, Dietmar, Gibt es Argumente für ein Lebensrecht des Nasciturus?, in: ARSP 76 (1990), S. 69–82.

v. d. Pfordten, Dietmar, Rezension zu: Robert Spaemann, Glück und Wohlwollen, in: ARSP 76 (1990a), S. 273–276.

v. d. Pfordten, Dietmar, Verdienen nur zukünftige Interessen Schutz, die sich tatsächlich realisieren?, in: ARSP 76 (1990b), S. 257–260.

v. d. Pfordten, Dietmar, Wider eine neue Verschwisterung von Personalismus und Dezisionismus in der Ethik, in: ARSP 78 (1992), S. 219–224.

v. d. Pfordten, Dietmar, Deskription, Evaluation, Präskription, Berlin 1993.

v. d. Pfordten, Dietmar, Begründungsbereiche Ökologischer Ethik, Veröffentlichungen des Centre Universitaire de Luxembourg, Luxemburg, voraussichtlich 1995.

v. d. Pfordten, Dietmar, Naturschutz und Verfassung, in: Nida-Rümelin, Julian/v. d. Pfordten, Dietmar (Hg), Ökologische Ethik und Rechtstheorie, Baden-Baden 1995a.

v. d. Pfordten, Dietmar, Die moralische und rechtliche Berücksichtigung von Tieren, in: Nida-Rümelin, Julian/v. d. Pfordten, Dietmar (Hg.), Ökologische Ethik und Rechtstheorie, Baden-Baden 1995b.

v. d. Pfordten, Dietmar, Die fünf Strukturmerkmale normativ-ethischer Theorien, in: Meggle, Georg/Steinacker, Peter: Analyomen 2 – Proceedings, Berlin, voraussichtlich 1996.

v. d. Pfordten, Dietmar, Rechtsethik, in: Nida-Rümelin, Julian (Hg.), Angewandte Ethik, Stuttgart, voraussichtlich 1996a.

v. d. Pfordten, Dietmar, Die ökologisch-ethische Herausforderung des Rechtsstaats, in: Der Universalitätsanspruch des demokratischen Rechtsstaates, hg. von Gerd Roellecke und Hans-Martin Pawlowski, ARSP-Beiheft, voraussichtlich 1996b.

Pico della Mirandola, Giovanni, Über die Würde des Menschen, Hamburg 1990.

Pister, Edwin P., Endangered Species: Costs and Benefits, in: Environmental Ethics 1 (1979), S. 341–352.

Platon, Kritias, Werke in acht Bänden, Bd. 7, übers. v. Hieronymus Müller und Friedrich Schleiermacher, Darmstadt 1990.

Platon, Theaitetos, Werke in acht Bänden, Bd. 6, übers. v. Hieronymus Müller und Friedrich Schleiermacher, Darmstadt 1990 a.

Platon, Gorgias, Werke in acht Bänden, Bd. 2, übers. v. Hieronymus Müller und Friedrich Schleiermacher, Darmstadt 1990 b.

Platon, Politeia, Werke in acht Bänden, Bd. 4, übers. v. Hieronymus Müller und Friedrich Schleiermacher, Darmstadt 1990 c.

Platon, Phaidros, Werke in acht Bänden, Bd. 5, übers. v. Hieronymus Müller und Friedrich Schleiermacher, Darmstadt 1990 d.

Platon, Parmenides, Werke in acht Bänden, Bd. 5, übers. v. Hieronymus Müller und Friedrich Schleiermacher, Darmstadt 1990 e.

Plinius d. Ä., Naturalis historia, Band VI, Buch XXXIII, Paris 1980.

Pluhar, Evelyn, The Justification of an Environmental Ethics, in: Environmental Ethics 5 (1983), S. 47–61.

Pohlenz, Max, Die Stoa, Bd. 1, 6. Aufl., Göttingen 1984.

Po-Keung, Ip, Taoism and the Foundations of Environmental Ethics, in: Environmental Ethics 5 (1983), S. 335–343.

Polivitis, Anthony J., On Assigning Rights to Animals and Nature, in: Environmental Ethics 2 (1980), S. 67- 71.

Popper, Karl R., Das Elend des Historizismus, 5. Aufl., Tübingen 1979.

Popper, Karl R., Logik der Forschung, 8. Aufl., Tübingen 1984.

Porphyre, De l'Abstinence, Paris 1977.

Power Bratton, Susan, Christian Ecotheology and the Old Testament, in: Environmental Ethics 6 (1984), S. 195–209.

Rachels, James, Why Animals have a Right to Liberty, in: Regan, Tom/Singer, Peter (Hg.), Animal Rights and Human Obligations, 2. Aufl., Englewood Cliffs 1989, S. 122–131.

Radbruch, Gustav, Rechtsphilosophie, 4. Aufl., Stuttgart 1950.

Ramachandra, Guha, Radical American Environmentalism and Wilderness Preservation: A Third World Critique, in: Environmental Ethics 11 (1989), S. 71–83.

Rau, Gerhard/Ritter, Adolf Martin/Timm, Hermann (Hg.), Frieden in der Schöpfung. Das Naturverständnis protestantischer Theologie, Gütersloh 1987.

Rawls, John, A Theory of Justice, Oxford 1973 dt. Eine Theorie der Gerechtigkeit, Frankfurt a. M. 1979.

Rawls, John, Political Liberalism, New York 1993.

Regan, Tom, Frey on why Animals Cannot Have Simple Desires, in: Mind 91 (1982), S. 277–280.

Regan, Tom, The Case for Animal Rights, Berkeley/Los Angeles 1983.

Regan, Tom, Does Environmental Ethics Rest on a Mistake?, in: The Monist 75 (1992), S. 161–182.

Rengier, Rudolf, Zur Bestimmung und Bedeutung der Rechtsgüter im Umweltstrafrecht, in: Neue Juristische Wochenschrift 43 (1990), S. 2506–2515.

Rengier, Rudolf, Überlegungen zu den Rechtsgütern und Deliktstypen im Umweltstrafrecht, in: Schulz, Lorenz (Hg.), Ökologie und Recht, Köln u. a. 1991, S. 33–53.

Ritter, Joachim (Hg.), Historisches Wörterbuch der Philosophie, Band 1, Darmstadt 1971.

Rock, Martin, Theologie der Natur und ihre anthropologisch-ethischen Konsequenzen, in: Birnbacher, Dieter (Hg.), Ökologie und Ethik, Stuttgart 1986, S. 72–102.

Rodd, Rosemary, Biology, Ethics and Animals, Oxford 1990.

Rodman, John, The Other Side of Ecology in Ancient Greece: Comments on Hughes, in: Inquiry 19 (1976), S. 108–112.

Rolfes, Eugen, Einleitung zum Gorgias, in: Sämtliche Dialoge, Bd. 1, Hamburg 1988.

Rollin, Bernard, Animal Rights and Human Morality, 2. Aufl., Buffalo 1992.

Rolston, Holmes, Is there an Ecological Ethics?, in: Ethics 85 (1974/75), 93–109.

Rolston, Holmes, Can and Ought We to Follow Nature?, in: Environmental Ethics 1 (1979), S. 7–30.

Rolston, Holmes, Environmental Ethics, Philadelphia 1988.

Rolston, Holmes, Philosophy Gone Wild, Buffalo, New York 1989.

Rorty, Richard, Solidarität oder Objektivität? Stuttgart 1988.

Roxin, Claus, Strafrecht. Allgemeiner Teil. Band 1, München 1992.

Rumbaugh, D. M. (Hg.), Language Learning by a Chimpanzee: The Lana Project, New York 1977.

Ruppert, Hans-Jürgen, New Age. Endzeit oder Wendezeit, Wiesbaden 1985.

Ruppert, Hans-Jürgen, Durchbruch zur Innenwelt. Spirituelle Impulse aus New Age und Esoterik in kritischer Beleuchtung, Stuttgart 1988.

Ruppert, Hans-Jürgen, Okkultismus. Geisterwelt oder neuer Weltgeist?, Wiesbaden und Wuppertal 1990.

Rüthers, Bernd / Simma, Bruno, International Protection of the Environment, Treaties and Related Documents, New York 1975 ff, seit 1990 als Loseblattausgabe.

Ryder, Richard, Speciesism, in: Baird, Robert u. Rosenbaum, Stuart E. (Hg.), Animal Experimentation, Buffalo, New York 1991, S. 35–53.

Salthe, Stanley N. / Salthe, Barbara M., Ecosystem Moral Considerability: A Reply to Cahen, in: Environmental Ethics 11 (1989), S. 355–361.

Sartre, Jean-Paul, L'Existentialisme est un humanisme, Paris 1970.

Savage, E. Sue / Rumbaugh, Duane M., Communication, Language and Lana. A Perspective, in: Rumbaugh, D. M. (Hg.), Language Learning by a Chimpanzee. The Lana Project, New York 1977, S. 287–309.

Schelling, Friedrich W. J., System der gesammten Philosophie und der Naturphilosophie insbesondere, Ausgewählte Schriften, Band 3, Frankfurt a. M. 1985.

Schlitt, Michael, Umweltethik, Paderborn u. a. 1992.

Schmidt, Reiner, Einführung in das Umweltrecht, 4. Aufl., München 1995.

Schönherr, Hans-Martin, Von der Schwierigkeit, Natur zu verstehen. Entwurf einer negativen Ökologie, Frankfurt a. M. 1989.

Schönke-Schröder, StGB, 24. Aufl., München 1991.

Schopenhauer, Arthur, Preisschrift über die Grundlagen der Moral, in: Sämtliche Werke Bd. III, Kleinere Schriften, 2. Aufl., Frankfurt a. M. 1989, S. 632–813.

Schopenhauer, Arthur, Die Welt als Wille und Vorstellung, 4. Aufl., Frankfurt a. M. 1991.

Schroeder, Richard, Nachahmung der Natur, in: ders., Denken im Zwielicht, Tübingen 1990, S. 1–22.

Schubert, Ernst, Der Wald: wirtschaftliche Grundlage der spätmittelalterlichen Stadt, in: Herrmann, Bernd (Hg.), Mensch und Umwelt im Mittelalter, 2. Aufl., Stuttgart 1986, S. 257–274.

Schulze, Gerhard, Die Erlebnisgesellschaft, Frankfurt a. M. / New York 1993.

Schweitzer, Albert, Die Ehrfurcht vor dem Leben, 3. Aufl., München 1982.

Seel, Martin, Eine Ästhetik der Natur, Frankfurt a. M. 1991.

Seifert, Karl-Heinz / Hömig, Dieter, Grundgesetz für die Bundesrepublik Deutschland, 4. Aufl., Baden-Baden 1991.

Seneca, Questiones Naturales / Questions Naturelles, Paris 1961.

Sessions, George, Spinoza and Jeffers on Man in Nature, in: Inquiry 20 (1977), S. 481–528.

Sidgwick, Henry, The Methods of Ethics, 7. Aufl., Indianapolis 1981.

Sieferle, Rolf Peter, Perspektiven einer historischen Umweltforschung, in: ders. (Hg.), Fortschritte der Naturzerstörung, Frankfurt a. M. 1988, S. 307–368.

Singer, Brent A., An Extension of Rawls' Theory of Justice to Environmental Ethics, in: Environmental Ethics 10 (1988), S. 217–231.

Singer, Marcus George, Verallgemeinerung in der Ethik, Frankfurt a. M. 1975.

Singer, Peter, Animal Liberation, 2. Aufl., New York 1990.

Singer, Peter, Practical Ethics, 2. Aufl., Cambridge 1993; dt.: Praktische Ethik, Stuttgart 1994.

Skolimowski, Henryk, Eco-Philosophy. Designing New Tactics for Living, Boston/London 1981; dt.: Öko-Philosophie, Karlsruhe 1988.

Skolimowski, Henryk, The Dogma of Anti-Anthropocentrism and Ecophilosophy, in: Environmental Ethics 6 (1984), S. 283–288.

Smart, John J. C., Extremer und eingeschränkter Utilitarismus, in: Höffe, Otfried (Hg.), Einführung in die utilitaristische Ethik, 2. Aufl., Tübingen 1992, S. 167–182.

Soupios, Michael, Greek Philosophy and the Anthropocentric Vision, in: Hart, Richard E. (Hg.), Ethics and the Environment, Lanham 1992, S. 13–24.

Spaemann, Robert, Die Aktualität des Naturrechts, in: ders., Philosophische Essays, Stuttgart 1983, S. 60–79.

Spaemann, Robert, Naturteleologie und Handlung, in: ders., Philosophische Essays, Stuttgart 1983a, S. 41–59.

Spaemann, Robert, Technische Eingriffe in die Natur als Problem der politischen Ethik, in: Birnbacher, Dieter (Hg.), Ökologie und Ethik, Stuttgart 1986, S. 180–206.

Spaemann, Robert, Glück und Wohlwollen. Versuch über Ethik, Stuttgart 1989.

Spaemann, Robert/Löw, Reinhardt, Die Frage Wozu? Geschichte und Wiederentdeckung des teleologischen Denkens, München 1981.

SPD-Vorstand, Grundsatzprogramm der Sozialdemokratischen Partei Deutschlands, Bonn 1989.

de Spinoza, Baruch, Die Ethik, übers. von Jakob Stern, Stuttgart 1977.

Sprandel, Rolf, Die Geschichtlichkeit des Naturbegriffs: Kirche und Natur im Mittelalter, in: Markl, Hubert (Hg.), Natur und Geschichte, München/Wien 1983, S. 237–261.

Squadrito, Kathleen M., Locke's View of Dominion, in: Environmental Ethics 1 (1979), S. 255–262.

Steiger, Heinhard, Mensch und Umwelt, Berlin 1975.

Steiger, Heinhard, Begriff und Geltungsebenen des Umweltrechts, in: Salzwedel, Jürgen (Hg.), Grundzüge des Umweltrechts, Berlin 1982.

Stern, Klaus, Das Staatsrecht der Bundesrepublik Deutschland, Bd. 1, 2. Aufl., München 1984.

Stevenson, C. L., Ethics and Language, New Haven 1944.

Stone, Christopher D., Earth and Other Ethics. The Case for Moral Pluralism, New York 1987.

Stone, Christopher D., Should Trees Have Standing? Toward Legal Rights For Natural Objects, Palo Alto 1988; dt.: Umwelt vor Gericht, 2. Aufl., München 1992.

Strey, Gernot, Umweltethik und Evolution. Herkunft und Grenzen moralischen Verhaltens gegenüber der Natur, Göttingen 1989.

Stuhlmann-Laeisz, Rainer, Das Sein-Sollen-Problem. Eine modallogische Studie, Stuttgart-Bad Cannstatt 1983.

Stutzin, Godofredo, Die Natur der Rechte und die Rechte der Natur, in: Rechtstheorie 11 (1980), S. 344–355.

Sudbrack, Josef, Neue Religiosität – Herausforderung für die Christen, 4. Aufl., Mainz 1990.

Taylor, Bob, John Dewey and Environmental Thought: A Response to Chaloupka, in: Environmental Ethics 12 (1990), S. 175–184.

Taylor, Paul W., In Defense of Biocentrism, in: Environmental Ethics 5 (1983), S. 237–243.

Taylor, Paul W., Are Humans Superior to Animals and Plants?, in: Environmental Ethics 6 (1984), S. 149–160.

Taylor, Paul W., Respect for Nature, 2. Aufl., Princeton 1989.

Teutsch, Gotthard M., Neue Ansätze in Richtung einer humanökologischen Ethik, in: Schatz, Oskar (Hg.), Was bleibt den Enkeln? Die Umwelt als politische Herausforderung, Graz 1978, S. 27–54.

Teutsch, Gotthard M., Tierversuche und Tierschutz, München 1983.

Teutsch, Gotthard M., Lexikon der Umweltethik, Göttingen 1985.

Thomas v. Aquin, Summa theologica, hg. von der Albertus-Magnus-Akademie, Walberberg bei Köln, Heidelberg u. a. 1953.

Thompson, Janna, A Refutation of Environmental Ethics, in: Environmental Ethics 12 (1990), S. 147–160.

Thompson, Paul B., Uncertainty Arguments in Environmental Issues, in: Environmental Ethics 8 (1986), S. 59–75.

Tierschutzbericht 1995 der Bundesregierung, BT-Drs. 13/350.

Tomkins, S./Bird C., The Secret Life of Plants, New York 1973.

Trapp, Rainer W., Nicht-klassischer Utilitarismus. Eine Theorie der Gerechtigkeit, Frankfurt a. M. 1988.

Trepl, Ludwig, Geschichte der Ökologie. Vom 17. Jahrhundert bis zur Gegenwart, Frankfurt a. M. 1987.

Tribe, Laurence H., Was spricht gegen Plastikbäume?, in: Birnbacher, Dieter (Hg.), Ökologie und Ethik, Stuttgart 1986, S. 20–71.

Uebersohn, Gerhard, Schrecken und Komik der juristischen Tierverehrung. Eine Kritik der Bosselmann'schen Wende, in: Kritische Justiz 19 (1986), S. 342–347.

v. Uthmann, Jörg, Die Erwartung des Weltendes, in: Frankfurter Allgemeine Zeitung Nr. 117 vom 22. 5. 1993, Beilage Ereignisse und Gestalten.

VanDeVeer, Donald, Of Beasts, Persons, and the Original Position, in: The Monist 62 (1979), S. 368–377.

Varner, G. E., The Schopenhauerian Challenge in Environmental Ethics, in: Environmental Ethics 7 (1985), S. 209–229.

Varner, G. E., Do Species Have Standing?, in: Environmental Ethics 9 (1987), S. 57–72.

Vischer, Wolfgang, Probleme der Umweltethik, Frankfurt a. M. 1993.

Vischer, Wolfgang, Zum Problem der Rechtsfähigkeit nicht-menschlicher Naturgegenstände, in: Philosophia Naturalis 30 (1993a), S. 278–296.

Vossenkuhl, Wilhelm, Ökologie und Ethik, in: Schulz, Lorenz (Hg.), Ökologie und Recht, Köln u. a. 1991, S. 9–20.

Vossenkuhl, Wilhelm, Vernünftige Wahl, rationale Dilemmas und moralische Konflikte, in: Hollis, Martin/Vossenkuhl, Wilhelm (Hg.), Moralische Entscheidung und rationale Wahl, München 1992, S. 153–173.

Vossenkuhl, Wilhelm, Ökologische Ethik. Über den moralischen Charakter der Natur, in: Information Philosophie 1993/1, S. 6–19.

van der Waerden, B. L., Die Pythagoreer. Religiöse Bruderschaft und Schule der Wissenschaft, Zürich/München 1979.

Warren, Karen J., The Power and the Promise of Ecological Feminism, in: Zimmerman, Michael E. u. a. (Hg.), Environmental Philosophy. From Animal Rights to Radical Ecology, Englewood Cliffs, New Jersey 1993, S. 320–341.

Warren, Karen J., Ecological Feminism, London 1994.

Watson, Richard A., Self-Consciousness and the Rights of Nonhuman Animals and Nature, in: Environmental Ethics 1 (1979), S. 99–129.

Watson, Richard A., A Critique of Anti-Anthropocentric Biocentrism, in: Environmental Ethics 5 (1983), S. 245–256.

Weder, Hans (Hg.), Gerechtigkeit, Friede, Bewahrung der Schöpfung. Theologische Überlegungen, Zürich 1990.

Weeber, Karl Wilhelm, Smog über Attika. Umweltverhalten im Altertum, Reinbek bei Hamburg 1993.

von Weizsäcker, Carl Friedrich, Die Zeit drängt. Eine Weltversammlung der Christen für Gerechtigkeit, Frieden und die Bewahrung der Schöpfung, 5. Aufl., München 1986.

Welsch, Wolfgang (Hg.), Wege aus der Moderne. Schlüsseltexte der Postmoderne-Diskussion, Weinheim 1988.

Welzel, Hans, Das deutsche Strafrecht, 11. Aufl. Berlin 1969.

Wenz, Peter S., Environmental Justice, Albany 1988.

Wenz, Peter S., Minimal, Moderate, and Extreme Moral Pluralism, in: Environmental Ethics 15 (1993), S. 61–74.

Werner, Hans-Joachim, Eins mit der Natur, München 1986.

Wessels, Johannes, Strafrecht Besonderer Teil 1, 16. Aufl., Heidelberg 1992.

Weston, Anthony, Beyond Intrinsic Value: Pragmatism in Environmental Ethics, in: Environmental Ethics 7 (1985), S. 321–339.

Weston, Anthony, Forms of Gaian Ethics, in: Environmental Ethics 9 (1987), 217–230.

Westra, Laura, Let it Be: Heidegger and Future Generations, in: Environmental Ethics 7 (1985), S. 341–350.

White, Lynn, The Historical Roots of Our Ecological Crisis, in: Science 155 (1967), S. 1203–1207.

Williams, Meredith, Rights, Interests, and Moral Equality, in: Environmental Ethics 2 (1980), S. 149–161.

Wimmer, Reiner, Universalisierung in der Ethik, Frankfurt a. M. 1980.

Windelband, Wilhelm, Geschichte der Philosophie, 1. Aufl., Freiburg i. B. 1892.

Wittgenstein, Ludwig, Tractatus logico-philosophicus, Frankfurt a. M. 1963.

Wittgenstein, Ludwig, Philosophische Untersuchungen, Frankfurt a. M. 1977.

Wolf, Jean-Claude, Tierethik, Freiburg 1992.

Wolf, Ursula, Das Tier in der Moral, Frankfurt a. M. 1990.

Wood, W., Modern Pantheism as an Approach to Environmental Ethics, in: Environmental Ethics 7 (1985), S. 151–163.

Worster, Donald, Nature's Economy. A History of Ecological Ideas, 2. Aufl., Cambridge 1985.

Worster, Donald, Doing Environmental History, in: ders. (Hg.), The Ends of the Earth. Perspectives on Modern Environmental History, Cambridge 1988, S. 289–307.

Worster, Donald, The Vulnerable Earth: Toward a Planetary History, in: ders. (Hg.), The Ends of the Earth. Perspectives on Modern Environmental History, Cambridge 1988 a, S. 3–20.

Wright, Robert, Are Animals People Too?, in: Baird, Robert M. / Rosenbaum, Stuart E. (Hg.), Animal Experimentation, Buffalo 1991.

Zimmerman, Michael E., Toward a Heideggerean Ethos for Radical Environmentalism, in: Environmental Ethics 5 (1983), S. 99–131.

Zimmerman, Michael E., Quantum Theory, Intrinsic Value and Panentheism, in: Environmental Ethics 10 (1988), S. 3–30.

Zimmerman, Michael E. u. a. (Hg.), Environmental Philosophy. From Animal Rights to Radical Ecology, Englewood Cliffs 1993.

Zimmerman, Michael E., Rethinking the Heidegger – Deep Ecology Relationship, in: Environmental Ethics 15 (1993), S. 195–224.

Zirnstein, Gottfried, Ökologie und Umwelt in der Geschichte, Marburg 1994.

Namenregister

Hauptfundstellen sind *kursiv* gedruckt

Abram, David 110
Adorno, Theodor W.
   (1903–1969) 13
Agricola, Georgius
   (1494–1555) 79
Altner, Günter 106, 313
Ambrosius (um 340–397)
   106
Ames, Roger T. 108
Amery, Carl 312
Anaximenes (um 585–525 v.
   Chr.) 82
Anders, Günther
   (1902–1994) 14, 115
Andreas-Grisebach, Manon
   15, 41, 61, 74, 256, 318,
   323
Apel, Karl-Otto 113, *191 f*
Aristoteles (384–322 v.
   Chr.) 20, 81 f, *86 ff*, 90 f,
   95 f, 99, 122, 217, 311
Armstrong-Buck, Susan 110
Attfield, Robin 74, 82, 88, 91,
   96, 106, *155 ff*, 202, 311,
   313
Auer, Alfons 105, 312 f
Augustinus, Aurelius
   (354–430) 51, *89 ff*, 95 f,
   105, 281, 312
Austin, Richard Cartwright
   317
Ayer, Alfred J. 117

Basilius (um 330–379) 106
Baumann, Jürgen 275
Bayertz, Kurt 19, 55
Beckmann, Martin 275, 304
Begon, Michael 175
Bender, Bernd 275
Bentham, Jeremy
   (1748–1832) 53, 80, *93*,
   96, 124, 133, 138 f, 206,
   219, 281, 315, 317
Bernhard v. Clairvaux,
   (1091–1153) 106
Bien, Günther 87
Birch, Thomas H. 315
Birnbacher, Dieter 12, 59, 65,
   74, 93, 107, *124 f*, 139,

256, 260, 308, 311 f, 314,
   318
Bock, Bettina 284 f, 289, 304,
   322
Böhme, Gernot 17, 197
Böhme, Jacob (1575–1624)
   96 f
Booth, Annie L. 108
Bosselmann, Klaus 279,
   293 f, 297, 299 f, 304, 323
Bowlus, Charles R. 77
Brower, David 116
Brown, Lester R. 18
Brüggemeier, Franz-Josef 75
Brunner, Otto 317
Bruno, Giordano
   (1548–1600) 116
Buber, Martin (1878–1965)
   110
Buchheim, Thomas 83

Cahen, Harley 155, 180, 316 f
Callicott, J. Baird 108, 110,
   128, *183 f*, 199 f, 315 f,
   318
Camus, Albert (1913–1960)
   210
Capra, Fritjof 14 f, 108, 116,
   308 f
Carlson, Allen 317
Carnap, Rudolf (1891–1970)
   14
Cavalieri, Paola 307
Chaloupka, William 313
Cheney, Jim 120, 185, 200,
   256, 314, 318
Cheng, Chung-ying 108
Chomsky, Noam 34
Chrysostomus, Johannes
   (354–407) 91, 106
Cicero, Marcus Tullius
   (106–43 v. Chr.) 88
Clark, Stephen R. L. 34
Clement, Roland C. 110
Coing, Helmut 323
Colwell, Tom 184, 316
Cottingham, John 312
Conze, Werner 317
Crosby, Alfred W. 79

Darwin, Charles
   (1809–1882) 94, 183
Dawkins, Marian Stamp 130
Demokrit (460–371 v. Chr.)
   82
Descartes, René (1596–1650)
   13, 19, *92*, 95 f, 162, 312
Devall, Bill 110, 115 f, 314
Dewey, John (1859–1925)
   110
Diels, Hermann 82 f
Dihle, Albrecht 317
Dodds, E. R. 312
Dryzek, John 120, 194, 318

Ebenreck, Sara 313
Eckholm, Erik 34
Elliot, Robert 242
Embacher, Hermann 323
Engelhardt, Hans 322
Eser, Albin 322

Feinberg, Joel 93, 150, *152 ff*,
   157, 161, 202, 254, 318
Ferry, Luc 314
Fetscher, Iring 62
Fieser, James 128
Fisher, John A. 315
Foltz, Bruce V. 314
Fortenbaugh, William K. 88
Foucault, Michel
   (1926–1984) 14
Fox, Warwick 115, 119, 311
Fraas, Karl 261
Frank, Manfred 14
Frankena, William K. 24, 26,
   59, 135, 139, 311, 315
Franz v. Assisi, (1181/1182–
   1226) 91, 96, 105, 116
Fraser-Darling, Frank 108,
   313
Freud, Sigmund
   (1856–1939) 13
Frey, R. G. 34, *49 ff*, 93, 96,
   99, 124, 151, 202, 310,
   316
Fumagalli, Vito 75, 77 f

Gallwas, Hans-Ullrich 317

Gandhi, Mahatma (1869–1948) 119
Gardner, R. A. 34
Gassner, Erich 323
Geddert-Steinacher, Tatjana 298
Glacken, Clarence J. 86, 95
Goodman, Russell 108
Goodpaster, Kenneth E. 155 f, 161, 177, 202, 316
Gosler, Karl 313
Goudie, Andrew 75, 187, 252
Grange, Joseph 314
Grass, Günther 211
Grewendorf, Günther 25
Griffin, Donald R. 146, 155, 282, 315
Grove-White, Robin 110
Guggenberger, Bernd 287
Gunn, Alastair 184, 313, 316
Gurjewitsch, Aaron J. 77

Habermas, Jürgen 14, 25, 193 f, 219, 309,
Hahn, Ute 76, 78, 80, 311
Hare, Richard M. 23, 26, 123, 127, 133, 150, 154 f, 157, 219, 230
Hargrove, Eugene C. 86, 88, 197
Harper, John L. 175
Hartshorne, Charles 256, 318
Haught, John F. 110
Heck, Philipp 317
Hegel, Georg W. F. (1770–1831) 13, 94 ff, 110
Heidegger, Martin (1889–1976) 14, 110, 116
Heine, Günter 78
Heraklit (um 500 v. Chr.) 82
Hertz, Anselm 313
Hillebrecht, Marie-Luise 77
Hippokrates (um 460 v. Chr. – um 377 v. Chr.) 95
Hobbes, Thomas (1588–1679) 99 f, 218, 227
Höffe, Otfried 33, 54, 62, 74, 92 f, 95, 282, 311, 314, 318
Hömig, Dieter 280
Hoerster, Norbert 26, 187, 218
Hoff, Christina 310
Hohmann, Harald 276
Honneth, Axel 17, 232
Hoppe, Werner 275, 304
Horkheimer, Max (1895–1973) 13
Hösle, Vittorio 110
Hudson, W. D. 126

Hughes, J. Donald 81, 83, 86, 88
v. Humboldt, Alexander (1769–1859) 79
Hume, David (1711–1776) 93, 123, 217
Humphreys, W. Lee 319

Irrgang, Bernard 11, 54, 308 f, 312 f, 319

Jacobs, Harvey M. 108
Jäger, Helmut 29, 75, 77, 81
Jaeger, Werner 81
Jakobs, Günther 276
Jeffers, Robinson 116
Jeffrey, Richard C. 260
Johnson, Lawrence E. 74, 96, 160 ff, 177 f, 183, 186, 188, 202, 316
Jonas, Hans (1903–1994) 11, 61, 74 ff, 95, 97, 99, 100 f, 110 ff, 121, 132, 144, 157, 171, 197, 228, 268, 314, 318

Kaiser, Reinhard 18
Kampits, Peter 266
Kant, Immanuel (1724–1804) 13, 42 ff, 58, 62, 64, 93, 95 f, 99, 149 f, 157, 176, 219, 230, 283, 296, 298, 305, 309
Kareklas, Stefanos 277, 321 f
Katz, Eric 56, 185, 256, 318
Keekok, Lee 309
Keller, Karin 323
Kelsen, Hans (1881–1973) 118
Ketteler, Gerd 304
Kettner, Matthias 113, 308, 314
Kimminich, Otto 319, 321
Kippels, Kurt 304
Kloepfer, Michael 273, 275, 294, 298 f, 319 f, 321, 323
Knuth, Hans-Christian 106
Korff, Wilhelm 313
Koselleck, Reinhart 317
Kranz, Walther 82 f
Krause, Karl Christian Friedrich (1781–1832) 94 f, 293
Krebs, Angelika 124 f, 127, 132, 315
Krey, Volker 322
Küsters, Gabriele 243, 247
v. Kutschera, Franz 24, 187

Larenz, Karl 292
Lawrence, John 80

Leahy, Michael P. T. 317
Leibniz, Gottfried Wilhelm (1646–1716) 92
Leimbacher, Jörg 293, 299 f, 323
Leisner, Walter 304
Leist, Anton 35
Lemons, John 259
Leopold, Aldo (1887–1948) 96 f, 183 ff, 256, 316, 318
v. Lersner, Heinrich 293, 323
v. Linné, Carl (1707–1778) 94
Linzey, Andrew 313
Lloyd, Genevieve 108, 313
Locke, John (1632–1704) 93
Löw, Reinhard 310, 313 f
Lohff, Wenzel 106
Lombardi, Louis G. 155, 316
van der Loo, Hans 16
Lorenz, Konrad 248, 314
Lorz, Albert 277 f, 322
Lovelock, James E. 161, 183, 186 f
Luhmann, Niklas 14, 309

MacIntyre, Alasdair 217
Mackie, John L. 315
Marietta, Don E. 316
Martin, John N. 184
Marx, Karl (1818–1883) 13, 197
Mathews, Freya 104, 108
Mayer-Tasch, Peter Cornelius 15, 74, 82 f, 256, 284, 309, 311, 318
Meadows, Denis 18, 261
Meadows, Donella 18, 261
Meggle, Georg 25
Merchant, Carolyn 76, 78 f, 311
Merleau-Ponty, Maurice (1908–1961) 110
Meßerschmidt, Klaus 273, 320
Metz, Johannes Baptist 312
Meyer-Abich, Klaus-Michael 20, 28, 59, 108, 122, 188, 195, 300, 314, 319, 323
Michael, Mike 110
Mill, John Stuart (1806–1873) 93, 141
Miller, Peter 51, 105
Mößle, Wilhelm 317
Montague, Phillip 54
Montaigne, Michel de (1533–1592) 92, 95
Moore, George Edward (1873–1958) 123, 207

Morgenstern, Oskar 216
Müller, Christian 314
Müller-Bromley, Nicolai 284
Muir, John 116
Murswiek, Dietrich 284
Mynarek, Hubertus 15

Naess, Arne 15, 110, *114ff*,
    160, 162, 179, 199, 313f
Nagel, Thomas 214, 220
Nash, Roderick 15, 74, 80,
    95, 313
Nelson, Leonard
    (1882–1927) 94f, *150ff*,
    202, 293, 316
Neumaier, Otto 310
v. Neumann, John 216
Nida-Rümelin, Julian 9, 67,
    138, 215, 260, 292, 314,
    317, 322
Nietzsche, Friedrich
    (1844–1900) 13, 308
Norton, Bryan G. 23

O'Briant, Walter 92
O'Brien, James F. 110
Odum, Eugene S. 159, 165,
    175, 179, 186, 241, 316
Oechsli, Lauren 256, 318
O'Neill, John 181
Ott, Konrad 194, 256, 318
Ovid (43 v. Chr.–17 n. Chr.)
    76, 95, 311

Papageorgiou, Konstantinos
    A. 311
Parker, Kelly 55, 313
Parmenides (um 540–nach
    480 v. Chr.) 82
Partridge, Ernest 62, 137
Passmore, John 81, 92, 184,
    313
Patzig, Günther 107, 124,
    188, 219, 280, 309, 317
Peerenboom, R. P. 108
Perry, Ralph Barton 317
v. d. Pfordten, Dietmar 12,
    27, 30, 61, 117, 122, 126,
    220, 266, 285, 289, 292,
    309, 322f
Pico della Mirandola, Gio-
    vanni (1463–1494) 91,
    210
Pister, Edwin P. 256, 318
Platon (427–347 v. Chr.) 76,
    81f, 84, 87, 96, 311f
Plinius d. Ä., Gaius (23/
    24–79) 76, 95, 311
Pluhar, Evelyn 153

Plutarch (um 46–nach 120) 89
Pohlenz, Max 88
Po-Keung, Ip 108
Polivitis, Anthony J. 323
Popper, Karl R. (1902–1994)
    14, 196
Power Bratton, Susan 313
Preuß, Ulrich 287
Protagoras (480–410 v.
    Chr.) 83f
Pythagoras (um 570–um
    497/496 v. Chr.) 82

Quine, Willard v. O. 50

Rachels, James 247
Radbruch, Gustav
    (1878–1949) 118
Ramachandra, Guha 109
Randers, Joergen 261
Rau, Gerhard 106
Rawls, John 100, 189ff, 317
Regan, Tom 32, 51, 53, 96,
    123, 138, *141ff*, 175, 184,
    189, 207, 282, 310, 312,
    315
Rehbinder, Eckard 319
van Reijen, Willem 16
Rendtorff, Trutz 313
Rengier, Rudolf 67, 276, 321f
Ringelig, Hermann 313
Ritter, Adolf Martin 18, 106
Rock, Martin 313
Rodd, Rosemary 34f, 150,
    315
Rodman, John 86, 88, 91, 312
Rolfes, Eugen 312
Rollin, Bernard 105, 130,
    150, 188, 315, 317
Rolston, Holmes 74, 96,
    169ff, 186, 188, 195, 256,
    311, 316, 318
Rommelspacher, Thomas 75
Rorty, Richard 144
Roxin, Claus 321
Rumbaugh, D. M. 34
Ruppert, Hans-Jürgen 15
Ryder, Richard 315
Salthe, Barbara 316
Salthe, Stanley 316
Sartre, Jean-Paul
    (1905–1980) 136, 210, 315
Savage, E. Sue 34
Sayre, Kenneth M. 161
Schelling, Friedrich W. J.
    (1775–1854) 13, 95, 97
Schiller, Friedrich
    (1759–1805) 206
Schlitt, Michael 105

Schmidt, Reiner 275
Schmidt-Assmann, Eberhard
    320
Schönherr, Hans-Martin
    14f, 308, 314
Schopenhauer, Arthur
    (1788–1860) 13, *94ff*, 98,
    110, 131, 217, 281
Schubert, Ernst 77
Schulze, Gerhard 16
Schweitzer, Albert
    (1875–1965) 60, 96, 105,
    156, 270, 311, 313, 316
Seel, Martin 198
Seifert, Karl-Heinz 280
Seneca (4 v. Chr.–65 n.
    Chr.) 76, 95, 311
Sessions, George 15, 108,
    110, 115, 314
Sidgwick, Henry
    (1883–1900) 93, 318
Sieferle, Rolf Peter 75, 311,
    313
Singer, Brent A. 316
Singer, Marcus George 187f
Singer, Peter 92f, 96, 123f,
    128, *133ff*, 150, 161, 175,
    187, 190, 202, 206, 219,
    314f
Skolimowski, Henryk 110
Smart, John J. C. 65, 318
Sokrates (469–399 v. Chr.)
    81
Soupios, Michael 81, 83, 85
Spaemann, Robert 121, 217,
    282, 313f
Sparwasser, Reinhard 275,
de Spinoza, Baruch
    (1632–1677) 92, 95, 107,
    119
Sprandel, Rolf 77, 105
Squadrito, Kathleen M. 93
Steiger, Heinhard 284, 321
Stevenson, C. L. 125, 208
Stone, Christopher D. 15,
    198ff, *293f*, 296, 323
Stuhlmann-Laeisz, Rainer
    126
Stutzin, Godofredo 294f, 323
Sudbrack, Josef 15

Taylor, Bob 314
Taylor, Paul W. 32, 55, 63,
    96, 155, *158ff*, 171, 189,
    308, 316
Teilhard de Chardin, Pierre
    (1881–1955) 110
Teutsch, Gotthard M. 74, 82,
    311, 313

Thales (etwa 625–545 v. Chr.) 82 f
Theophrast (372–287 v. Chr.) 88, 311
Thomas v. Aquin, (1225–1274) *89 f*, 96, 105, 281, 312
Thompson, Janna 159, 195
Thompson, Paul B. 259
Thoreau, Henry David (1817–1862) 94
Timm, Hermann 106
Trapp, Rainer W. 26, 135, 206 f, 220
Trepl, Ludwig 75
Tribe, Laurence H. 108, 195, 313
Tomkins, S. 316
Townsend, Colin R. 175

Uebersohn, Gerhard 323
Ullmann, Wolfgang 287

VanDeVeer, Donald 316
Varner, G. E. 110, 323
Vischer, Wolfgang 295
Vitruv (um 25 v. Chr.) 95
Vogel, Hans-Jochen 288
Vossenkuhl, Wilhelm 59, 62, 126, 200

van der Waerden, B. L. 83, 311
Ward, Nathaniel 79
Warren, Karen J. 12, 188
Watson, Richard A. 185, 296, 310
Weder, Hans 106
Weeber, Karl Wilhelm 75 f
v. Weizsäcker, Carl Friedrich 106
Welsch, Wolfgang 14
Wenz, Peter S. 200 f
Werner, Hans-Joachim 91, 97
Wessels, Johannes 322

Weston, Anthony 187, 313
Westra, Laura 314
White, Lynn 91, 94, 312
Whitehead, Alfred (1861–1947) 96, 110
William v. Ockham, (185–1349) 109
Williams, Meredith 315
Wimmer, Reiner 187
Wittgenstein, Ludwig (1889–1951) 13, 20, 163, 199
Wolf, Jean-Claude 74, *140 f*, 282, 285, 311, 318, 323
Wolf, Ursula 282, 315
Wood, W. 108
Worster, Donald 75, 79, 94
Wright, Robert, 315

Zimmermann, Michael E. 314 f
Zirnstein, Gottfried 75, 81, 318

Sachregister

Abfallbeseitigung 276
Abwägung 71
Achtung 316
Adäquanz des Anwendungsbereichs 147
Adäquatheit 189
advokatorisch 192
Affen 309
Aggregation, interpersonale 135
Aggressor 142
Akteur, moralischer 149
Akteursinteressen 239
Aktionismus 27
Alltagsethos 74
Alltagsmoral 74 f
Altruismus 137, 185, 214
  limitierter 137
altruistisch 219, 316
analogia entis 78, 157
Analogieargument 157
Anderinteresse *203 ff*, *211 ff*, 217, 219, 220 f, 223, 236, 239, 301 f, 318
  nichtmenschlicher Naturentitäten *237 ff*
  Verpflichtung zur Beachtung *221 ff*
Anerkennung 232

Anspruch 254
anthropoauditoriell *32*, 35, 40
anthropooriginär *31 f*, 35, 37, 40
Anthropoplast 81
anthroporeferentiell *32*, 35, 37, 40
Anthroporelationalität/anthroporelational *21 ff*, 40, 57, 91, 192
  schwache 61 ff
Anthropozentrik/anthropozentrisch *11*, *18 ff*, 39 ff, 42 ff, 59, 77, 313
  aller traditionellen Ethik *74 ff*, 101
  als Ethosform 309
  christliche 21, 308
  erkenntnistheoretische 19, 82, 85
  ethische 84
  geläuterte 105
  indirekte 22
  materiale 309
  methodische 309
  ontologische 19, 82, 85
  relativierte 105
  schwache 22 f

  sprachliche 82
  sprachlogische 20
  starke 22
  unvollständige 21
Anthropozentrismus 308
Antike 75, 97, 311
Antimodernismus 120
antiökologisch 308
Antiquiertheit des Menschen 14
äonisches Bewußtsein 301
Apokalypse 11
Arbeitsleistung von Tieren 247
Argument der schiefen Ebene 90
Argument der Verallgemeinerung 188, 220
aristotelisch 111
Arten 116, 162 ff, 168, 178, *242 f*, 251
Artenschwund 17
Artenvielfalt 300
Ästhetik 70, 196 ff
ästhetische Rechtfertigung 62, 65, *196 ff*
Atome 82
Attribute 107
Authentizität 120

Autökologie 165
Automaten 92
Autonomie 55
autopoietisches System 14

Balance 162
Beachtung der nichtmensch-
    lichen Natur 106
Bedürfnisse 49, 153, 154
Begehrungsvermögen 43
Begründung
    ästhetische 196 ff
    aus der Fitneß 173
    aus der Wertevermittlung
        172
    genetische 172
    historische 172, 195 f
    holistische 173, 183 ff
    kohärentistische 182
    logische 187 ff
    metaphysische 109 ff
    naturalistische 123 ff
    nichtanthroporelationale
        42 ff, 102 ff
    pantheistische 107 ff
    pluralistische 198 ff
    pragmatische 299
    quasilogische 187 ff
    religiöse 103 ff
    religiös-holistische 107
    religiös-schöpfungstheolo-
        gische 279
    schwach anthroporelatio-
        nale 61 ff
    sprachphilosophische 181
    Teil-Ganzes- 171
    teleologische 110 ff, 121,
        171
    transanthroporelationale
        64 ff, 256 ff
Begründungssituationen 38
Beschreibung 126
Beseelung 86, 122
Betroffener, moralisch 149
Betroffenheit 317
Betroffenheitsraum 222 ff,
    231 ff
Beute und Jäger 175
Bevölkerungsexplosion 252
Bevölkerungswachstum 253
Bewahrung der Schöpfung
    91, 106, 267 f
Bewegungsreaktion 159, 243
Beweis Gottes 92
Beweislastumkehr 262
Bewertung 208
Bewußtsein 50, 143, 149,
    153, 187, 238
Bewußtseinsphänomene 143

Bioethik 250
Biomasse 166
biorelational 60
Biosphäre 162 ff, 241 f, 251,
    302
Biozentrik / biozentrisch 54,
    59 f, 102
Blutzirkulation 153
Boden 235
Bodenbeschaffenheit 166
Botanik 239
Brandrodung 248
Brutpflege 129
Buddhismus 15, 116
Bündelungsmethode 116
Bundesimmissionsschutz-
    gesetz 273, 319
Bundesländer 290
Bundesnaturschutzgesetz
    273 f, 319 f
Bundeswaldgesetz 273, 319
BÜNDNIS '90 / DIE GRÜ-
    NEN 116, 269 ff, 287 ff
Bürgerliches Gesetzbuch 272

CDU 267 f, 271, 274, 287 ff
Charaktereigenschaften 37
Chemikaliengesetz 274, 319
Christentum 89, 116
christliche Parteien 106, 267,
    271 f, 279, 288
CO_2 251, 259, 261
Common-Sense-Regeln 318
Computer 180, 253
conditio humana 137
CSU 268, 271, 274, 287 ff

Darwinismus 185
Dasein 111, 161, 316
Deep-ecology-Bewegung 97,
    108, 110, 114 ff, 161, 198 f,
    314, 316
Deismus 103, 106
Demökologie 165
deontologisch 26
Deskription 24, 117, 120, 126
deskriptive Ethik 24
Deskriptivismus 26
Dezisionismus 272
Differenzprinzip 189
Disequilibrium 186
Diskurs 192
Diskursethik 26, 98, 126,
    191 ff
Diskurskriterium 194
Diversifikation 173
Diversität 62, 115, 119, 120,
    162, 166, 168, 173, 180,
    252

dominium terrae 312
Dressur 33
Düngemittel 68
Durchsetzungsschwäche 299

Earth First! 18, 314
Ebenbild Gottes 78
Ecosophy T 114, 118 ff, 161,
    314
Effizienz 179
Egalisierung 133
Egalisierungsprinzip 136
Egalitarismus 115
Egalität 124, 156
egoistischer Subjektivismus
    98 f
Ehrfurcht vor dem Leben
    156, 270
Eigeninteresse 162, 211
    aufgeklärtes 217, 229
Eigentemperaturregulierung
    249
Eigentumsfreiheit 305
Einheit 162
Einwand naturalistischer Ab-
    leitung 126 ff, 156 f, 160,
    163, 174, 193
Einwand schwindender Nor-
    mativität 132 f
Einzelentitäten 169
Ekstasen 198
Emotionen 143
Emotionslosigkeit 147, 189
Empfindung 124 ff, 132, 139
Empfindungsethik 124
Empfindungsfähigkeit 92,
    124, 133, 135, 238, 249
Empirismus 27, 93
Energieakkumulation 156
Energieausnutzung 166
Energiezufluß 241
Entropie 181
    niedrige 156
Entrüstung 316
Entscheidungsalgorithmus
    200
Entscheidungstheorie 203,
    215, 317
Entwicklungsstadien 166
Erdatmosphäre 186
Erfolgsdelikte 138
Erkenntnis 27
Erkenntnisfähigkeit 34, 54
Erkenntnisvermögen 153
Erlebnisgesellschaft 16
Erosion 17
Esoterik 14
Ethik 23
    1. Ordnung 23

2. Ordnung 23 f
allgemeine 24
an menschlichen Inter-
essen orientierte 10
angewandte 10, 24, 67
christliche 105
der Anderinteressen
203 ff, 228
des Mitleids 94
des realen Vertrags 98 f
des fiktionalen Vertrags
98, 100
deskriptive 23, 24
dezisionistische 63
existentialistische 63, 98,
99, 120, 136
holistische 98, 101, 316
im engeren Sinn 23
naturalistische 123 ff, 316
nichtanthropozentrische
29
nichtanthropozentrische
normative 38
normative 23, 38, 41,
102 ff
objektive Wertethik 98,
100
religiöse 98, 100
subjektive Wertethik 98
teleologische 26, 98 f,
110 ff
traditionelle 10, 74 ff
Ethnienmoral 136
Ethologie 158, 212
Ethos 23, 309
Eudaimonismus 27
Evaluation 24, 117, 126
Evaluationismus 27
Evaluativität 126
Evolution 192
Evolutionsgeschichte 124
Evolutionstheorie 111, 183,
185

Fairneß 189
Fairneßprinzip 235
Faktizität 114, 126
Falsifikation 14
father of ecology 88
FDP *268 ff*, 287 ff
Feedbackprozeß 202
Feminismus 116
fernöstliche Religionen 74,
107 f, 109
Festnahmerecht 318
Fitneß 173, 184
Flächenversiegelung 17
Fleischverzehr 176
Fluchtreaktion 243

Fluchtverhalten 124
Flüsse 116
Fötus 231
Forstordnungen 80
Fortbewegung 249
Fortpflanzung 129
Fortschrittsoptimismus 13
Fortschrittszweifel 12
Fremderhaltung 239
Fremdpsychisches 315
Freude 125, 133
Freudmehrung 125
Friessche Schule 150
Frühmittelalter 77
Fundamentalontologie 110
Funktionsambiguität 208
Futteraufnahme 129

Gaia-Hypothese 183, *186 f*,
194
Garantenpflicht 318
Garantenstellung 318
Gefährdungsdelikte 138
Gefahrengemeinschaft 318
Gefühl 143, 214
des Akteurs 94
Gefühlsethik 217
Gemeinsame Verfassungs-
kommission 322
Gemeinschaft 183, 185
Gemeinschaftsökologen 316
Gemeinwohlorientierung
236
Gemeinschaftsinteresse 240
genetischer Code 178
Genmanipulation 159
Genotyp 159
Genreserve 300
Genreservoir 252
Gentechnikgesetz 274, 320
Gentransfer 184
Geographie 75
Geometrodynamik 108
Gerechtigkeit als Fairneß 189
Gerechtigkeitsprinzipien 189
germanische Religionen 77
Geschöpf 105, 279
Gesetz über die Umweltver-
träglichkeitsprüfung 274,
319
Gesetzesunterworfener 44
Gesetzgeber 44
Gesinnungsethik 98 f
Gestaltcharakter 119
Gestaltpsychologie 119
Gesundheitsinteresse 248
Gewaltmonopol 227, 317
Gewässerverunreinigung 276
Gewissen 316

Gewissensethik 98
Gewohnheiten 37
Glaubenssessentialia 106
Gleichgewicht 156
Gleichgewichtszustand 161
Gleichheit 146
Gleichheitsprinzip 188
Glück 87, 143
Glücksethik 98, 100
Glücksinteresse 135
Glücksmehrung 133
Gnadenpension 247
Gnosis 15
Goldene Regel 136, *154 f*,
220 f, 296
Gott 103 ff
Gottesebenbildlichkeit 104 ff
göttliche Gebote 104 f
göttliche Substanz 107
göttliche Weltordnung 91
Greenpeace 18
Grenznutzen, abnehmender
133
Grenzziehungsprobleme 126
griechisches Denken 81 ff
Großkatastrophe 175
Großprojekt 251
Grundgesetz 265, 284, 304
Grundgesetz vom Nieder-
gang 181
Grundpflicht 284 f
Grundrecht 284 ff
auf menschenwürdige
Umwelt 285
der Natur 285
Grundsatznorm 284 f
DIE GRÜNEN 116, 269 ff,
278 ff
Gruppenmoral 136
Güterethik 98, 100
Gutes 125

Habitate 116
Haltungsbedingungen 248
Handeln 230
unter Risiko 260
unter Unsicherheit 260
Handlungsfreiheit 305
Hedonismus / hedonistisch
124 ff, 139, 153, 174, 206,
210
hedonistisches Paradox 17,
137
heilige Haine 77
Hierarchieeinwand 129 ff
Hilfspflicht
gegenüber Pflanzen 250
gegenüber Tieren 249
Hinduismus 15

Historismus / historizistisch 195 f
Hoffnungen 152
Holismuskritik 316
Holismus / holistisch 15, 59, 88, 102 f, 160, *183 ff*, 300, 314
Holzkohle 77
Holzverbrauch 77
Homologieprinzip 174 ff
Homo-mensura-Satz 82 f, 312
Homöostasis 161, 162
homöostatischer Gleichgewichtszustand 186
homöostatischer Rückkopplungsprozeß 156
human vegetables 155, 250
Humanisierung 16
Humanismus 269
Humesches Gesetz 123

Ich-Du-Theorie 110
Ideenhierarchie 85
Ideenlehre 85
Identität, biologische 178
Immunsystem 243
Imperativ 314
Indianer 108, 116
Individualethik / individualethisch 160, 204, 292
Individualisierung 16, 209
Individualschutz 71
Information 147, 189
inhärenter Wert 141
Instinkte 159
Instrumentalismus 309
Integrität 162, 179, 180
der Ökosphäre 170
Interaktion 193
Interdependenz 183
Interentitätenabwägung 72
Interesse 49, 53, 62, 130, *133 ff*, *150 ff*, 190, 202, *204 ff*, 240, 257, 294, 296, 301 f
Affektionsinteresse 235, 251
Akteursinteresse 213
Aktualinteresse 207
Anderinteresse 203 ff, *211 ff*, 221, 236, 301 f
ästhetisches 250
bezüglich anderer 212
Eigeninteresse 203, 211
Entitätsinteresse 212
Kollektivinteresse 215
Mehrstufigkeit 209, 233, 238, 245

Potentialinteresse 207
Vergnügungsinteresse 247
vom anderen 212
Interessenbegriff *202 ff*, 295, 317
Mehrstufigkeit 209, 233
Interessenethik 98 f
Interessenjurisprudenz 317
Interessenmaximierung, interpersonale 134
Interessennetz 210
Interessenraum 223, 225, 230, 234
Internationales Recht 290
interpersonal 204
interpersonale Aggregation und Maximierung des Nutzens 133, 141
interpersonale Relativierung 140
intersubjektiv 204
Intersubjektivitätseinwand 131, 160, 163
intrapersonal 204
Intuitionen 148, 189
der Eingeborenen 116
einfache 148
persönliche 158
reflektierte 147 f
Intuitionismus 98
in-vitro-Fertilisation 239
Irrtumstheorie 181
is-ought-question 126

Jagd 142, 176, 250

Kampf aller gegen alle 244
Kampf um Anerkennung 232
Kantianismus 80, 150, 202
Kantische Ethik 98 f
Kastration 282
kategorischer Imperativ 45
Kernbereich 222, 244
Kernenergie 121
Klarheit 147, 189
Klimabeschaffenheit 166
Klimakatastrophe 17
Klimax höchstmöglicher Stabilität 166
kognitive Annahmen 49, 52
kognitive Fähigkeiten 54
Kognitivismus / kognitivistisch 25 f
Kohärenz 24, 188 f
Kollektive 169, 292
kollektive Güter 12
kollektive Nutzen-Summen-Maximierung 27
kollektivethisch 160

Kollektivinteresse 257
Kollektivismus 27
Kolonialisierung 120
Kolonialismus 79
Kommunikation 191, 235
Kommunikationsfähigkeit 33 f, 38
Kommunikationsgemeinschaft 191, 193
Kommunikationsmodell 30
Kommunikationspole 30
Kommunikationssituation 30, 38
Kommunitarismus 98, 100
Kommunitaristen 136
Komplexität 119 f, 162, 252
Konformität 147, 189
Können 114
Konsequentialismus 133 ff, 138, 144 f, 157
Konsistenz 24, 147, 189
Kontinuität des Bewußtseins 140
konziliarer Prozeß 106
Kooperation 179
Kopenhagener Deutung der Quantentheorie 128
Körpergrenze 231, 233
kosmische Rhythmen 309
Kosmogonie 86
Kosmologie 110
Kosubjekte 191
Kritik 23
kultische Zwecke 244
Kultur 174
Kulturanthropologie 75
kulturelle Signifikanz 63
Kulturlandschaften 253
künstliche Befruchtung 239
künstliche Intelligenz 155
kybernetisches System 160 f

Land-Ethik 183 ff
Länder 290
Landesverfassungen 289
Landschaft 116, 235, 266, 285
Landschaftsgarten 17
Landschaftspflege 319 f
Landschaftsschutz 80
Laplace-Kriterium 260
Lärmbelästigung 276
last-person-argument 157
LD50-Test 284
Leben *155 ff*, 163, 222, 266
Lebenserhaltung 127
Lebensinteresse 135, 138, 151
Lebenskampf 170
Lebensrecht 135

Legehennenhaltungsverord-
nung 302
Leib 197
Leid *124ff*, 143, 281
Leidensethik 98, 100, *124ff*,
132, 214, 281, 317
Leidensfähigkeit 124
Leidenskriterium 124 ff, 202
Leidvermeidung 58, 124 ff,
133, 281 f
Liberalisierung 209
Liebesethik 98, 100
Liebesordnung 121
limitierter Altruismus 132,
174
logischer Empirismus 14
logischer Positivismus 114,
117
Logos 83, 88
Luft 235
Luftverschmutzung 114
Luftverunreinigung 276
Lüneburger Heide 29, 68
Lust 124 ff, 130
Lustmehrung 125

Martin's Act 80
Märtyrer 117, 129
Maschinen 253
Massentierhaltung 17, 248
Materialismus 13
Maximax-Kriterium 260
Menschenaffen 36
Menschenwürde 233, 298,
304 f
menschliche Lebensgrund-
lage 67
mentale Zustände 161
Mentalitätsgeschichte 74
Meta-Anthropozentrik 55
metabolische Prozesse 156
Metaethik / metaethisch *23 f*,
41, 56, 63, 107
Metallhandel 79
Metallverarbeitung 79
Metaphysik / metaphysisch
103 f, *109 ff*, 110, 112, 115,
120, 122, 157, 280
holistische 108
spinozistische 108
Methanproduktion 248
Mikroorganismen 249, 251
milderes Mittel 226
mildestes Mittel 317
Minimalprinzip der Egalität
133
minimize overriding prin-
ciple 142
Mitgeschöpf 278

Mitleid 62, 72, 93 f, 98, 131,
214, 236
Mitleidsethik 98, 214, 281,
317
Mitleidstheorie 110
Mittelalter 77 f
Mittelbereich 234
Mitwahrnehmung 197
Mitwelt 266, 285
Modi 107
Möglichkeit 114
Monismus 200
Monotheismus 15, 103
Moral *23 f*, 34, 309
im engeren Sinne 23
nichtanthropozentrische
29 ff
moral agent 148
moral patient 32, 142, 149
moral subject 32
moralische Haltungen 37
moralische Vervollkomm-
nung 58
Mutation 165, 173, 178,
180
Mythos 83, 301

Nachahmung der Natur 87
Nachhaltigkeit 261
Nahrungskette 186
Nationalpark 307
Natur 10, *28 f*, 266, 285
gemachte 68 ff
natura naturans 107
natura naturata 107
Naturalismus / naturalistisch
116, 122, *123 ff*, 143, 152,
163, 185
naturalistic fallacy 123
naturalistische Ableitung
139
naturalistischer Fehlschluß
123, *126 f*
Naturästhetik 70, 85, 98,
196 f
Naturentwicklung 111
Naturkollektive 264
natürliche Lebensgrundlagen
285, 288, 290
Naturmagie, neuplatonische
78
Naturphilosophie 28
Naturrecht 121
Naturreligionen 74
Naturreligiosität 77
Naturschönheit 196, 198
Naturschutz 80, 308, 319 f
Naturschutzverwaltungs-
recht 273 ff

Naturteleologie 112
Naturtelos 87
Naturwissenschaften 10,
239
neminem laedere 281
Neoaristotelismus 157
Nervensystem 124
neue Religiosität 14 ff
Neues Testament 319
Neukantianismus 80, 118,
150
Neuplatoniker 88
New Age 14
Nichtabgeleitetheit 146
nichtanthropoauditoriell 32
nichtanthropooriginär 31
nichtanthroporeferentiell 32
Nichtanthroporelationalität /
nichtanthroporelational
21 ff, 29 ff, 42 ff, *102 ff*
Nichtanthropozentrik / nicht-
anthropozentrisch *11*, *21*,
29 ff
Nichtintervention 260
Nihilismus 144
Nischenfitneß 179
Nitrate 68
Nondeskriptivismus 26
Nonkognitivismus 25, 26
Normativität 114, 126
Nothilfe 142, 235
Notstand 230, 317
Notwehr 142
Notwehrrecht 226 f, 244,
317
Nuklearkatastrophe 158
Nutztierhaltung 71, 142,
248, 282 f

Objektformel des Bundesverfassungsgerichts 305
objektiver Idealismus 110
öffentliche Güter 235
Okkasionalismus 195
Okkultismus 14
Ökofeminismus 12, 188
Ökofunktionalismus / öko-
funktional 163, 169 f, 174,
181, 184
Ökointeresse 162
Ökologie 10, 28, 158, 239
Geschichte der 75
Ökologische Ethik *10 ff*, *308*
holistische 29, 122, *169 ff*,
183 ff
ökologische Krise 9
ökologische Rechtsethik 292
ökologische Rechtstheorie
292

ökologische Religion 15
ökoreferentiell 40
ökorelational 40
Ökosophie T 114 ff
Ökosphäre 169, 170
Ökosysteme 116, 162 ff, 169,
185, 241, 251, 302, 307
Ökosystementwicklung 165
ökozentrisch 301
Ontogenese 111
Ontologie 109 f, 115, 118
ordo amoris 121
Organentwicklung 240
Organismus 185 f, 301
Organlager 246
Organtransplantationen 246
Ozonloch 17

Panpsychismus / panpsychi-
stisch 112 / 122
Pantheismus 103, 108
Parapsychologie 15
Parteiprogramme 265, 267 ff
Partikularinteressen 162
Pastoralismus 116
Paternalismus 164, 243
pathozentrisch 59 f, 135
Perfektionismus 144
Peripheriebereich 235
Person 292
juristische 306
Personenkriterium 202
Pflanzen 249, 301
Pflanzenschutzgesetz 274,
319
Pflicht 43
des Stärkeren 62
zur Hilfeleistung 237
Pflichtsubjekt 151
Phänomenologie 110
Phänotyp 159
Philosophiegeschichte 75
Photonen 318
Phylogenese 111
physiozentrisch 59
Plenterwirtschaft 261
Pluralismus 198 ff
Pluralität 118
politische Instrumentalisie-
rung 11
Polytheismus 103
Populationen 116, 165, 168
positives Sozialverhalten 236
Postmoderne 14
Poststrukturalismus 14
Potentialitätsargument 35,
157
Präambel des Grundgesetzes
280

Präferenz 93, 150, 207
aufgedeckte 216
gefühlte 23
reflektierte 23
Präferenzaggregation 138
Präferenzutilitarismus / prä-
ferenzutilitaristisch 93,
98 f, 123, 133 ff, 139 f
Pragmatismus 67, 110
Pragmatisten 136
Praktikabilitätsprobleme 126
praktische Induktion 118
praktische Philosophie 10
praktische Relevanz 66
Präskription 24, 117, 120,
126
Präskriptivismus 24
Präzision 147, 189
Primaten 145
Prinzip der Universalisierung
219
Prinzip des Respekts 143
Prinzipienethik 26
Prioritätsprinzip 235
Privatsprachenargument 13
problemkatalysierende Fak-
toren 12 ff
Programme der politischen
Parteien 265, 267 ff
Prostituierte 222
Prozeßmetaphysik 110

Quasikommunikation 193

rationale Wesen 310
Rationalismus 14, 92, 95
Rationalität 105, 124, 126,
133 ff, 147, 189
Rationalitätsanforderungen
317
Rationalitätsbedingungen
189
ratiozentrisch 44
Raumzeit-Physik 108
Recht 54, 103, 254 f, 272 ff
Abwehrrecht 141
auf Beistand und Hilfe 141
auf Existenz und körper-
liche Unversehrtheit
302
auf Hilfeleistung 147
auf Notwehr 227
auf Respekt 141 ff
der Natur 103, 265, 293
der Tiere 293, 301
der Pflanzen 301
des Stärkeren 120, 244
juridisches 255, 291 ff, 322
moralisches 56, 141, 254 f

negatives 141
positives 141, 147
subjektives 292
Rechtfertigung 10, 23
ästhetische 196 ff
historische 195 f
logische 187 ff
metaphysische 109 ff
naturalistische 123 ff
pantheistische 107 ff
pluralistische 198 ff
pragmatische 299
quasilogische 187 ff
religiöse 103 ff
religiös-holistische 107 ff
tragfähige 203 ff
transanthroporelationale
256 ff
Rechtfertigungskette 208
Rechtfertigungssequenz 127
Rechtsethik 255, 291, 322
Rechtsgut 276, 321
Rechtssubjekt 151
Reduktionismus 51
Referenz 323
Reflexe 159
Regel der Nichtintervention
260, 262
Reich der Zwecke 44
Reichhaltigkeit 179
Reichsnaturschutzgesetz 81
Reichstierschutzgesetz 322
Reichweite 102
Reinkarnation 104
Relativismus 136
Religion 109
religiöse Zwecke 244
Renaissance 91
Reproduktionsmedizin 239
res cogitans 92
Respekt 142, 146
Ressourcenerhaltung 114
Ressourcenverbrauch 114
Reziprozität 191
Reziprozitätsverhältnis 311
Rio-Deklaration 290
Robbenklage 293
Robin Wood 18
Rückkopplungsprozeß 162

Sachsenspiegel 78
Schächten 176
Schaden 281
Schamanismus 15
Schaukämpfe von Tieren 76
Schiefe-Ebene-Argument
151, 195 f
Schimpansen 36
Schlachten 282

Schlachtviehtransporte 248
Schleier des Nichtwissens 189
Schmerz 124 ff, 130 f, 281
Schmerzfähigkeit 238
Schmerzvermeidung 129
Schönheit 62 f, 81, 179, 196 ff, 320
Schöpfer 104, 279
Schöpfergott 279
Schöpfung 91, 104, 106 f, 266 ff, 279, 285, 312
Schöpfungsgeschichten 312
Schöpfungstheologie 91, 106, 280
Schwabenspiegel 78
Schwefeloxidimissionen 68
Seele 87, *122*
Seiendes 82
Sein 27, *110 ff*
Sein-Sollen-Fehlschluß 123
Selbst 118
Selbst-Realisation 118 f
Selbstaufklärung 209
Selbstaufopferung 237
Selbstbewertung 177
Selbstbewußtsein 50, 105, 124, 133 ff, 145, 149, 187, 202, 238, 282
Selbstbezüglichkeit 238 ff
Selbstentfaltung 238 ff
Selbstentstehung 238 ff
Selbsterhaltung 46, 156, 179, *238 ff*
Selbsterhaltungstrieb 45
Selbsthilfe 317
Selbstidentifizierung 179
Selbstidentität *160 ff*, 202
Selbstmordverbot 45
selbstregulierendes System 161
Selbstverwirklichungstendenzen 16
Selektion 165, 179 f, 242
Selektionsdruck 242
Selektionsvorteil 173, 178, 184
Seren 166, 168
Shallow-ecology-Bewegung 114
Sierra Club 293, 314
Sinneswahrnehmungen 249
Sittengesetz 150 f
sittliches Gefühl 152, 316
Skepsis 13
slippery-slope-argument 90, *195*
Solidarität 191
Sollen 113

Sonderstellung 55
Sophisten *83 f*, 95, 120, 136, 185
sophistische Skepsis 84
Sozialethik 204
Sozialwahltheorie 204
soziobiologisch 84, 183
SPD 116, *270 ff*, 287 ff
Spezies 178, 302
Speziesismusargument 128
Spiegel-Test 145
spinozistisch 104
Sprache 27, 87
Sprachfähigkeit 34, 202, 238
  bei Tieren 35, 50
Staatsgrundsatz 284
Staatszielbestimmung 284 f
Stabilität 162, 166, 168, 179, 180, 252
stewardship 106
Stickoxidimissionen 68
Stierkämpfe 87, 247
Stoa 88, 95
Strafrecht 275
Straftaten gegen die Umwelt 276
Strebungen 152
Strukturmerkmale ethischer Theorien 26 f, 60, 188, 203, 237, 311
Subjekt eines Lebens 141 ff
Subjekt-Objekt-Analyse 110
Subjekt-Objekt-Spaltung 198
Subjektivierung 16
Subjektkritik 13
Substitution 185
Substitutionsproblem 185
Suizident 222
Sukzession 165, 168
supererogatorisches Verhalten 236
Superorganismus 186
Superregel 199
sustainability 261
Symbiose 115, 119, 247
Synökologie 165
synthetisches Urteil a priori 150
System 169
  globales 186
  kybernetisches 161, 186
  selbsterhaltendes 177
  selbstregulierendes 161
systematische Ordnung 189
Systemmodell 117 f
Systemökologie 316

Tantra 14
Taoismus 15, 108, 116

Tatsachen 127
tatsächliches Verhalten 75
Taxien 158
Technikskepsis 12
Teil eines Ganzen 108
Teil-Ganzes-Verhältnis 171
Teleologie / teleologisch 26, 47, 74, 86, 110 ff, 121, 158, 160, 314
Telos 87, 178
Temperaturregulierung 243
Theismus 15
Theologen 105
theoreferentiell 40
Theorelationalität / theorelational 21, 40, 43, 78, 89, 91, 104 ff, 268
Theorie des glücklichen Lebens 24
Theoriekonsequentialismus 144
theozentrisch 21, 104 ff
thermodynamisch 316
thomistisch 111
Tiere 30 ff, 124 ff, *243 ff*, 301
Tierethik 141, 308
Tieropfer 88
Tierprozesse 33
Tierquälerei 80
Tierrechte 310
Tierrechtler 141
Tierschutz 79, 121, 308
Tierschutzgesetz 80, 130, 246, 249, *277 ff*, 307, 311, 322
Tierversuch 17, 39, 71, 142, 176, *247 ff*, *281 ff*
Totalitarismus 120, 181
Tötung 281
Tötungshandlung 138
Tötungsverbot 45, 135, 282, 302
transanthroporelational 22, *64 ff*, 173, *256 ff*, 262
transanthroporelationales Postulat 262 f
Transpersonalität 15
Transportbedingungen 248
Transzendentalphilosophie 14, 151
Treibhauseffekt 17
Treuhänder 293
Triebe 152
Triebhang 121
Trittbrettfahrer 218
Tropismen 158
Tugenden 37, 236
Tugendethik 98, 217

Überlebensfähigkeit 173
Überweidung 248
Umwelt 265, 285
Umweltfaschismus 184
Umweltgeschichte 74 f
Umweltgesetzbuch 274
Umweltgrundrecht 285 f
Umweltmanagement 11
Umweltmedien 235
Umweltrecht 273 ff
Umweltunterstützung 179
Unbeherrschbarkeitsthese
  259
unbelebte Gegenstände 241 f
Universalisierung 124, 187
Universalisierungsgebot 219
Universalisierungsprinzip
  124, 129, 136, 151, 187 ff,
  219 f
Universalisierungsradius 16
Universalismus 133 ff, 219
Unparteilichkeit 147, 189
Unschuldiger 142
Unspezifitätseinwand 131
Unsterblichkeit 104 ff, 122
Unterlassen 230
Unwohlvermeidung 129
Utilitarismus / utilitaristisch
  27, 49, 53, 95, 98 ff, 124 f,
  133 ff, 142, 144, 150, 153,
  161, 204, 281, 318
  Akt-Utilitarismus 144
  indirekter 65, 256
Utilitätsprinzip 139

Vegetarismus 76 f, 88, 246,
  318
vegetatives Nervensystem 155
Verachtung 316
Verantwortlichkeit 32 f
Verantwortung 110 ff
Verantwortungsethik 98,
  100, 110 ff, 314
Verantwortungssubjekt 113
Verbandsklage 297 f
Vereinbarungen 228
Vergemeinschaftungsprozeß
  179
Verhalten 308
Vernunft 42, 87
  Faktum der 44
  praktische 44, 48

Vernunftfähigkeit 44, 245
Vernunftinteresse 317
Vernunftkritik 13
Verpflichtung 54, 126
  zur Hilfeleistung 228
Verpflichtungstheorie 139
Verrohung des Menschen 72,
  283
Verständlichkeit 189
Versuchstier 281
Vertrag 189 ff
Vertragsmodell 189 ff,
  219
Vertragssituation 189
Verwaltungsakzessorietät
  322
Verwaltungsrecht 275
Vollständigkeit 24, 189
Vorsokratiker 82 f
Vorstellung 150
Vorverhalten 228

Wahlfreiheit 177
Wald- oder Maximin-Krite-
  rium 260
Waldordnungen 80
Waldrodung 76, 79
Waldsterben 17
Wasser 235
Wattenmeer 68
Welt 241
Weltanschauung 18, 117,
  120, 200
Weltreligionen 313
Weltseele 108
Wert 63, 103, 169 ff, 181,
  254
  an sich 103
  autonomer intrinsischer
    170
  inhärenter 63, 141 ff
  instrumenteller 63, 179
  intrinsischer 103, 142,
    169 ff, 179
  nichtinstrumenteller 63
  objektiver 113, 143, 177,
    182
  ökofunktionaler 177
  systemischer 179
Wertethik 98, 100, 169 ff
Wertlehre 139
Wertrelativismus 118

Werttheorie 125, 139
  naturalistische 181
westkirchlich 91
Widerspruchsfreiheit 147
Wiedergeburt 108
Wiener Kreis 114
Wille 43, 150, 207
Wille zur Macht 308
Wirbeltier 302
Wissenschaftsfreiheit 305
Wohlbefinden 49, 124, 130,
  160 ff
Wohlbefindensinteressen
  163
Wohlergehen 152
Wohlfahrtsinteressen 143
Wohlwollen 121 f
Wohlwollensethik 98, 100,
  121 f
Wollen 315
worse-off principle 142
Wünsche 50, 143, 152, 154,
  161, 202, 207
  artikulierte 163
Würde des Menschen 268,
  304

Zehn Gebote 104 f
Zeitgeschmack 70
Zellteilung 240
Ziele 158
Zielgerichtetheit 158
Zivilprozeßordnung 273
Zivilrecht 272
Zoologie 239
Zoos 244, 247
zukünftige Generationen 10,
  12, 70, 72, 266
Zukunftsbewußtsein 124,
  282
Zukunftsrhetorik 11
Zukunftsvorstellungen 143
Zweck 46, 111, 158, 310
  an sich selbst 44, 46 f, 310
  der Natur 112
Zweckbestimmung 273
Zweckhaftigkeit in der Natur
  112
Zweckursache 86
Zweiebenenmodell 133
Zyklen der Populationszah-
  len 175